食品及相关产品生产经营者法律风险识别与应对一本通

——专业律师教您合规经营

刘志鑫　编著

中国海关出版社有限公司
中国·北京

图书在版编目（CIP）数据

食品及相关产品生产经营者法律风险识别与应对一本通：专业律师教您合规经营/刘志鑫编著.—北京：中国海关出版社有限公司，2022.10
ISBN 978-7-5175-0600-3

Ⅰ.①食… Ⅱ.①刘… Ⅲ.①食品卫生法—研究—中国 Ⅳ.①D922.164

中国版本图书馆CIP数据核字（2022）第185803号

食品及相关产品生产经营者法律风险识别与应对一本通

SHIPIN JI XIANGGUAN CHANPIN SHENGCHAN JINGYINGZHE FALÜ FENGXIAN SHIBIE YU YINGDUI YIBENTONG

作　　者：刘志鑫
策划编辑：吴　婷
责任编辑：吴　婷
出版发行：中国海关出版社有限公司
社　　址：北京市朝阳区东四环南路甲1号　　邮政编码：100023
编 辑 部：01065194242-7532（电话）
发 行 部：01065194221/4238/4246/4254/5127（电话）
社办书店：01065195616（电话）
https://weidian.com/?userid=319526934（网址）
印　　刷：北京圣艺佳彩色印刷有限公司　　经　　销：新华书店
开　　本：889mm×1194mm　1/16
印　　张：32.5　　字　　数：983千字
版　　次：2022年10月第1版
印　　次：2022年10月第1次印刷
书　　号：ISBN 978-7-5175-0600-3
定　　价：280.00元

前　言

自2012年至今，笔者从事食品相关法律事务已10年。在此过程中，笔者发现大多数食品及相关产品生产经营者往往只注重产品（或服务）的生产、销售环节，却忽视了合规环节。待产品上市后，不少生产经营者因各种问题导致自身被民事索赔、行政处罚，少数生产经营企业的负责人甚至被司法机关追究刑事责任，企业生产经营面临严重困难，乃至破产倒闭。其实，这类问题绝大多数都可以通过建立健全食品及相关产品生产经营法律风险合规管理体系，或与食品及相关产品生产经营法律风险合规管理专业机构（适合不具备建立合规管理体系的中小微企业）、人士合作，进行动态化防控。虽然食品及相关产品生产经营企业自诞生便伴随着各类法律风险，但是建立健全法律风险防控机制可以有效规避大多数法律风险，或在遭遇法律风险时，大大减轻损害后果。

笔者相信多数食品及相关产品生产经营者的初衷是希望通过给消费者提供安全放心的美味产品，打造自己的品牌。但是，食品及相关产品生产经营企业的负责人常因合规意识淡薄，致使企业普遍存在以下三方面的法律风险：（1）产品下架，合作商索赔，消费者惩罚性赔偿，应对危机产生的律师费、诉讼费等诉讼成本，品牌名誉损失，潜在的商业机会损失等民事法律风险；（2）设备工具、违法产品、违法所得被没收，许可证、执照被吊销，被处以大额乃至巨额行政罚款等行政法律风险；（3）少数食品及相关产品生产经营者一味追求经济效益，掺杂产假、以假充真、以次充好、以不合格冒充合格，生产、销售不符合安全标准的食品，生产、销售有毒有害食品[①]等，导致企业负责人面临身陷囹圄并被禁入食品行业、被法院判处巨额罚金等刑事法律风险。

笔者曾代理过一起涉嫌生产、销售伪劣产品罪的重大食品安全刑事案件，当事人是海南省一家品牌食品企业的创始人，因创业初期合规意识比较淡薄，未严格履行进货查验及索票索证的法定义务，被同行业竞争者趁机举报而被原海南省食品药品监督管理局立案调查。历经移送海口市公安局、海口市人民检察院、海口市中级人民法院等相关程序，当事人一度面临被判处10年有期徒刑，并处没收财产及四五百万元巨额罚金的刑事法律风险。在法院最终判决前，其身心所受煎熬可想而知。在笔者充分运用食品律师的

① 编者注："生产、销售不符合安全标准的食品"与"生产、销售有毒有害食品"在法律中是不同的违法犯罪行为。

专业技能为其辩护后，这位当事人终获法院无罪判决，其人身自由、财产权益得以成功维护。通过这个案例，笔者真诚地给广大从事食品及相关产品生产经营的创业者们一个忠告：一定要高度重视食品及相关产品生产经营法律风险合规管理，不要等到“病入骨髓”才找律师解决问题，真到那时多半已为时晚矣！即便是“扁鹊”在世，也只能望“病”兴叹！

笔者撰写本书的初衷也是希望能够帮助广大从事食品及相关产品生产经营的创业者们强化食品及相关产品生产经营法律风险管理意识，提升食品及相关产品生产经营法律风险管理水平，避免在创业路上“踩雷”“掉坑”，避免生产经营因此陷入困境，甚至导致创业失败！

本书的正文根据食品及相关产品生产经营的业态不同，主要分为四个部分：综合，食品及相关产品生产，食品流通，餐饮服务。其中，“综合”部分的内容涉及食品生产经营各领域通用的法律风险及防范；“食品及相关产品生产”部分主要是食品及相关产品生产领域常见的法律风险及防范；“食品流通”部分主要是食品销售领域常见的法律风险及防范；“餐饮服务”部分主要是餐饮经营领域常见的法律风险及防范。每一个法律风险点包括法律规定、法律风险（民事、行政、刑事）、典型案例、防范建议。其中，“法律规定”部分是与该风险点有关的法律责任条款，以便读者进一步查询相关法规的具体规定；“法律风险”部分是该风险点可能涉及的民事法律风险、行政法律风险、刑事法律风险，帮助读者更加全面、清晰地识别相关违法行为可能面临的法律风险，更好地树立法律风险意识（鉴于实践中法律风险的复杂性、多样性、不确定性，该部分不可能罗列相应风险点所涉及的全部法律风险，旨在对食品及相关产品生产经营者进行一定的有益提示）；“典型案例”部分是与该风险点有关的案例，帮助读者更加直观地了解相关违法行为及其法律后果；“防范建议”部分是笔者就相应违法行为的法律风险管控所提出的参考建议，希望能起到抛砖引玉的作用。本书涉及的法律版本截至2022年8月31日时均有效。

鉴于食品及相关产品生产经营法律风险合规管理是一个相对较新的法律实务领域，没有太多可供借鉴的前人经验。加之工作量较大、撰写时间紧促，书中难免有不少错漏之处，还请广大读者指正！笔者希望与广大食品及相关产品生产经营者共同进步，共同推动我国食品及相关产品生产经营合规实践的发展进步。

广东深铭典律师事务所合伙人
资深食品药品专业律师
刘志鑫

二〇二二年八月三十一日

目　录

第一部分　综　合

第二部分 食品及相关产品生产

第三部分　食品流通

第四部分　餐饮服务

附 录

第一部分

综 合

无证生产经营

风险1：未取得食品生产经营许可从事食品生产经营活动，或者未取得食品添加剂生产许可从事食品添加剂生产活动的。

法律规定[①]

《中华人民共和国食品安全法》（以下简称《食品安全法》）第一百二十二条、第一百四十八条

《中华人民共和国消费者权益保护法》（以下简称《消费者权益保护法》）第四十九条、第五十五条

法律风险[②]

◎民事法律风险：

经营者提供商品或者服务，造成消费者或者其他受害人人身伤害的，应当赔偿医疗费、护理费、交通费等为治疗和康复支出的合理费用，以及因误工减少的收入。造成残疾的，还应当赔偿残疾生活辅助具费和残疾赔偿金。造成死亡的，还应当赔偿丧葬费和死亡赔偿金。

经营者提供商品或者服务有欺诈行为的，应当按照消费者的要求增加赔偿其受到的损失，增加赔偿的金额为消费者购买商品的价款或者接受服务的费用的三倍；增加赔偿的金额不足五百元的，为五百元。法律另有规定的，依照其规定。

对生产不符合食品安全标准的食品或者经营明知是不符合食品安全标准的食品的，消费者除要求赔偿损失外，还可以向生产者或者经营者要求支付价款十倍或者损失三倍的赔偿金；增加赔偿的金额不足一千元人民币（以下简称元）的，为一千元。但是，食品的标签、说明书存在不影响食品安全且不会对消费者造成误导的瑕疵的除外。

◎行政法律风险：

没收违法所得和违法生产经营的食品、食品添加剂以及用于违法生产经营的工具、设备、原料等物品。违法生产经营的食品、食品添加剂货值金额不足一万元的，并处五万元以上十万元以下罚款；货值金额一万元以上的，并处货值金额十倍以上二十倍以下罚款。

◎刑事法律风险：

无。

---

① 此处的法律规定为广义的，包括法律、行政法规、地方性法规、部委规章、地方性规章、规范性文件等，下同。当同一行为同时违反多部法规规定的，在适用法规时遵循以下原则：上位法优于下位法原则、特殊法优于普通法原则、新法优于旧法原则、法不溯及既往原则。

② 法律风险只包含条款中与风险相关的内容，非条款全部内容，下同。

典型案例[①]：大连某实业发展有限公司未经许可生产食品案

2020年12月，大连市市场监督管理局根据举报线索，对大连某实业发展有限公司生产场所和库房进行检查，现场发现大量涉案食品成品、原料、设备、宣传材料、包材、出库单等物品。经查，当事人从境外购入食品原料，将进口食品自行分装销售。经认定货值金额[②]共计7779811元，违法所得694980元。当事人无食品生产许可证，未经许可生产食品。

当事人未经许可从事食品生产的行为，依据《食品安全法》第一百二十二条第一款的规定予以处罚。综上对当事人作出没收违法生产的食品以及用于违法生产的设备原料等物品、没收违法所得694980元，并处罚款101137543元，罚没款共计101832523元的行政处罚。

防范建议

树立守法意识，在相应类别食品的食品生产许可证或食品经营许可证未获得市场监管部门正式批准之前，不得开始生产经营。

风险2：明知无证生产经营食品的，仍为其提供生产经营场所或者其他条件的。

法律规定

《食品安全法》第一百二十二条

法律风险

◎民事法律风险：

使消费者的合法权益受到损害的，应当与食品、食品添加剂生产经营者承担连带责任。

◎行政法律风险：

责令停止违法行为，没收违法所得，并处五万元以上十万元以下罚款。

◎刑事法律风险：

无。

防范建议

应建立健全合规审查机制，事先审查合作方是否具备食品生产经营的许可资质。经核查确认无疑后，方可开展后续的合作。

---

① 案例中的法律法规版本均为当时案件发生时遵循的法律法规版本，下同。相关法律的详细立法沿革可见附录1~附录3。

② 国家市场监督管理总局办公厅《关于食品安全行政处罚案件货值金额计算的意见》（市监稽发〔2021〕70号）：成品按照销售价格计算货值金额；半成品按照原料购进价款计算货值金额；原料按照购进价款计算货值金额。销售价格应当以销售单、合同、价签等明示的单价计算；没有标价的，依据相关证据材料进行认定或者按照同类产品的市场价格或者平均价格计算，也可以委托法定价格认定机构确定。

风险3：生产经营未按规定注册的保健食品、特殊医学用途配方食品、婴幼儿配方乳粉，或者未按注册的产品配方、生产工艺等技术要求组织生产的。

法律规定

《食品安全法》第一百二十四条、第一百四十八条

《消费者权益保护法》第四十九条

《中华人民共和国刑法》（以下简称《刑法》）第一百四十三条

法律风险

◎民事法律风险：

经营者提供商品或者服务，造成消费者或者其他受害人人身伤害的，应当赔偿医疗费、护理费、交通费等为治疗和康复支出的合理费用，以及因误工减少的收入。造成残疾的，还应当赔偿残疾生活辅助具费和残疾赔偿金。造成死亡的，还应当赔偿丧葬费和死亡赔偿金。

生产不符合食品安全标准的食品或者经营明知是不符合食品安全标准的食品，消费者除要求赔偿损失外，还可以向生产者或者经营者要求支付价款十倍或者损失三倍的赔偿金；增加赔偿的金额不足一千元的，为一千元。但是，食品的标签、说明书存在不影响食品安全且不会对消费者造成误导的瑕疵的除外。

◎行政法律风险：

尚不构成犯罪的，由县级以上人民政府食品安全监督管理部门没收违法所得和违法生产经营的食品、食品添加剂，并可以没收用于违法生产经营的工具、设备、原料等物品；违法生产经营的食品、食品添加剂货值金额不足一万元的，并处五万元以上十万元以下罚款；货值金额一万元以上的，并处货值金额十倍以上二十倍以下罚款；情节严重的，吊销许可证。

◎刑事法律风险：

涉嫌生产、销售不符合安全标准的食品罪。足以造成严重食物中毒事故或者其他严重食源性疾病的，处三年以下有期徒刑或者拘役，并处罚金；对人体健康造成严重危害或者有其他严重情节的，处三年以上七年以下有期徒刑，并处罚金；后果特别严重的，处七年以上有期徒刑或者无期徒刑，并处罚金或者没收财产。

防范建议

保健食品、婴幼儿配方食品等特殊食品相对普通食品监管更加严格，开展正式的生产经营之前，应依法获得生产经营许可，生产该类食品还需相应的备案、注册手续。

食品质量安全

风险4：用非食品原料生产食品、在食品中添加食品添加剂以外的化学物质和其他可能危害人体健康的物质，或者用回收食品作为原料生产食品，或者经营上述食品；明知从事该违法行为，仍为其提供生产经营场所或者其他条件的。

法律规定

《食品安全法》第一百二十一条、第一百二十三条、第一百四十八条

《消费者权益保护法》第四十九条

《刑法》第一百四十四条

法律风险

◎民事法律风险：

经营者提供商品或者服务，造成消费者或者其他受害人人身伤害的，应当赔偿医疗费、护理费、交通费等为治疗和康复支出的合理费用，以及因误工减少的收入。造成残疾的，还应当赔偿残疾生活辅助具费和残疾赔偿金。造成死亡的，还应当赔偿丧葬费和死亡赔偿金。

生产不符合食品安全标准的食品或者经营明知是不符合食品安全标准的食品，消费者除要求赔偿损失外，还可以向生产者或者经营者要求支付价款十倍或者损失三倍的赔偿金；增加赔偿的金额不足一千元的，为一千元。但是，食品的标签、说明书存在不影响食品安全且不会对消费者造成误导的瑕疵的除外。明知从事上述违法行为，仍为其提供生产经营场所或者其他条件的，使消费者的合法权益受到损害的，应当与食品生产经营者承担连带责任。

◎行政法律风险：

尚不构成犯罪的，由县级以上人民政府食品安全监督管理部门没收违法所得和违法生产经营的食品，并可以没收用于违法生产经营的工具、设备、原料等物品；违法生产经营的食品货值金额不足一万元的，并处十万元以上十五万元以下罚款；货值金额一万元以上的，并处货值金额十五倍以上三十倍以下罚款；情节严重的，吊销许可证，并可以由公安机关对其直接负责的主管人员和其他直接责任人员处五日以上十五日以下拘留。

明知从事上述违法行为，仍为其提供生产经营场所或者其他条件的，由监管部门责令停止违法行为，没收违法所得，并处十万元以上二十万元以下罚款。

◎刑事法律风险：

涉嫌生产、销售有毒有害食品罪。处五年以下有期徒刑，并处罚金；对人体健康造成严重危害或者有其他严重情节的，处五年以上十年以下有期徒刑，并处罚金；致人死亡或者有其他特别严重情节的，依照《刑法》第一百四十一条的规定处罚。

典型案例：陈某英使用非食品原料生产经营食品案

2020年4月17日，平潭综合实验区市场监督管理局依职权检查发现陈某英涉嫌无照使用非食品原料生产经营食品行为，依法对其进行立案调查。经查，2018年4月起当事人在未办理营业执照和食品生产经营许可证的情况下，开始在岚城乡上楼村附近废旧民房内利用炉灶将猪皮、猪尾巴、边角废弃杂油、带淋巴结的猪碎肉、膘肉碎等猪肉废弃物加工熬制成猪油，并利用大巴车将熬制好的“猪油”运送至福安，销售给当地餐馆炒菜使用。

经查实，陈某英使用非食品原料生产经营食品的行为违反了《食品安全法》第一百二十三条的规定。根据《最高人民检察院、公安部关于公安机关管辖的刑事案件立案追诉标准的规定（一）的补充规定》第四条①、《最高人民法院、最高人民检察院关于办理危害食品安全刑事案件适用法律若干问题的解释》第九条第一款、《食品安全法》第一百二十一条、《行政执法机关移送涉嫌犯罪案件的规定》第三条、《中华人民共和国行政处罚法》（以下简称《行政处罚法》）第二十二条的规定，当事人的行为达到了刑事犯罪的追诉标准，平潭综合试验区市场监督管理局将此案移送公安部门进一步侦办。

防范建议

因非食品原料对人体健康具有严重危害性，故法律严禁在食品生产加工过程中使用非食品原料。食品生产者应当严格把控食品原料关，完善食品原料进货查验机制，杜绝非食品原料添加到食品当中。

风险5：生产经营营养成分不符合食品安全标准的专供婴幼儿和其他特定人群的主辅食品；明知从事该违法行为，仍为其提供生产经营场所或者其他条件的。

法律规定

《食品安全法》第一百二十三条、第一百四十八条

《消费者权益保护法》第四十九条

《刑法》第一百四十三条

法律风险

◎民事法律风险：

经营者提供商品或者服务，造成消费者或者其他受害人人身伤害的，应当赔偿医疗费、护理费、交通费等为治疗和康复支出的合理费用，以及因误工减少的收入。造成残疾的，还应当赔偿残疾生活辅助具费和残疾赔偿金。造成死亡的，还应当赔偿丧葬费和死亡赔偿金。

---

① 因行政执法案件、司法案件实务的复杂性，部分“典型案例”栏目的案例内容中会同时涉及多个法规条款，除与该风险点中的“法律规定”栏目相关的部分条款外，其他条款旨在保持案例表述的完整性，并不在“法律规定”栏目中一一罗列。“法律规定”栏目中的条款均为与“法律风险”栏目相关的法律责任条款。下同。

生产不符合食品安全标准的食品或者经营明知是不符合食品安全标准的食品，消费者除要求赔偿损失外，还可以向生产者或者经营者要求支付价款十倍或者损失三倍的赔偿金；增加赔偿的金额不足一千元的，为一千元。但是，食品的标签、说明书存在不影响食品安全且不会对消费者造成误导的瑕疵的除外。明知从事上述违法行为，仍为其提供生产经营场所或者其他条件，使消费者的合法权益受到损害的，应当与食品生产经营者承担连带责任。

◎行政法律风险：

尚不构成犯罪的，由县级以上人民政府食品安全监督管理部门没收违法所得和违法生产经营的食品，并可以没收用于违法生产经营的工具、设备、原料等物品；违法生产经营的食品货值金额不足一万元的，并处十万元以上十五万元以下罚款；货值金额一万元以上的，并处货值金额十五倍以上三十倍以下罚款；情节严重的，吊销许可证，并可以由公安机关对其直接负责的主管人员和其他直接责任人员处五日以上十五日以下拘留。

明知从事上述违法行为，仍为其提供生产经营场所或者其他条件的，由监管部门责令停止违法行为，没收违法所得，并处十万元以上二十万元以下罚款。

◎刑事法律风险：

涉嫌生产、销售不符合安全标准的食品罪。足以造成严重食物中毒事故或者其他严重食源性疾病的，处三年以下有期徒刑或者拘役，并处罚金；对人体健康造成严重危害或者有其他严重情节的，处三年以上七年以下有期徒刑，并处罚金；后果特别严重的，处七年以上有期徒刑或者无期徒刑，并处罚金或者没收财产。

典型案例：安某希婴儿配方奶粉抽检不符合食品安全标准案

2021年9月24日，国家市场监督管理总局发布“关于7批次食品抽检不合格情况的通告”，该通告指出，黑龙江某达实业集团股份有限公司制造的、标称安某希（天津）婴幼儿食品科技有限公司中国销售运营的安某希婴儿配方奶粉（0—6月龄，1段），检出菌落总数不符合食品安全国家标准规定，二十二碳六烯酸与总脂肪酸比、二十碳四烯酸与总脂肪酸比检测值不符合产品标签标示要求。

当事人违反了《食品安全法》第一百二十三条的规定，黑龙江省绥化市市场监督管理局督促企业立即召回相关产品，要求企业停业整顿，没收违法所得并处以罚款。

防范建议

婴幼儿配方食品等特殊膳食食品，作为专供特定人群补充营养的特殊食品，相对普通食品具有更加严格的要求。食品生产企业应当严格按照国家标准执行，建立健全生产过程控制体系并确保其实施，杜绝不符合食品安全标准的产品流通到市场中。销售企业应严格履行索票索证、进货查验的法定义务，采购符合食品安全标准的特殊膳食食品。

风险6：经营病死、毒死或者死因不明的禽、畜、兽、水产动物肉类，或者生产经营其制品；明知从事该违法行为，仍为其提供生产经营场所或者其他条件的。

法律规定

《食品安全法》第一百二十一条、第一百二十三条、第一百四十八条
《消费者权益保护法》第四十九条
《刑法》第一百四十三条

法律风险

◎民事法律风险：

经营者提供商品或者服务，造成消费者或者其他受害人人身伤害的，应当赔偿医疗费、护理费、交通费等为治疗和康复支出的合理费用，以及因误工减少的收入。造成残疾的，还应当赔偿残疾生活辅助具费和残疾赔偿金。造成死亡的，还应当赔偿丧葬费和死亡赔偿金。

生产不符合食品安全标准的食品或者经营明知是不符合食品安全标准的食品，消费者除要求赔偿损失外，还可以向生产者或者经营者要求支付价款十倍或者损失三倍的赔偿金；增加赔偿的金额不足一千元的，为一千元。但是，食品的标签、说明书存在不影响食品安全且不会对消费者造成误导的瑕疵的除外。明知从事上述违法行为，仍为其提供生产经营场所或者其他条件的，使消费者的合法权益受到损害的，应当与食品生产经营者承担连带责任。

◎行政法律风险：

尚不构成犯罪的，由县级以上人民政府食品安全监督管理部门没收违法所得和违法生产经营的食品，并可以没收用于违法生产经营的工具、设备、原料等物品；违法生产经营的食品货值金额不足一万元的，并处十万元以上十五万元以下罚款；货值金额一万元以上的，并处货值金额十五倍以上三十倍以下罚款；情节严重的，吊销许可证，并可以由公安机关对其直接负责的主管人员和其他直接责任人员处五日以上十五日以下拘留。

明知从事上述违法行为，仍为其提供生产经营场所或者其他条件的，由监管部门责令停止违法行为，没收违法所得，并处十万元以上二十万元以下罚款。

◎刑事法律风险：

涉嫌生产、销售不符合安全标准的食品罪。足以造成严重食物中毒事故或者其他严重食源性疾病的，处三年以下有期徒刑或者拘役，并处罚金；对人体健康造成严重危害或者有其他严重情节的，处三年以上七年以下有期徒刑，并处罚金；后果特别严重的，处七年以上有期徒刑或者无期徒刑，并处罚金或者没收财产。

典型案例：习水县段某等人经营、屠宰、销售病死牛及牛肉产品案

2021 年 7 月 23 日，习水县综合行政执法局接到举报，习水县东皇街道银龙村村民周某未按规定处理病死牛。经查，2021 年 7 月 22 日，习水县东皇街道银龙村民周某饲养的 1 头牛病死后，以 800 元价格销售给段某，段某以 1800 元价格销售给马某；马某将病死牛屠宰分割后，分别销售给陆某、餐馆经营主袁某、邹某，销售所得 4000 元。此外，在 2020 年 12 月 3 日至 2021 年 7 月 15 日期间，段某与马某之间还交易了 4 头死牛。上述当事人的行为违反了《食品安全法》第一百二十一条、第一百二十三条的相关规定，2021 年 8 月 12 日，习水县综合行政执法局将案件依法移送公安机关。

典型案例：仁怀市杨某等人生产、销售不符合安全标准的食品案

2021 年 4 月初，仁怀市农业农村局接举报，仁怀市盐津街道办事处有人屠宰加工病死猪肉。经查，杨某屠宰加工 2 头病死猪，经对病死猪采样检测，结果为猪圆环病毒 II 型核酸阳性。当事人的行为违反了《食品安全法》第一百二十一条、第一百二十三条的相关规定，仁怀市综合行政执法局将案件移送公安机关，仁怀市人民检察院对涉案人员杨某等 5 人以涉嫌生产、销售不符合安全标准的食品罪提起刑事附带民事公益诉讼。

防范建议

病死、毒死、死因不明的禽、畜、兽、水产动物肉类对人体健康具有严重的食品安全危害，故法律明令禁止此类食品或食品原料进入消费市场。食品生产经营者应当提升社会责任感及守法意识，拒绝经营不安全动物产品，严格履行进货查验、检验检疫、无害化处理义务，共同守护食品安全环境。这既是对消费者负责，也是对自身负责，以避免因此承担重大法律风险。

风险 7：经营未按规定进行检疫或者检疫不合格的肉类，或者生产经营未经检验或者检验不合格的肉类制品；明知从事该违法行为，仍为其提供生产经营场所或者其他条件的。

法律规定

《食品安全法》第一百二十一条、第一百二十三条、第一百四十八条
《消费者权益保护法》第四十九条
《刑法》第一百四十三条、第一百四十四条

法律风险

◎民事法律风险：

经营者提供商品或者服务，造成消费者或者其他受害人人身伤害的，应当赔偿医疗费、护理费、交通费等为治疗和康复支出的合理费用，以及因误工减少的收入。造成残疾的，还应当赔偿残疾生活

辅助具费和残疾赔偿金。造成死亡的，还应当赔偿丧葬费和死亡赔偿金。

生产不符合食品安全标准的食品或者经营明知是不符合食品安全标准的食品，消费者除要求赔偿损失外，还可以向生产者或者经营者要求支付价款十倍或者损失三倍的赔偿金；增加赔偿的金额不足一千元的，为一千元。但是，食品的标签、说明书存在不影响食品安全且不会对消费者造成误导的瑕疵的除外。明知从事上述违法行为，仍为其提供生产经营场所或者其他条件的，使消费者的合法权益受到损害的，应当与食品生产经营者承担连带责任。

◎行政法律风险：

尚不构成犯罪的，由县级以上人民政府食品安全监督管理部门没收违法所得和违法生产经营的食品，并可以没收用于违法生产经营的工具、设备、原料等物品；违法生产经营的食品货值金额不足一万元的，并处十万元以上十五万元以下罚款；货值金额一万元以上的，并处货值金额十五倍以上三十倍以下罚款；情节严重的，吊销许可证，并可以由公安机关对其直接负责的主管人员和其他直接责任人员处五日以上十五日以下拘留。

明知从事上述违法行为，仍为其提供生产经营场所或者其他条件的，由监管部门责令停止违法行为，没收违法所得，并处十万元以上二十万元以下罚款。

◎刑事法律风险：

涉嫌生产、销售不符合安全标准的食品罪。足以造成严重食物中毒事故或者其他严重食源性疾病的，处三年以下有期徒刑或者拘役，并处罚金；对人体健康造成严重危害或者有其他严重情节的，处三年以上七年以下有期徒刑，并处罚金；后果特别严重的，处七年以上有期徒刑或者无期徒刑，并处罚金或者没收财产。

涉嫌生产、销售有毒有害食品罪。处五年以下有期徒刑，并处罚金；对人体健康造成严重危害或者有其他严重情节的，处五年以上十年以下有期徒刑，并处罚金；致人死亡或者有其他特别严重情节的，依照《刑法》第一百四十一条的规定处罚。

典型案例：四某冻库涉嫌经营未经检验检疫的肉类制品案

2021 年 6 月 16 日，潜山市市场监督管理局执法人员对四某冻库进行监督检查，发现其冻库内有 6 个品种进口冷链食品未进行报备，其中 1 个肉类制品未能提供入境货物检验检疫证明、海关进口货物报关单、消毒记录证明和核酸检测阴性报告等合格证明文件。经查，该批无中文标签标识的进口肉类制品，为当事人于 2021 年 6 月 10 日通过微信从合肥沈某处购进，计 114.4 千克，货值金额 5262.4 元。

当事人经营未经检验检疫肉类制品的行为违反《食品安全法》第一百二十三条的规定。2021 年 6 月 22 日，潜山市市场监督管理局予以立案，并作出如下处罚：1. 没收未经检疫的肉类；2. 罚款 15000 元。同时，当事人经营进口冷链食品未按照规定进行报备，其行为涉嫌违反潜山市新冠肺炎疫情防控指挥部《关于启用潜山市进口冷链食品集中监管仓的通告》的规定，该局依据《食品安全法》第一百二十一条的规定于 6 月 23 日将该案移送公安机关处理。

典型案例：韦某经营未按规定进行检验检疫肉制品案

2021 年 1 月 18 日，临泉县市场监督管理局接到投诉举报，依法对韦某肉类加工点开展检查。发现在当事人冷库及院内存放有无中文标签标识的进口冷冻肉制品，当事人现场无法提供上述食品的进货票据及检验检疫合格证明等疫情防控要求的“四证一码”。执法人员对上述物品进行就地封存，涉案物品计 8965 千克。执法人员对上述物品进行随机抽取样品 12 组，经检验，7 组样品检测出含有甲醛次硫酸氢钠（吊白块）。

当事人经营含有甲醛次硫酸氢钠（吊白块）冷冻食品的行为，违反《食品安全法》第一百二十三条的规定，依据《刑法》第一百四十四条、《最高人民法院、最高人民检察检关于办理危害食品安全刑事案件适用法律若干问题的解释》第九条的规定，临泉县市场监督管理局于 2021 年 2 月 9 日依法将该案移送公安机关立案侦查。

防范建议

未经检验检疫、消杀和核酸检测的肉制品，不仅存在传播疫情的风险，甚至可能传播禽流感、口蹄疫等动物疫病，带来严重的食品安全隐患，危害人民群众的生命财产安全。食品生产经营者应当牢固树立守法意识，依法严格履行肉制品检验检疫义务，拒绝经营未经检验检疫合格的动物制品，最大限度阻断疫情传播途径。

风险 8：生产经营国家为防病等特殊需要明令禁止生产经营的食品；明知从事该违法行为，仍为其提供生产经营场所或者其他条件的。

法律规定

《食品安全法》第一百二十三条、第一百四十八条

《消费者权益保护法》第四十九条

《刑法》第一百四十三条

法律风险

◎**民事法律风险：**

经营者提供商品或者服务，造成消费者或者其他受害人人身伤害的，应当赔偿医疗费、护理费、交通费等为治疗和康复支出的合理费用，以及因误工减少的收入。造成残疾的，还应当赔偿残疾生活辅助具费和残疾赔偿金。造成死亡的，还应当赔偿丧葬费和死亡赔偿金。

生产不符合食品安全标准的食品或者经营明知是不符合食品安全标准的食品，消费者除要求赔偿损失外，还可以向生产者或者经营者要求支付价款十倍或者损失三倍的赔偿金；增加赔偿的金额不足一千元的，为一千元。但是，食品的标签、说明书存在不影响食品安全且不会对消费者造成误导的瑕疵的除外。明知从事上述违法行为，仍为其提供生产经营场所或者其他条件的，使消费者的合法权益受到损害的，应当与食品生产经营者承担连带责任。

◎行政法律风险：

尚不构成犯罪的，由县级以上人民政府食品安全监督管理部门没收违法所得和违法生产经营的食品，并可以没收用于违法生产经营的工具、设备、原料等物品；违法生产经营的食品货值金额不足一万元的，并处十万元以上十五万元以下罚款；货值金额一万元以上的，并处货值金额十五倍以上三十倍以下罚款；情节严重的，吊销许可证，并可以由公安机关对其直接负责的主管人员和其他直接责任人员处五日以上十五日以下拘留。

明知从事上述违法行为，仍为其提供生产经营场所或者其他条件的，由监管部门责令停止违法行为，没收违法所得，并处十万元以上二十万元以下罚款。

◎刑事法律风险：

涉嫌生产、销售不符合安全标准的食品罪。足以造成严重食物中毒事故或者其他严重食源性疾病的，处三年以下有期徒刑或者拘役，并处罚金；对人体健康造成严重危害或者有其他严重情节的，处三年以上七年以下有期徒刑，并处罚金；后果特别严重的，处七年以上有期徒刑或者无期徒刑，并处罚金或者没收财产。

防范建议

食品经营者应当建立健全食品进货查验制度，不得经营国家为预防疾病传播而明令禁止经营的动植物及其产品。

风险9：生产经营添加药品的食品；明知从事该违法行为，仍为其提供生产经营场所或者其他条件的。

法律规定

《食品安全法》第一百二十三条、第一百四十八条

《消费者权益保护法》第四十九条

《刑法》第一百四十四条

法律风险

◎民事法律风险：

经营者提供商品或者服务，造成消费者或者其他受害人人身伤害的，应当赔偿医疗费、护理费、交通费等为治疗和康复支出的合理费用，以及因误工减少的收入。造成残疾的，还应当赔偿残疾生活辅助具费和残疾赔偿金。造成死亡的，还应当赔偿丧葬费和死亡赔偿金。

生产不符合食品安全标准的食品或者经营明知是不符合食品安全标准的食品，消费者除要求赔偿损失外，还可以向生产者或者经营者要求支付价款十倍或者损失三倍的赔偿金；增加赔偿的金额不足一千元的，为一千元。但是，食品的标签、说明书存在不影响食品安全且不会对消费者造成误导的瑕疵的除外。明知从事上述违法行为，仍为其提供生产经营场所或者其他条件的，使消费者的合法权益受到损害的，应当与食品生产经营者承担连带责任。

◎行政法律风险：

尚不构成犯罪的，由县级以上人民政府食品安全监督管理部门没收违法所得和违法生产经营的食

品，并可以没收用于违法生产经营的工具、设备、原料等物品；违法生产经营的食品货值金额不足一万元的，并处十万元以上十五万元以下罚款；货值金额一万元以上的，并处货值金额十五倍以上三十倍以下罚款；情节严重的，吊销许可证，并可以由公安机关对其直接负责的主管人员和其他直接责任人员处五日以上十五日以下拘留。

明知从事上述违法行为，仍为其提供生产经营场所或者其他条件的，由监管部门责令停止违法行为，没收违法所得，并处十万元以上二十万元以下罚款。

◎刑事法律风险：

涉嫌生产、销售有毒有害食品罪。处五年以下有期徒刑，并处罚金；对人体健康造成严重危害或者有其他严重情节的，处五年以上十年以下有期徒刑，并处罚金；致人死亡或者有其他特别严重情节的，依照《刑法》第一百四十一条的规定处罚。

典型案例：邹某某犯销售有毒、有害食品罪案

被告人邹某某经营一家杂货店，其出售的香料粉被执法人员现场检测出罂粟碱成分。公安机关对其店内的香料粉依法予以扣押，共计3.47千克。经鉴定，扣押的香料粉中均检出罂粟碱、吗啡、可待因、那可丁等精神药物成分。

新化县人民法院审理认定，被告人邹某某违反《食品安全法》关于禁止在食品中添加药品的规定，在销售的食品中掺入非食品原料罂粟壳，其行为违反了《刑法》第一百四十四条的规定，已构成销售有毒、有害食品罪。新化县人民法院依法判决被告人邹某某有期徒刑6个月，并处罚金4000元。

典型案例：梁某某犯销售有毒、有害食品罪案

2016年上半年，黄某某（已判刑）通过QQ减肥、保健群在网上推广销售含有西布曲明、酚酞成分的减肥食品胶囊。2016年6月份开始，被告人梁某某明知黄某某销售的减肥食品胶囊含有西布曲明、酚酞成分，仍参与运输，并提供账号收取销售货款，金额达100余万元。经鉴定，涉案减肥食品胶囊非法添加西布曲明、酚酞、N-单去甲基西布曲明等药物，属于非法添加有毒、有害非食品原料的食品。

衡阳市中级人民法院审理认定，被告人梁某某明知他人所销售的减肥食品中掺杂国家禁止非法添加的酚酞、西布曲明成分，仍然进行运输帮助销售，并提供银行账号收取销售货款，其行为违反了《刑法》第一百四十四条的规定，已构成销售有毒、有害食品罪，梁某某参与运输并提供账号收取销售货款，起辅助作用，系从犯，依法应当减轻处罚。相关部门遂判决梁某某犯销售有毒、有害食品罪，判处有期徒刑9年，并处罚金150万元。

防范建议

罂粟壳、西布曲明、酚酞、N-单去甲基西布曲明等药物系国务院全国食品安全整顿工作办公室制定的“食品中可能违法添加的非食用物质和易滥用的食品添加剂品种名单”中的非食用物质，属于“有毒、有害的非食品原料”。生产者要严格把控生产标准，不得违法违规使用有毒、有害的非食品原料，销售者必须对销售的货品严格把关，否则可能构成犯罪，受到法律的严惩。

风险10：生产经营致病性微生物，农药残留、兽药残留、生物毒素、重金属等污染物质以及其他危害人体健康的物质含量超过食品安全标准限量的食品、食品添加剂的。

法律规定

《食品安全法》第一百二十四条、第一百四十八条

《消费者权益保护法》第四十九条

《刑法》第一百四十三条

法律风险

◎民事法律风险：

经营者提供商品或者服务，造成消费者或者其他受害人人身伤害的，应当赔偿医疗费、护理费、交通费等为治疗和康复支出的合理费用，以及因误工减少的收入。造成残疾的，还应当赔偿残疾生活辅助具费和残疾赔偿金。造成死亡的，还应当赔偿丧葬费和死亡赔偿金。

生产不符合食品安全标准的食品或者经营明知是不符合食品安全标准的食品，消费者除要求赔偿损失外，还可以向生产者或者经营者要求支付价款十倍或者损失三倍的赔偿金；增加赔偿的金额不足一千元的，为一千元。但是，食品的标签、说明书存在不影响食品安全且不会对消费者造成误导的瑕疵的除外。

◎行政法律风险：

尚不构成犯罪的，由县级以上人民政府食品安全监督管理部门没收违法所得和违法生产经营的食品、食品添加剂，并可以没收用于违法生产经营的工具、设备、原料等物品；违法生产经营的食品、食品添加剂货值金额不足一万元的，并处五万元以上十万元以下罚款；货值金额一万元以上的，并处货值金额十倍以上二十倍以下罚款；情节严重的，吊销许可证。

◎刑事法律风险：

涉嫌生产、销售不符合安全标准的食品罪。足以造成严重食物中毒事故或者其他严重食源性疾病的，处三年以下有期徒刑或者拘役，并处罚金；对人体健康造成严重危害或者有其他严重情节的，处三年以上七年以下有期徒刑，并处罚金；后果特别严重的，处七年以上有期徒刑或者无期徒刑，并处罚金或者没收财产。

典型案例：向某经营超限量使用食品添加剂及农药残留含量超过食品安全标准限量食品案

2019年4月16日，利川市市场监督管理局执法人员对个体工商户向某经营的花生酱丁、澳柑进行了监督抽检，经武汉市华测检测技术有限公司检验，分别判定为：花生酱丁的“苯甲酸及其钠盐”项目不符合GB 2760—2014《食品安全国家标准 食品添加剂使用标准》要求，检验结论为不合格；澳柑的“丙溴磷”项目不符合GB 2763—2016《食品安全国家标准 食品中农药最大残留限量》标准要求，检验结论为不合格。当事人向某涉嫌违反《食品安全法》第一百二十四条的规定，利川市市场监督管理局依法对向某进行立案查处。

当事人经营超限量使用食品添加剂的“花生酱丁”及农药残留含量超过食品安全标准限量的“澳柑”的行为违反了《食品安全法》第三十四条第一款的规定，当事人进货时未查验许可证和相关证明文件的行为违反了《食品安全法》第五十三条第一款的规定。依据《食品安全法》第一百二十四条第一款和第一百二十六条第一款的规定，执法机关决定对当事人作出如下处罚：1. 没收违法所得 32.55 元；2. 处罚款 5 万元。

典型案例：某连锁超市销售重金属超标鱿鱼案

2017 年 12 月，内江市东兴区食品药品监督管理局（以下简称东兴区局）对位于东兴区汉安大道的某连锁超市进行监督抽检。该连锁超市经营的冻鱿鱼检验报告为：检查项目第二项（镉）不符合 GB 2760—2012《食品安全限量国家标准 食品中污染物限量》的要求，检验结论为不合格。东兴区局将不合格产品的检验报告直接送达给该连锁超市，并依法开展了现场检查，查明该批次冻鱿鱼由该连锁超市的上级总公司统一采购并直接配送到该超市，共配送 179 千克，购进单价 18.7 元/千克，货值金额 3347.3 元。该批次抽检不合格冻鱿鱼共销售 147.10 千克，获取违法所得 426.59 元。同时查明，该连锁超市不能提供该批次冻鱿鱼的出厂检验报告以及供货商资质。

东兴区局调查终结后，认定该公司经营重金属（镉）超过食品安全限量的冻鱿鱼的行为，违反了《食品安全法》第一百二十四条第一款第一项的规定，对该连锁超市处以没收违法所得 426.59 元，并处罚款 55000 元的行政处罚。

防范建议

食品经营者应当建立健全食品进货查验机制，对采购的食品、食品原料严格履行索票索证、进货查验。发现农药残留、兽药残留、生物毒素、重金属等污染物质以及其他危害人体健康的物质含量超过食品安全标准限量的，一律不得采购并及时向市场监管部门报告。已经采购或销售的，应当立即停止销售、召回，作无害化处理，并向市场监管部门报告。

风险 11：用超过保质期的食品原料、食品添加剂生产食品、食品添加剂，或者经营上述食品、食品添加剂的。

法律规定

《食品安全法》第一百二十四条、第一百四十八条

《消费者权益保护法》第四十九条

《刑法》第一百四十三条

法律风险

◎民事法律风险：

经营者提供商品或者服务，造成消费者或者其他受害人人身伤害的，应当赔偿医疗费、护理费、

交通费等为治疗和康复支出的合理费用，以及因误工减少的收入。造成残疾的，还应当赔偿残疾生活辅助具费和残疾赔偿金。造成死亡的，还应当赔偿丧葬费和死亡赔偿金。

生产不符合食品安全标准的食品或者经营明知是不符合食品安全标准的食品，消费者除要求赔偿损失外，还可以向生产者或者经营者要求支付价款十倍或者损失三倍的赔偿金；增加赔偿的金额不足一千元的，为一千元。但是，食品的标签、说明书存在不影响食品安全且不会对消费者造成误导的瑕疵的除外。

◎行政法律风险：

尚不构成犯罪的，由县级以上人民政府食品安全监督管理部门没收违法所得和违法生产经营的食品、食品添加剂，并可以没收用于违法生产经营的工具、设备、原料等物品；违法生产经营的食品、食品添加剂货值金额不足一万元的，并处五万元以上十万元以下罚款；货值金额一万元以上的，并处货值金额十倍以上二十倍以下罚款；情节严重的，吊销许可证。

◎刑事法律风险：

涉嫌生产、销售不符合安全标准的食品罪。足以造成严重食物中毒事故或者其他严重食源性疾病的，处三年以下有期徒刑或者拘役，并处罚金；对人体健康造成严重危害或者有其他严重情节的，处三年以上七年以下有期徒刑，并处罚金；后果特别严重的，处七年以上有期徒刑或者无期徒刑，并处罚金或者没收财产。

典型案例：如东县某中餐厅使用超过保质期的食品原料、未录入“江苏冷链” 追溯系统案

2022 年 3 月 17 日，如东县市场监督管理局对该县袁庄镇如东某中餐厅检查，发现其贮存并加工进口冷冻薯条（原产国：荷兰）。当事人现场提供了上述进口冷链食品报关单、核酸证明等相关证明文件，但未在“江苏冷链”追溯系统录入相关信息。另查明，当事人将“过期面包”作为汉堡的原料使用。

当事人未将进口冷冻薯条信息录入“江苏冷链”追溯系统，未执行市疫情防控指挥部《关于扩大“江苏冷链”系统溯源管理范围的通告》第二条的规定，依据该通告第五条的规定，如东县市场监督管理局责令当事人歇业整改，要求其在整改完毕并经复检符合防疫要求后方可营业；其使用超过保质期食品原料的行为，涉嫌违反了《食品安全法》第一百二十四条的规定，该局依法对其立案查处。

典型案例：咖啡店使用超过保质期的食品原料制作咖啡案

2019 年 9 月 26 日，英德市市场监督管理局执法人员对位于英德市黎溪镇广乐高速公路黎溪服务区东区的清远某咖啡有限公司经营场所进行监督检查，经检查发现该公司员工在经营场所咖啡制作吧台上使用超过保质期的食品原料雀巢淡奶油 1 盒和雀巢鹰唛炼奶 1 罐，在经营场所咖啡制作吧台销售货架上销售没有食品标签的预包装食品咖啡豆 1 包。该公司使用超过保质期的食品原料、销售无标签预包装食品违反了《食品安全法》第一百二十四条的规定。2019 年 10 月 23 日，英德市市场监督管理局对其作出处以罚款 55000 元、没收违法经营的食品的行政处罚。

防范建议

食品生产经营者应当建立临期食品（食品添加剂）及原料的定期清理制度，安排专人对即将过期的食品、食品原料进行处理。采购时也需审查相应产品的生产日期和保质期，不得采购即将过期或已经过期的食品原料。

风险12：生产经营超范围、超限量使用食品添加剂的食品的。

法律规定

《食品安全法》第一百二十四条、第一百四十八条

《消费者权益保护法》第四十九条

《刑法》第一百四十三条

法律风险

◎民事法律风险：

经营者提供商品或者服务，造成消费者或者其他受害人人身伤害的，应当赔偿医疗费、护理费、交通费等为治疗和康复支出的合理费用，以及因误工减少的收入。造成残疾的，还应当赔偿残疾生活辅助具费和残疾赔偿金。造成死亡的，还应当赔偿丧葬费和死亡赔偿金。

生产不符合食品安全标准的食品或者经营明知是不符合食品安全标准的食品，消费者除要求赔偿损失外，还可以向生产者或者经营者要求支付价款十倍或者损失三倍的赔偿金；增加赔偿的金额不足一千元的，为一千元。但是，食品的标签、说明书存在不影响食品安全且不会对消费者造成误导的瑕疵的除外。

◎行政法律风险：

尚不构成犯罪的，由县级以上人民政府食品安全监督管理部门没收违法所得和违法生产经营的食品、食品添加剂，并可以没收用于违法生产经营的工具、设备、原料等物品；违法生产经营的食品、食品添加剂货值金额不足一万元的，并处五万元以上十万元以下罚款；货值金额一万元以上的，并处货值金额十倍以上二十倍以下罚款；情节严重的，吊销许可证。

◎刑事法律风险：

涉嫌生产、销售不符合安全标准的食品罪。足以造成严重食物中毒事故或者其他严重食源性疾病的，处三年以下有期徒刑或者拘役，并处罚金；对人体健康造成严重危害或者有其他严重情节的，处三年以上七年以下有期徒刑，并处罚金；后果特别严重的，处七年以上有期徒刑或者无期徒刑，并处罚金或者没收财产。

典型案例：光泽县醉某香卤味店灌肠超范围使用食品添加剂案

2019 年 11 月 5 日，光泽县市场监督管理局委托厦门谱尼测试有限公司对光泽县醉某香卤味店经营的灌肠进行食品安全监督抽检。经检验，该灌肠中亚硝酸盐残留量为 69 毫克/千克，不符合原卫生部、原国家食品药品监督管理局公告 2012 年第 10 号《关于禁止餐饮服务单位采购、贮存、使用食品添加剂亚硝酸盐的公告》要求，检验结论为不合格。

2019 年 12 月 16 日，光泽县市场监督管理局依法对当事人立案调查。经查，当事人经营的不合格的灌肠，是当事人于 2019 年 11 月 2 日购进，购进数量 5 千克，购进价格为 34 元/千克，售价为 70 元/千克。该案货值金额 350 元，当事人违法所得 180 元，当事人未索取、也无法提供涉案不合格灌肠供货方经营资质材料、产品检验合格证明等相关材料。2020 年 4 月 9 日，光泽县市场监督管理局依据《食品安全法》第一百二十四条第一款第三项、第一百二十六条第一款第三项的规定，责令当事人立即改正违法行为，没收违法所得 180 元，并处罚款 5 万元。

典型案例：宁德市某某学校食堂腌萝卜块超限量使用食品添加剂案

2020 年 7 月 6 日，宁德市市场监督管理局接到宁德市食品药品检验检测中心出具的检验报告，依法到宁德市某某学校进行现场检查，发现当事人涉嫌经营超限量使用食品添加剂的食品违法行为，7 月 8 日予以立案调查。经查，该校食堂采购人员于 2020 年 6 月 2 日在未查验生产商、供货者的许可证和食品出厂检验合格证以及其他合格证明的情况下，从宁德市洋尾蔬菜批发市场以 10 元/千克的价格购进生产日期为 2020 年 6 月 2 日的腌萝卜块 1 包（1.5 千克），6 月 3 日被宁德市食品药品检验检测中心的工作人员监督抽样时抽取了 0.75 千克，剩余的 0.75 千克该校食堂经过拆包分小量后以 4 元/份（0.25 千克/份）的价格售卖给本校师生用餐食用，货值金额 24 元，违法所得 4.5 元。

该学校采购腌萝卜块时，未查验生产商、供货者的许可证和食品出厂检验合格证以及其他合格证明，并售卖给学生使用，构成了经营超限量使用食品添加剂的食品的行为。宁德市市场监督管理局依据《食品安全法》第一百二十四条第一款第三项的规定，没收违法所得 4.5 元，处罚款 5 万元。

防范建议

食品生产者应当建立食品配料合规审查机制。产品研发阶段需对计划作为产品配料的添加剂是否存在超范围添加进行合规审查。生产阶段，需严格控制、科学投料，切不可超限量使用添加剂。

风险13：生产经营腐败变质、油脂酸败、霉变生虫、污秽不洁、混有异物、掺假掺杂或者感官性状异常的食品、食品添加剂的。

法律规定

《食品安全法》第一百二十四条、第一百四十八条
《消费者权益保护法》第四十九条
《刑法》第一百四十三条

法律风险

◎民事法律风险：

经营者提供商品或者服务，造成消费者或者其他受害人人身伤害的，应当赔偿医疗费、护理费、交通费等为治疗和康复支出的合理费用，以及因误工减少的收入。造成残疾的，还应当赔偿残疾生活辅助具费和残疾赔偿金。造成死亡的，还应当赔偿丧葬费和死亡赔偿金。

生产不符合食品安全标准的食品或者经营明知是不符合食品安全标准的食品，消费者除要求赔偿损失外，还可以向生产者或者经营者要求支付价款十倍或者损失三倍的赔偿金；增加赔偿的金额不足一千元的，为一千元。但是，食品的标签、说明书存在不影响食品安全且不会对消费者造成误导的瑕疵的除外。

◎行政法律风险：

尚不构成犯罪的，由县级以上人民政府食品安全监督管理部门没收违法所得和违法生产经营的食品、食品添加剂，并可以没收用于违法生产经营的工具、设备、原料等物品；违法生产经营的食品、食品添加剂货值金额不足一万元的，并处五万元以上十万元以下罚款；货值金额一万元以上的，并处货值金额十倍以上二十倍以下罚款；情节严重的，吊销许可证。

◎刑事法律风险：

涉嫌生产、销售不符合安全标准的食品罪。足以造成严重食物中毒事故或者其他严重食源性疾病的，处三年以下有期徒刑或者拘役，并处罚金；对人体健康造成严重危害或者有其他严重情节的，处三年以上七年以下有期徒刑，并处罚金；后果特别严重的，处七年以上有期徒刑或者无期徒刑，并处罚金或者没收财产。

典型案例：赤水市某商贸有限公司经营霉变生虫食品案

2021年9月，赤水市市场监督管理局执法人员根据举报对赤水市某商贸公司进行核查。经查，当事人于2021年8月3日购进泡椒凤爪200袋（均在保质期内），其中1袋鸡爪因包装袋破损导致霉变生虫，肉眼可见蛆虫在包装袋内蠕动，且蛆虫已污染产品存放区域，公司管理人员在经营中未及时发现。当事人的行为涉嫌违反了《食品安全法》第一百二十四条的规定，赤水市市场监督管理局依据《食品安全法》第一百二十四条对其进行了立案查处。

典型案例：祁东县某餐饮店经营混有异物的食品案

2019年7月31日，祁东县市场监督管理局接群众举报，在祁东县某餐饮店就餐过程中食用“十八秒生爆牛肉”时，吃到了半圆形玻璃碎片，致使口腔内划伤出血，执法人员查实原因是餐饮店厨师李某在开启啤酒瓶时没有使用专业的开瓶器操作，导致啤酒瓶口破碎后玻璃碎片出现在菜品中。当事人的行为违反了《食品安全法》第一百二十四条的规定，祁东县市场监督管理局责令当事人立即停止违法经营行为，依法没收违法所得45元，罚款80000元。

防范建议

食品生产经营者应当建立健全生产经营过程关键点控制体系，并保证体系正常运行。避免出现腐败变质、油脂酸败、霉变生虫、污秽不洁、混有异物、掺假掺杂或者感官性状异常的食品。

风险14：生产食品相关产品新品种，未通过安全性评估，或生产不符合食品安全标准的食品相关产品的。

法律规定

《食品安全法》第一百二十四条
《消费者权益保护法》第四十九条、第五十五条
《刑法》第一百四十六条

法律风险

◎民事法律风险：

经营者提供商品或者服务，造成消费者或者其他受害人人身伤害的，应当赔偿医疗费、护理费、交通费等为治疗和康复支出的合理费用，以及因误工减少的收入。造成残疾的，还应当赔偿残疾生活辅助具费和残疾赔偿金。造成死亡的，还应当赔偿丧葬费和死亡赔偿金。

经营者提供商品或者服务有欺诈行为的，应当按照消费者的要求增加赔偿其受到的损失，增加赔偿的金额为消费者购买商品的价款或者接受服务的费用的三倍；增加赔偿的金额不足五百元的，为五百元。法律另有规定的，依照其规定。经营者明知商品或者服务存在缺陷，仍然向消费者提供，造成消费者或者其他受害人死亡或者健康严重损害的，受害人有权要求经营者依照《消费者权益保护法》第四十九条、第五十一条等法律规定赔偿损失，并有权要求所受损失二倍以下的惩罚性赔偿。

◎行政法律风险：

尚不构成犯罪的，由县级以上人民政府食品安全监督管理部门没收违法所得和违法生产经营的食品、食品添加剂，并可以没收用于违法生产经营的工具、设备、原料等物品；违法生产经营的食品、食品添加剂货值金额不足一万元的，并处五万元以上十万元以下罚款；货值金额一万元以上的，并处货值金额十倍以上二十倍以下罚款；情节严重的，吊销许可证。

◎刑事法律风险：

涉嫌生产、销售不符合安全标准的产品罪。造成严重后果的，处五年以下有期徒刑，并处销售金

额百分之五十以上二倍以下罚金；后果特别严重的，处五年以上有期徒刑，并处销售金额百分之五十以上二倍以下罚金。

防范建议

食品相关产品生产者应当严格按照国家相关标准进行生产，在生产食品相关产品新品种之前一定要按照法律程序进行安全性评估，评估通过后获得相应的生产许可方能开始生产。

风险15：生产经营被包装材料、容器、运输工具等污染的食品、食品添加剂的。

法律规定

《食品安全法》第一百二十五条、第一百四十八条
《消费者权益保护法》第四十九条
《刑法》第一百四十三条

法律风险

◎民事法律风险：

经营者提供商品或者服务，造成消费者或者其他受害人人身伤害的，应当赔偿医疗费、护理费、交通费等为治疗和康复支出的合理费用，以及因误工减少的收入。造成残疾的，还应当赔偿残疾生活辅助具费和残疾赔偿金。造成死亡的，还应当赔偿丧葬费和死亡赔偿金。

生产不符合食品安全标准的食品或者经营明知是不符合食品安全标准的食品，消费者除要求赔偿损失外，还可以向生产者或者经营者要求支付价款十倍或者损失三倍的赔偿金；增加赔偿的金额不足一千元的，为一千元。但是，食品的标签、说明书存在不影响食品安全且不会对消费者造成误导的瑕疵的除外。

◎行政法律风险：

由县级以上人民政府食品安全监督管理部门没收违法所得和违法生产经营的食品、食品添加剂，并可以没收用于违法生产经营的工具、设备、原料等物品；违法生产经营的食品、食品添加剂货值金额不足一万元的，并处五千元以上五万元以下罚款；货值金额一万元以上的，并处货值金额五倍以上十倍以下罚款；情节严重的，责令停产停业，直至吊销许可证。

◎刑事法律风险：

涉嫌生产、销售不符合安全标准的食品罪。足以造成严重食物中毒事故或者其他严重食源性疾病的，处三年以下有期徒刑或者拘役，并处罚金；对人体健康造成严重危害或者有其他严重情节的，处三年以上七年以下有期徒刑，并处罚金；后果特别严重的，处七年以上有期徒刑或者无期徒刑，并处罚金或者没收财产。

典型案例：王某经营被包装材料、 容器污染食品案

2019年4月17日，鄂尔多斯市鄂托克前旗市场监督管理局执法人员对鄂托克前旗佳禾畜产购销门市部进行检查中发现，其冷库中存放的牛肉所用的包装材料污秽不洁，与未处理过的牛下水、牛头、牛蹄、牛皮混合存放。冷库的四周墙壁及地面有血渍及其他的不明污染物。当事人经营的食品（牛肉）被包装材料、容器污染，肉重为170千克，卖价为每千克60元，货值总金额10200元。当事人涉嫌违反了《食品安全法》第一百二十五条的规定，鄂托克前旗市场监督管理局依据相关规定，没收牛肉170千克，处以罚款55600元。

防范建议

食品生产经营者应当定期对包装材料、容器、运输工具等相关设备、设施进行检查、消毒、清洁，确保设备、设施的食品接触面不会对食品造成污染。

风险16：食品生产经营者采购或者使用不符合食品安全标准的食品原料、食品添加剂、食品相关产品的。

法律规定

《食品安全法》第一百二十五条、第一百四十八条

《消费者权益保护法》第四十九条

《刑法》第一百四十三条

法律风险

◎民事法律风险：

经营者提供商品或者服务，造成消费者或者其他受害人人身伤害的，应当赔偿医疗费、护理费、交通费等为治疗和康复支出的合理费用，以及因误工减少的收入。造成残疾的，还应当赔偿残疾生活辅助具费和残疾赔偿金。造成死亡的，还应当赔偿丧葬费和死亡赔偿金。

生产不符合食品安全标准的食品或者经营明知是不符合食品安全标准的食品，消费者除要求赔偿损失外，还可以向生产者或者经营者要求支付价款十倍或者损失三倍的赔偿金；增加赔偿的金额不足一千元的，为一千元。但是，食品的标签、说明书存在不影响食品安全且不会对消费者造成误导的瑕疵的除外。

◎行政法律风险：

由县级以上人民政府食品安全监督管理部门没收违法所得和违法生产经营的食品、食品添加剂，并可以没收用于违法生产经营的工具、设备、原料等物品；违法生产经营的食品、食品添加剂货值金额不足一万元的，并处五千元以上五万元以下罚款；货值金额一万元以上的，并处货值金额五倍以上十倍以下罚款；情节严重的，责令停产停业，直至吊销许可证。

◎刑事法律风险：

涉嫌生产、销售不符合安全标准的食品罪。足以造成严重食物中毒事故或者其他严重食源性疾病的，处三年以下有期徒刑或者拘役，并处罚金；对人体健康造成严重危害或者有其他严重情节的，处三年以上七年以下有期徒刑，并处罚金；后果特别严重的，处七年以上有期徒刑或者无期徒刑，并处罚金或者没收财产。

典型案例：珠海市某渔村餐饮管理有限公司采购不符合食品安全标准的食品原料案

珠海市金湾区市场监督管理局于2020年9月30日委托拱北海关技术中心对珠海市某渔村餐饮管理有限公司采购的食材白蟹（海水蟹）进行抽检，经检验镉含量为0.79毫克/千克，不符合GB 2762—2017《食品安全国家标准 食品中污染物限量》中不高于0.5毫克/千克的要求，检验结论为不合格。金湾区市场监督管理局遂于11月9日对该公司立案调查。

经查明：该公司于2020年9月29日从斗门区某水产店购进涉案白蟹（海水蟹）共6.5千克，购进价格90元/千克，货值金额1144元。该公司作为餐饮服务提供者应当制定并实施原料控制要求，不得采购不符合食品安全标准的食品原料。

金湾区市场监督管理局依据《食品安全法》第一百二十五条及行政执法机关自由裁量权的相关规定，于2021年3月29日对该公司作出罚款8000元的行政处罚。

防范建议

在采购环节，食品生产经营者应当建立食品、食品原料、食品相关产品进货查验、索票索证制度，并保证其得到严格执行。

风险17：除《食品安全法》第一百二十三条、第一百二十四条第一款、第一百二十五条规定的情形外，生产经营不符合法律、法规或者食品安全标准的食品、食品添加剂的。（兜底情形）

法律规定

《食品安全法》第一百二十四条、第一百四十八条

《消费者权益保护法》第四十九条

《刑法》第一百四十三条

法律风险

◎民事法律风险：

经营者提供商品或者服务，造成消费者或者其他受害人人身伤害的，应当赔偿医疗费、护理费、交通费等为治疗和康复支出的合理费用，以及因误工减少的收入。造成残疾的，还应当赔偿残疾生活辅助具费和残疾赔偿金。造成死亡的，还应当赔偿丧葬费和死亡赔偿金。

生产不符合食品安全标准的食品或者经营明知是不符合食品安全标准的食品，消费者除要求赔偿

损失外，还可以向生产者或者经营者要求支付价款十倍或者损失三倍的赔偿金；增加赔偿的金额不足一千元的，为一千元。但是，食品的标签、说明书存在不影响食品安全且不会对消费者造成误导的瑕疵的除外。

◎**行政法律风险：**

尚不构成犯罪的，没收违法所得，并可以没收用于违法生产经营的工具、设备、原料等物品；违法生产经营的食品相关产品货值金额不足一万元的，并处五万元以上十万元以下罚款；货值金额一万元以上的，并处货值金额十倍以上二十倍以下罚款；情节严重的，吊销许可证。

◎**刑事法律风险：**

涉嫌生产、销售不符合安全标准的食品罪。足以造成严重食物中毒事故或者其他严重食源性疾病的，处三年以下有期徒刑或者拘役，并处罚金；对人体健康造成严重危害或者有其他严重情节的，处三年以上七年以下有期徒刑，并处罚金；后果特别严重的，处七年以上有期徒刑或者无期徒刑，并处罚金或者没收财产。

防范建议

根据不同的食品生产经营业态，建立健全相应的食品安全风险防控体系，最大限度降低生产经营过程中的食品安全风险。

风险18：生产、销售不符合保障人体健康和人身、财产安全的国家标准、行业标准的产品的。

法律规定

《中华人民共和国产品质量法》（以下简称《产品质量法》）第四十九条、第六十条、第七十二条

《消费者权益保护法》第四十九条、第五十五条

《食品安全法》第一百二十四条、第一百四十八条

《刑法》第一百四十三条、第一百四十六条

法律风险

◎**民事法律风险：**

经营者提供商品或者服务，造成消费者或者其他受害人人身伤害的，应当赔偿医疗费、护理费、交通费等为治疗和康复支出的合理费用，以及因误工减少的收入。造成残疾的，还应当赔偿残疾生活辅助具费和残疾赔偿金。造成死亡的，还应当赔偿丧葬费和死亡赔偿金。

经营者提供商品或者服务有欺诈行为的，应当按照消费者的要求增加赔偿其受到的损失，增加赔偿的金额为消费者购买商品的价款或者接受服务的费用的三倍；增加赔偿的金额不足五百元的，为五百元。法律另有规定的，依照其规定。经营者明知商品或者服务存在缺陷，仍然向消费者提供，造成消费者或者其他受害人死亡或者健康严重损害的，受害人有权要求经营者依照《消费者权益保护法》第四十九条、第五十一条等法律规定赔偿损失，并有权要求所受损失二倍以下的惩罚性赔偿。

生产不符合食品安全标准的食品或者经营明知是不符合食品安全标准的食品，消费者除要求赔偿

损失外，还可以向生产者或者经营者要求支付价款十倍或者损失三倍的赔偿金；增加赔偿的金额不足一千元的，为一千元。但是，食品的标签、说明书存在不影响食品安全且不会对消费者造成误导的瑕疵的除外。

◎行政法律风险：

责令停止生产、销售，没收违法生产、销售的产品，并处违法生产、销售产品（包括已售出和未售出的产品）货值金额等值以上三倍以下的罚款；有违法所得的，并处没收违法所得；情节严重的，吊销营业执照。对生产者专门用于生产产品的原辅材料、包装物、生产工具，应当予以没收。《产品质量法》第四十九条至第五十四条、第六十二条、第六十三条所规定的货值金额以违法生产、销售产品的标价计算；没有标价的，按照同类产品的市场价格计算。

生产经营不符合法律、法规或者食品安全标准的食品、食品添加剂的，由县级以上人民政府食品安全监督管理部门没收违法所得和违法生产经营的食品、食品添加剂，并可以没收用于违法生产经营的工具、设备、原料等物品；违法生产经营的食品、食品添加剂货值金额不足一万元的，并处五万元以上十万元以下罚款；货值金额一万元以上的，并处货值金额十倍以上二十倍以下罚款；情节严重的，吊销许可证。

◎刑事法律风险：

适用于食品相关产品：涉嫌生产、销售不符合安全标准的产品罪。造成严重后果的，处五年以下有期徒刑，并处销售金额百分之五十以上二倍以下罚金；后果特别严重的，处五年以上有期徒刑，并处销售金额百分之五十以上二倍以下罚金。

适用于食品：涉嫌生产、销售不符合安全标准的食品罪。足以造成严重食物中毒事故或者其他严重食源性疾病的，处三年以下有期徒刑或者拘役，并处罚金；对人体健康造成严重危害或者有其他严重情节的，处三年以上七年以下有期徒刑，并处罚金；后果特别严重的，处七年以上有期徒刑或者无期徒刑，并处罚金或者没收财产。

典型案例：大连某饮品有限公司生产不符合食品安全标准的天然矿泉水案

2021 年 7 月，大连某饮品有限公司生产的天然矿泉水经抽样检验，溴酸盐项目不符合 GB 8537—2018《食品安全国家标准 饮用天然矿泉水》要求，检验结论为不合格。当事人违反了《产品质量法》第四十九条及《食品安全法》第一百二十四条的规定，大连市市场监督管理局依法对当事人作出没收违法所得 151 元、并处罚款 5 万元，罚没款共计 50151 元的行政处罚。

防范建议

食品生产经营者需根据现行食品安全国家标准、食品安全地方标准的规定，建立健全关键风险点控制体系，保持体系有效运行。最大限度避免生产经营过程中出现不符合食品安全标准的食品产品。

风险19：在产品中掺杂、掺假，以假充真，以次充好，或者以不合格产品冒充合格产品的。

法律规定

《产品质量法》第五十条、第七十二条
《消费者权益保护法》第四十九条、第五十五条
《食品安全法》第一百四十八条
《刑法》第一百四十条

法律风险

◎民事法律风险：

经营者提供商品或者服务，造成消费者或者其他受害人人身伤害的，应当赔偿医疗费、护理费、交通费等为治疗和康复支出的合理费用，以及因误工减少的收入。造成残疾的，还应当赔偿残疾生活辅助具费和残疾赔偿金。造成死亡的，还应当赔偿丧葬费和死亡赔偿金。

经营者提供商品或者服务有欺诈行为的，应当按照消费者的要求增加赔偿其受到的损失，增加赔偿的金额为消费者购买商品的价款或者接受服务的费用的三倍；增加赔偿的金额不足五百元的，为五百元。法律另有规定的，依照其规定。经营者明知商品或者服务存在缺陷，仍然向消费者提供，造成消费者或者其他受害人死亡或者健康严重损害的，受害人有权要求经营者依照《消费者权益保护法》第四十九条、第五十一条等法律规定赔偿损失，并有权要求所受损失二倍以下的惩罚性赔偿。

生产不符合食品安全标准的食品或者经营明知是不符合食品安全标准的食品，消费者除要求赔偿损失外，还可以向生产者或者经营者要求支付价款十倍或者损失三倍的赔偿金；增加赔偿的金额不足一千元的，为一千元。但是，食品的标签、说明书存在不影响食品安全且不会对消费者造成误导的瑕疵的除外。

◎行政法律风险：

责令停止生产、销售，没收违法生产、销售的产品，并处违法生产、销售产品货值金额百分之五十以上三倍以下的罚款；有违法所得的，并处没收违法所得；情节严重的，吊销营业执照。

《产品质量法》第四十九条至第五十四条、第六十二条、第六十三条所规定的货值金额以违法生产、销售产品的标价计算；没有标价的，按照同类产品的市场价格计算。

◎刑事法律风险：

涉嫌生产、销售伪劣产品罪。生产者、销售者在产品中掺杂、掺假，以假充真，以次充好或者以不合格产品冒充合格产品，销售金额五万元以上不满二十万元的，处二年以下有期徒刑或者拘役，并处或者单处销售金额百分之五十以上二倍以下罚金；销售金额二十万元以上不满五十万元的，处二年以上七年以下有期徒刑，并处销售金额百分之五十以上二倍以下罚金；销售金额五十万元以上不满二百万元的，处七年以上有期徒刑，并处销售金额百分之五十以上二倍以下罚金；销售金额二百万元以上的，处十五年有期徒刑或者无期徒刑，并处销售金额百分之五十以上二倍以下罚金或者没收财产。

典型案例：上海市陈某、谷某某等人生产、销售伪劣产品案

2014年8月至2015年9月间，被告单位山东某制罐有限公司，被告人陈某、谷某某、潘某、吴某、唐某，为获取非法利益，经共同或分别商议，通过自行或委托他人制作假冒国内知名品牌“贝某美”“雅某”标识的奶粉罐，并用国内其他品牌奶粉灌装后，冒充“贝某美”“雅某”品牌婴幼儿奶粉进行销售。

其中，2014年8月至9月，被告人陈某、潘某为共谋生产假冒“贝某美”品牌的婴幼儿奶粉，通过网络联系到被告人蔡某，委托其制造假冒“贝某美”奶粉罐，蔡某通过网络联系了山东某制罐有限公司制作了4万件假冒“贝某美”奶粉罐。陈某、潘某在浙江台州用国内其他品牌的奶粉进行灌装并销售。

2015年4月，被告人陈某、潘某经与杨某（另案处理）商议，欲共同生产假冒“雅某”品牌奶粉进行销售获利。此后，杨某委托被告人祝某、郑某等人制造奶粉罐身、罐盖、罐盖软胶和勺子的模具。陈某、潘某、吴某委托被告人吴某某印制假冒“雅某”品牌奶粉的标识。先后生产了12000余罐假冒“雅某”品牌奶粉，销售6000余罐，销售金额达81余万元。还经唐某联系被告人李某帮忙，销售3500余罐，销售金额达56万元；销售给奶粉销售商刘某某2394罐，销售金额达32万余元。被告人唐某与杨某在湖南省长沙市收到假冒“雅某”品牌奶粉罐后，由唐某提供国内其他品牌奶粉，由陈某提供“雅某”奶粉标签等，共生产假冒“雅某”奶粉3000余罐，销售2100余罐，销售金额30余万元。

2016年3月，侦查机关扣押了涉案假冒“雅某”奶粉共3909罐。经统计，陈某、潘某销售假冒奶粉金额共计360余万元，山东某公司及谷某某销售金额共计330万元，吴某销售金额共计200余万元，唐某销售金额共计120余万元。经上海市质量监督检验技术研究院检测，涉案假冒婴幼儿奶粉中存在部分指标不符合产品标签明示值，个别指标低于国家标准的问题。

该案由上海市公安局侦查终结，被告人陈某等人违反了《刑法》第一百四十条的规定，以生产、销售伪劣产品罪移送审查起诉。2016年9月28日，上海市检察院以生产、销售伪劣产品罪和非法制造注册商标标识罪向上海市第三中级法院提起公诉。2017年7月28日，上海市第三中级法院以生产、销售伪劣产品罪判处山东某公司罚金400万元，分别判处被告人陈某、谷某某、潘某有期徒刑15年，其他被告人有期徒刑3至7年不等，并处罚金刑。

防范建议

食品生产经营者应当牢固树立“食品安全大于天”的观念，坚守法律底线思维。不得为了谋取违法利益，在产品中掺杂、掺假，以假充真，以次充好，或者以不合格产品冒充合格产品。

风险20：生产国家明令淘汰的产品的，销售国家明令淘汰并停止销售的产品的。

法律规定

《产品质量法》第五十一条、第六十条、第七十二条

《消费者权益保护法》第四十九条、第五十五条
《食品安全法》第一百四十八条
《刑法》第一百四十条

法律风险

◎民事法律风险：

经营者提供商品或者服务，造成消费者或者其他受害人人身伤害的，应当赔偿医疗费、护理费、交通费等为治疗和康复支出的合理费用，以及因误工减少的收入。造成残疾的，还应当赔偿残疾生活辅助器具费和残疾赔偿金。造成死亡的，还应当赔偿丧葬费和死亡赔偿金。

经营者提供商品或者服务有欺诈行为的，应当按照消费者的要求增加赔偿其受到的损失，增加赔偿的金额为消费者购买商品的价款或者接受服务的费用的三倍；增加赔偿的金额不足五百元的，为五百元。法律另有规定的，依照其规定。经营者明知商品或者服务存在缺陷，仍然向消费者提供，造成消费者或者其他受害人死亡或者健康严重损害的，受害人有权要求经营者依照《消费者权益保护法》第四十九条、第五十一条等法律规定赔偿损失，并有权要求所受损失二倍以下的惩罚性赔偿。

生产不符合食品安全标准的食品或者经营明知是不符合食品安全标准的食品，消费者除要求赔偿损失外，还可以向生产者或者经营者要求支付价款十倍或者损失三倍的赔偿金；增加赔偿的金额不足一千元的，为一千元。但是，食品的标签、说明书存在不影响食品安全且不会对消费者造成误导的瑕疵的除外。

◎行政法律风险：

责令停止生产、销售，没收违法生产、销售的产品，并处违法生产、销售产品货值金额等值以下的罚款；有违法所得的，并处没收违法所得；情节严重的，吊销营业执照。

对生产者专门用于生产产品的原辅材料、包装物、生产工具，应当予以没收。

《产品质量法》第四十九条至第五十四条、第六十二条、第六十三条所规定的货值金额以违法生产、销售产品的标价计算；没有标价的，按照同类产品的市场价格计算。

◎刑事法律风险：

涉嫌生产、销售伪劣产品罪。生产者、销售者在产品中掺杂、掺假，以假充真，以次充好或者以不合格产品冒充合格产品，销售金额五万元以上不满二十万元的，处二年以下有期徒刑或者拘役，并处或者单处销售金额百分之五十以上二倍以下罚金；销售金额二十万元以上不满五十万元的，处二年以上七年以下有期徒刑，并处销售金额百分之五十以上二倍以下罚金；销售金额五十万元以上不满二百万元的，处七年以上有期徒刑，并处销售金额百分之五十以上二倍以下罚金；销售金额二百万元以上的，处十五年有期徒刑或者无期徒刑，并处销售金额百分之五十以上二倍以下罚金或者没收财产。

防范建议

食品生产经营者应当严格遵守国家有关法律法规，法律法规明令禁止生产销售的食品、食品相关产品，不得违法进行生产经营。

风险21：知道或者应当知道属于《产品质量法》规定禁止生产、销售的产品而为其提供运输、保管、仓储等便利条件的，或者为以假充真的产品提供制假生产技术的。

法律规定

《产品质量法》第六十一条

法律风险

◎民事法律风险：

无。

◎行政法律风险：

没收全部运输、保管、仓储或者提供制假生产技术的收入，并处违法收入百分之五十以上三倍以下的罚款。

◎刑事法律风险：

涉嫌生产、销售伪劣产品罪（或生产、销售不符合安全标准的食品罪，或生产、销售有毒、有害食品罪）的共犯。

防范建议

开展运输、保管、仓储等业务的相关商事主体，应当事先对合作方进行必要合规审查，避免为其开展违法犯罪行为提供便利条件。如发现其开展违法犯罪活动，应及时向有关部门举报。

风险22：在食品生产、加工场所贮存依照《食品安全法实施条例》[①] 第六十三条规定制定的名录中的物质（指添加或者可能添加到食品中的非食品用化学物质和其他可能危害人体健康的物质）的。

法律规定

《刑法》第一百四十四条

《食品安全法》第一百二十五条、第一百四十八条

《食品安全法实施条例》第六十八条、第七十五条

法律风险

◎民事法律风险：

生产不符合食品安全标准的食品或者经营明知是不符合食品安全标准的食品，消费者除要求赔偿损失外，还可以向生产者或者经营者要求支付价款十倍或者损失三倍的赔偿金；增加赔偿的金额不足一千元的，为一千元。但是，食品的标签、说明书存在不影响食品安全且不会对消费者造成误导的瑕

① 全称为《中华人民共和国食品安全法实施条例》，以下均使用简称《食品安全法实施条例》。

疵的除外。

◎**行政法律风险：**

有此种情形的，依照《食品安全法》第一百二十五条第一款、《食品安全法实施条例》第七十五条的规定给予处罚。

《食品安全法》第一百二十五条第一款规定，由县级以上人民政府食品安全监督管理部门没收违法所得和违法生产经营的食品、食品添加剂，并可以没收用于违法生产经营的工具、设备、原料等物品；违法生产经营的食品、食品添加剂货值金额不足一万元的，并处五千元以上五万元以下罚款；货值金额一万元以上的，并处货值金额五倍以上十倍以下罚款；情节严重的，责令停产停业，直至吊销许可证。

《食品安全法实施条例》第七十五条规定，食品生产经营企业等单位有《食品安全法》规定的违法情形，除依照《食品安全法》的规定给予处罚外，有下列情形之一的，对单位的法定代表人、主要负责人、直接负责的主管人员和其他直接责任人员处以其上一年度从本单位取得收入的一倍以上十倍以下罚款：

（一）故意实施违法行为；

（二）违法行为性质恶劣；

（三）违法行为造成严重后果。

◎**刑事法律风险：**

如果将有害物质加入食品中，则涉嫌生产、销售有毒有害食品罪。在生产、销售的食品中掺入有毒、有害的非食品原料的，或者销售明知掺有有毒、有害的非食品原料的食品的，处五年以下有期徒刑，并处罚金；对人体健康造成严重危害或者有其他严重情节的，处五年以上十年以下有期徒刑，并处罚金；致人死亡或者有其他特别严重情节的，处十年以上有期徒刑、无期徒刑或者死刑，并处罚金或者没收财产。

防范建议

食品生产经营者在其经营场所不得贮存非食品用化学物质和其他可能危害人体健康的物质。具体的食品中可能违法添加的非食用物质名单如下：

吊白块、苏丹红、王金黄、块黄、蛋白精、三聚氰胺、硼酸与硼砂、硫氰酸钠、玫瑰红 B、美术绿、碱性嫩黄、工业用甲醛、工业用火碱、一氧化碳、硫化钠、工业硫磺、工业染料、罂粟壳、革皮水解物、溴酸钾、β-内酰胺酶（金玉兰酶制剂）、富马酸二甲酯、废弃食用油脂、工业用矿物油、工业明胶、工业酒精、敌敌畏、毛发水、工业用乙酸、肾上腺素受体激动剂类药物（盐酸克伦特罗，莱克多巴胺等）、硝基呋喃类药物、玉米赤霉醇、抗生素残渣、镇静剂、荧光增白物质、工业氯化镁、磷化铝、馅料原料漂白剂、酸性橙Ⅱ、氯霉素、喹诺酮类、水玻璃、孔雀石绿、乌洛托品、五氯酚钠、喹乙醇、碱性黄、磺胺二甲嘧啶、敌百虫等。

风险23：食品生产经营者生产经营的食品符合食品安全标准但不符合食品所标注的企业标准规定的食品安全指标的。

法律规定

《食品安全法实施条例》第七十四条

《消费者权益保护法》第五十五条

《刑法》第一百四十条

法律风险

◎民事法律风险：

经营者提供商品或者服务有欺诈行为的，应当按照消费者的要求增加赔偿其受到的损失，增加赔偿的金额为消费者购买商品的价款或者接受服务的费用的三倍；增加赔偿的金额不足五百元的，为五百元。法律另有规定的，依照其规定。

◎行政法律风险：

由县级以上人民政府食品安全监督管理部门给予警告，并责令食品经营者停止经营该食品，责令食品生产企业改正；拒不停止经营或者改正的，没收不符合企业标准规定的食品安全指标的食品，货值金额不足一万元的，并处一万元以上五万元以下罚款，货值金额一万元以上的，并处货值金额五倍以上十倍以下罚款。

◎刑事法律风险：

涉嫌生产、销售伪劣产品罪。生产者、销售者在产品中掺杂、掺假，以假充真，以次充好或者以不合格产品冒充合格产品，销售金额五万元以上不满二十万元的，处二年以下有期徒刑或者拘役，并处或者单处销售金额百分之五十以上二倍以下罚金；销售金额二十万元以上不满五十万元的，处二年以上七年以下有期徒刑，并处销售金额百分之五十以上二倍以下罚金；销售金额五十万元以上不满二百万元的，处七年以上有期徒刑，并处销售金额百分之五十以上二倍以下罚金；销售金额二百万元以上的，处十五年有期徒刑或者无期徒刑，并处销售金额百分之五十以上二倍以下罚金或者没收财产。

典型案例：山东某联超市有限公司三星店销售不符合企业标准的大高粱酒案

在2021年国家抽检中，山东某联超市有限公司三星店销售的大高粱酒酒精度高于企业标准1.2度，酒精度项目不符合企业标准的要求，检验结论为不合格。2021年6月21日，滨州市市场监督管理局根据《食品安全法实施条例》第七十四条的规定责令立即停止销售不符合企业标准的大高粱酒，作出以下行政处罚：警告。

防范建议

食品生产者执行企业标准的，在符合食品安全国家标准的基础上，还需确保产品符合该企业标准。否则，将导致产品无法合法流通，从而给企业造成经济损失。

包装标签

风险24：违反《定量包装商品计量监督管理办法》规定，食品生产经营企业未依规在其商品包装的显著位置正确、清晰地标注定量包装商品的净含量的。

法律规定

《定量包装商品计量监督管理办法》第十七条
《食品安全法》第一百四十八条

法律风险

◎民事法律风险：

生产不符合食品安全标准的食品或者经营明知是不符合食品安全标准的食品，消费者除要求赔偿损失外，还可以向生产者或者经营者要求支付价款十倍或者损失三倍的赔偿金；增加赔偿的金额不足一千元的，为一千元。但是，食品的标签、说明书存在不影响食品安全且不会对消费者造成误导的瑕疵的除外。

◎行政法律风险：

未正确、清晰地标注净含量的，责令改正；未标注净含量的，限期改正，逾期不改的，可处一千元以下罚款。

◎刑事法律风险：

无。

防范建议

食品生产者在制作食品标签时，应当在包装标签的主视面清晰、准确地标注净含量。

风险25：违反《定量包装商品计量监督管理办法》规定，定量包装商品净含量标注字符的最小高度不符合《定量包装商品计量监督管理办法》附表2的规定的。

法律规定

《定量包装商品计量监督管理办法》第十七条
《食品安全法》第一百二十五条、第一百四十八条

法律风险

◎民事法律风险：

生产不符合食品安全标准的食品或者经营明知是不符合食品安全标准的食品，消费者除要求赔偿损失外，还可以向生产者或者经营者要求支付价款十倍或者损失三倍的赔偿金；增加赔偿的金额不足一千元的，为一千元。但是，食品的标签、说明书存在不影响食品安全且不会对消费者造成误导的瑕疵的除外。

◎行政法律风险：

未正确、清晰地标注净含量的，责令改正；未标注净含量的，限期改正，逾期不改的，可处一千元以下罚款。

生产经营标签、说明书不符合《食品安全法》规定的食品、食品添加剂，由县级以上人民政府食品安全监督管理部门没收违法所得和违法生产经营的食品、食品添加剂，并可以没收用于违法生产经营的工具、设备、原料等物品；违法生产经营的食品、食品添加剂货值金额不足一万元的，并处五千元以上五万元以下罚款；货值金额一万元以上的，并处货值金额五倍以上十倍以下罚款；情节严重的，责令停产停业，直至吊销许可证。

◎刑事法律风险：

无。

典型案例：临安玲珑街道某食品有限公司生产销售食品标签净含量字符高度及净含量不合格案

当事人生产销售的罐装坚果在食品标签正面突出标注“重量250g”，在其他版面使用字符高度不符合标准要求的字体标注“净含量150g”；同时，经抽样检测产品的净含量不合格。当事人的行为违反了《食品安全国家标准 预包装食品标签通则》（GB 7718—2011）、《食品安全法》第六十七条第三款、第七十一条第一款的规定。当事人生产销售标签净含量字符高度和净含量不合格的罐装坚果货值金额为91325.23元，违法所得为4566.26元。根据《食品安全法》第一百二十五条第一款第二项的规定，对当事人处罚款684939元，没收违法所得4566.26元；同时，根据《行政处罚法》第二十三条，责令当事人改正。

防范建议

食品包装标签中标注的净含量字符高度要求，在《定量包装商品计量监督管理办法》、《食品安全国家标准 预包装食品标签通则》（GB 7718—2011）中都有详细的规定。制作食品包装标签时，一定要严格按照上述规定进行标示。

风险26：违反《定量包装商品计量监督管理办法》规定，同一包装内含有多件同种（或不同种）定量包装商品的，未依规标注相应的净含量、件数的。

法律规定

《定量包装商品计量监督管理办法》第十七条
《食品安全法》第一百四十八条

法律风险

◎民事法律风险：

生产不符合食品安全标准的食品或者经营明知是不符合食品安全标准的食品，消费者除要求赔偿损失外，还可以向生产者或者经营者要求支付价款十倍或者损失三倍的赔偿金；增加赔偿的金额不足一千元的，为一千元。但是，食品的标签、说明书存在不影响食品安全且不会对消费者造成误导的瑕疵的除外。

◎行政法律风险：

未正确、清晰地标注净含量的，责令改正；未标注净含量的，限期改正，逾期不改的，可处一千元以下罚款。

◎刑事法律风险：

无。

防范建议

同一预包装内含有多个单件预包装食品时，大包装在标示净含量的同时还应标示规格。规格的标示应由单件预包装食品净含量和件数组成，或只标示件数，可不标示“规格”二字。具体格式参见《食品安全国家标准 预包装食品标签通则》（GB 7718—2011）附录C。

风险27：批量定量包装商品的标注净含量与其实际含量之差经检验大于《定量包装商品计量监督管理办法》允许短缺的误差范围的。

法律规定

《定量包装商品计量监督管理办法》第十八条
《消费者权益保护法》第五十五条

法律风险

◎民事法律风险：

经营者提供商品或者服务有欺诈行为的，应当按照消费者的要求增加赔偿其受到的损失，增加赔偿的金额为消费者购买商品的价款或者接受服务的费用的三倍；增加赔偿的金额不足五百元的，为五百元。法律另有规定的，依照其规定。

◎**行政法律风险：**

责令改正，可处检验批货值金额三倍以下，最高不超过三万元的罚款。

◎**刑事法律风险：**

无。

典型案例：烟台某酒业有限公司生产净含量标注和净含量不合格的干红葡萄酒案

根据烟台市计量所出具的计量抽检检测报告，烟台某酒业有限公司2020年5月26日生产特选赤霞珠干红葡萄酒100瓶，经检验该批次葡萄酒的平均实际含量小于其标注净含量且其标签标注的净含量字符的最小高度小于规定高度，不符合《定量包装商品计量监督管理办法》第十八条的规定。2020年12月烟台市市场监督管理局执法人员依法对该单位进行了检查并立案调查。

烟台市市场监督管理局依法对当事人生产的干红葡萄酒净含量标注不合格的违法行为，责令限期整改；对当事人生产的干红葡萄酒净含量不合格的违法行为，给予处货值金额一倍罚款的行政处罚。

防范建议

食品生产者应当严格把控计量环节，确保净含量在允许误差范围之内。实际净含量小于标称净含量的，允许有一定的误差，但不能超过误差范围。具体参见《定量包装商品计量监督管理办法》附表3。

风险28：获得“定量包装商品生产企业计量保证能力证书”的生产者，违反《定量包装商品生产企业计量保证能力评价规范》要求的。

法律规定

《消费者权益保护法》第五十五条

《定量包装商品计量监督管理办法》第十六条

法律风险

◎**民事法律风险：**

经营者提供商品或者服务有欺诈行为的，应当按照消费者的要求增加赔偿其受到的损失，增加赔偿的金额为消费者购买商品的价款或者接受服务的费用的三倍；增加赔偿的金额不足五百元的，为五百元。法律另有规定的，依照其规定。

◎**行政法律风险：**

责令其整改，停止使用计量保证能力合格标志，可处五千元以下的罚款；整改后仍不符合要求的或者拒绝整改的，由发证机关吊销其“定量包装商品生产企业计量保证能力证书”。

◎**刑事法律风险：**

无。

防范建议

食品生产企业获得“定量包装商品生产企业计量保证能力证书”后，应保持符合《定量包装商品生产企业计量保证能力评价规范》的要求。

风险29：定量包装商品生产者未经备案，擅自使用计量保证能力合格标志的。

法律规定

《消费者权益保护法》第五十五条
《定量包装商品计量监督管理办法》第十六条

法律风险

◎民事法律风险：

经营者提供商品或者服务有欺诈行为的，应当按照消费者的要求增加赔偿其受到的损失，增加赔偿的金额为消费者购买商品的价款或者接受服务的费用的三倍；增加赔偿的金额不足五百元的，为五百元。法律另有规定的，依照其规定。

◎行政法律风险：

责令其停止使用，可处三万元以下罚款。

◎刑事法律风险：

无。

防范建议

定量包装商品生产者使用计量保证能力合格标志的，应事先备案。

风险30：生产经营标注虚假生产日期、保质期或者超过保质期的食品、食品添加剂的。

法律规定

《食品安全法》第一百二十四条、第一百四十八条
《刑法》第一百四十条

法律风险

◎民事法律风险：

生产不符合食品安全标准的食品或者经营明知是不符合食品安全标准的食品，消费者除要求赔偿损失外，还可以向生产者或者经营者要求支付价款十倍或者损失三倍的赔偿金；增加赔偿的金额不足一千元的，为一千元。

◎行政法律风险：

尚不构成犯罪的，由县级以上人民政府食品安全监督管理部门没收违法所得和违法生产经营的食品、食品添加剂，并可以没收用于违法生产经营的工具、设备、原料等物品；违法生产经营的食品、食品添加剂货值金额不足一万元的，并处五万元以上十万元以下罚款；货值金额一万元以上的，并处货值金额十倍以上二十倍以下罚款；情节严重的，吊销许可证。

◎刑事法律风险：

涉嫌生产、销售伪劣产品罪。生产者、销售者以不合格产品冒充合格产品，销售金额五万元以上不满二十万元的，处二年以下有期徒刑或者拘役，并处或者单处销售金额百分之五十以上二倍以下罚金；销售金额二十万元以上不满五十万元的，处二年以上七年以下有期徒刑，并处销售金额百分之五十以上二倍以下罚金；销售金额五十万元以上不满二百万元的，处七年以上有期徒刑，并处销售金额百分之五十以上二倍以下罚金；销售金额二百万元以上的，处十五年有期徒刑或者无期徒刑，并处销售金额百分之五十以上二倍以下罚金或者没收财产。

典型案例：滁州市天长市市场监督管理局查处万某欢食品经营部经营超过保质期的食品案

2021 年 6 月 30 日，天长市市场监督管理局执法人员对万某欢食品经营部开展监督检查，发现其货架上的“某豆”花生牛奶巧克力豆已超过保质期，执法人员依法予以当场扣押。鉴于当事人涉嫌经营超过保质期预包装食品，该局于 2021 年 6 月 30 日立案调查。经查，上述同期购进“某豆”花生牛奶巧克力豆共有 1 箱，货值 359.4 元。

对当事人销售超过保质期食品的行为，依据《食品安全法》第一百二十四条第一款第五项的规定，同时参照《安徽省市场监督管理行政处罚裁量权基准（2020 本）》第一百三十七条第二款和第一百三十二条第二款第三项的规定，天长市市场监督管理局依法作出如下行政处罚：1. 没收超过保质期限的 2 千克“某豆”花生牛奶巧克力豆；2. 罚款 10000 元①。

典型案例：虚假标注食品添加剂生产日期被重处

2017 年 1 月 13 日，成都市龙泉驿区市场和质量监督管理局对 B 公司进行现场检查，发现当事人正在向已印有“复配乳化增稠稳定剂”的包装袋标签上盖压“2017 年 1 月 14 日”的日期戳。在成品库发现包装袋标签上生产日期一栏加盖有“2017 年 1 月 14 日”标识的“复配乳化增稠稳定剂”包装袋共计 10 个，另发现包装及标签标识上生产日期一栏加盖有“2017 年 1 月 14 日”的“复配乳化增稠稳定剂”成品 2 袋（每袋 50 千克，成品）。该批产品尚未售出，货值金额共计 1000 元。

成都市龙泉驿区市场和质量监督管理局依法立案调查认定该公司上述行为属于生产经营标注虚假生产日期的食品添加剂，依据《食品安全法》第一百二十四条第一款第五项的规定，依法没收 B 公司违法生产经营的食品添加剂 2 袋，并处 80000 元的罚款。

---

① 此处的处罚金额为执法机关依据所在省有关裁量权的规定，在法律基础上自由裁量而定。

防范建议

标示食品生产日期应当遵循真实、准确的基本原则。食品保质期应当在特定贮存条件下经科学实验验证，标称的保质期应符合该类食品的特性。不得虚假标示生产日期、保质期。

风险31：生产经营无标签的预包装食品、食品添加剂或者标签、说明书不符合《食品安全法》规定的食品、食品添加剂的。

法律规定

《食品安全法》第一百二十五条、第一百四十八条

法律风险

◎民事法律风险：

生产不符合食品安全标准的食品或者经营明知是不符合食品安全标准的食品，消费者除要求赔偿损失外，还可以向生产者或者经营者要求支付价款十倍或者损失三倍的赔偿金；增加赔偿的金额不足一千元的，为一千元。但是，食品的标签、说明书存在不影响食品安全且不会对消费者造成误导的瑕疵的除外。

◎行政法律风险：

由县级以上人民政府食品安全监督管理部门没收违法所得和违法生产经营的食品、食品添加剂，并可以没收用于违法生产经营的工具、设备、原料等物品；违法生产经营的食品、食品添加剂货值金额不足一万元的，并处五千元以上五万元以下罚款；货值金额一万元以上的，并处货值金额五倍以上十倍以下罚款；情节严重的，责令停产停业，直至吊销许可证。

◎刑事法律风险：

无。

防范建议

食品生产者应建立食品标签合规内审兼外审机制，严格按照法律法规、标准的规定进行标签设计制作。产品出厂前，在内审的基础上可将食品包装标签送第三方食品检测机构进行外部合规检测。食品经营者进货查验时，可要求供应商出示相关产品的食品标签检测合格报告。

风险32：生产经营转基因食品未按有关规定进行标示的。

法律规定

《食品安全法》第一百二十五条

《消费者权益保护法》第五十五条

法律风险

◎民事法律风险：

经营者提供商品或者服务有欺诈行为的，应当按照消费者的要求增加赔偿其受到的损失，增加赔偿的金额为消费者购买商品的价款或者接受服务的费用的三倍；增加赔偿的金额不足五百元的，为五百元。法律另有规定的，依照其规定。

◎行政法律风险：

由县级以上人民政府食品安全监督管理部门没收违法所得和违法生产经营的食品、食品添加剂，并可以没收用于违法生产经营的工具、设备、原料等物品；违法生产经营的食品、食品添加剂货值金额不足一万元的，并处五千元以上五万元以下罚款；货值金额一万元以上的，并处货值金额五倍以上十倍以下罚款；情节严重的，责令停产停业，直至吊销许可证。

◎刑事法律风险：

无。

典型案例：转基因食用油标签标示不合格案

2019 年 8 月 4 日，南京市六合区市场监督管理局执法人员对南京市六合区横梁街道社区进行执法检查，在现场发现 5 个立式油罐，其中 1 号罐内存有当事人经营的转基因食用大豆油 3 吨，2 号罐内存有当事人经营的转基因食用菜油 2 吨。经营场所内两个油罐罐体上、四周墙壁上无任何标示，未发现标明食用油的名称、生产日期或者生产批号、保质期，生产经营者名称、地址、联系方式以及转基因食品标示。2019 年 8 月 28 日经批准立案调查。

经查明，当事人于 2019 年 6 月 28 日通过肖某某购进南通某粮油有限公司出厂的进口转基因四级菜油 32.6 吨，购进价 7020 元/吨，运输费 4000 元。2019 年 7 月 5 日通过肖某某购进中某粮油脂日照有限公司出厂的进口转基因三级大豆油 33.94 吨，购进价 5335 元/吨，运输费 3900 元。当事人在用于经营油的两个油罐、经营场所内未标明食用油的名称、生产日期或者生产批号、保质期，生产经营者名称、地址、联系方式以及转基因食品标示。销售未标注产品和转基因食品标示的散装四级菜油 30.6 吨，散装三级大豆油 30.94 吨，四级菜油销售价为 7.2 元/千克，三级大豆油销售价为 6.4 元/千克，已销售散装食用油货值 412148 元。2019 年 8 月 4 日对当事人的转基因四级菜油、三级大豆油进行了抽样检测，经检测上述油品为合格产品。当事人主要是针对农民寄存菜籽进行兑换，农民按照寄存菜籽时双方约定好的比率兑换油，由于 2019 年的油价一直上涨，当事人没有获得营业利润。

当事人未按规定标注食用油的名称、生产日期或者生产批号、保质期，生产经营者名称、地址、联系方式以及转基因食品标示的行为，属经营未标注产品及转基因食品标示食用油的违法行为。依据《食品安全法》第一百二十五条第一款第二项、第三项规定。同时，依据《行政处罚法》第二十七条第一款的规定对其减轻处罚，给予以下行政处罚：罚款 100000 元，上缴国库。

防范建议

在中华人民共和国境内销售列入农业转基因生物目录的农业转基因生物，应当有明显的标识。列入农业转基因生物目录的农业转基因生物，由生产、分装单位和个人负责标识；未标识的，不得销售。经营单位和个人在进货时，应当对货物和标识进行核对。经营单位和个人拆开原包装进行销售的，应当重新标识。农业转基因生物标识应当载明产品中含有转基因成分的主要原料名称；有特殊销售范围要求的，还应当载明销售范围，并在指定范围内销售。进口农业转基因生物不按照规定标识的，重新标识后方可入境。

风险33：生产经营的保健食品之外的食品的标签、说明书声称具有保健功能的。

法律规定

《食品安全法》第一百二十五条、第一百四十八条

《食品安全法实施条例》第六十八条、第七十五条

法律风险

◎民事法律风险：

生产不符合食品安全标准的食品或者经营明知是不符合食品安全标准的食品，消费者除要求赔偿损失外，还可以向生产者或者经营者要求支付价款十倍或者损失三倍的赔偿金；增加赔偿的金额不足一千元的，为一千元。但是，食品的标签、说明书存在不影响食品安全且不会对消费者造成误导的瑕疵的除外。

◎行政法律风险：

有此种违法情形的，依照《食品安全法》第一百二十五条第一款、《食品安全法实施条例》第七十五条的规定给予处罚。

《食品安全法》第一百二十五条第一款规定，由县级以上人民政府食品安全监督管理部门没收违法所得和违法生产经营的食品、食品添加剂，并可以没收用于违法生产经营的工具、设备、原料等物品；违法生产经营的食品、食品添加剂货值金额不足一万元的，并处五千元以上五万元以下罚款；货值金额一万元以上的，并处货值金额五倍以上十倍以下罚款；情节严重的，责令停产停业，直至吊销许可证。

《食品安全法实施条例》第七十五条规定，食品生产经营企业等单位有《食品安全法》规定的违法情形，除依照《食品安全法》的规定给予处罚外，有下列情形之一的，对单位的法定代表人、主要负责人、直接负责的主管人员和其他直接责任人员处以其上一年度从本单位取得收入的一倍以上十倍以下罚款：

（一）故意实施违法行为；

（二）违法行为性质恶劣；

（三）违法行为造成严重后果。

◎刑事法律风险：

无。

防范建议

非保健食品，法律一律禁止宣称保健功能。食品生产经营者切不可为了盲目追求利润，突破法律红线。

风险34：以食品安全国家标准规定的选择性添加物质命名婴幼儿配方食品的。

法律规定

《食品安全法》第一百二十五条、第一百四十八条

《食品安全法实施条例》第六十八条、第七十五条

法律风险

◎民事法律风险：

生产不符合食品安全标准的食品或者经营明知是不符合食品安全标准的食品，消费者除要求赔偿损失外，还可以向生产者或者经营者要求支付价款十倍或者损失三倍的赔偿金；增加赔偿的金额不足一千元的，为一千元。但是，食品的标签、说明书存在不影响食品安全且不会对消费者造成误导的瑕疵的除外。

◎行政法律风险：

有此种违法情形的，依照《食品安全法》第一百二十五条第一款、《食品安全法实施条例》第七十五条的规定给予处罚。

《食品安全法》第一百二十五条第一款规定，由县级以上人民政府食品安全监督管理部门没收违法所得和违法生产经营的食品、食品添加剂，并可以没收用于违法生产经营的工具、设备、原料等物品；违法生产经营的食品、食品添加剂货值金额不足一万元的，并处五千元以上五万元以下罚款；货值金额一万元以上的，并处货值金额五倍以上十倍以下罚款；情节严重的，责令停产停业，直至吊销许可证。

《食品安全法实施条例》第七十五条规定，食品生产经营企业等单位有《食品安全法》规定的违法情形，除依照《食品安全法》的规定给予处罚外，有下列情形之一的，对单位的法定代表人、主要负责人、直接负责的主管人员和其他直接责任人员处以其上一年度从本单位取得收入的一倍以上十倍以下罚款：

（一）故意实施违法行为；

（二）违法行为性质恶劣；

（三）违法行为造成严重后果。

◎刑事法律风险：

无。

防范建议

婴幼儿配方食品作为特殊膳食类食品受到严格监管。食品生产者应当严格按照《食品安全法》、《食品安全国家标准 预包装食品标签通则》（GB 7718—2011）、《食品安全国家标准 预包装特殊膳食用食品标签通则》（GB 13432—2013）的规定，对该类食品的食品名称进行规范标示。不得为刻意突出某种选择性添加的物质成分，将其作为食品名称。

风险35：生产经营的特殊食品的标签、说明书内容与注册或者备案的标签、说明书不一致的。

法律规定

《食品安全法》第一百二十五条、第一百四十八条
《食品安全法实施条例》第六十八条、第七十五条

法律风险

◎民事法律风险：

生产不符合食品安全标准的食品或者经营明知是不符合食品安全标准的食品，消费者除要求赔偿损失外，还可以向生产者或者经营者要求支付价款十倍或者损失三倍的赔偿金；增加赔偿的金额不足一千元的，为一千元。但是，食品的标签、说明书存在不影响食品安全且不会对消费者造成误导的瑕疵的除外。

◎行政法律风险：

有此种违法情形的，依照《食品安全法》第一百二十五条第一款、《食品安全法实施条例》第七十五条的规定给予处罚。

《食品安全法》第一百二十五条第一款规定，由县级以上人民政府食品安全监督管理部门没收违法所得和违法生产经营的食品、食品添加剂，并可以没收用于违法生产经营的工具、设备、原料等物品；违法生产经营的食品、食品添加剂货值金额不足一万元的，并处五千元以上五万元以下罚款；货值金额一万元以上的，并处货值金额五倍以上十倍以下罚款；情节严重的，责令停产停业，直至吊销许可证。

《食品安全法实施条例》第七十五条规定，食品生产经营企业等单位有《食品安全法》规定的违法情形，除依照《食品安全法》的规定给予处罚外，有下列情形之一的，对单位的法定代表人、主要负责人、直接负责的主管人员和其他直接责任人员处以其上一年度从本单位取得收入的一倍以上十倍以下罚款：

（一）故意实施违法行为；
（二）违法行为性质恶劣；
（三）违法行为造成严重后果。

◎刑事法律风险：

无。

典型案例：保健食品原料与注册配方不符，上海某保健食品企业被开出千万罚单案

当事人（上海某保健食品企业）以出口合同形式，委托上海某源公司加工灵芝菌丝体胶囊产品，上海某源公司于2016年7月24日、2016年9月18日、2016年10月9日分3批次生产完成并运送至当事人处，当事人并未将上述产品出口销售而是转为内销。当事人通过出口转内

销，伪造生产记录，有效地规避了日常监管；而原料生产企业承认灵芝菌丝体粉，与批准证书上的灵芝菌丝体冻干粉不仅有工艺上的区别，而且在价格上也有巨大差异。

涉案灵芝菌丝体胶囊产品中，2016 年 7 月 24 日生产完成的产品由上海某源公司标注了 20160724 的生产日期，但 2016 年 9 月 18 日、2016 年 10 月 9 日生产完成的两批产品由当事人标注了 20160724 的生产日期。上述产品的标签均由当事人加贴，标签标识的生产单位为上海葡萄某企业有限公司，所用原料均为杭州某域生物科技有限公司提供的灵芝菌丝体粉，而非批准证书上批准注册的灵芝菌丝体冻干粉。

当事人的上述行为违反了《食品安全法》第一百二十五条有关规定，构成了未按注册的产品配方要求组织生产保健食品、生产经营标注虚假生产日期的食品、生产经营标签与实际不符的食品的行为。当事人违法行为多，涉案货值金额大，并且有主动召回，积极消除社会影响等裁量情节，在最后定性裁量上，上海市松江区市场监督管理局秉持公开公平公正的原则，采用开门审案的方式，邀请八个部门共同会审，集思广益，最终形成了分别裁量合并处罚的指导意见。

最终，根据《行政处罚法》有关规定，松江区市场监督管理局没收违法产品葡萄某牌灵芝菌丝体胶囊（标注生产日期 20160724，规格 46.2 克/瓶）28191 瓶，没收违法所得 228138.01 元，罚款 11002169.2 元。

防范建议

国家对保健食品、特殊膳食类食品进行备案、注册管理。食品的标签、说明书经备案、注册后，在未经主管部门批准变更的情况下，食品的标签、说明书必须与此前备案、注册的内容一致。

风险 36：伪造产品产地的，伪造或者冒用他人厂名、厂址的，伪造或者冒用认证标志等质量标志的。

法律规定

《产品质量法》第五十三条

《食品安全法》第一百四十八条

《消费者权益保护法》第五十五条

《刑法》第一百四十条

法律风险

◎民事法律风险：

经营者提供商品或者服务有欺诈行为的，应当按照消费者的要求增加赔偿其受到的损失，增加赔偿的金额为消费者购买商品的价款或者接受服务的费用的三倍；增加赔偿的金额不足五百元的，为五百元。

生产不符合食品安全标准的食品或者经营明知是不符合食品安全标准的食品，消费者除要求赔偿损失外，还可以向生产者或者经营者要求支付价款十倍或者损失三倍的赔偿金；增加赔偿的金额不足一千元的，为一千元。但是，食品的标签、说明书存在不影响食品安全且不会对消费者造成误导的瑕疵的除外。

◎**行政法律风险：**

责令改正，没收违法生产、销售的产品，并处违法生产、销售产品货值金额等值以下的罚款；有违法所得的，并处没收违法所得；情节严重的，吊销营业执照。

◎**刑事法律风险：**

涉嫌生产、销售伪劣产品罪。生产者、销售者在产品中掺杂、掺假，以假充真，以次充好或者以不合格产品冒充合格产品，销售金额五万元以上不满二十万元的，处二年以下有期徒刑或者拘役，并处或者单处销售金额百分之五十以上二倍以下罚金；销售金额二十万元以上不满五十万元的，处二年以上七年以下有期徒刑，并处销售金额百分之五十以上二倍以下罚金；销售金额五十万元以上不满二百万元的，处七年以上有期徒刑，并处销售金额百分之五十以上二倍以下罚金；销售金额二百万元以上的，处十五年有期徒刑或者无期徒刑，并处销售金额百分之五十以上二倍以下罚金或者没收财产。

典型案例：湖南某有机农业有限公司冒用有机农产品认证标志案

2019 年 5 月 28 日，根据媒体报道，湖南某有机农业有限公司生产的“有机黄瓜”，不在其有机认证证书名录中；生产的“有机玉米”，扫码认证出自“云南某农业公司”，备案信息是水稻，且认证证书已失效。湖南某有机农业有限公司在未获得有机产品认证的“黄瓜”的外包装上，粘贴标注“某某有机、有机蔬菜、有机生活”等内容的标签和有机防伪标签，误导公众认为该产品为有机产品，货值金额 18499.5 元。

该公司多次从云南某农业科技有限公司购进“有机玉米”，同时委托该公司在“有机玉米”外包装上加贴看起来颇为靠谱的标签和有机码，显示有追溯码、生产商和产地等信息。但事实上，这些产地、生产者名称、生产者地址均为虚假标注，并冒用认证标志，货值金额 13447.5 元，违法所得 2872.5 元。

湖南某有机农业有限公司标注虚假产地、生产者名称、生产者地址，并冒用认证标志的行为，违反了《产品质量法》第五十三条及《有机产品认证管理办法》、《食用农产品市场销售质量安全监督管理办法》的相关规定。浏阳市市场监督管理局责令该公司立即改正违法行为，处 12000 元罚款。

防范建议

食品生产经营者不得冒用他人的企业名称、地址、产地、许可证编号及质量认证标志，应当依法向市场监管部门申请生产经营许可。

风险37：包装没有中文标明的产品名称、生产厂厂名和厂址的。

法律规定

《产品质量法》第四十九条、第五十四条
《食品安全法》第一百四十八条
《消费者权益保护法》第五十五条
《刑法》第一百四十条

法律风险

◎民事法律风险：

经营者提供商品或者服务有欺诈行为的，应当按照消费者的要求增加赔偿其受到的损失，增加赔偿的金额为消费者购买商品的价款或者接受服务的费用的三倍；增加赔偿的金额不足五百元的，为五百元。

生产不符合食品安全标准的食品或者经营明知是不符合食品安全标准的食品，消费者除要求赔偿损失外，还可以向生产者或者经营者要求支付价款十倍或者损失三倍的赔偿金；增加赔偿的金额不足一千元的，为一千元。但是，食品的标签、说明书存在不影响食品安全且不会对消费者造成误导的瑕疵的除外。

◎行政法律风险：

生产、销售不符合保障人体健康和人身、财产安全的国家标准、行业标准的产品的，责令停止生产、销售，没收违法生产、销售的产品，并处违法生产、销售产品（包括已售出和未售出的产品，下同）货值金额等值以上三倍以下的罚款；有违法所得的，并处没收违法所得；情节严重的，吊销营业执照。

产品标识不符合《产品质量法》第二十七条规定的，责令改正；有包装的产品标识不符合《产品质量法》第二十七条第一款第四项、第五项规定，情节严重的，责令停止生产、销售，并处违法生产、销售产品货值金额百分之三十以下的罚款；有违法所得的，并处没收违法所得。

◎刑事法律风险：

涉嫌生产、销售伪劣产品罪。生产者、销售者在产品中掺杂、掺假，以假充真，以次充好或者以不合格产品冒充合格产品，销售金额五万元以上不满二十万元的，处二年以下有期徒刑或者拘役，并处或者单处销售金额百分之五十以上二倍以下罚金；销售金额二十万元以上不满五十万元的，处二年以上七年以下有期徒刑，并处销售金额百分之五十以上二倍以下罚金；销售金额五十万元以上不满二百万元的，处七年以上有期徒刑，并处销售金额百分之五十以上二倍以下罚金；销售金额二百万元以上的，处十五年有期徒刑或者无期徒刑，并处销售金额百分之五十以上二倍以下罚金或者没收财产。

典型案例：天津市某食品贸易有限公司销售无生产厂厂名和厂址及不符合国家标准的食品用纸杯案

当事人于2020年6月至11月购进了一批纸杯，这些纸杯均无生产厂厂名和厂址，且有些不符合国家标准。本案无生产厂厂名和厂址纸杯货值金额9397元、不符合国家标准纸杯货值金额7526.8元。当事人已销售的无生产厂厂名和厂址的纸杯与不符合国家标准的纸杯为同一批产品，本案违法所得52.2元。

依据《产品质量法》第四十九条和第五十四条的规定，责令当事人改正销售无生产厂厂名和厂址食品用纸杯的行为、改正销售不符合国家标准食品用纸杯的行为，并对当事人给予以下行政处罚：1. 没收不符合国家标准的157条360mL百某纸杯和687条500mL百某纸杯；2. 处不符合国家标准纸杯货值金额7526.8元的两倍罚款15053.6元；3. 没收违法所得52.2元。罚没款合计15105.8元。

防范建议

食品包装未标示“食品名称”“生产者”“生产地址”，将被市场监管部门认定为“三无”产品进行处罚。

风险38：限期使用的产品，未在显著位置清晰地标明生产日期和安全使用期或者失效日期的。

法律规定

《产品质量法》第五十四条
《食品安全法》第一百四十八条
《消费者权益保护法》第五十五条
《刑法》第一百四十条

法律风险

◎民事法律风险：

经营者提供商品或者服务有欺诈行为的，应当按照消费者的要求增加赔偿其受到的损失，增加赔偿的金额为消费者购买商品的价款或者接受服务的费用的三倍；增加赔偿的金额不足五百元的，为五百元。

生产不符合食品安全标准的食品或者经营明知是不符合食品安全标准的食品，消费者除要求赔偿损失外，还可以向生产者或者经营者要求支付价款十倍或者损失三倍的赔偿金；增加赔偿的金额不足一千元的，为一千元。但是，食品的标签、说明书存在不影响食品安全且不会对消费者造成误导的瑕疵的除外。

◎行政法律风险：

责令改正；情节严重的，责令停止生产、销售，并处违法生产、销售产品货值金额百分之三十以下的罚款；有违法所得的，并处没收违法所得。

◎**刑事法律风险：**

无。

典型案例：平昌县某商贸有限公司涉嫌销售未标注生产日期等标识的商品案

2021年1月11日，平昌县市场监督管理局执法人员对当事人现场检查，发现当事人营业场所的货柜上经营的预包装食品“旺旺雪饼”0.91千克和“旺旺仙贝”0.75千克，其包装上面未标注生产日期、保质期、厂名厂址。当事人的行为涉嫌违反《食品安全法》第一百二十五条及《产品质量法》第五十四条的相关规定，平昌县市场监督管理局依法对其立案调查。

防范建议

依法应当标注保质期的食品，应当标注保质期，保障消费者的知情权。

风险39：使用不当容易造成产品本身损坏或者可能危及人身、财产安全的产品，未标注有警示标志或者中文警示说明的。

法律规定

《产品质量法》第五十四条

《消费者权益保护法》第四十九条、第五十五条

法律风险

◎**民事法律风险：**

经营者提供商品或者服务，造成消费者或者其他受害人人身伤害的，应当赔偿医疗费、护理费、交通费等为治疗和康复支出的合理费用，以及因误工减少的收入。造成残疾的，还应当赔偿残疾生活辅助具费和残疾赔偿金。造成死亡的，还应当赔偿丧葬费和死亡赔偿金。

经营者提供商品或者服务有欺诈行为的，应当按照消费者的要求增加赔偿其受到的损失，增加赔偿的金额为消费者购买商品的价款或者接受服务的费用的三倍；增加赔偿的金额不足五百元的，为五百元。

◎**行政法律风险：**

责令改正；情节严重的，责令停止生产、销售，并处违法生产、销售产品货值金额百分之三十以下的罚款；有违法所得的，并处没收违法所得。

◎**刑事法律风险：**

无。

典型案例：使用工业盐作为食品添加剂未进行警示标示案

2017年6月28日，A市市场监督管理局和A市工业和信息化委员会在A市某蔬菜专业合作社（已另案处理）检查中发现，该生产车间正在使用外包装袋上标注“高级精制盐、执行标准：GB/T 5462—2015、某盐化有限公司出品”等字样的盐腌制蔸头。经将该盐样品送检，检验报告载明亚硝酸盐项目检验结果为0.2毫克/千克。同年12月，该市场监督管理局在全市食品加工小作坊抽检中，发现多个乡镇辖区内手工油面小作坊生产油面时大量使用标称“某盐化有限公司出品”的盐，与上述外包装相同。经将该盐样品送检，检验报告载明亚硝酸盐项目检验结果为2.2毫克/千克、碘酸钾未检出。某盐化有限公司生产的盐，标称“GB/T 5462—2015”的执行标准属于工业盐国家标准。而A市大量存在使用工业盐作为食品添加剂加工食品的行为，严重影响食品安全，危及公众身体健康。为防止食品安全事故的发生，从源头有效遏制食品安全事故苗头，A市市场监督管理局于2018年1月4日对某盐化有限公司立案调查。

经现场检查、查阅某盐化有限公司购销合同、资料以及询问某盐化有限公司相关人员，查明，从2016年5月1日至2017年6月13日期间共生产高级精制盐（规格：50千克/袋）19027.88吨、工业盐（规格：50千克/袋）13783吨，其包装上标示的执行标准均为GB/T 5462—2015《工业盐》，且均未按该标准要求规范标注名称并标示“禁止食用”的警示语。涉案产品总货值9824820.6元，违法所得259038.71元。

根据GB/T 5462—2015《工业盐》第九条规定、《产品质量法》第五十四条的规定，A市市场监督管理局决定责令当事人改正违法行为，并对当事人进行如下处罚：1. 责令当事人停止生产、销售包装未注明“禁止食用”字样的高级精制盐、工业盐；2. 没收违法所得259038.71元；3. 处货值金额20%的罚款1964964元。

防范建议

可能危及消费者人身、财产安全的产品，应当标注警示标志或说明，提示消费者加以注意。

商品条码

风险40：中国商品条码系统成员企业违规转让厂商识别代码和相应条码的。

法律规定

《商品条码管理办法》第三十四条

法律风险

◎民事法律风险：

无。

◎行政法律风险：

责令其改正，没收违法所得，处以三千元罚款。

◎刑事法律风险：

无。

防范建议

厂商识别代码、商品条码是中国商品条码系统成员企业及产品的识别代码，不得转让。否则，将扰乱市场秩序。成员企业应根据自身实际需求及时申请或注销相应的条码。

风险41：未经核准注册使用厂商识别代码和相应商品条码的，在商品包装上使用其他条码冒充商品条码或伪造商品条码的。

法律规定

《商品条码管理办法》第三十五条

《消费者权益保护法》第五十五条

《中华人民共和国反不正当竞争法》（以下简称《反不正当竞争法》）第十七条、第十八条

法律风险

◎民事法律风险：

经营者提供商品或者服务有欺诈行为的，应当按照消费者的要求增加赔偿其受到的损失，增加赔偿的金额为消费者购买商品的价款或者接受服务的费用的三倍；增加赔偿的金额不足五百元的，为五百元。

经营者违反《反不正当竞争法》规定，给他人造成损害的，应当依法承担民事责任。经营者的合法权益受到不正当竞争行为损害的，可以向人民法院提起诉讼。因不正当竞争行为受到损害的经营者的赔偿数额，按照其因被侵权所受到的实际损失确定；实际损失难以计算的，按照侵权人因侵权所获得的利益确定。经营者恶意实施侵犯商业秘密行为，情节严重的，可以在按照上述方法确定数额的一倍以上五倍以下确定赔偿数额。赔偿数额还应当包括经营者为制止侵权行为所支付的合理开支。经营者违反《反不正当竞争法》第六条、第九条规定，权利人因被侵权所受到的实际损失、侵权人因侵权所获得的利益难以确定的，由人民法院根据侵权行为的情节判决给予权利人五百万元以下的赔偿。

◎行政法律风险：

违反《商品条码管理办法》第三十五条规定，责令其改正，处以三万元以下罚款。

经营者违反《反不正当竞争法》第六条规定实施混淆行为的，由监督检查部门责令停止违法行为，没收违法商品。违法经营额五万元以上的，可以并处违法经营额五倍以下的罚款；没有违法经营额或者违法经营额不足五万元的，可以并处二十五万元以下的罚款。情节严重的，吊销营业

执照。

◎刑事法律风险：

无。

典型案例：宁海县某汽配有限公司冒用他人厂商识别代码案

宁波市中级人民法院经审理查明，广州市某工业公司系我国生产手电筒的大型国有企业，其虎头牌系列手电筒产品、商标及企业曾先后获得国家著名商标证书、广东省著名商标证书、国家金质奖章、广东省名牌产品，以及（1949—1995）全国规模最大、质量最优、产销量最多的电筒生产企业“中华之最”等诸多荣誉。2001 年 6 月 25 日，广州市某工业公司向中国物品编码中心申请获得“中国商品条码系统成员证书”，编号为物编注字第 5852 号，确定厂商识别代码为 69068××，证书有效期为两年。经多次续展，该证书处于有效期限内。2006 年 9 月 28 日，宁海县质量技术监督局在对宁海县某汽配有限公司生产现场检查时，发现在企业仓库存放有已包装的手电筒若干，产品内包装上印有“ISO9001：2000”认证标志；外包装上另印有商品条码、代码“69068××0011××”。产品包括型号为 HJ-300-001 的 LED 手电筒 20 箱，每箱 120 只，每只售价 3 元；型号为 SG-300-002 的 LED 手电筒 63 箱，每箱 120 只，每只售价 2.5 元。经查，宁海县某汽配有限公司未通过 ISO9001 质量体系认证，商品代码、条码也系伪造，厂商识别代码对应的企业为广州市某工业公司。2006 年 11 月 16 日，宁海县质量技术监督局作出（宁）质技监罚字〔2006〕第 134 号行政处罚决定书，责令宁海县某汽配有限公司停止质量认证标志和商品条码的冒用行为并处 1 万元罚款。该处罚决定已发生法律效力。广州市某工业公司向宁波市中级人民法院起诉，要求判令宁海县某汽配有限公司：1. 立即停止在其生产的产品上冒用原告厂商识别代码“69068××”的行为；2. 赔偿原告经济损失 10 万元。

宁波市中级人民法院经审理认为，由于厂商识别代码用于指示商品的生产厂家，在商品条码系统中具有唯一性、专有性和识别性等特点，其持有者对其注册的厂商识别代码和相应的商品条码享有专用权。在实行商品标识体系和电子商务的情况下，厂商识别代码具有标识性知识产权的部分特性，可以作为企业名称的特殊表现形式予以适度保护。本案中，原告依法取得中国商品条码系统成员资格，对其厂商识别代码和相应的商品代码、条码享有专用权。被告未经授权，在与原告相同的产品上冒用原告商品代码、条码和厂商识别代码，容易使相关经营者对商品来源产生误认或者混淆，其行为违反了《反不正当竞争法》第十七条、第十八条及《商品条码管理办法》第三十五条的规定，破坏诚实信用、公平竞争的市场秩序，构成不正当竞争行为，应承担停止侵权、赔偿损失的民事责任。据此判决：1. 被告立即停止对原告厂商识别代码（厂商识别代码为“69068××”）的侵权行为；2. 被告赔偿原告经济损失 2 万元。一审宣判后，各方当事人均未提起上诉，本判决已发生法律效力。

防范建议

每个系统成员单位对其注册的商品条码具有专用权，其他单位不得进行冒用、伪造。

风险42：使用已经注销的厂商识别代码和相应商品条码的。

法律规定

《商品条码管理办法》第三十五条
《消费者权益保护法》第五十五条

法律风险

◎民事法律风险：

经营者提供商品或者服务有欺诈行为的，应当按照消费者的要求增加赔偿其受到的损失，增加赔偿的金额为消费者购买商品的价款或者接受服务的费用的三倍；增加赔偿的金额不足五百元的，为五百元。

◎行政法律风险：

责令其改正，处以三万元以下罚款。

◎刑事法律风险：

无。

典型案例：宁海县某文具公司使用已经注销的厂商识别代码案

浙江省宁海县市场监督管理局对辖区企业的条形码开展了专项整治。检查中发现，宁海县某文具公司成品仓库区存放有标注条码的彩色长尾票夹。执法人员通过“中国物品编码中心”网站查询发现该条码编号的厂商识别代码对应的厂商名称是上海某公司，状态显示已注销。经进一步调查，该公司虽然有上海某公司委托书，但是无法提供上海某公司的续展证书。其行为违反了《商品条码管理办法》第三十五条的规定，构成了在商品包装上使用已经注销的厂商识别代码和相应条码的违法行为。鉴于当事人未曾发生过相同违法行为，执法人员对其处以“（一）责令改正；（二）罚款10000元”的行政处罚。

防范建议

食品生产经营企业应当定期审查自己的厂商代码、商品条码是否到期，并及时办理续展手续。如不再续展，应依规进行注销。注销后便不能再使用。

风险43：经销的商品印有未经核准注册、备案或者伪造的商品条码的。

法律规定

《商品条码管理办法》第三十六条
《消费者权益保护法》第五十五条

法律风险

◎民事法律风险：

经营者提供商品或者服务有欺诈行为的，应当按照消费者的要求增加赔偿其受到的损失，增加赔偿的金额为消费者购买商品的价款或者接受服务的费用的三倍；增加赔偿的金额不足五百元的，为五百元。

◎行政法律风险：

责令其改正，处以一万元以下罚款。

◎刑事法律风险：

无。

典型案例：马鞍山市某食品有限公司经销印有未经核准注册商品条码案

2021 年 12 月 14 日，马鞍山市市场监管综合行政执法支队接到马鞍山市市场监督管理局 12315 投诉举报平台的举报单。举报单显示：投诉举报人于 2021 年 12 月 12 日在淘宝网上购买了马鞍山和某记食品有限公司生产的某品牌黑金锅巴，生产日期为 2021 年 11 月 12 日。商品条码为 489711557＊＊＊＊，举报人查询获悉该商品条码未在中国商品编码中心备案。

2021 年 12 月 16 日，执法人员对该公司进行了现场执法检查，在现场发现了该公司生产的某品牌黑金锅巴。2021 年 12 月 28 日，马鞍山市市场监督管理局对当事人进行立案调查，并制作了笔录。经查，当事人销售使用未经核准注册商品条码的商品，经执法人员在中国物品编码中心查询情况属实，当事人无异议。经执法人员在国家企业信用信息公示系统查询当事人没有因为商品条码的问题被市场监管部门处罚过。

马鞍山市市场监督管理局认为当事人使用未经核准注册商品条码的行为，违反了《商品条码管理办法》第二十一条第一款“任何单位和个人未经核准注册不得使用厂商识别代码和相应的条码”的规定。依据《商品条码管理办法》第三十六条的规定。马鞍山市市场监督管理局责令当事人改正，决定给予当事人如下行政处罚：罚款 300 元。

防范建议

食品生产经营者应当使用自己注册的商品条码，不得擅自使用他人的商品条码。

食品广告

风险 44：生产经营者违法发布虚假广告的。

法律规定

《广告法》第五十五条、第五十六条

《产品质量法》第五十九条

《刑法》第二百二十二条

《消费者权益保护法》第五十五条

法律风险

◎民事法律风险：

在广告中对产品质量作虚假宣传，欺骗和误导消费者的，依照《广告法》的规定追究法律责任。

违反《广告法》规定，发布虚假广告，欺骗、误导消费者，使购买商品或者接受服务的消费者的合法权益受到损害的，由广告主依法承担民事责任。广告经营者、广告发布者不能提供广告主的真实名称、地址和有效联系方式的，消费者可以要求广告经营者、广告发布者先行赔偿。

关系消费者生命健康的商品或者服务的虚假广告，造成消费者损害的，其广告经营者、广告发布者、广告代言人应当与广告主承担连带责任。

不关系消费者生命健康的商品或者服务的虚假广告，造成消费者损害的，其广告经营者、广告发布者、广告代言人，明知或者应知广告虚假仍设计、制作、代理、发布或者作推荐、证明的，应当与广告主承担连带责任。

经营者提供商品或者服务有欺诈行为的，应当按照消费者的要求增加赔偿其受到的损失，增加赔偿的金额为消费者购买商品的价款或者接受服务的费用的三倍；增加赔偿的金额不足五百元的，为五百元。

◎行政法律风险：

违反《广告法》规定，发布虚假广告的，由市场监督管理部门责令停止发布广告，责令广告主在相应范围内消除影响，处广告费用三倍以上五倍以下的罚款，广告费用无法计算或者明显偏低的，处二十万元以上一百万元以下的罚款；两年内有三次以上违法行为或者有其他严重情节的，处广告费用五倍以上十倍以下的罚款，广告费用无法计算或者明显偏低的，处一百万元以上二百万元以下的罚款，可以吊销营业执照，并由广告审查机关撤销广告审查批准文件、一年内不受理其广告审查申请。

◎刑事法律风险：

涉嫌虚假广告罪。广告主、广告经营者、广告发布者违反国家规定，利用广告对商品或者服务作虚假宣传，情节严重的，处二年以下有期徒刑或者拘役，并处或者单处罚金。

典型案例：怀仁市某食品企业利用灯箱发布虚假食品广告案

当事人在其店内灯箱和喷绘布上发布“塞北莜面”食品广告，广告中含有“舌尖上的右玉，无色素、无味精、无添加剂”“10分钟内凉菜走完，第一道菜上桌，25分钟内所有热菜上桌，30分钟内全桌菜品上齐”“原材料采用旗下养殖场的牛、羊、猪肉类，禽类及家乡各种粗粮纯天然食材”等内容，广告内容与实际情况严重不符，构成虚假广告发布行为。其行为违反了《广告法》第五十五条的相关规定。2019年8月14日，朔州怀仁市市场监督管理局作出行政处罚，责令当事人停止发布该违法广告，并处罚款3万元。

典型案例：盂县秀水西街某健康生活馆利用印刷品发布虚假食品广告案

当事人通过其印刷品发布“人生肽”食品广告，广告中含有“抗高压肽”“血糖尿病调节肽”“肿瘤抑制肽”“生物活性肽”等内容，不能提供与广告内容相印证的证明材料，构成虚假广告发布行为。其行为违反了《广告法》第五十五条的相关规定。2019年9月2日，阳泉市盂县市场监督管理局依法作出行政处罚，责令停止发布该违法广告，并处罚款1万元。

防范建议

食品生产经营者应建立健全广告合规机制。发布广告应当遵循准确、清楚、明白的原则，不得对产品性能、功能、产地、用途、质量、成分、价格等进行虚假宣称。

风险45：广告内容违反《广告法》第八条规定的。

法律规定

《消费者权益保护法》第五十五条

《广告法》第五十九条

法律风险

◎民事法律风险：

经营者提供商品或者服务有欺诈行为的，应当按照消费者的要求增加赔偿其受到的损失，增加赔偿的金额为消费者购买商品的价款或者接受服务的费用的三倍；增加赔偿的金额不足五百元的，为五百元。

◎行政法律风险：

责令停止发布广告，对广告主处十万元以下的罚款。广告经营者、广告发布者明知或者应知违反《广告法》第八条规定违法行为仍设计、制作、代理、发布的，由市场监督管理部门处十万元以下的罚款。

◎刑事法律风险：

无。

防范建议

食品生产经营者应建立广告合规审查机制。广告中对商品的性能、功能、产地、用途、质量、成分、价格、生产者、有效期限、允诺等或者对服务的内容、提供者、形式、质量、价格、允诺等有表示的，应当准确、清楚、明白。广告中表明推销的商品或者服务附带赠送的，应当明示所附带赠送商品或者服务的品种、规格、数量、期限和方式。法律、行政法规规定广告中应当明示的内容，应当显著、清晰表示。

风险46：违法发布《广告法》第九条、第十条禁止的广告内容的。

法律规定

《广告法》第五十七条

法律风险

◎民事法律风险：

无。

◎行政法律风险：

责令停止发布广告，对广告主处二十万元以上一百万元以下的罚款，情节严重的，并可以吊销营业执照，由广告审查机关撤销广告审查批准文件、一年内不受理其广告审查申请；对广告经营者、广告发布者，由市场监督管理部门没收广告费用，处二十万元以上一百万元以下的罚款，情节严重的，并可以吊销营业执照、吊销广告发布登记证件。

◎刑事法律风险：

无。

典型案例：苏州某茶业有限公司不当使用国旗、党旗、党徽等开展商业营销宣传案

当事人在其名为"江苏茶文化某某中心"的微信公众号中发布了主题为"'茶和世界·众心向党'大益茶献礼建党100周年主题茶会"的微信推文广告，其中多次出现中国共产党党徽和大益茶的品牌Logo相并列情况，多次展示国旗和党旗的使用场景，使用中国共产党成立100周年庆祝活动标识的图样。因不符合《中国共产党党旗党徽制作和使用的若干规定》《中国共产党成立100周年庆祝活动标识使用说明》的相关要求，违反《广告法》第五十七条的规定，苏州市吴中区市场监督管理局责令当事人停止违法行为，并处罚款25万元。

典型案例：武汉某茶业交易中心有限公司利用国家机关名义开展商业营销宣传广告案

当事人通过自建网站和跳转至其网上店铺产品详情页的方式，发布使用或者变相使用国家机关、国家机关工作人员的名义或者形象的广告，并在疫情期间有发布茶有抗病毒作用的软文广告的行为，违反《广告法》第五十七条的相关规定。2021年7月，武汉市东湖新技术开发区市场监督管理局对当事人作出行政处罚：责令停止发布违法广告，在相应范围内消除影响，罚款100万元。

防范建议

食品生产经营者应建立健全广告合规机制。食品广告中不得含有《广告法》第九条、第十条禁止出现的下列内容：

1. 使用或者变相使用中华人民共和国的国旗、国歌、国徽，军旗、军歌、军徽；
2. 使用或者变相使用国家机关、国家机关工作人员的名义或者形象；
3. 使用“国家级”、“最高级”、“最佳”等用语；
4. 损害国家的尊严或者利益，泄露国家秘密；
5. 妨碍社会安定，损害社会公共利益；
6. 危害人身、财产安全，泄露个人隐私；
7. 妨碍社会公共秩序或者违背社会良好风尚；
8. 含有淫秽、色情、赌博、迷信、恐怖、暴力的内容；
9. 含有民族、种族、宗教、性别歧视的内容；
10. 妨碍环境、自然资源或者文化遗产保护；
11. 法律、行政法规规定禁止的其他情形；
12. 损害未成年人和残疾人的身心健康。

风险47：广告引证内容违反《广告法》第十一条规定的。

法律规定

《消费者权益保护法》第五十五条

《广告法》第五十九条

法律风险

◎民事法律风险：

经营者提供商品或者服务有欺诈行为的，应当按照消费者的要求增加赔偿其受到的损失，增加赔偿的金额为消费者购买商品的价款或者接受服务的费用的三倍；增加赔偿的金额不足五百元的，为五百元。

◎行政法律风险：

责令停止发布广告，对广告主处十万元以下的罚款。广告经营者、广告发布者明知或者应知违反《广告法》第十一条规定违法行为仍设计、制作、代理、发布的，由市场监督管理部门处十万元以下的罚款。

◎刑事法律风险：

无。

防范建议

食品广告引用数据、统计资料、调查结果、文摘、引用语等引证内容的，应当真实、准确，并注明出处。引证内容有适用范围和有效期限的，应当明确表示。

风险48：涉及专利的广告违反《广告法》第十二条规定的。

法律规定

《消费者权益保护法》第五十五条
《广告法》第五十九条

法律风险

◎民事法律风险：

经营者提供商品或者服务有欺诈行为的，应当按照消费者的要求增加赔偿其受到的损失，增加赔偿的金额为消费者购买商品的价款或者接受服务的费用的三倍；增加赔偿的金额不足五百元的，为五百元。

◎行政法律风险：

责令停止发布广告，对广告主处十万元以下的罚款。广告经营者、广告发布者明知或者应知违反《广告法》第十二条规定违法行为仍设计、制作、代理、发布的，由市场监督管理部门处十万元以下的罚款。

◎刑事法律风险：

无。

典型案例：江苏苏州工业园区某食品商行发布违法广告案

当事人在其店内墙上发布含有“慢性疾病的克星”“调理高血压、高血脂等与血液有关的疾病”“能使三高一多症患者一个月至半年康复的产品”“专门对付心梗脑中风、高血脂、高血压”“目前对付心脑血管疾病的最安全、最有效、最省钱的健康食品”等内容的食品广告。广告内容含有绝对化用语，涉及疾病治疗功能，且只标明了专利号，未标明专利种类。当事人行为违反了《广告法》第九条第三项、第十二条、第十七条等规定。2019 年 9 月，依据《广告法》第五十七条第一款第一项、第五十八条第一款第二项、第五十九条第一款第三项的规定，苏州工业园区市场监督管理局作出行政处罚，责令当事人停止发布违法广告，并处罚款 20.09 万元。

防范建议

食品广告中涉及专利的，应当注明专利、标明专利号和专利种类。发布之前，需审查所涉专利的真实性，了解清楚专利类别和专利号、专利期限等情况。不得涉及已经终止、撤销、无效的专利。

风险49：在大众传播媒介或者公共场所发布声称全部或者部分替代母乳的婴儿乳制品、饮料和其他食品广告的。

法律规定

《广告法》第五十七条

《消费者权益保护法》第五十五条
《刑法》第二百二十二条

法律风险

◎民事法律风险：

经营者提供商品或者服务有欺诈行为的，应当按照消费者的要求增加赔偿其受到的损失，增加赔偿的金额为消费者购买商品的价款或者接受服务的费用的三倍；增加赔偿的金额不足五百元的，为五百元。

◎行政法律风险：

责令停止发布广告，对广告主处二十万元以上一百万元以下的罚款，情节严重的，并可以吊销营业执照，由广告审查机关撤销广告审查批准文件、一年内不受理其广告审查申请；对广告经营者、广告发布者，由市场监督管理部门没收广告费用，处二十万元以上一百万元以下的罚款，情节严重的，并可以吊销营业执照、吊销广告发布登记证件。

◎刑事法律风险：

涉嫌虚假广告罪。广告主、广告经营者、广告发布者违反国家规定，利用广告对商品或者服务作虚假宣传，情节严重的，处二年以下有期徒刑或者拘役，并处或者单处罚金。

典型案例：某外资乳粉品牌违规发布声称婴儿乳制品替代母乳广告案

行政处罚决定书（沪市监黄处〔2021〕012020000848号）显示：当事人市场部独立、自主地设计、制作了用于宣传“皇家美某力婴儿配方奶粉（0—6月龄，1段）”产品的广告，内容包含：“天然含有乳磷脂，天然含有OPO类似结构脂，天然乳铁蛋白……科技解密母乳珍稀营养”等。含有上述内容的广告于2020年4月7日起被发布在天猫平台“皇家美某佳儿官方旗舰店”以及微信平台的“美某佳儿官方会员商城”小程序“皇家美某力婴儿配方奶粉（0—6月龄，1段）”产品的宣传页面中。

上述违法广告的广告主为当事人。当事人的上述行为，违反了《广告法》第二十条的规定，构成了在大众传播媒介或者公共场所发布声称全部或者部分替代母乳的婴儿乳制品的行为。依据《广告法》第五十七条第三项的规定，决定对当事人处罚如下：一、责令停止发布违法广告；二、罚款20万元整。

防范建议

食品生产经营者应建立食品广告合规审查机制。除母乳外的任何食品都不得声称可全部或者部分替代母乳。

风险50：违法利用广告推销禁止生产、销售的产品或者提供的服务，或者禁止发布广告的商品或者服务的。

法律规定

《广告法》第五十七条

《消费者权益保护法》第四十九条、第五十五条
《刑法》第一百四十条、第一百四十四条

法律风险

◎民事法律风险：

经营者提供商品或者服务有欺诈行为的，应当按照消费者的要求增加赔偿其受到的损失，增加赔偿的金额为消费者购买商品的价款或者接受服务的费用的三倍；增加赔偿的金额不足五百元的，为五百元。

经营者提供商品或者服务，造成消费者或者其他受害人人身伤害的，应当赔偿医疗费、护理费、交通费等为治疗和康复支出的合理费用，以及因误工减少的收入。造成残疾的，还应当赔偿残疾生活辅助具费和残疾赔偿金。造成死亡的，还应当赔偿丧葬费和死亡赔偿金。

◎行政法律风险：

责令停止发布广告，对广告主处二十万元以上一百万元以下的罚款，情节严重的，并可以吊销营业执照，由广告审查机关撤销广告审查批准文件、一年内不受理其广告审查申请；对广告经营者、广告发布者，由市场监督管理部门没收广告费用，处二十万元以上一百万元以下的罚款，情节严重的，并可以吊销营业执照、吊销广告发布登记证件。

◎刑事法律风险：

涉嫌生产、销售伪劣产品罪。生产者、销售者在产品中掺杂、掺假，以假充真，以次充好或者以不合格产品冒充合格产品，销售金额五万元以上不满二十万元的，处二年以下有期徒刑或者拘役，并处或者单处销售金额百分之五十以上二倍以下罚金；销售金额二十万元以上不满五十万元的，处二年以上七年以下有期徒刑，并处销售金额百分之五十以上二倍以下罚金；销售金额五十万元以上不满二百万元的，处七年以上有期徒刑，并处销售金额百分之五十以上二倍以下罚金；销售金额二百万元以上的，处十五年有期徒刑或者无期徒刑，并处销售金额百分之五十以上二倍以下罚金或者没收财产。

涉嫌生产、销售有毒有害食品罪。在生产、销售的食品中掺入有毒、有害的非食品原料的，或者销售明知掺有有毒、有害的非食品原料的食品的，处五年以下有期徒刑，并处罚金；对人体健康造成严重危害或者有其他严重情节的，处五年以上十年以下有期徒刑，并处罚金；致人死亡或者有其他特别严重情节的，处十年以上有期徒刑、无期徒刑或者死刑，并处罚金或者没收财产。

防范建议

食品生产经营者应建立食品广告合规审查机制。法律禁止生产、销售的产品不允许发布广告进行推销。发布广告之前，应当对推销产品是否属于法律禁止生产销售的范围进行审查。

风险51：违法在针对未成年人的大众传播媒介上发布保健食品、酒类广告的。

法律规定

《广告法》第五十七条
《消费者权益保护法》第四十九条

法律风险

◎民事法律风险：

经营者提供商品或者服务，造成消费者或者其他受害人人身伤害的，应当赔偿医疗费、护理费、交通费等为治疗和康复支出的合理费用，以及因误工减少的收入。造成残疾的，还应当赔偿残疾生活辅助具费和残疾赔偿金。造成死亡的，还应当赔偿丧葬费和死亡赔偿金。

◎行政法律风险：

责令停止发布广告，对广告主处二十万元以上一百万元以下的罚款，情节严重的，并可以吊销营业执照，由广告审查机关撤销广告审查批准文件、一年内不受理其广告审查申请；对广告经营者、广告发布者，由市场监督管理部门没收广告费用，处二十万元以上一百万元以下的罚款，情节严重的，并可以吊销营业执照、吊销广告发布登记证件。

◎刑事法律风险：

无。

防范建议

保健食品、酒类产品的食品生产经营者，不得在针对未成年人的大众传播媒介上发布保健食品、酒类产品的广告。

风险52：在食品广告中涉及疾病治疗功能，以及使用医疗用语或者易使推销的商品与药品、医疗器械相混淆的用语的。

法律规定

《广告法》第五十八条

《食品安全法》第一百四十八条

《消费者权益保护法》第四十九条

《刑法》第二百二十二条、第二百六十六条

法律风险

◎民事法律风险：

生产不符合食品安全标准的食品或者经营明知是不符合食品安全标准的食品，消费者除要求赔偿损失外，还可以向生产者或者经营者要求支付价款十倍或者损失三倍的赔偿金；增加赔偿的金额不足一千元的，为一千元。但是，食品的标签、说明书存在不影响食品安全且不会对消费者造成误导的瑕疵的除外。

经营者提供商品或者服务，造成消费者或者其他受害人人身伤害的，应当赔偿医疗费、护理费、交通费等为治疗和康复支出的合理费用，以及因误工减少的收入。造成残疾的，还应当赔偿残疾生活辅助具费和残疾赔偿金。造成死亡的，还应当赔偿丧葬费和死亡赔偿金。

◎行政法律风险：

责令停止发布广告，责令广告主在相应范围内消除影响，处广告费用一倍以上三倍以下的罚款，广告费用无法计算或者明显偏低的，处十万元以上二十万元以下的罚款；情节严重的，处广告费用三倍以上五倍以下的罚款，广告费用无法计算或者明显偏低的，处二十万元以上一百万元以下的罚款，可以吊销营业执照，并由广告审查机关撤销广告审查批准文件、一年内不受理其广告审查申请。

◎刑事法律风险：

涉嫌虚假广告罪。广告主、广告经营者、广告发布者违反国家规定，利用广告对商品或者服务作虚假宣传，情节严重的，处二年以下有期徒刑或者拘役，并处或者单处罚金。

涉嫌诈骗罪。诈骗公私财物，数额较大的，处三年以下有期徒刑、拘役或者管制，并处或者单处罚金；数额巨大或者有其他严重情节的，处三年以上十年以下有期徒刑，并处罚金；数额特别巨大或者有其他特别严重情节的，处十年以上有期徒刑或者无期徒刑，并处罚金或者没收财产。《刑法》另有规定的，依照规定。

典型案例：承德市某饮料有限公司发布违法广告案

承德市某饮料有限公司在互联网上发布的食品广告，宣称该公司经营的产品杏仁露具有止渴、润肺、调节血脂、防治动脉硬化、调节免疫力等功效，共支付广告费用5000元。

其行为违反了《广告法》第十七条的规定。依据《广告法》第五十八条的规定，监管部门责令当事人立即停止发布该违法广告并消除影响，并处广告费用两倍的罚款10000元整。

典型案例：陈某某犯罪团伙销售保健食品诈骗案

2011年5月，被告人陈某某在江苏省南京市注册成立多家公司，以老年人为主要对象进行保健食品销售。陈某某对公司人员统一管理，统称“金鹰团队”。陈某某通过“金鹰团队”掌控整个犯罪集团，并对该犯罪集团在江苏、浙江、安徽等地设立的几十个销售平台实行网格化管理。2016年，陈某某引入“平台旅游会销”模式，销售人员以免费旅游的名义将老年人骗至销售平台。陈某某通过安排员工冒充知名医学专家进行门诊咨询、假冒医务人员进行虚假检测、伪造检测报告，虚假宣传公司销售的免疫球蛋白等保健食品能够预防和治疗心脑血管疾病、癌症肿瘤、糖尿病等，以及购买产品享有国家补贴等方式，使被害人相信自己有高患癌风险，须服用该产品预防，从而使被害人高价购买保健食品。至2018年案发时，陈某某组织、领导“金鹰团队”犯罪集团实施诈骗活动的诈骗金额达1161万余元。

江苏省常州市天宁区人民法院审理认为，被告人陈某某以非法占有为目的，采取虚构事实、隐瞒真相的手段，骗取他人财物，其行为已构成诈骗罪。陈某某为达到敛财目的，创设“平台旅游会销”诈骗模式，组成较为固定的犯罪集团实施犯罪活动。陈某某是该犯罪集团的首要分子，应按照集团所犯的全部罪行处罚。陈某某诈骗数额达1161万余元，应认定为“数额特别巨大”，处十年以上有期徒刑或者无期徒刑，并处罚金或者没收财产。据此，依据《刑法》第二百六十六条的规定，以诈骗罪判处被告人陈某某有期徒刑十四年，并处罚金八百万元。其他被告人被判处有期徒刑一年二个月至十二年六个月不等刑期，并处罚金。

防范建议

食品生产经营者应建立食品广告合规审查机制。任何食品不得宣称其具有疾病预防、治疗功效。

风险53：保健食品广告不符合《广告法》第十八条规定的。

法律规定

《食品安全法》第一百四十八条
《消费者权益保护法》第四十九条
《刑法》第二百二十二条、第二百六十六条
《广告法》第五十八条

法律风险

◎民事法律风险：

生产不符合食品安全标准的食品或者经营明知是不符合食品安全标准的食品，消费者除要求赔偿损失外，还可以向生产者或者经营者要求支付价款十倍或者损失三倍的赔偿金；增加赔偿的金额不足一千元的，为一千元。但是，食品的标签、说明书存在不影响食品安全且不会对消费者造成误导的瑕疵的除外。

经营者提供商品或者服务，造成消费者或者其他受害人人身伤害的，应当赔偿医疗费、护理费、交通费等为治疗和康复支出的合理费用，以及因误工减少的收入。造成残疾的，还应当赔偿残疾生活辅助具费和残疾赔偿金。造成死亡的，还应当赔偿丧葬费和死亡赔偿金。

◎行政法律风险：

责令停止发布广告，责令广告主在相应范围内消除影响，处广告费用一倍以上三倍以下的罚款，广告费用无法计算或者明显偏低的，处十万元以上二十万元以下的罚款；情节严重的，处广告费用三倍以上五倍以下的罚款，广告费用无法计算或者明显偏低的，处二十万元以上一百万元以下的罚款，可以吊销营业执照，并由广告审查机关撤销广告审查批准文件、一年内不受理其广告审查申请。

◎刑事法律风险：

涉嫌虚假广告罪。广告主、广告经营者、广告发布者违反国家规定，利用广告对商品或者服务作虚假宣传，情节严重的，处二年以下有期徒刑或者拘役，并处或者单处罚金。

涉嫌诈骗罪。诈骗公私财物，数额较大的，处三年以下有期徒刑、拘役或者管制，并处或者单处罚金；数额巨大或者有其他严重情节的，处三年以上十年以下有期徒刑，并处罚金；数额特别巨大或者有其他特别严重情节的，处十年以上有期徒刑或者无期徒刑，并处罚金或者没收财产。《刑法》另有规定的，依照规定。

典型案例：河北某生物科技有限公司发布违法保健品广告案

河北某生物科技有限公司（邯郸经济技术开发区）经营的阿里巴巴店铺内销售的保健品“××牌罗布麻蜂胶软胶囊”，在广告中有“降低血压血脂、消炎止痛、抑制流感病毒、治疗胃溃疡、口腔溃疡、烧烫伤、皮肤裂痛、防辐射等病症”的广告用语，广告费用6688元。

其行为违反了《广告法》第十八条的规定。依据《广告法》第五十八条，监管部门对当事人作出以下行政处罚：1. 责令立即停止违法行为；2. 在产品销售网站上消除影响；3. 处广告费用1.5倍罚款计10032元整。

典型案例：李某某等六人犯虚假广告罪案

李某某在收到广告经营者传回的公民个人信息后，将信息分配给各地分公司，分公司按李某某、王某某等人事先制作的“话术”，对留有信息的人以一线、二线、余线的电话推销模式继续虚假宣传，根据“话术”主推玛咖牡蛎，捎带其他产品。经认定，玛咖牡蛎、蚕蛹玛咖不符合药品的界定，不应具有预防、治疗、诊断疾病的功效；经检验，玛咖牡蛎、蚕蛹玛咖中含有微量植物玛咖中存在的玛咖酰胺类化合物，未发现明显的西药成分。本案中，李某某、王某某主观上不具有非法占有的目的，谋求的是非法暴利。被告人李某某、王某某明知所销售的玛咖牡蛎产品系食品，不具有增强男性性功能等功效，仍发布网络广告对产品作虚假宣传，情节严重，两位被告人的行为已违反了《刑法》第二百二十二条的规定，均构成虚假广告罪。

防范建议

保健食品本质上还是食品，但作为一种特殊食品，相比普通食品受到更加严格的监管。保健食品广告中不得含有《广告法》第十八条禁止下列内容：

1. 表示功效、安全性的断言或者保证；
2. 涉及疾病预防、治疗功能；
3. 声称或者暗示广告商品为保障健康所必需；
4. 与药品、其他保健食品进行比较；
5. 利用广告代言人作推荐、证明；
6. 法律、行政法规规定禁止的其他内容。

保健食品广告应当显著标明“本品不能代替药物”。

风险54：违反《广告法》第二十三条规定发布酒类广告的。

法律规定

《广告法》第五十八条

法律风险

◎民事法律风险：

无。

◎行政法律风险：

责令停止发布广告，责令广告主在相应范围内消除影响，处广告费用一倍以上三倍以下的罚款，广告费用无法计算或者明显偏低的，处十万元以上二十万元以下的罚款；情节严重的，处广告费用三倍以上五倍以下的罚款，广告费用无法计算或者明显偏低的，处二十万元以上一百万元以下的罚款，可以吊销营业执照，并由广告审查机关撤销广告审查批准文件、一年内不受理其广告审查申请。

◎刑事法律风险：

无。

典型案例："42 度金杏王酒"酒类互联网违法广告案

中国某集团公司某分公司在其邮乐网"邮乐上党馆"店铺发布"金杏王酒"广告，广告中含有"饮酒就是一种享受，朋友们一定也喜欢"等宣传语、图片。该广告倡导"饮酒是享受"，并且肯定"朋友们一定也喜欢"，涉嫌诱导、怂恿饮酒，客观上容易造成受众追求享受、喜欢饮酒，该行为违反了《广告法》第五十八条规定，构成发布"诱导、怂恿饮酒或者宣传无节制饮酒"违法广告行为。市场督管理部门依法对其处罚 10 万元。

防范建议

酒类食品生产经营者发布酒类广告之前，需对广告内容进行合规审查。酒类广告不得含有下列内容：

1. 诱导、怂恿饮酒或者宣传无节制饮酒；
2. 出现饮酒的动作；
3. 表现驾驶车、船、飞机等活动；
4. 明示或者暗示饮酒有消除紧张和焦虑、增加体力等功效。

风险 55：利用不满十周岁的未成年人作为广告代言人的。

法律规定

《广告法》第五十八条

法律风险

◎民事法律风险：

无。

◎行政法律风险：

责令停止发布广告，责令广告主在相应范围内消除影响，处广告费用一倍以上三倍以下的罚款，广告费用无法计算或者明显偏低的，处十万元以上二十万元以下的罚款；情节严重的，处广告费用三倍以上五倍以下的罚款，广告费用无法计算或者明显偏低的，处二十万元以上一百万元以下的罚款，可以吊销营业执照，并由广告审查机关撤销广告审查批准文件、一年内不受理其广告审查申请。

◎刑事法律风险：

无。

典型案例：上海某企业违规利用不满十周岁未成年人作广告代言人案

2022年2月9日，据公示的行政处罚信息显示，某马上海因违反《广告法》第三十八条第二款规定，“不得利用不满十周岁的未成年人作为广告代言人”，被上海市黄浦区市场监督管理局罚款10万元。

据上海市黄浦区市场监督管理局调查，某马上海独立运营的微信公众号，在2021年8月24日发布的内标题为《无畏挑战，他们是某马破格玩家?》的文章中，存在“某马破格玩家牛某7岁”的宣传标语。

该文章宣传中使用牛某这名不满十周岁的未成年人作为广告代言人，违反了《广告法》第三十八条第二款及第五十八条的规定。另查明，当事人使用牛某的名义及形象作宣传是为了给童装作推荐，吸引更多热爱运动的孩子关注购买当事人的品牌。

上海市黄浦区市场监督管理局认为，鉴于某马上海在单一媒体上发布文章，无其他社会影响，也未造成人体健康和人身、财产受损，情节轻微，决定对某马上海从轻处罚。

防范建议

食品生产经营者应建立代言人资质合规审查机制。在选择广告代言人时，不得选择10周岁以下的未成年人。

风险56：利用在虚假广告中作推荐、证明受到行政处罚未满三年的自然人、法人或者其他组织作为广告代言人的。

法律规定

《广告法》第五十八条

法律风险

◎民事法律风险：

无。

◎行政法律风险：

责令停止发布广告，责令广告主在相应范围内消除影响，处广告费用一倍以上三倍以下的罚款，广告费用无法计算或者明显偏低的，处十万元以上二十万元以下的罚款；情节严重的，处广告费用三倍以上五倍以下的罚款，广告费用无法计算或者明显偏低的，处二十万元以上一百万元以下的罚款，可以吊销营业执照，并由广告审查机关撤销广告审查批准文件、一年内不受理其广告审查申请。

◎刑事法律风险：

无。

防范建议

食品生产经营者应建立代言人资质合规审查机制。在选择广告代言人时，不得选择在虚假广告中作推荐、证明受到行政处罚未满三年的自然人、法人或者其他组织。

风险57：在中小学校、幼儿园内或者利用与中小学生、幼儿有关的教材、教辅材料、练习册、文具、教具、校服、校车等物品发布广告的。

法律规定

《广告法》第五十八条

法律风险

◎民事法律风险：

无。

◎行政法律风险：

责令停止发布广告，责令广告主在相应范围内消除影响，处广告费用一倍以上三倍以下的罚款，广告费用无法计算或者明显偏低的，处十万元以上二十万元以下的罚款；情节严重的，处广告费用三倍以上五倍以下的罚款，广告费用无法计算或者明显偏低的，处二十万元以上一百万元以下的罚款，可以吊销营业执照，并由广告审查机关撤销广告审查批准文件、一年内不受理其广告审查申请。

◎刑事法律风险：

无。

防范建议

食品生产经营者应建立广告合规审查机制。在广告发布前，应对发布渠道、媒介的合法性进行审查，不得在中小学校、幼儿园内或者与中小学生、幼儿有关的教材、教辅材料、练习册、文具、教具、校服、校车等物品上发布广告。

风险58：未经审查发布保健食品、特殊医学用途配方食品广告的。

法律规定

《广告法》第五十八条

法律风险

◎民事法律风险：

无。

◎行政法律风险：

责令停止发布广告，责令广告主在相应范围内消除影响，处广告费用一倍以上三倍以下的罚款，广告费用无法计算或者明显偏低的，处十万元以上二十万元以下的罚款；情节严重的，处广告费用三倍以上五倍以下的罚款，广告费用无法计算或者明显偏低的，处二十万元以上一百万元以下的罚款，可以吊销营业执照，并由广告审查机关撤销广告审查批准文件、一年内不受理其广告审查申请。

◎刑事法律风险：

无。

典型案例：天津市某健智慧健康信息咨询有限公司违法发布保健食品广告案

当事人在广告宣传册中发布含有“全民健原花青素对各种细胞病变引起疾病有如下功效：减缓动脉粥样硬化的形成，延缓心脑血管疾病的发生。延缓老年痴呆的发生，并改善老年痴呆的临床症状。全民健原花青素是迄今为止纯度最高、生物活性最强的纯植物自由基清除剂”等内容的保健食品广告。相关保健食品广告未经有关部门审查，内容包含绝对化用语，涉及疾病预防、治疗功能，并且未按照规定显著标明“本品不能代替药物”。当事人行为违反了《广告法》第四条第一款、第九条第一款第三项、第十八条第一款第一项和第二项、第四十六条等法律规定。依据《广告法》第五十五条第一款、第五十七条、第五十八条的规定，2019 年 5 月，天津市南开区市场监督管理局作出行政处罚，责令停止发布违法广告，并处罚款 20 万元。

防范建议

食品生产经营者发布保健食品、特殊医学用途配方食品广告前，必须依法向当地市场监督管理部门申请并获得广告审查批准文件，否则不得擅自发布。

风险 59：广告内容贬低其他生产经营者的商品或者服务的。

法律规定

《广告法》第五十九条

《刑法》第二百二十一条

《反不正当竞争法》第十七条

法律风险

◎民事法律风险：

经营者违反《反不正当竞争法》规定，给他人造成损害的，应当依法承担民事责任。因不正当竞争行为受到损害的经营者的赔偿数额，按照其因被侵权所受到的实际损失确定；实际损失难以计算的，按照侵权人因侵权所获得的利益确定。经营者恶意实施侵犯商业秘密行为，情节严重的，可以在按照上述方法确定数额的一倍以上五倍以下确定赔偿数额。赔偿数额还应当包括经营者为制止侵权行为所支付的合理开支。

◎行政法律风险：

责令停止发布广告，对广告主处十万元以下的罚款。广告经营者、广告发布者明知或者应知有上述规定违法行为仍设计、制作、代理、发布的，由市场监督管理部门处十万元以下的罚款。

◎刑事法律风险：

涉嫌损害商业信誉、商品声誉罪。捏造并散布虚伪事实，损害他人的商业信誉、商品声誉，给他人造成重大损失或者有其他严重情节的，处二年以下有期徒刑或者拘役，并处或者单处罚金。

典型案例：黄山市屯溪区某火锅店发布贬低其他生产经营者服务的广告案

2022 年 2 月 17 日，黄山市屯溪区市场监督管理局检查发现某火锅店经营场所内广告上写有“××火锅，比×××更亲民、更随意，比××××更时尚……”的内容。当事人的行为违反了《广告法》第十三条、第五十九条的规定。经立案调查后，区市场监督管理局对当事人发布贬低其他生产经营者服务的广告行为，处罚款 1 万元的行政处罚。

典型案例：泉州市某网络科技有限公司、许某损害商业信誉、商品声誉罪

2015 年 4 月，泉州市某网络科技有限公司注册成立，主营微信公众号相关业务，许某任其法定代表人。

2016 年 10 月 27 日，许某为扩大公司微信公众号知名度，增加点击量，从网上下载了 2011 年 12 月 26 日“蒙某纯牛奶被检出致癌物超标 140%”的视频后，采用遮挡视频发布时间、添加微信等方式对原始视频作了实质性修改，先发布在腾讯视频中，并于 10 月 27 日、28 日发布在公司经营管理的闽南第一手、石狮视、一手、时事爆料、热门街拍 5 个微信公众号上。该修改后的视频随即被大量点击并转发，在 2016 年 10 月 29 日至 11 月 10 日期间，该视频被 1073 个微信公众号转发，转发微信公众号遍布全国，使人误以为是刚发生的事件，其中数个微信公众号转发视频的浏览次数达 10 万以上。该视频的大量扩散引发了蒙某公司乳品经销商产品积压、大量退货，蒙某公司为此紧急发布辟谣声明并制作企业形象正面宣传的广告、启动网络舆情检测，经统计，因该视频给蒙某公司造成的直接经济损失为 833672. 8 元。

根据《刑法》第二百二十一条的规定，司法机关以损害商业信誉、商品声誉罪判处泉州市某网络科技有限公司罚金 50000 元；判处许某有期徒刑十个月，并处罚金 20000 元。

防范建议

经营者为推介自己的商品或服务，在发布广告时将自己与竞争对手或某些同行业品牌进行对比，以衬托自己商品或服务的优势，但该行为被《广告法》所禁止，经营者在发布广告时应遵守《广告法》的相关规定。不得编造、传播虚假信息或者误导性信息，损害竞争对手的商业信誉、商品声誉。

风险60：隐瞒真实情况或者提供虚假材料申请广告审查的，或以欺骗、贿赂等不正当手段取得广告审查批准的。

法律规定

《广告法》第六十四条
《刑法》第三百八十九条、第三百九十条

法律风险

◎民事法律风险：

无。

◎行政法律风险：

不予受理或者不予批准，予以警告，一年内不受理该申请人的广告审查申请。以欺骗、贿赂等不正当手段取得广告审查批准的，广告审查机关予以撤销，处十万元以上二十万元以下的罚款，三年内不受理该申请人的广告审查申请。

◎刑事法律风险：

涉嫌行贿罪。为谋取不正当利益，给予国家工作人员以财物的，是行贿罪。在经济往来中，违反国家规定，给予国家工作人员以财物，数额较大的，或者违反国家规定，给予国家工作人员以各种名义的回扣、手续费的，以行贿论处。对犯行贿罪的，处五年以下有期徒刑或者拘役，并处罚金；因行贿谋取不正当利益，情节严重的，或者使国家利益遭受重大损失的，处五年以上十年以下有期徒刑，并处罚金；情节特别严重的，或者使国家利益遭受特别重大损失的，处十年以上有期徒刑或者无期徒刑，并处罚金或者没收财产。

典型案例：某极集团浙江某制药有限公司隐瞒真实情况申请广告审查案

当事人于2020年5月21日至6月9日，通过“浙企通”平台，向浙江省市场监督管理局申请十全大补酒、六味地黄丸（浓缩丸）、咳舒糖浆、妇宝颗粒、补肾益脑胶囊、参麦地黄丸、藿香正气胶囊、十全大补膏、绍兴大补酒、急支糖浆、腰痛丸、麻杏止咳糖浆、半夏止咳糖浆等13种、27件药品广告审查时，提交的药品再注册批件及部分药品生产许可证与申请时当事人获批的药品再注册批件、药品生产许可证不一致。

根据《广告法》第六十四条的规定，相关部门决定不予批准广告审查受理通知书文号为浙广审受字［2020］第0035××号等8件药品广告审查批准决定；三年内不受理当事人的广告审查申请。并对当事人作出如下行政处罚：1. 警告；2. 罚款13万元。

防范建议

食品生产经营者在申请广告审查时，应当提交真实材料，不得隐瞒真实情况或提供虚假材料，不得采用欺骗、贿赂等违法手段。

风险61：伪造、变造或者转让广告审查批准文件的。

法律规定

《广告法》第六十五条
《刑法》第二百八十条

法律风险

◎民事法律风险：

无。

◎行政法律风险：

由市场监督管理部门没收违法所得，并处一万元以上十万元以下的罚款。

◎刑事法律风险：

涉嫌伪造、变造、买卖国家机关公文、证件、印章罪。伪造、变造、买卖或者盗窃、抢夺、毁灭国家机关的公文、证件、印章的，处三年以下有期徒刑、拘役、管制或者剥夺政治权利，并处罚金；情节严重的，处三年以上十年以下有期徒刑，并处罚金。

典型案例：陈某伪造广告批准文件被追究刑事责任案

北京市公安局东城分局民警和城管队员巡查时，一块大型广告牌引起了他们的注意。广告牌上面为某医院的医疗广告，下面为公安局朝阳分局三里屯派出所的警用提示语，中间印有“北京市公安局朝阳分局社区警务宣传栏”和广告公司招商电话。

按照广告牌上的电话，执法人员联系上了该广告公司的负责人陈某，面对询问，陈某出示了一张标有东城区市政管理委员会字样的审批文件复印件。细心的城管队员发现，文件中存有多处疑点：开头是东城区市政管理委员会，而结尾加盖的却是北京市市政管理委员会印章，骑缝章又显示为朝阳区市政管理委员会。经相关部门审查鉴定，这份广告审批文件是伪造的。据陈某交代，为了多揽生意，公司将其他项目的审批文件通过电脑扫描后，伪造成广告批文。陈某的行为违反了《刑法》第二百八十条的规定，涉嫌伪造国家机关公文罪，被警方依法刑事拘留。

防范建议

食品广告批文不得转让，更不能伪造、变造。否则，将涉嫌伪造、变造国家机关公文犯罪。

知识产权侵权

风险62：未经商标注册人的许可，在同一种商品上使用与其注册商标相同的商标的。

法律规定

《中华人民共和国商标法》（以下简称《商标法》）第六十条、第六十三条
《刑法》第二百一十三条

法律风险

◎民事法律风险：

侵犯商标专用权的赔偿数额，按照权利人因被侵权所受到的实际损失确定；实际损失难以确定的，可以按照侵权人因侵权所获得的利益确定；权利人的损失或者侵权人获得的利益难以确定的，参照该商标许可使用费的倍数合理确定。对恶意侵犯商标专用权，情节严重的，可以在按照上述方法确定数额的一倍以上五倍以下确定赔偿数额。赔偿数额应当包括权利人为制止侵权行为所支付的合理开支。

人民法院为确定赔偿数额，在权利人已经尽力举证，而与侵权行为相关的账簿、资料主要由侵权人掌握的情况下，可以责令侵权人提供与侵权行为相关的账簿、资料；侵权人不提供或者提供虚假的账簿、资料的，人民法院可以参考权利人的主张和提供的证据判定赔偿数额。权利人因被侵权所受到的实际损失、侵权人因侵权所获得的利益、注册商标许可使用费难以确定的，由人民法院根据侵权行为的情节判决给予五百万元以下的赔偿。

◎行政法律风险：

认定侵权行为成立的，责令立即停止侵权行为，没收、销毁侵权商品和主要用于制造侵权商品、伪造注册商标标识的工具，违法经营额五万元以上的，可以处违法经营额五倍以下的罚款，没有违法经营额或者违法经营额不足五万元的，可以处二十五万元以下的罚款。对五年内实施两次以上商标侵权行为或者有其他严重情节的，应当从重处罚。销售不知道是侵犯注册商标专用权的商品，能证明该商品是自己合法取得并说明提供者的，由市场监督管理部门责令停止销售。

◎刑事法律风险：

涉嫌假冒注册商标罪。未经注册商标所有人许可，在同一种商品、服务上使用与其注册商标相同的商标，情节严重的，处三年以下有期徒刑，并处或者单处罚金；情节特别严重的，处三年以上十年以下有期徒刑，并处罚金。

典型案例：安徽省宣城市泾县市场监督管理局查处某日杂店销售侵犯注册商标专用权的白酒案

2021 年 3 月 30 日，根据举报，安徽省宣城市泾县市场监督管理局执法人员对泾县某日杂店进行现场检查，在仓库发现侵犯“剑某春”注册商标专用权的疑似剑某春浓香型白酒。经查，当事人销售的侵权白酒系从某网络平台网店进货（案发时该网店已停业），当事人未能提供证明其合法来源的进货票据或其他证明。上述侵权白酒计 53 瓶，涉案货值 19345 元。

当事人销售侵犯注册商标专用权行为，违反《商标法》第六十条第二款的规定，泾县市场监督管理局责令当事人立即停止销售侵权商品。2021 年 6 月 4 日，该局依法作出如下处罚：1. 没收 53 瓶侵犯“剑某春”注册商标专用权的疑似剑某春浓香型白酒；2. 罚款 38690 元。

防范建议

食品生产经营者应建立健全包装标签合规审查机制。在设计包装标签时，应当对标签中的图文元素是否涉嫌商标侵权进行内部审查。切勿假冒他人注册商标；否则，可能构成假冒注册商标罪。

风险 63：未经商标注册人的许可，在同一种商品上使用与其注册商标近似的商标，或者在类似商品上使用与其注册商标相同或者近似的商标，容易导致混淆的。

法律规定

《商标法》第六十条、第六十三条

法律风险

◎民事法律风险：

侵犯商标专用权的赔偿数额，按照权利人因被侵权所受到的实际损失确定；实际损失难以确定的，可以按照侵权人因侵权所获得的利益确定；权利人的损失或者侵权人获得的利益难以确定的，参照该商标许可使用费的倍数合理确定。对恶意侵犯商标专用权，情节严重的，可以在按照上述方法确定数额的一倍以上五倍以下确定赔偿数额。赔偿数额应当包括权利人为制止侵权行为所支付的合理开支。

人民法院为确定赔偿数额，在权利人已经尽力举证，而与侵权行为相关的账簿、资料主要由侵权人掌握的情况下，可以责令侵权人提供与侵权行为相关的账簿、资料；侵权人不提供或者提供虚假的账簿、资料的，人民法院可以参考权利人的主张和提供的证据判定赔偿数额。权利人因被侵权所受到的实际损失、侵权人因侵权所获得的利益、注册商标许可使用费难以确定的，由人民法院根据侵权行为的情节判决给予五百万元以下的赔偿。

◎行政法律风险：

认定侵权行为成立的，责令立即停止侵权行为，没收、销毁侵权商品和主要用于制造侵权商品、伪造注册商标标识的工具，违法经营额五万元以上的，可以处违法经营额五倍以下的罚款，没有违法经营额或者违法经营额不足五万元的，可以处二十五万元以下的罚款。对五年内实施两次以上商标侵权行为或者有其他严重情节的，应当从重处罚。销售不知道是侵犯注册商标专用权的商品，能证明该商品是自己合法取得并说明提供者的，由市场监督管理部门责令停止销售。

◎刑事法律风险：

无。

典型案例：北京某源食品饮料有限公司与菏泽某源罐头食品有限公司侵害商标权纠纷案

北京某源食品饮料有限公司（以下简称北京某源公司）向一审法院起诉称：其是第164330×号、第468370×号商标的权利人，以上两个商标核准注册在商品类别第三十二类，现在保护期内。北京某源公司一直将这两个注册商标作为核心标识使用在水果饮料、果汁等商品上。经过北京某源公司的宣传和销售，两个商标已经为广大消费者知晓，第164330×号商标于2002年3月12日被国家工商行政管理总局商标局（以下简称商标局）认定为驰名商标。菏泽某源罐头食品有限公司（以下简称菏泽某源公司）成立于2011年，其未经北京某源公司许可，大量生产、销售“某源”罐头商品，在网站宣传中使用“某源”商标，在其生产的商品的外包装、瓶贴、网站中使用“菏泽某源罐头食品有限公司”企业名称。由于第164330×号、第468370×号商标系驰名商标，菏泽某源公司使用“某源”标识及“某源”字号的行为构成商标侵权及不正当竞争，给北京某源公司造成了严重的声誉损失和经济损失，故向法院提起诉讼，请求判令菏泽某源公司：1. 停止在生产、销售及网站宣传中侵害上述两个商标权的行为；2. 停止使用并变更企业名称；3. 在《中国工商报》等报纸上发表声明以消除不良影响；4. 赔偿经济损失及合理费用1亿元并承担本案诉讼费用。

一审山东省高级人民法院判决如下：

1. 菏泽某源罐头食品有限公司自本判决生效之日起立即停止在其生产、销售的被诉侵权商品上及http：//www. hezehuiyuan. com网站宣传中使用与北京某源食品饮料有限公司第164330×号商标和第468370×号商标近似商标的行为；

2. 菏泽某源罐头食品有限公司自本判决生效之日起立即停止在其企业名称中使用“某源”字号的不正当竞争行为；

3. 菏泽某源罐头食品有限公司于本判决生效之日起十日内赔偿北京某源食品饮料有限公司经济损失300万元；

4. 驳回北京某源食品饮料有限公司其他诉讼请求。一审案件受理费541800元，由北京某源食品饮料有限公司负担180600元，菏泽某源罐头食品有限公司负担361200元。

二审最高人民法院判决如下：

1. 维持山东省高级人民法院（2014）鲁民三初字第2号民事判决第一项、第二项和第四项；

2. 变更山东省高级人民法院（2014）鲁民三初字第2号民事判决第三项为菏泽某源罐头食品有限公司于本判决生效之日起十日内赔偿北京某源食品饮料有限公司经济损失1000万元；

3. 驳回菏泽某源罐头食品有限公司的上诉请求。

防范建议

食品生产经营者应建立健全商标合规审查机制。在设计包装、字号时，应当对标签中的图文元素是否涉嫌商标侵权进行内部审查。切勿剽窃或简单模仿他人注册商标，否则，可能构成商标侵权。建议使用商标前进行必要的商标检索，并尽快依法向国家商标行政主管部门申请注册商标。

风险64：销售侵犯注册商标专用权的商品的。

法律规定

《商标法》第六十条、第六十三条、第六十四条

《刑法》第二百一十四条

法律风险

◎民事法律风险：

侵犯商标专用权的赔偿数额，按照权利人因被侵权所受到的实际损失确定；实际损失难以确定的，可以按照侵权人因侵权所获得的利益确定；权利人的损失或者侵权人获得的利益难以确定的，参照该商标许可使用费的倍数合理确定。对恶意侵犯商标专用权，情节严重的，可以在按照上述方法确定数额的一倍以上五倍以下确定赔偿数额。赔偿数额应当包括权利人为制止侵权行为所支付的合理开支。

人民法院为确定赔偿数额，在权利人已经尽力举证，而与侵权行为相关的账簿、资料主要由侵权人掌握的情况下，可以责令侵权人提供与侵权行为相关的账簿、资料；侵权人不提供或者提供虚假的账簿、资料的，人民法院可以参考权利人的主张和提供的证据判定赔偿数额。权利人因被侵权所受到的实际损失、侵权人因侵权所获得的利益、注册商标许可使用费难以确定的，由人民法院根据侵权行为的情节判决给予五百万元以下的赔偿。

免责情形：销售不知道是侵犯注册商标专用权的商品，能证明该商品是自己合法取得并说明提供者的，不承担赔偿责任。

◎行政法律风险：

认定侵权行为成立的，责令立即停止侵权行为，没收、销毁侵权商品和主要用于制造侵权商品、伪造注册商标标识的工具，违法经营额五万元以上的，可以处违法经营额五倍以下的罚款，没有违法经营额或者违法经营额不足五万元的，可以处二十五万元以下的罚款。对五年内实施两次以上商标侵权行为或者有其他严重情节的，应当从重处罚。销售不知道是侵犯注册商标专用权的商品，能证明该商品是自己合法取得并说明提供者的，由市场监督管理部门责令停止销售。

◎刑事法律风险：

涉嫌销售假冒注册商标的商品罪。如销售明知是假冒注册商标的商品，销售金额数额较大的行为，则涉嫌销售假冒注册商标的商品罪。违法所得数额较大或者有其他严重情节的，处三年以下有期徒刑，并处或者单处罚金；违法所得数额巨大或者有其他特别严重情节的，处三年以上十年以下有期徒刑，并处罚金。

典型案例：珠海市某酒业有限公司销售侵犯注册商标专用权的商品案

2021年5月26日，根据公安机关通报线索，珠海市市场监督管理局执法人员联合珠海市公安局执法人员依法对珠海市某酒业有限公司（以下简称：当事人）进行现场检查。现场当事人处于正常经营状态，执法人员分别在当事人经营场所、经营场所办公室、经营场所楼梯下储存间发现存放各类酒一批，其中有无中文标签的洋酒、无任何标签的白酒、无法提供进货凭证的洋酒（有中文标签）。当事人经营无中文标签的进口洋酒的行为，涉嫌违反《食品安全法》第九十七条及《商标法》第五十七条第一款第三项、第六十条的规定，珠海市市场监督管理局遂于当日立案调查。

经查明，当事人以23000元现金向身份不明人员购进无合法来源洋酒105瓶［93瓶MARTELL（马爹利）商标和12瓶Hennessy（轩尼诗）商标的品牌洋酒］，上述105瓶洋酒经商标权利人鉴别，均为侵犯他人商标、假冒厂名厂址的产品。同时，经拱北海关技术中心对上述105瓶被权利人鉴别为侵权商品的洋酒进行检验，其中4种、共81瓶洋酒中检测出含有食品添加剂“柠檬黄”。另被查获7瓶有中文标签的“人头马V.S.O.P特优香槟干邑白兰地”洋酒无法提供合法来源证明。

该局责令当事人立即改正违法行为，并对经营超范围使用食品添加剂的食品处罚款214000元；对销售侵犯注册商标专用权商品处罚款76000元；没收违法经营的洋酒105瓶。

防范建议

食品经营者应建立进货查验、索票索证制度。进货时尽可能要求供应商提供产品的商标注册证书。

风险65：伪造、擅自制造他人注册商标标识或者销售伪造、擅自制造的注册商标标识的。

法律规定

《商标法》第六十条、第六十三条、第六十四条

《刑法》第二百一十五条

法律风险

◎民事法律风险：

侵犯商标专用权的赔偿数额，按照权利人因被侵权所受到的实际损失确定；实际损失难以确定的，可以按照侵权人因侵权所获得的利益确定；权利人的损失或者侵权人获得的利益难以确定的，参照该商标许可使用费的倍数合理确定。对恶意侵犯商标专用权，情节严重的，可以在按照上述方法确定数额的一倍以上五倍以下确定赔偿数额。赔偿数额应当包括权利人为制止侵权行为所支付的合理开支。

人民法院为确定赔偿数额，在权利人已经尽力举证，而与侵权行为相关的账簿、资料主要由侵权人掌握的情况下，可以责令侵权人提供与侵权行为相关的账簿、资料；侵权人不提供或者提供虚假的

账簿、资料的，人民法院可以参考权利人的主张和提供的证据判定赔偿数额。

权利人因被侵权所受到的实际损失、侵权人因侵权所获得的利益、注册商标许可使用费难以确定的，由人民法院根据侵权行为的情节判决给予五百万元以下的赔偿。

◎行政法律风险：

认定侵权行为成立的，责令立即停止侵权行为，没收、销毁侵权商品和主要用于制造侵权商品、伪造注册商标标识的工具，违法经营额五万元以上的，可以处违法经营额五倍以下的罚款，没有违法经营额或者违法经营额不足五万元的，可以处二十五万元以下的罚款。对五年内实施两次以上商标侵权行为或者有其他严重情节的，应当从重处罚。销售不知道是侵犯注册商标专用权的商品，能证明该商品是自己合法取得并说明提供者的，由市场监督管理部门责令停止销售。

◎刑事法律风险：

涉嫌非法制造、销售非法制造的注册商标标识罪。伪造、擅自制造他人注册商标标识或者销售伪造、擅自制造的注册商标标识，情节严重的，处三年以下有期徒刑，并处或者单处罚金；情节特别严重的，处三年以上十年以下有期徒刑，并处罚金。

防范建议

食品生产经营者应建立产品商标标识合规审查机制。不得伪造、擅自制造他人注册商标标识，或销售伪造、擅自制造的注册商标标识。

风险66：未经商标注册人同意，更换其注册商标并将该更换商标的商品又投入市场的。

法律规定

《商标法》第六十条、第六十三条

法律风险

◎民事法律风险：

侵犯商标专用权的赔偿数额，按照权利人因被侵权所受到的实际损失确定；实际损失难以确定的，可以按照侵权人因侵权所获得的利益确定；权利人的损失或者侵权人获得的利益难以确定的，参照该商标许可使用费的倍数合理确定。对恶意侵犯商标专用权，情节严重的，可以在按照上述方法确定数额的一倍以上五倍以下确定赔偿数额。赔偿数额应当包括权利人为制止侵权行为所支付的合理开支。

人民法院为确定赔偿数额，在权利人已经尽力举证，而与侵权行为相关的账簿、资料主要由侵权人掌握的情况下，可以责令侵权人提供与侵权行为相关的账簿、资料；侵权人不提供或者提供虚假的账簿、资料的，人民法院可以参考权利人的主张和提供的证据判定赔偿数额。

权利人因被侵权所受到的实际损失、侵权人因侵权所获得的利益、注册商标许可使用费难以确定的，由人民法院根据侵权行为的情节判决给予五百万元以下的赔偿。

◎行政法律风险：

认定侵权行为成立的，责令立即停止侵权行为，没收、销毁侵权商品和主要用于制造侵权商品、伪造注册商标标识的工具，违法经营额五万元以上的，可以处违法经营额五倍以下的罚款，没有违法经营额或者违法经营额不足五万元的，可以处二十五万元以下的罚款。对五年内实施两次以上商标侵权行为或者有其他严重情节的，应当从重处罚。销售不知道是侵犯注册商标专用权的商品，能证明该商品是自己合法取得并说明提供者的，由市场监督管理部门责令停止销售。

◎刑事法律风险：

无。

防范建议

食品生产经营者应树立守法观念，不得擅自将他人产品更换商标后进行流通。应将精力放在经营自有品牌产品方面，打造属于自己的品牌。

风险67：故意为侵犯他人商标专用权行为提供便利条件，帮助他人实施侵犯商标专用权行为的。

法律规定

《商标法》第六十条、第六十三条

《刑法》第二百一十三条、第二百一十四条、第二百一十五条

法律风险

◎民事法律风险：

侵犯商标专用权的赔偿数额，按照权利人因被侵权所受到的实际损失确定；实际损失难以确定的，可以按照侵权人因侵权所获得的利益确定；权利人的损失或者侵权人获得的利益难以确定的，参照该商标许可使用费的倍数合理确定。对恶意侵犯商标专用权，情节严重的，可以在按照上述方法确定数额的一倍以上五倍以下确定赔偿数额。赔偿数额应当包括权利人为制止侵权行为所支付的合理开支。

人民法院为确定赔偿数额，在权利人已经尽力举证，而与侵权行为相关的账簿、资料主要由侵权人掌握的情况下，可以责令侵权人提供与侵权行为相关的账簿、资料；侵权人不提供或者提供虚假的账簿、资料的，人民法院可以参考权利人的主张和提供的证据判定赔偿数额。权利人因被侵权所受到的实际损失、侵权人因侵权所获得的利益、注册商标许可使用费难以确定的，由人民法院根据侵权行为的情节判决给予五百万元以下的赔偿。

◎行政法律风险：

认定侵权行为成立的，责令立即停止侵权行为，没收、销毁侵权商品和主要用于制造侵权商品、伪造注册商标标识的工具，违法经营额五万元以上的，可以处违法经营额五倍以下的罚款，没有违法经营额或者违法经营额不足五万元的，可以处二十五万元以下的罚款。对五年内实施两次以上商标侵权行为或者有其他严重情节的，应当从重处罚。销售不知道是侵犯注册商标专用权的商品，能证明该商品是自己合法取得并说明提供者的，由市场监督管理部门责令停止销售。

◎刑事法律风险：

如为假冒注册商标罪（或销售假冒注册商标的商品，或非法制造、销售非法制造的注册商标标识罪）的共犯，则涉嫌假冒注册商标罪（或销售假冒注册商标的商品罪，或非法制造、销售非法制造的注册商标标识罪）。

涉嫌假冒注册商标罪。未经注册商标所有人许可，在同一种商品、服务上使用与其注册商标相同

的商标，情节严重的，处三年以下有期徒刑，并处或者单处罚金；情节特别严重的，处三年以上十年以下有期徒刑，并处罚金。

涉嫌销售假冒注册商标的商品罪。如销售明知是假冒注册商标的商品，销售金额数额较大的行为。违法所得数额较大或者有其他严重情节的，处三年以下有期徒刑，并处或者单处罚金；违法所得数额巨大或者有其他特别严重情节的，处三年以上十年以下有期徒刑，并处罚金。

涉嫌非法制造、销售非法制造的注册商标标识罪。伪造、擅自制造他人注册商标标识或者销售伪造、擅自制造的注册商标标识，情节严重的，处三年以下有期徒刑，并处或者单处罚金；情节特别严重的，处三年以上十年以下有期徒刑，并处罚金。

典型案例：安徽康某生物科技有限公司故意为商标侵权行为提供便利案

江西江某制药厂于1997年9月7日经商标部门核准注册第×××××××号“江某”商标，核定使用商品为药品、医用营养饮料等。2006年1月28日，商标部门核准第×××××××号商标转让给江某公司。2006年6月1日，商标部门认定江某公司使用在商标注册用商品和服务国际分类第五类中成药商品上的“江某”注册商标为驰名商标。江某公司于2007年6月21日经商标部门核准注册第×××××××号商标，核定使用商品为医用营养品、药制糖果等，有效期限经续展至2027年6月20日。2002年至2017年期间，江某公司在全国各大电视台、杂志等媒体大量投放“江某”牌健胃消食片、乳酸菌素片等产品的广告。而后发现，被告上海夏某医药科技有限公司（以下简称夏某公司）、安徽康某生物科技有限公司（以下简称康某公司）在拼多多上出售含“平安江某”字样的商品，原告江某公司将两个被告诉至法庭。

夏某公司委托康某公司生产侵权商品的行为构成对涉案商标专用权的侵害，应当承担相应的侵权责任。涉案商标具有较高知名度，在夏某公司未能向康某公司提供有权使用侵权标志的情况下，康某公司知道或应当知道夏某公司生产侵权商品的行为侵害了他人的注册商标专用权，不但未予制止，反而为夏某公司生产了侵权商品。康某公司故意为侵犯涉案商标专用权行为提供便利条件，帮助他人实施侵犯商标专用权行为，其行为亦侵害了涉案商标专用权。

依据《商标法》第五十七条、第六十条、第六十三条的规定，法院判决如下：

1. 夏某公司、夏某某、康某公司、谢某某于一审判决生效之日起十日内连带赔偿江某公司经济损失15万元（含合理费用8000元）；

2. 驳回江某公司的其余诉讼请求。

防范建议

食品生产经营者应建立合作商合规调查制度。在开展合作前，对合作商的资质及合作的业务、产品进行必要的调查了解。不得为侵犯他人商标专用权行为提供便利条件。

风险68：剽窃、抄袭他人包装装潢等设计作品的。

法律规定

《中华人民共和国著作权法》第五十四条

法律风险

◎民事法律风险：

侵犯著作权或者与著作权有关的权利的，侵权人应当按照权利人因此受到的实际损失或者侵权人的违法所得给予赔偿；权利人的实际损失或者侵权人的违法所得难以计算的，可以参照该权利使用费给予赔偿。对故意侵犯著作权或者与著作权有关的权利，情节严重的，可以在按照上述方法确定数额的一倍以上五倍以下给予赔偿。权利人的实际损失、侵权人的违法所得、权利使用费难以计算的，由人民法院根据侵权行为的情节，判决给予五百元以上五百万元以下的赔偿。赔偿数额还应当包括权利人为制止侵权行为所支付的合理开支。

◎行政法律风险：

无。

◎刑事法律风险：

无。

防范建议

食品生产经营者应建立健全包装标签合规审查机制。切勿剽窃或简单模仿他人设计元素，所有的设计元素均需做到原创。否则，可能构成著作权侵权。

风险69：使用他人作品，应当支付报酬而未支付的。

法律规定

《中华人民共和国著作权法》第五十四条

法律风险

◎民事法律风险：

侵犯著作权或者与著作权有关的权利的，侵权人应当按照权利人因此受到的实际损失或者侵权人的违法所得给予赔偿；权利人的实际损失或者侵权人的违法所得难以计算的，可以参照该权利使用费给予赔偿。对故意侵犯著作权或者与著作权有关的权利，情节严重的，可以在按照上述方法确定数额的一倍以上五倍以下给予赔偿。权利人的实际损失、侵权人的违法所得、权利使用费难以计算的，由人民法院根据侵权行为的情节，判决给予五百元以上五百万元以下的赔偿。赔偿数额还应当包括权利人为制止侵权行为所支付的合理开支。

◎行政法律风险：

无。

◎刑事法律风险：

无。

典型案例：曹某某与奥某食品公司著作权侵权纠纷案

曹某某是当代油画家，出版有多本油画作品集，创作的油画作品包括“问花解语”系列油画。奥某公司于2016年中秋期间，在生产销售的月饼“相见礼”礼盒系列包装上未经许可使用了“问花解语”的人物图片。经交涉，奥某公司认为其包装是委托新某公司设计，不应自行承担赔偿责任。协商未果后曹某某将奥某公司和新某公司一并诉至法院。

进入诉讼后，经法院主持调解，因奥某公司、新某公司的行为已违反《中华人民共和国著作权法》第五十四条的规定，其最终承认侵犯曹某某的美术作品著作权，并由新某公司就涉案侵权行为赔偿曹某某经济损失。

防范建议

食品生产经营者使用他人享有著作权的作品，应事先获得著作权人的许可，并按约向其支付版权使用费。

风险70：未经专利权人许可，实施其专利。

法律规定

《中华人民共和国专利法》第六十八条、第七十一条

《刑法》第二百一十六条

法律风险

◎民事法律风险：

侵犯专利权的赔偿数额按照权利人因被侵权所受到的实际损失或者侵权人因侵权所获得的利益确定；权利人的损失或者侵权人获得的利益难以确定的，参照该专利许可使用费的倍数合理确定。对故意侵犯专利权，情节严重的，可以在按照上述方法确定数额的一倍以上五倍以下确定赔偿数额。权利人的损失、侵权人获得的利益和专利许可使用费均难以确定的，人民法院可以根据专利权的类型、侵权行为的性质和情节等因素，确定给予三万元以上五百万元以下的赔偿。赔偿数额还应当包括权利人为制止侵权行为所支付的合理开支。

◎行政法律风险：

假冒专利的，除依法承担民事责任外，由负责专利执法的部门责令改正并予公告，没收违法所得，可以处违法所得五倍以下的罚款；没有违法所得或者违法所得在五万元以下的，可以处二十五万元以下的罚款；构成犯罪的，依法追究刑事责任。

◎**刑事法律风险：**

假冒他人专利，情节严重的，处三年以下有期徒刑或者拘役，并处或者单处罚金。

防范建议

食品生产经营者使用他人专利，需获得专利权人的许可，并向其支付专利使用费。

检验检疫

风险71：逃避检疫，向国境卫生检疫机关隐瞒真实情况的。

法律规定

《中华人民共和国国境卫生检疫法》第二十条

《食品安全法》第一百四十八条

《消费者权益保护法》第四十九条

《刑法》第二百三十条、第三百三十七条

《中华人民共和国进出境动植物检疫法》（以下简称《进出境动植物检疫法》）第四十二条

法律风险

◎**民事法律风险：**

经营者提供商品或者服务，造成消费者或者其他受害人人身伤害的，应当赔偿医疗费、护理费、交通费等为治疗和康复支出的合理费用，以及因误工减少的收入。造成残疾的，还应当赔偿残疾生活辅助具费和残疾赔偿金。造成死亡的，还应当赔偿丧葬费和死亡赔偿金。

生产不符合食品安全标准的食品或者经营明知是不符合食品安全标准的食品，消费者除要求赔偿损失外，还可以向生产者或者经营者要求支付价款十倍或者损失三倍的赔偿金；增加赔偿的金额不足一千元的，为一千元。但是，食品的标签、说明书存在不影响食品安全且不会对消费者造成误导的瑕疵的除外。

◎**行政法律风险：**

国境卫生检疫机关可以根据情节轻重，给予警告或者罚款。

◎**刑事法律风险：**

违反《进出境动植物检疫法》规定，引起重大动植物疫情的，依照《刑法》有关规定追究刑事责任。

涉嫌逃避商检罪。违反《中华人民共和国进出口商品检验法》（以下简称《进出口商品检验法》的规定，逃避商品检验，将必须经商检机构检验的进口商品未报经检验而擅自销售、使用，或者将必须经商检机构检验的出口商品未报经检验合格而擅自出口，情节严重的，处三年以下有期徒刑或者拘役，并处或者单处罚金。

涉嫌妨害动植物防疫、检疫罪。违反有关动植物防疫、检疫的国家规定，引起重大动植物疫情的，或者有引起重大动植物疫情危险，情节严重的，处三年以下有期徒刑或者拘役，并处或者单处罚金。单位犯妨害动植物防疫、检疫罪的，对单位判处罚金，并对其直接负责的主管人员和其他直接责任人员，依照上述规定处罚。

典型案例：上海某国际货运有限公司宁波分公司逃避商检案

2006年12月，上海某国际货运有限公司宁波分公司等企业原本要向意大利出口2.4万千克米糕，但考虑到出口米糕很难取得商检部门的检验单据，为逃避商品检验，他们采取“偷梁换柱”的手法，由何某某出面，向深圳市某公司购买了“钢管”的“出境货物换证凭条”，再以“米糕”冒充“钢管”出口，从而骗取了南京市出入境检验检疫局的商检手续。2007年1月，该批米糕经宁波口岸出口至意大利。该批未经检验的米糕被意大利检查出含有被欧盟禁止进口的转基因成分。事发后，欧盟委员会将此情况通报给我国政府。国家质检总局高度重视，责成南京市出入境检验检疫局迅速查明情况，严厉打击逃避商品检验的违法犯罪行为。南京市出入境检验检疫局立即向公安机关报案。经南京市公安局和南京市出入境检验检疫局的密切配合，查明犯罪嫌疑人何某某等人均为多年从事外贸行业的专业人员，熟悉国际贸易政策法律及贸易流程。他们利用国家为扩大出口提供的便利通关机制，运用互联网、传真、电话、特快专递等通信网络，偷梁换柱，将“米糕”冒充“钢管”出口，已经构成了逃避商检罪，建邺区检察院遂提起公诉。

南京市建邺区人民法院公开开庭审理了此案，何某某和被告单位对所犯罪行供认不讳。法院依据《刑法》第二百三十条的规定作出宣判，被告单位被处罚金10万元，何某某被判处有期徒刑八个月，缓刑一年，并处罚金1万元。

防范建议

进出口食品经营者应当依法向海关部门申请检验检疫，不得试图用任何方式逃避检验检疫。

风险72：入境的人员未经国境卫生检疫机关许可，擅自上下交通工具，或者装卸行李、货物、邮包等物品，不听劝阻的。

法律规定

《中华人民共和国国境卫生检疫法》第二十条
《进出境动植物检疫法》第四十二条
《刑法》第三百三十七条

法律风险

◎民事法律风险：

无。

◎行政法律风险：

国境卫生检疫机关可以根据情节轻重，给予警告或者罚款。

◎刑事法律风险：

违反《进出境动植物检疫法》规定，引起重大动植物疫情的，依照《刑法》有关规定追究刑事责任。

涉嫌妨害动植物防疫、检疫罪。违反有关动植物防疫、检疫的国家规定，引起重大动植物疫情的，或者有引起重大动植物疫情危险，情节严重的，处三年以下有期徒刑或者拘役，并处或者单处罚金。单位犯此罪的，对单位判处罚金，并对其直接负责的主管人员和其他直接责任人员，依照上述规定处罚。

防范建议

未经海关部门许可，进出口食品经营者不得擅自上下交通工具，或者装卸行李、货物、邮包等物品。

风险73：未申报或者未依法办理检疫审批手续的。

法律规定

《进出境动植物检疫法》第三十九条、第四十二条

《刑法》第二百三十条、第三百三十七条

《食品安全法》第一百二十三条

法律风险

◎民事法律风险：

无。

◎行政法律风险：

违反《进出境动植物检疫法》规定，未申报或者未依法办理检疫审批手续的，由口岸动植物检疫机关处以罚款。

尚不构成犯罪的，由县级以上人民政府食品安全监督管理部门没收违法所得和违法生产经营的食品，并可以没收用于违法生产经营的工具、设备、原料等物品；违法生产经营的食品货值金额不足一万元的，并处十万元以上十五万元以下罚款；货值金额一万元以上的，并处货值金额十五倍以上三十倍以下罚款；情节严重的，吊销许可证，并可以由公安机关对其直接负责的主管人员和其他直接责任人员处五日以上十五日以下拘留。

◎刑事法律风险：

违反《进出境动植物检疫法》规定，引起重大动植物疫情的，依照《刑法》有关规定追究刑事责任。

涉嫌逃避商检罪。违反《进出口商品检验法》的规定，逃避商品检验，将必须经商检机构检验的进口商品未报经检验而擅自销售、使用，或者将必须经商检机构检验的出口商品未报经检验合格而擅自出口，情节严重的，处三年以下有期徒刑或者拘役，并处或者单处罚金。

涉嫌妨害动植物防疫、检疫罪。违反有关动植物防疫、检疫的国家规定，引起重大动植物疫情的，

或者有引起重大动植物疫情危险，情节严重的，处三年以下有期徒刑或者拘役，并处或者单处罚金。单位犯此罪的，对单位判处罚金，并对其直接负责的主管人员和其他直接责任人员，依照上述规定处罚。

典型案例：进口冷冻牛肉及肉制品未办理检疫手续案

2019 年 2 月 27 日，江苏省南通市崇川区市场监督管理局（以下简称“崇川局”）对位于市区某地的某经营部进行检查，发现当事人的冷库存放无中文标签的进口冷冻牛肉及肉制品 96 箱，重 1810 千克。上述进口冷冻牛肉及肉制品的包装上标注“allana”“alf111”“anglo”“black gold”“farm land”等商标。当事人未能提供该批冷冻牛肉及肉制品的检验检疫证明及进货凭证。该局以当事人的行为涉嫌违反《食品安全法》第三十四条第八项的规定，进行立案调查。同日，依据《食品安全法》第一百一十条第四项的规定，对上述涉嫌未经检验检疫的 96 箱冷冻牛肉及肉制品依法作出扣押的行政强制措施决定。

经调查，2019 年 2 月 25 日，当事人从上门推销的人（当事人自述为南京某食品公司黄某）手上以现金交易的方式购入 100 箱冷冻牛肉及肉制品，单价为 16.95 元/千克，购进总价为 32000 元。当事人明知比市场价便宜，且购进时没有履行进货查验义务，没有索要进货单及相关手续。至 2019 年 2 月 27 日崇川局检查时止，当事人以 18 元/千克的价格对外销售上述冷冻牛肉及肉制品 4 箱，共 80 千克，销售金额为 1440 元，获利 84 元，当事人未建账纳税。

2019 年 6 月 20 日，崇川局委托南通市崇川区价格鉴定中心对上述冷冻牛肉及肉制品进行价格鉴定。2019 年 7 月 18 日，南通市崇川区价格鉴定中心出具［通崇认定（2019）05 号］报告认定上述牛肉及肉制品的重量共 1810 千克，价格为 34140 元。因此，连同当事人已销售的 80 千克牛肉及肉制品销售额 1440 元，当事人经营的涉案牛肉及肉制品的货值金额为 35580 元。

崇川局最终对当事人经营未按规定进行检验检疫的冷冻牛肉及肉制品、国家为防病等特殊需要明令禁止生产经营的食品的行为，根据《食品安全法》第一百二十三条第一款第四项和第五项的规定对当事人作如下处罚：1. 没收当事人经营未经检验检疫牛肉及肉制品 96 箱共 1810 千克；2. 没收违法所得 84 元；3. 罚款 650000 元。

防范建议

进出口食品经营者应依法向海关部门申请检验检疫，不得逃避检验检疫。

风险 74：未经口岸动植物检疫机关许可擅自将进境动植物、动植物产品或者其他检疫物卸离运输工具或者运递的。

法律规定

《进出境动植物检疫法》第三十九条、第四十二条

《刑法》第三百三十七条

法律风险

◎民事法律风险：

无。

◎行政法律风险：

由口岸动植物检疫机关处以罚款。

◎刑事法律风险：

违反《进出境动植物检疫法》规定，引起重大动植物疫情的，依照《刑法》有关规定追究刑事责任。

涉嫌妨害动植物防疫、检疫罪。违反有关动植物防疫、检疫的国家规定，引起重大动植物疫情的，或者有引起重大动植物疫情危险，情节严重的，处三年以下有期徒刑或者拘役，并处或者单处罚金。单位犯此罪的，对单位判处罚金，并对其直接负责的主管人员和其他直接责任人员，依照上述规定处罚。

典型案例：上海某物流有限公司未经检疫已擅自运递案

当事人上海某物流有限公司于2021年6月10日申报进口的一批货物，品名为冷冻鸡腿块（货值21048.39美元，共计1个40尺集装箱），依法应由洋山海关实施检验检疫。该批货物在未到洋山口岸实施检验检疫的情况下已于6月14日由该公司运离洋山口岸。

由于当事人文件记录有误，造成当事人未将货物运至洋山口岸指定地点进行查验，导致货物未经检疫已擅自运递。洋山海关开展对该批货物的后续检验监管。当事人在发现上述情况后主动向海关说明违法事实，积极配合调查，如实陈述违法事实，并如实提供有关证据材料。洋山海关依据《进出境动植物检疫法》第三十九条的规定对该企业处以罚款9500元整。

防范建议

未经海关部门许可，不得擅自将进境动植物、动植物产品或者其他检疫物卸离运输工具或者运递。

风险75：擅自调离或者处理在口岸动植物检疫机关指定的隔离场所中隔离检疫的动植物的。

法律规定

《进出境动植物检疫法》第三十九条、第四十二条

《刑法》第三百三十七条

法律风险

◎民事法律风险：

无。

◎**行政法律风险：**

由口岸动植物检疫机关处以罚款。

◎**刑事法律风险：**

违反《进出境动植物检疫法》规定，引起重大动植物疫情的，依照《刑法》有关规定追究刑事责任。

涉嫌妨害动植物防疫、检疫罪。违反有关动植物防疫、检疫的国家规定，引起重大动植物疫情的，或者有引起重大动植物疫情危险，情节严重的，处三年以下有期徒刑或者拘役，并处或者单处罚金。单位犯此罪的，对单位判处罚金，并对其直接负责的主管人员和其他直接责任人员，依照上述规定处罚。

防范建议

未经海关部门许可，不得擅自调离或者处理在口岸动植物检疫机关指定的隔离场所中隔离检疫的动植物。

风险76：申报的动植物、动植物产品或者其他检疫物与实际不符的。

法律规定

《食品安全法》第一百四十八条

《消费者权益保护法》第四十九条、第五十五条

《刑法》第三百三十七条

《进出境动植物检疫法》第四十条、第四十二条

法律风险

◎**民事法律风险：**

经营者提供商品或者服务有欺诈行为的，应当按照消费者的要求增加赔偿其受到的损失，增加赔偿的金额为消费者购买商品的价款或者接受服务的费用的三倍；增加赔偿的金额不足五百元的，为五百元。法律另有规定的，依照其规定。经营者明知商品或者服务存在缺陷，仍然向消费者提供，造成消费者或者其他受害人死亡或者健康严重损害的，受害人有权要求经营者依照《消费者权益保护法》第四十九条、第五十一条等法律规定赔偿损失，并有权要求所受损失二倍以下的惩罚性赔偿。

经营者提供商品或者服务，造成消费者或者其他受害人人身伤害的，应当赔偿医疗费、护理费、交通费等为治疗和康复支出的合理费用，以及因误工减少的收入。造成残疾的，还应当赔偿残疾生活辅助具费和残疾赔偿金。造成死亡的，还应当赔偿丧葬费和死亡赔偿金。

生产不符合食品安全标准的食品或者经营明知是不符合食品安全标准的食品，消费者除要求赔偿损失外，还可以向生产者或者经营者要求支付价款十倍或者损失三倍的赔偿金；增加赔偿的金额不足一千元的，为一千元。但是，食品的标签、说明书存在不影响食品安全且不会对消费者造成误导的瑕疵的除外。

◎**行政法律风险：**

由口岸动植物检疫机关处以罚款；已取得检疫单证的，予以吊销。

◎**刑事法律风险：**

违反《进出境动植物检疫法》规定，引起重大动植物疫情的，依照《刑法》有关规定追究刑事责任。

涉嫌妨害动植物防疫、检疫罪。违反有关动植物防疫、检疫的国家规定，引起重大动植物疫情的，或者有引起重大动植物疫情危险，情节严重的，处三年以下有期徒刑或者拘役，并处或者单处罚金。单位犯此罪的，对单位判处罚金，并对其直接负责的主管人员和其他直接责任人员，依照上述规定处罚。

典型案例：楚雄某进出口贸易有限公司虚假申报动植物产品案

深圳海关网站发布中华人民共和国文锦渡海关行政处罚决定书（文关检决字〔2020〕028号）显示，2020年1月10日，当事人楚雄A进出口贸易有限公司委托楚雄B进出口贸易有限公司以一般贸易方式申报出口商品一批，由车牌号粤ZS×××港车承载出境，集报清单共1份。1月10日，经海关查验，发现该报关单第二项申报鲜柿子1410千克，实际未出口；另查获未申报甘蔗500千克、椰子400千克、百香果300千克、菠萝100千克、雪莲果100千克、菠萝蜜100千克、圣女果20千克、柚子50千克、草莓30千克，上述商品均未申报。当事人本次向海关申报的动植物产品与实际不符，违反了《进出境动植物检疫法》第四十条的规定。

根据《进出境动植物检疫法》第四十条、《中华人民共和国进出境动植物检疫法实施条例》（以下简称《进出境动植物检疫法实施条例》）第五十九条第一款第二项及《中华人民共和国海关行政处罚实施条例》第五十三条第二项的规定，文锦渡海关决定对当事人作出如下行政处罚：罚款2000元。

防范建议

进出口食品经营者应当如实向海关部门申报，不得弄虚作假。

风险77：违反《进出境动植物检疫法》规定，擅自开拆过境动植物、动植物产品或者其他检疫物的包装的，擅自将过境动植物、动植物产品或者其他检疫物卸离运输工具的，擅自抛弃过境动物的尸体、排泄物、铺垫材料或者其他废弃物的。

法律规定

《中华人民共和国民法典》第一千二百二十九条、第一千二百三十二条

《进出境动植物检疫法》第四十一条、第四十二条

《刑法》第三百三十七条

法律风险

◎民事法律风险：

污染环境造成他人损害的，应当依法承担民事责任。被侵权人有权请求相应的惩罚性赔偿。

◎行政法律风险：

由动植物检疫机关处以罚款。

◎刑事法律风险：

违反《进出境动植物检疫法》规定，引起重大动植物疫情的，依照《刑法》有关规定追究刑事责任。

涉嫌妨害动植物防疫、检疫罪。违反有关动植物防疫、检疫的国家规定，引起重大动植物疫情的，或者有引起重大动植物疫情危险，情节严重的，处三年以下有期徒刑或者拘役，并处或者单处罚金。单位犯此罪的，对单位判处罚金，并对其直接负责的主管人员和其他直接责任人员，依照上述规定处罚。

防范建议

进出口食品经营者应按照海关部门的要求处理货物，不得擅自开拆过境动植物、动植物产品或者其他检疫物的包装，擅自将过境动植物、动植物产品或者其他检疫物卸离运输工具，擅自抛弃过境动物的尸体、排泄物、铺垫材料或者其他废弃物。

风险78：伪造、变造检疫单证、印章、标志、封识的。

法律规定

《进出境动植物检疫法》第四十三条

《刑法》第二百八十条

法律风险

◎民事法律风险：

无。

◎行政法律风险：

无。

◎刑事法律风险：

伪造、变造检疫单证、印章、标志、封识，依照《刑法》有关规定追究刑事责任。

涉嫌伪造、变造、买卖国家机关公文、证件、印章罪。伪造、变造、买卖国家机关的公文、证件、印章的，处三年以下有期徒刑、拘役、管制或者剥夺政治权利，并处罚金；情节严重的，处三年以上十年以下有期徒刑，并处罚金。

典型案例：舒城县李某某伪造、买卖动物检疫合格证明案

2020 年 5~6 月，当事人李某某为逃避检疫和规避相关审批，伪造、买卖 7 张动物检疫合格证明，将从河南某集团购买 210 头生猪以及自家位于长丰县某乡某村的养猪场养殖的 205 头生猪，销售至舒城县某食品公司屠宰加工厂。案发后，当事人李某某经公安民警口头传唤到案，如实供述了犯罪行为。2021 年 12 月，舒城县农业农村局以当事人李某某经营依法应当检疫而未检疫的生猪为由向其下达《行政处罚决定书》，责令李某某立即改正经营依法应当检疫而未检疫生猪的行为，并作出罚款人民币 349317 元的处罚决定。2022 年 1 月，当事人李某某向舒城县农业农村局缴纳了上述罚款。

舒城县人民法院经审理后认为，当事人李某某为逃避检疫和规避相关审批，伪造、买卖动物检疫合格证明，其行为已构成伪造、买卖国家机关公文罪。当事人李某某系自首、认罪认罚，缴纳的罚款应当折抵本案罚金。根据当事人李某某的犯罪事实、性质、量刑情节以及社会危害程度，相关部门依法作出判决：当事人李某某犯伪造、买卖国家机关公文罪，判处有期徒刑一年，缓刑二年，并处罚金人民币 11000 元；追缴违法所得人民币 11000 元，上缴国库。

防范建议

食品生产经营者不得伪造、变造检疫单证、印章、标志、封识，否则可能构成伪造、变造、买卖国家机关公文、证件、印章犯罪。

风险 79：对饲养的动物未按照动物疫病强制免疫计划或者免疫技术规范实施免疫接种的。

法律规定

《中华人民共和国动物防疫法》（以下简称《动物防疫法》）第九十二条、第一百零九条

《刑法》第三百三十七条

法律风险

◎民事法律风险：

无。

◎行政法律风险：

由县级以上地方人民政府农业农村主管部门责令限期改正，可以处一千元以下罚款；逾期不改正的，处一千元以上五千元以下罚款，由县级以上地方人民政府农业农村主管部门委托动物诊疗机构、无害化处理场所等代为处理，所需费用由违法行为人承担。

造成人畜共患传染病传播、流行的，依法从重给予处分、处罚。

◎刑事法律风险：

涉嫌妨害动植物防疫、检疫罪。违反有关动植物防疫、检疫的国家规定，引起重大动植物疫情的，或者有引起重大动植物疫情危险，情节严重的，处三年以下有期徒刑或者拘役，并处或者单处罚金。

单位犯此罪的，对单位判处罚金，并对其直接负责的主管人员和其他直接责任人员，依照上述规定处罚。

防范建议

动物养殖单位应定期对饲养动物进行免疫接种。

风险80：对饲养的种用、乳用动物未按照国务院农业农村主管部门的要求定期开展疫病检测，或者经检测不合格而未按照规定处理的。

法律规定

《食品安全法》第一百四十八条

《消费者权益保护法》第四十九条

《动物防疫法》第九十二条、第一百零九条

《刑法》第三百三十七条

法律风险

◎民事法律风险：

经营者提供商品或者服务，造成消费者或者其他受害人人身伤害的，应当赔偿医疗费、护理费、交通费等为治疗和康复支出的合理费用，以及因误工减少的收入。造成残疾的，还应当赔偿残疾生活辅助具费和残疾赔偿金。造成死亡的，还应当赔偿丧葬费和死亡赔偿金。

生产不符合食品安全标准的食品或者经营明知是不符合食品安全标准的食品，消费者除要求赔偿损失外，还可以向生产者或者经营者要求支付价款十倍或者损失三倍的赔偿金；增加赔偿的金额不足一千元的，为一千元。但是，食品的标签、说明书存在不影响食品安全且不会对消费者造成误导的瑕疵的除外。

◎行政法律风险：

由县级以上地方人民政府农业农村主管部门责令限期改正，可以处一千元以下罚款；逾期不改正的，处一千元以上五千元以下罚款，由县级以上地方人民政府农业农村主管部门委托动物诊疗机构、无害化处理场所等代为处理，所需费用由违法行为人承担。

造成人畜共患传染病传播、流行的，依法从重给予处分、处罚。

◎刑事法律风险：

涉嫌妨害动植物防疫、检疫罪。违反有关动植物防疫、检疫的国家规定，引起重大动植物疫情的，或者有引起重大动植物疫情危险，情节严重的，处三年以下有期徒刑或者拘役，并处或者单处罚金。单位犯此罪的，对单位判处罚金，并对其直接负责的主管人员和其他直接责任人员，依照上述规定处罚。

防范建议

动物养殖单位应按照国务院农业农村主管部门的要求定期开展疫病检测，经检测不合格的，按照规定处理。

风险81：动物、动物产品的运载工具在装载前和卸载后未按照规定及时清洗、消毒的。

法律规定

《动物防疫法》第九十二条、第一百零九条

《刑法》第三百三十七条

法律风险

◎民事法律风险：

无。

◎行政法律风险：

由县级以上地方人民政府农业农村主管部门责令限期改正，可以处一千元以下罚款；逾期不改正的，处一千元以上五千元以下罚款，由县级以上地方人民政府农业农村主管部门委托动物诊疗机构、无害化处理场所等代为处理，所需费用由违法行为人承担。

造成人畜共患传染病传播、流行的，依法从重给予处分、处罚。

◎刑事法律风险：

涉嫌妨害动植物防疫、检疫罪。违反有关动植物防疫、检疫的国家规定，引起重大动植物疫情的，或者有引起重大动植物疫情危险，情节严重的，处三年以下有期徒刑或者拘役，并处或者单处罚金。单位犯此罪的，对单位判处罚金，并对其直接负责的主管人员和其他直接责任人员，依照上述规定处罚。

防范建议

动物、动物产品运输经营者，在装载前和卸载后应按照规定及时对运载工具进行清洗、消毒。

风险82：违反《动物防疫法》规定，对经强制免疫的动物未按照规定建立免疫档案，或者未按照规定加施畜禽标识的。

法律规定

《动物防疫法》第九十三条

《中华人民共和国畜牧法》第四十一条、第六十六条、第六十八条

《刑法》第三百三十七条

法律风险

◎民事法律风险：

无。

◎行政法律风险：

依照《中华人民共和国畜牧法》的有关规定处罚。

畜禽养殖场未建立养殖档案的，或者未按照规定保存养殖档案的，由县级以上人民政府畜牧兽医行政主管部门责令限期改正，可以处一万元以下罚款。

销售的种畜禽未附具种畜禽合格证明、检疫合格证明、家畜系谱的，销售、收购国务院畜牧兽医行政主管部门规定应当加施标识而没有标识的畜禽的，或者重复使用畜禽标识的，由县级以上地方人民政府畜牧兽医行政主管部门或者市场监督管理部门责令改正，可以处二千元以下罚款。

违反《中华人民共和国畜牧法》有关规定，使用伪造、变造的畜禽标识的，由县级以上人民政府畜牧兽医行政主管部门没收伪造、变造的畜禽标识和违法所得，并处三千元以上三万元以下罚款。

◎**刑事法律风险：**

涉嫌妨害动植物防疫、检疫罪。违反有关动植物防疫、检疫的国家规定，引起重大动植物疫情的，或者有引起重大动植物疫情危险，情节严重的，处三年以下有期徒刑或者拘役，并处或者单处罚金。单位犯此罪的，对单位判处罚金，并对其直接负责的主管人员和其他直接责任人员，依照上述规定处罚。

防范建议

动物饲养单位应按照《动物防疫法》的规定，对强制免疫的动物建立免疫档案，加施畜禽标识。

风险83：违反《动物防疫法》规定，动物、动物产品的运载工具、垫料、包装物、容器等不符合国务院农业农村主管部门规定的动物防疫要求的。

法律规定

《动物防疫法》第九十四条、第一百零九条

《刑法》第三百三十七条

法律风险

◎**民事法律风险：**

无。

◎**行政法律风险：**

由县级以上地方人民政府农业农村主管部门责令改正，可以处五千元以下罚款；情节严重的，处五千元以上五万元以下罚款。

造成人畜共患传染病传播、流行的，依法从重给予处分、处罚。

◎**刑事法律风险：**

涉嫌妨害动植物防疫、检疫罪。违反有关动植物防疫、检疫的国家规定，引起重大动植物疫情的，或者有引起重大动植物疫情危险，情节严重的，处三年以下有期徒刑或者拘役，并处或者单处罚金。单位犯此罪的，对单位判处罚金，并对其直接负责的主管人员和其他直接责任人员，依照上述规定处罚。

防范建议

动物、动物产品运输经营者，需采取必要措施，确保运载动物、动物产品的工具、垫料、包装物、容器符合国务院农业农村主管部门规定的动物防疫要求。

风险84：违反《动物防疫法》规定，对染疫动物及其排泄物、染疫动物产品或者被染疫动物、动物产品污染的运载工具、垫料、包装物、容器等未按照规定处置的。

法律规定

《动物防疫法》第九十五条、第一百零九条

《刑法》第三百三十七条

法律风险

◎民事法律风险：

违反《动物防疫法》规定，给他人人身、财产造成损害的，依法承担民事责任。

◎行政法律风险：

由县级以上地方人民政府农业农村主管部门责令限期处理；逾期不处理的，由县级以上地方人民政府农业农村主管部门委托有关单位代为处理，所需费用由违法行为人承担，处五千元以上五万元以下罚款。造成环境污染或者生态破坏的，依照环境保护有关法律法规进行处罚。

造成人畜共患传染病传播、流行的，依法从重给予处分、处罚。

◎刑事法律风险：

涉嫌妨害动植物防疫、检疫罪。违反有关动植物防疫、检疫的国家规定，引起重大动植物疫情的，或者有引起重大动植物疫情危险，情节严重的，处三年以下有期徒刑或者拘役，并处或者单处罚金。单位犯此罪的，对单位判处罚金，并对其直接负责的主管人员和其他直接责任人员，依照上述规定处罚。

防范建议

动物、动物产品经营者对染疫动物及其排泄物、染疫动物产品或者被染疫动物、动物产品污染的运载工具、垫料、包装物、容器等应按照有关规定处置。

风险85：违反《动物防疫法》规定，患有人畜共患传染病的人员，直接从事动物疫病监测、检测、检验检疫，动物诊疗以及易感染动物的饲养、屠宰、经营、隔离、运输等活动的。

法律规定

《动物防疫法》第九十六条、第一百零九条

《刑法》第三百三十七条

法律风险

◎民事法律风险：

无。

◎行政法律风险：

由县级以上地方人民政府农业农村或者野生动物保护主管部门责令改正；拒不改正的，处一千元以上一万元以下罚款；情节严重的，处一万元以上五万元以下罚款。

造成人畜共患传染病传播、流行的，依法从重给予处分、处罚。

◎刑事法律风险：

涉嫌妨害动植物防疫、检疫罪。违反有关动植物防疫、检疫的国家规定，引起重大动植物疫情的，或者有引起重大动植物疫情危险，情节严重的，处三年以下有期徒刑或者拘役，并处或者单处罚金。单位犯此罪的，对单位判处罚金，并对其直接负责的主管人员和其他直接责任人员，依照上述规定处罚。

防范建议

患有人畜共患传染病的人员，不得直接从事动物疫病监测、检测、检验检疫，动物诊疗以及易感染动物的饲养、屠宰、经营、隔离、运输等活动。

风险86：违反《动物防疫法》第二十九条规定，屠宰、经营、运输动物或者生产、经营、加工、贮藏、运输动物产品的。

法律规定

《食品安全法》第一百四十八条

《消费者权益保护法》第四十九条

《刑法》第一百四十三条、第三百三十七条

《动物防疫法》第九十七条、第一百条、第一百零九条

法律风险

◎民事法律风险：

经营者提供商品或者服务，造成消费者或者其他受害人人身伤害的，应当赔偿医疗费、护理费、交通费等为治疗和康复支出的合理费用，以及因误工减少的收入。造成残疾的，还应当赔偿残疾生活辅助具费和残疾赔偿金。造成死亡的，还应当赔偿丧葬费和死亡赔偿金。

生产不符合食品安全标准的食品或者经营明知是不符合食品安全标准的食品，消费者除要求赔偿损失外，还可以向生产者或者经营者要求支付价款十倍或者损失三倍的赔偿金；增加赔偿的金额不足一千元的，为一千元。但是，食品的标签、说明书存在不影响食品安全且不会对消费者造成误导的瑕疵的除外。

◎行政法律风险：

由县级以上地方人民政府农业农村主管部门责令改正、采取补救措施，没收违法所得、动物和动物产品，并处同类检疫合格动物、动物产品货值金额十五倍以上三十倍以下罚款；同类检疫合格动物、

动物产品货值金额不足一万元的，并处五万元以上十五万元以下罚款。

依法应当检疫而未检疫的，由县级以上地方人民政府农业农村主管部门责令改正，处同类检疫合格动物、动物产品货值金额一倍以下罚款；对货主以外的承运人处运输费用三倍以上五倍以下罚款，情节严重的，处五倍以上十倍以下罚款。

造成人畜共患传染病传播、流行的，依法从重给予处分、处罚。

◎刑事法律风险：

涉嫌妨害动植物防疫、检疫罪。违反有关动植物防疫、检疫的国家规定，引起重大动植物疫情的，或者有引起重大动植物疫情危险，情节严重的，处三年以下有期徒刑或者拘役，并处或者单处罚金。单位犯此罪的，对单位判处罚金，并对其直接负责的主管人员和其他直接责任人员，依照上述规定处罚。

涉嫌生产、销售不符合安全标准的食品罪。足以造成严重食物中毒事故或者其他严重食源性疾病的，处三年以下有期徒刑或者拘役，并处罚金；对人体健康造成严重危害或者有其他严重情节的，处三年以上七年以下有期徒刑，并处罚金；后果特别严重的，处七年以上有期徒刑或者无期徒刑，并处罚金或者没收财产。

典型案例：经营依法应当检疫而未检疫生猪案

江山市动物卫生监督所执法人员在检查时，发现当事人王某某在附属用房内购买饲养的4头生猪没有动物检疫合格证明。经立案调查，查明当事人王某某从外地购买的4头生猪未经检疫，无动物检疫合格证明。

江山市动物卫生监督所根据《动物防疫法》第二十九条、第九十七条的规定，考虑该批生猪经补检合格，作出对当事人王某某处2726.6元的行政处罚。

防范建议

不得生产、经营、加工、贮藏、运输与疫病有关、死因不明的动物或动物产品。

法律禁止屠宰、经营、运输下列动物和生产、经营、加工、贮藏、运输下列动物产品：

1. 封锁疫区内与所发生动物疫病有关的；
2. 疫区内易感染的；
3. 依法应当检疫而未经检疫或者检疫不合格的；
4. 染疫或者疑似染疫的；
5. 病死或者死因不明的；
6. 其他不符合国务院农业农村主管部门有关动物防疫规定的。

因实施集中无害化处理需要暂存、运输动物和动物产品并按照规定采取防疫措施的，不适用上述规定。

风险87：开办动物饲养场和隔离场所、动物屠宰加工场所以及动物和动物产品无害化处理场所，未取得动物防疫条件合格证的。

法律规定

《动物防疫法》第九十八条、第一百零九条
《刑法》第三百三十七条

法律风险

◎民事法律风险：

无。

◎行政法律风险：

由县级以上地方人民政府农业农村主管部门责令改正，处三千元以上三万元以下罚款；情节严重的，责令停业整顿，并处三万元以上十万元以下罚款。

造成人畜共患传染病传播、流行的，依法从重给予处分、处罚。

◎刑事法律风险：

涉嫌妨害动植物防疫、检疫罪。违反有关动植物防疫、检疫的国家规定，引起重大动植物疫情的，或者有引起重大动植物疫情危险，情节严重的，处三年以下有期徒刑或者拘役，并处或者单处罚金。单位犯此罪的，对单位判处罚金，并对其直接负责的主管人员和其他直接责任人员，依照上述规定处罚。

典型案例：兴办动物饲养场（养殖小区）未取得动物防疫条件合格证案

2018年4月24日，金堂县农业执法机关执法人员到某镇某村13组当事人的某养牛场进行日常检查时，发现该场周围无围墙，入口未设置消毒池，共有牛舍2栋（面积约1200平方米），共养殖肉牛142头，当事人不能提供动物防疫条件合格证。经批准，执法人员当即依法对当事人涉嫌兴办肉牛养殖场未取得动物防疫条件合格证的行为进行了立案调查，现场检查提取当事人身份证照片、对当事人进行询问、查询动物防疫条件合格证记录。

经调查，当事人的违法事实认定如下：当事人于2017年8月，在金堂县某镇某村13组建成1个肉牛养殖场，该养殖场截至2018年4月24日存栏肉牛142头，认定其达到了《四川省畜禽养殖场（小区）规模标准》中"肉牛养殖场：常年出栏量为100头及以上"的规模标准；该养殖场未取得动物防疫条件合格证。

依据《动物防疫法》第九十八条第一款第一项规定，应给予当事人行政处罚。2018年4月28日，执法机关向当事人送达了"行政处罚事先告知书"，在规定时间内当事人未提出陈述申辩。5月9日，执法机关参照《四川省农业行政处罚裁量标准》的规定，对当事人作出罚款3000元的处罚决定。

防范建议

开办动物饲养场和隔离场所、动物屠宰加工场所以及动物和动物产品无害化处理场所，应依法取得动物防疫条件合格证。

风险88：经营动物、动物产品的集贸市场不具备国务院农业农村主管部门规定的防疫条件的。

法律规定

《动物防疫法》第九十八条、第一百零九条
《刑法》第三百三十七条

法律风险

◎民事法律风险：

无。

◎行政法律风险：

由县级以上地方人民政府农业农村主管部门责令改正，处三千元以上三万元以下罚款；情节严重的，责令停业整顿，并处三万元以上十万元以下罚款。

造成人畜共患传染病传播、流行的，依法从重给予处分、处罚。

◎刑事法律风险：

涉嫌妨害动植物防疫、检疫罪。违反有关动植物防疫、检疫的国家规定，引起重大动植物疫情的，或者有引起重大动植物疫情危险，情节严重的，处三年以下有期徒刑或者拘役，并处或者单处罚金。单位犯此罪的，对单位判处罚金，并对其直接负责的主管人员和其他直接责任人员，依照上述规定处罚。

防范建议

经营动物、动物产品的集贸市场应当具备国务院农业农村主管部门规定的防疫条件，否则不得经营动物、动物产品。

风险89：未经备案从事动物运输的。

法律规定

《动物防疫法》第九十八条、第一百零九条
《刑法》第三百三十七条

法律风险

◎民事法律风险：

无。

◎行政法律风险：

由县级以上地方人民政府农业农村主管部门责令改正，处三千元以上三万元以下罚款；情节严重的，责令停业整顿，并处三万元以上十万元以下罚款。

造成人畜共患传染病传播、流行的，依法从重给予处分、处罚。

◎刑事法律风险：

涉嫌妨害动植物防疫、检疫罪。违反有关动植物防疫、检疫的国家规定，引起重大动植物疫情的，或者有引起重大动植物疫情危险，情节严重的，处三年以下有期徒刑或者拘役，并处或者单处罚金。单位犯此罪的，对单位判处罚金，并对其直接负责的主管人员和其他直接责任人员，依照上述规定处罚。

典型案例：郭某某未经备案从事动物运输案

2021年7月4日9时，当事人郭某某驾驶一辆江铃双排座轻型货车（鲁H592××）装载有10头小黄牛来青川县木鱼动物检疫指定通道查证验物。当事人不能提供运输动物车辆备案证明，网上查询无该车辆备案信息。执法机关依据《动物防疫法》第九十八条，对其罚款3000元。

防范建议

从事动物运输业务应当办理备案手续。

风险90：未按照规定保存行程路线和托运人提供的动物名称、检疫证明编号、数量等信息的。

法律规定

《动物防疫法》第九十八条、第一百零九条

法律风险

◎民事法律风险：

无。

◎行政法律风险：

由县级以上地方人民政府农业农村主管部门责令改正，处三千元以上三万元以下罚款；情节严重的，责令停业整顿，并处三万元以上十万元以下罚款。

造成人畜共患传染病传播、流行的，依法从重给予处分、处罚。

◎刑事法律风险：

无。

防范建议

动物承运人应当保存行程路线和托运人提供的动物名称、检疫证明编号、数量等信息。

风险91：未经检疫合格，向无规定动物疫病区输入动物、动物产品的。

法律规定

《食品安全法》第一百四十八条
《消费者权益保护法》第四十九条
《动物防疫法》第九十八条、第一百零九条
《刑法》第三百三十七条

法律风险

◎民事法律风险：

经营者提供商品或者服务，造成消费者或者其他受害人人身伤害的，应当赔偿医疗费、护理费、交通费等为治疗和康复支出的合理费用，以及因误工减少的收入。造成残疾的，还应当赔偿残疾生活辅助具费和残疾赔偿金。造成死亡的，还应当赔偿丧葬费和死亡赔偿金。

生产不符合食品安全标准的食品或者经营明知是不符合食品安全标准的食品，消费者除要求赔偿损失外，还可以向生产者或者经营者要求支付价款十倍或者损失三倍的赔偿金；增加赔偿的金额不足一千元的，为一千元。但是，食品的标签、说明书存在不影响食品安全且不会对消费者造成误导的瑕疵的除外。

◎行政法律风险：

由县级以上地方人民政府农业农村主管部门责令改正，处三千元以上三万元以下罚款；情节严重的，责令停业整顿，并处三万元以上十万元以下罚款。

造成人畜共患传染病传播、流行的，依法从重给予处分、处罚。

◎刑事法律风险：

涉嫌妨害动植物防疫、检疫罪。违反有关动植物防疫、检疫的国家规定，引起重大动植物疫情的，或者有引起重大动植物疫情危险，情节严重的，处三年以下有期徒刑或者拘役，并处或者单处罚金。单位犯此罪的，对单位判处罚金，并对其直接负责的主管人员和其他直接责任人员，依照上述规定处罚。

典型案例：外省调入动物未申报备案

2015年6月6日，温州市鹿城区动物卫生监督所执法人员在温州市某集团肉类联合屠宰有限公司屠宰场检查时，发现当事人车上有110头拟在该场屠宰的生猪，该批生猪系当事人6月6日从山西省忻州市忻府区调入，之前未按规定向调入地动物卫生监督机构申报备案。该行为违反了《动物防疫法》第九十八条的相关规定，鹿城区动物卫生监督所依法对其作出行政处罚。

防范建议

向无规定动物疫病区输入的动物、动物产品，必须先检疫合格。

风险92：跨省、自治区、直辖市引进种用、乳用动物到达输入地后未按照规定进行隔离观察的。

法律规定

《动物防疫法》第九十八条、第一百零九条
《刑法》第三百三十七条

法律风险

◎民事法律风险：

无。

◎行政法律风险：

由县级以上地方人民政府农业农村主管部门责令改正，处三千元以上三万元以下罚款；情节严重的，责令停业整顿，并处三万元以上十万元以下罚款。

造成人畜共患传染病传播、流行的，依法从重给予处分、处罚。

◎刑事法律风险：

涉嫌妨害动植物防疫、检疫罪。违反有关动植物防疫、检疫的国家规定，引起重大动植物疫情的，或者有引起重大动植物疫情危险，情节严重的，处三年以下有期徒刑或者拘役，并处或者单处罚金。单位犯此罪的，对单位判处罚金，并对其直接负责的主管人员和其他直接责任人员，依照上述规定处罚。

防范建议

跨省、自治区、直辖市引进种用、乳用动物的，在到达输入地后应按照规定进行隔离观察。

风险93：未按照规定处理或者随意弃置病死动物、病害动物产品的。

法律规定

《动物防疫法》第九十八条、第一百零九条
《刑法》第三百三十七条

法律风险

◎民事法律风险：

违反《动物防疫法》规定，给他人人身、财产造成损害的，依法承担民事责任。

◎**行政法律风险：**

由县级以上地方人民政府农业农村主管部门责令改正，处三千元以上三万元以下罚款；情节严重的，责令停业整顿，并处三万元以上十万元以下罚款。

造成人畜共患传染病传播、流行的，依法从重给予处分、处罚。

◎**刑事法律风险：**

涉嫌妨害动植物防疫、检疫罪。违反有关动植物防疫、检疫的国家规定，引起重大动植物疫情的，或者有引起重大动植物疫情危险，情节严重的，处三年以下有期徒刑或者拘役，并处或者单处罚金。单位犯此罪的，对单位判处罚金，并对其直接负责的主管人员和其他直接责任人员，依照上述规定处罚。

典型案例：文某某随意弃置病死动物案

2021 年 7 月 21 日，宁乡市农业农村局的工作人员接到群众举报称在宁乡市流沙河镇鸿富村楚江边有人随意弃置病死生猪，胡乱丢弃在河道内，随意弃置的病死生猪已被收集并进行了无害化处理。宁乡市农业农村局执法人员当日立即赶往案发地，联合流沙河派出所、青山桥派出所及流沙河镇动物防疫站迅速开展调查，调取了随意弃置病死生猪所处路段监控，对周边群众进行了调查走访，锁定了当事人文某某。

经查，当事人文某某，宁乡市青山桥镇栗狮村生猪养殖户，2021 年 7 月 14 日 19 时左右，当事人在自家猪舍中发现有不明原因病死生猪 4 头，2021 年 7 月 15 日 0 时左右，当事人在家中用刀具将这 4 头病死生猪分割后用 12 个编织袋装好，趁夜晚使用号牌为湘 A×××××银白色汽油三轮摩托车运送到邻近乡镇流沙河镇鸿富村九组楚江河堤段随意弃置在河堤下，没有进行任何处理便返回了青山桥镇栗狮村的家中。

当事人文某某的行为违反了《动物防疫法》第九十八条规定，涉嫌随意弃置病死动物，被宁乡市农业农村局依法立案调查。

防范建议

病死动物、病害动物产品不得随意弃置，应依法进行无害化处理。

风险 94：饲养种用、乳用动物的单位和个人，未按照国务院农业农村主管部门的要求定期开展动物疫病检测的。

法律规定

《动物防疫法》第九十八条、第一百零九条

《刑法》第三百三十七条

法律风险

◎**民事法律风险：**

无。

◎行政法律风险：

由县级以上地方人民政府农业农村主管部门责令改正，处三千元以上三万元以下罚款；情节严重的，责令停业整顿，并处三万元以上十万元以下罚款。

造成人畜共患传染病传播、流行的，依法从重给予处分、处罚。

◎刑事法律风险：

涉嫌妨害动植物防疫、检疫罪。违反有关动植物防疫、检疫的国家规定，引起重大动植物疫情的，或者有引起重大动植物疫情危险，情节严重的，处三年以下有期徒刑或者拘役，并处或者单处罚金。单位犯此罪的，对单位判处罚金，并对其直接负责的主管人员和其他直接责任人员，依照上述规定处罚。

防范建议

饲养种用、乳用动物的单位和个人，应当按照国务院农业农村主管部门的要求定期开展动物疫病检测。

风险95：动物饲养场和隔离场所、动物屠宰加工场所以及动物和动物产品无害化处理场所，生产经营条件发生变化，不再符合《动物防疫法》第二十四条规定的动物防疫条件继续从事相关活动的。

法律规定

《刑法》第三百三十七条

《动物防疫法》第九十九条、第一百零九条

法律风险

◎民事法律风险：

无。

◎行政法律风险：

由县级以上地方人民政府农业农村主管部门给予警告，责令限期改正；逾期仍达不到规定条件的，吊销动物防疫条件合格证，并通报市场监督管理部门依法处理。

◎刑事法律风险：

涉嫌妨害动植物防疫、检疫罪。违反有关动植物防疫、检疫的国家规定，引起重大动植物疫情的，或者有引起重大动植物疫情危险，情节严重的，处三年以下有期徒刑或者拘役，并处或者单处罚金。单位犯此罪的，对单位判处罚金，并对其直接负责的主管人员和其他直接责任人员，依照上述规定处罚。

防范建议

《动物防疫法》第二十四条规定，动物饲养场和隔离场所、动物屠宰加工场所以及动物和动物产品无害化处理场所，应当符合下列动物防疫条件：

1. 场所的位置与居民生活区、生活饮用水水源地、学校、医院等公共场所的距离符合国务院农业农村主管部门的规定；

2. 生产经营区域封闭隔离，工程设计和有关流程符合动物防疫要求；

3. 有与其规模相适应的污水、污物处理设施，病死动物、病害动物产品无害化处理设施设备或者冷藏冷冻设施设备，以及清洗消毒设施设备；

4. 有与其规模相适应的执业兽医或者动物防疫技术人员；

5. 有完善的隔离消毒、购销台账、日常巡查等动物防疫制度；

6. 具备国务院农业农村主管部门规定的其他动物防疫条件。

动物和动物产品无害化处理场所除应当符合上述规定的条件外，还应当具有病原检测设备、检测能力和符合动物防疫要求的专用运输车辆。

动物饲养场和隔离场所、动物屠宰加工场所以及动物和动物产品无害化处理场所的生产经营条件发生变化，如果不再符合《动物防疫法》第二十四条规定的动物防疫条件，应当立即停止相关活动。

风险96：违反《动物防疫法》规定，屠宰、经营、运输的动物未附有检疫证明，经营和运输的动物产品未附有检疫证明、检疫标志的。

法律规定

《动物防疫法》第一百条、第一百零九条

法律风险

◎民事法律风险：

无。

◎行政法律风险：

由县级以上地方人民政府农业农村主管部门责令改正，处同类检疫合格动物、动物产品货值金额一倍以下罚款；对货主以外的承运人处运输费用三倍以上五倍以下罚款，情节严重的，处五倍以上十倍以下罚款。

造成人畜共患传染病传播、流行的，依法从重给予处分、处罚。

◎刑事法律风险：

无。

典型案例：吴某经营运输的动物未附有检疫证明案

2018年4月10日，昆明市动物卫生监督所在对进场生猪进行日常检查时发现，当事人经营运输的40头生猪附有的“动物检疫合格证明”中无官方兽医签字，属于无效的“动物检疫合格证明”，其行为违反了《动物防疫法》第五十一条及第一百条的规定。

依据《行政处罚法》第二十七条第二款和《昆明市农业行政处罚自由裁量权适用标准实施暂行办法》第五条第一项规定，依法对当事人不予行政处罚。此案已结案。

防范建议

屠宰、经营、运输的动物应当附有检疫证明，经营和运输的动物产品应当附有检疫证明、检疫标志。

风险97：违反《动物防疫法》规定，将禁止或者限制调运的特定动物、动物产品由动物疫病高风险区调入低风险区的。

法律规定

《食品安全法》第一百四十八条
《消费者权益保护法》第四十九条
《动物防疫法》第一百零一条、第一百零九条
《刑法》第三百三十七条

法律风险

◎民事法律风险：

经营者提供商品或者服务，造成消费者或者其他受害人人身伤害的，应当赔偿医疗费、护理费、交通费等为治疗和康复支出的合理费用，以及因误工减少的收入。造成残疾的，还应当赔偿残疾生活辅助具费和残疾赔偿金。造成死亡的，还应当赔偿丧葬费和死亡赔偿金。

生产不符合食品安全标准的食品或者经营明知是不符合食品安全标准的食品，消费者除要求赔偿损失外，还可以向生产者或者经营者要求支付价款十倍或者损失三倍的赔偿金；增加赔偿的金额不足一千元的，为一千元。但是，食品的标签、说明书存在不影响食品安全且不会对消费者造成误导的瑕疵的除外。

◎行政法律风险：

由县级以上地方人民政府农业农村主管部门没收运输费用、违法运输的动物和动物产品，并处运输费用一倍以上五倍以下罚款。

造成人畜共患传染病传播、流行的，依法从重给予处分、处罚。

◎刑事法律风险：

涉嫌妨害动植物防疫、检疫罪。违反有关动植物防疫、检疫的国家规定，引起重大动植物疫情的，或者有引起重大动植物疫情危险，情节严重的，处三年以下有期徒刑或者拘役，并处或者单处罚金。单位犯此罪的，对单位判处罚金，并对其直接负责的主管人员和其他直接责任人员，依照上述规定处罚。

防范建议

任何单位和个人不得将禁止或者限制调运的特定动物、动物产品由动物疫病高风险区调入低风险区。

风险98：违反《动物防疫法》规定，通过道路跨省、自治区、直辖市运输动物，未经省、自治区、直辖市人民政府设立的指定通道入省境或者过省境的。

法律规定

《动物防疫法》第一百零二条、第一百零九条

《刑法》第三百三十七条

法律风险

◎民事法律风险：

无。

◎行政法律风险：

由县级以上地方人民政府农业农村主管部门对运输人处五千元以上一万元以下罚款；情节严重的，处一万元以上五万元以下罚款。

造成人畜共患传染病传播、流行的，依法从重给予处分、处罚。

◎刑事法律风险：

涉嫌妨害动植物防疫、检疫罪。违反有关动植物防疫、检疫的国家规定，引起重大动植物疫情的，或者有引起重大动植物疫情危险，情节严重的，处三年以下有期徒刑或者拘役，并处或者单处罚金。单位犯此罪的，对单位判处罚金，并对其直接负责的主管人员和其他直接责任人员，依照上述规定处罚。

典型案例：罗某某违法跨省调运生猪案件

2019年11月24日，群众举报称，在四川省内江市东兴区顺河镇农贸市场发现不合格的猪肉制品。接报后，东兴区非洲猪瘟防控应急指挥部立即安排所在乡镇控制猪肉产品及贩运当事人，并联合执法部门对非法调运的生猪按照规定作了无害化处理，严防染疫的生猪及其产品入境，保障内江市猪肉市场的质量安全和人民群众生命财产安全，维护社会稳定。

经现场调查核实，贩运户罗某某将从河南省修武县发到重庆市荣昌区盘龙镇的猪肉产品，出售给了东兴区顺河镇、平坦镇农贸市场的屠工黄某某、陈某某等人。该猪肉产品从疫情相邻省始发，经过疫情省，再到东兴区。

东兴区联合执法部门立即追回已经出售的全部猪肉产品，并将所有猪肉产品共约516千克进行了无害化处理。罗某某的行为违反了《动物防疫法》第一百零二条的规定。东兴区联合执法部门依法向贩运户罗某某出具了“责令改正通知书”（内东区食药监食责改〔2018〕29号），责令其立即改正，禁止从非洲猪瘟疫区购进猪肉产品到东兴区销售。

防范建议

通过道路跨省、自治区、直辖市运输动物，应当经省、自治区、直辖市人民政府设立的指定通道入省境或者过省境，不得随意更改路线。

风险99：违反《动物防疫法》规定，转让、伪造或者变造检疫证明、检疫标志或者畜禽标识的。

法律规定

《动物防疫法》第一百零三条、第一百零九条

《刑法》第二百八十条、第三百三十七条

法律风险

◎民事法律风险：

无。

◎行政法律风险：

由县级以上地方人民政府农业农村主管部门没收违法所得和检疫证明、检疫标志、畜禽标识，并处五千元以上五万元以下罚款。

造成人畜共患传染病传播、流行的，依法从重给予处分、处罚。

◎刑事法律风险：

涉嫌妨害动植物防疫、检疫罪。违反有关动植物防疫、检疫的国家规定，引起重大动植物疫情的，或者有引起重大动植物疫情危险，情节严重的，处三年以下有期徒刑或者拘役，并处或者单处罚金。单位犯此罪的，对单位判处罚金，并对其直接负责的主管人员和其他直接责任人员，依照上述规定处罚。

涉嫌伪造、变造、买卖国家机关公文、证件、印章罪。伪造、变造、买卖或者盗窃、抢夺、毁灭国家机关的公文、证件、印章的，处三年以下有期徒刑、拘役、管制或者剥夺政治权利，并处罚金；情节严重的，处三年以上十年以下有期徒刑，并处罚金。

典型案例：开化县汪某某变造检疫证明案

当事人汪某某将50千克猪肉运到开化县生猪屠宰厂加盖检验章。屠宰厂官方兽医发现不是本厂屠宰的猪肉后拒绝盖检验章，同时发现当事人所持的动物产品检疫证明很可能是变造的，并当场收缴了动物产品检疫证明。开化县动物卫生监督所立案后查明，当事人汪某某本想将50千克未经检疫的猪肉销售到衢州市区，因销售到衢州市区的肉品需凭“二证二章”方可上市销售，当事人便耍起了小聪明，利用制图软件变造了一份检疫动物产品证明，并变造了检疫证号、产品数量、签发日期等。

开化县动物卫生监督所根据《动物防疫法》第七十八条、第一百零三条规定，对当事人汪某某作出没收未经检疫的猪肉50千克，并罚款4000元的行政处罚。

防范建议

检疫证明、检疫标志或者畜禽标识不得转让、伪造、变造，否则可能涉嫌犯罪。

风险100：违反《动物防疫法》规定，持有、使用伪造或者变造的检疫证明、检疫标志或者畜禽标识的。

法律规定

《动物防疫法》第一百零三条、第一百零九条

《刑法》第二百八十条

法律风险

◎民事法律风险：

无。

◎行政法律风险：

由县级以上人民政府农业农村主管部门没收检疫证明、检疫标志、畜禽标识和对应的动物、动物产品造成人畜共患传染病传播、流行的，依法从重给予处分、处罚。产品，并处三千元以上三万元以下罚款。

造成人畜共患传染病传播、流行的，依法从重给予处分、处罚。

◎刑事法律风险：

涉嫌买卖国家机关公文、证件、印章罪。买卖国家机关的公文、证件、印章的，处三年以下有期徒刑、拘役、管制或者剥夺政治权利，并处罚金；情节严重的，处三年以上十年以下有期徒刑，并处罚金。

典型案例：云南省文山州广南县常某某、赵某某变造动物检疫合格证明案

2018年10月11日，云南省文山州广南县动物卫生监督所驻莲城屠宰场执法人员查证验物时，发现两车生猪共25头佩戴标识与检疫证记录不相符，部分生猪未佩戴耳标。同日，广南县动物卫生监督所立案调查常某某、赵某某的违法行为。10月12日，执法人员依法对当事人常某某、赵某某进行询问。

经查：当事人常某某、赵某某出示的“动物检疫合格证明”为广南县领用，此本“动物检疫合格证明”于2018年7月24日发放至广南县珠琳镇畜牧兽医站，领用人王某辉。经核实，“动物合格检疫证明”存根和第二联王某辉均未持有，官方兽医人员10月11日未开具此份“动物防疫检疫合格证明”。“动物防疫检疫合格证明”为赵某某10月7日到珠琳畜牧兽医站申报检疫时趁检疫人员下楼现场查看生猪时，私自将放在检疫办公桌上的此本检疫证明撕下带回，当事人常某某私自填写。25头猪中佩戴耳标标识生猪15头，未佩戴10头，生猪佩戴标识与检疫记录不符，执法人员签名为当事人私自填写，当事人常某某、赵某某违法变造动物检疫合格证明（其经营、运输依法应当检疫而未经检疫动物的行为，已另案处理）。11月20日，文山州广南县动物卫生监督所向当事人送达了“行政处罚事先告知书”，11月26日作出行政处罚决定，11月28日向当事人送达了“行政处罚决定书”。

当事人未依法取得“动物检疫合格证明”，私自填写非法获取的“动物防疫合格证明”，购买生猪运至广南县莲城镇生猪定点屠宰场销售，其行为违反了《动物防疫法》第七十八条：“禁止转让、伪造或者变造检疫证明、检疫标志或者畜禽标志”的规定，违法事实清楚，证据确实充分，应当给予处罚。根据《动物防疫法》第一百零三条的规定，相关部门对当事人作出如下行政处罚决定：收缴当事人变造的动物合格证检疫证明，并处罚款5000元。

防范建议

不得持有、使用伪造或者变造的检疫证明、检疫标志、畜禽标识，如发现持有的检疫证明、检疫标志或者畜禽标识是伪造、变造的，应当向政府主管部门进行举报。不得违法买卖伪造、变造的证明、标志、标识。

风险101：违反《动物防疫法》规定，擅自发布动物疫情的。

法律规定

《动物防疫法》第一百零四条

《刑法》第二百九十一条

法律风险

◎民事法律风险：

无。

◎行政法律风险：

由县级以上地方人民政府农业农村主管部门责令改正，处三千元以上三万元以下罚款。

◎刑事法律风险：

涉嫌编造、故意传播虚假信息罪。编造虚假的险情、疫情、灾情、警情，在信息网络或者其他媒体上传播，或者明知是上述虚假信息，故意在信息网络或者其他媒体上传播，严重扰乱社会秩序的，处三年以下有期徒刑、拘役或者管制；造成严重后果的，处三年以上七年以下有期徒刑。

防范建议

任何单位个人不得擅自发布动物疫情，应当由政府职能部门依照程序进行发布。避免因擅自发布动物疫情，扰乱经济社会秩序。

风险102：违反《动物防疫法》规定，不遵守县级以上人民政府及其农业农村主管部门依法作出的有关控制动物疫病规定的。

法律规定

《动物防疫法》第一百零四条、第一百零九条

《刑法》第三百三十七条

法律风险

◎民事法律风险：

无。

◎行政法律风险：

由县级以上地方人民政府农业农村主管部门责令改正，处三千元以上三万元以下罚款。

造成人畜共患传染病传播、流行的，依法从重给予处分、处罚。

◎刑事法律风险：

涉嫌妨害动植物防疫、检疫罪。违反有关动植物防疫、检疫的国家规定，引起重大动植物疫情的，或者有引起重大动植物疫情危险，情节严重的，处三年以下有期徒刑或者拘役，并处或者单处罚金。单位犯此罪的，对单位判处罚金，并对其直接负责的主管人员和其他直接责任人员，依照上述规定处罚。

典型案例：李某某妨害动植物防疫、检疫案

李某某在从事活鸡饲养、销售过程中，违反有关动植物防疫、检疫的国家规定，对所购进的活鸡应当检疫而未全部检疫，并且饲养的活鸡中检测出高致病性H7N9流感病毒，可能引发人畜共患的高致病性禽流感疫情，严重威胁养殖业生产安全及公众身体健康与生命安全，有引起重大动物疫情危险，情节严重。其行为已违反《刑法》第三百三十七条的规定，构成妨害动植物防疫、检疫罪。

防范建议

应遵守县级以上人民政府及其农业农村主管部门依法作出的有关控制动物疫病规定，否则可能引发重大疫情，涉嫌妨害动植物防疫、检疫罪。

风险103：违反《动物防疫法》规定，藏匿、转移、盗掘已被依法隔离、封存、处理的动物和动物产品的。

法律规定

《动物防疫法》第一百零四条、第一百零九条

《刑法》第三百三十七条

法律风险

◎民事法律风险：

无。

◎行政法律风险：

由县级以上地方人民政府农业农村主管部门责令改正，处三千元以上三万元以下罚款。

造成人畜共患传染病传播、流行的，依法从重给予处分、处罚。

◎刑事法律风险：

涉嫌妨害动植物防疫、检疫罪。违反有关动植物防疫、检疫的国家规定，引起重大动植物疫情的，或者有引起重大动植物疫情危险，情节严重的，处三年以下有期徒刑或者拘役，并处或者单处罚金。单位犯此罪的，对单位判处罚金，并对其直接负责的主管人员和其他直接责任人员，依照上述规定

处罚。

防范建议

任何人不得藏匿、转移、盗掘已被依法隔离、封存、处理的动物和动物产品，否则可能引发疫情，严重扰乱经济社会秩序。

不正当竞争

风险104：擅自使用与他人有一定影响的商品名称、包装、装潢等相同或者近似的标识的。

法律规定

《反不正当竞争法》第十七条、第十八条、第二十五条

法律风险

◎民事法律风险：

经营者违反《反不正当竞争法》规定，给他人造成损害的，应当依法承担民事责任。因不正当竞争行为受到损害的经营者的赔偿数额，按照其因被侵权所受到的实际损失确定；实际损失难以计算的，按照侵权人因侵权所获得的利益确定。经营者恶意实施侵犯商业秘密行为，情节严重的，可以在按照上述方法确定数额的一倍以上五倍以下确定赔偿数额。赔偿数额还应当包括经营者为制止侵权行为所支付的合理开支。经营者违反《反不正当竞争法》第六条、第九条规定，权利人因被侵权所受到的实际损失、侵权人因侵权所获得的利益难以确定的，由人民法院根据侵权行为的情节判决给予权利人五百万元以下的赔偿。

◎行政法律风险：

由监督检查部门责令停止违法行为，没收违法商品。违法经营额五万元以上的，可以并处违法经营额五倍以下的罚款；没有违法经营额或者违法经营额不足五万元的，可以并处二十五万元以下的罚款。情节严重的，吊销营业执照。

经营者违反《反不正当竞争法》规定从事不正当竞争，有主动消除或者减轻违法行为危害后果等法定情形的，依法从轻或者减轻行政处罚；违法行为轻微并及时纠正，没有造成危害后果的，不予行政处罚。

◎刑事法律风险：

无。

典型案例：晋江某绿食品有限公司擅自使用有一定影响商品特有包装、装潢纠纷案

广东某之郎集团有限公司（以下简称某之郎公司）为“美好××”商标的持有人，商标核定使用商品范围为第二十九类，包括腌制蔬菜、紫菜、蛋、牛奶制品等，目前仍在有效期限内。自2004年起，某之郎公司开始在中央电视台、湖南电视台、浙江卫视投放“美好××海苔”商品广告。其注册的“美好××Sweet Hour”商标被认定为驰名商标。2007年2月14日，某之郎公司还获得了“包装袋（美好××2）”的外观设计专利授权，现已过保护期；国家版权局出具的“作品登记证书”载明：美术作品“美好××LOGO”“海苔外包装设计”的作者和著作权人均为某之郎公司。晋江某绿食品有限公司（以下简称某绿公司）在其生产、销售的“禧某海苔”的包装装潢上，使用了与某之郎公司“美好××海苔”商品相同的设计，即均以绿色为基色，以绿色、金色、橙色等为主色的色彩组合，配以金色边、长方形透明框的设计元素。

一审法院认定某之郎公司“美好××海苔”商品的包装装潢属于有一定影响的商品包装装潢，应予以保护。某绿公司在其生产、销售的“禧某海苔”的包装装潢上，使用了与某之郎公司“美好××海苔”商品相同的设计，使“禧某海苔”包装装潢与“美好××海苔”包装装潢在视觉上相近似，足以造成普通消费者将两者误认，或者认为两者具有某种关联，违反了《反不正当竞争法》第六条第一项及第十八条的规定，构成对某之郎公司的不正当竞争。某绿公司不服一审判决，提起上诉。

二审法院同意一审法院的上述意见，并进一步指出：“美好××”海苔商品的包装在长时间经营中确实有所变更，但体现包装、装潢的主要元素，即绿色底色上布满金黄色带状花纹、正面有一近似长方形的窗口、窗口中间位置标有“美好××”、窗口左上方标有“某之郎”标识，仅有细微变化，保持相对稳定的表现方式。“美好××”海苔商品经过被上诉人某之郎公司长时间的经营、大规模的广告宣传，已成为具有一定影响力的商品，其包装、装潢与“美好××”海苔商品也形成了一一对应关系，能够发挥识别商品来源的作用，属于有一定影响商品的包装、装潢，应当予以保护。

某之郎公司在“美好××”海苔商品上使用前述包装、装潢在先，并且该包装、装潢已具有特有性，蕴含着某之郎公司的商誉、商品声誉。即使某之郎公司享有的“包装袋（美好××2）”外观设计专利权已过保护期，并不代表其他市场主体可以随意攀附该包装、装潢所承载的商誉。某绿公司作为同行业竞争者，根据诚实信用原则，理应在海苔商品的包装、装潢上对被上诉人某之郎公司在先使用的、具有一定影响力的前述包装、装潢进行避让。海苔商品的包装、装潢设计空间很大，上诉人某绿公司关于行业内普遍采用深绿色包装的意见，无证据支持。因此，二审判决：驳回上诉，维持原判。

典型案例：模仿知名商品的包装、装潢的不正当竞争案

1986年，费某罗公司在中国注册了名称和图形（椭圆花边图案）以及其组合的系列商标，并在中国境内销售的巧克力商品上使用。蒙某莎公司是某组合商标的权利人，该商标也用于巧克力产品。费某罗公司以蒙某莎公司仿冒其产品，擅自使用与其知名商品特有的包装、装潢相同或近似的包装、

装潢，使消费者产生混淆为由，向法院提起诉讼，要求蒙某莎公司承担侵权责任。

天津市第二中级人民法院一审判决驳回费某罗公司的诉讼请求，费某罗公司提起上诉。天津市高级人民法院判决撤销一审判决，蒙某莎公司立即停止使用侵权包装、装潢并赔偿损失。

蒙某莎公司不服，向最高人民法院提出再审申请。最高人民法院经审查认为费某罗巧克力为知名商品，其对巧克力的包装、装潢使用在先，且其构成要素的排列组合具有独特性，经过长时间的使用，已经具有识别商品来源的作用，蒙某莎公司模仿费某罗公司的包装、装潢会造成消费者的混淆，因此构成不正当竞争。

防范建议

食品生产经营者应当摈弃“傍名牌”的思维，设计包装、装潢时力求做到原创，而非恶意搭其他知名品牌的便车。

风险105：擅自使用他人有一定影响的企业名称（包括简称、字号等）、社会组织名称（包括简称等）、姓名（包括笔名、艺名、译名等）的。

法律规定

《反不正当竞争法》第十七条、第十八条、第二十五条

法律风险

◎民事法律风险：

经营者违反《反不正当竞争法》规定，给他人造成损害的，应当依法承担民事责任。因不正当竞争行为受到损害的经营者的赔偿数额，按照其因被侵权所受到的实际损失确定；实际损失难以计算的，按照侵权人因侵权所获得的利益确定。经营者恶意实施侵犯商业秘密行为，情节严重的，可以在按照上述方法确定数额的一倍以上五倍以下确定赔偿数额。赔偿数额还应当包括经营者为制止侵权行为所支付的合理开支。权利人因被侵权所受到的实际损失、侵权人因侵权所获得的利益难以确定的，由人民法院根据侵权行为的情节判决给予权利人五百万元以下的赔偿。

◎行政法律风险：

由监督检查部门责令停止违法行为，没收违法商品。违法经营额五万元以上的，可以并处违法经营额五倍以下的罚款；没有违法经营额或者违法经营额不足五万元的，可以并处二十五万元以下的罚款。情节严重的，吊销营业执照。

经营者登记的企业名称违反《反不正当竞争法》第六条规定的，应当及时办理名称变更登记；名称变更前，由原企业登记机关以统一社会信用代码代替其名称。

经营者违反《反不正当竞争法》规定从事不正当竞争，有主动消除或者减轻违法行为危害后果等法定情形的，依法从轻或者减轻行政处罚；违法行为轻微并及时纠正，没有造成危害后果的，不予行政处罚。

◎刑事法律风险：

无。

防范建议

食品生产经营者在选择企业名称、产品名称时应进行合规审查，排除与具有一定影响力的单位、个人的名称相同或近似的情形。

风险106：擅自使用他人有一定影响的域名主体部分、网站名称、网页等的。

法律规定

《反不正当竞争法》第十七条、第十八条、第二十五条

法律风险

◎民事法律风险：

经营者违反《反不正当竞争法》规定，给他人造成损害的，应当依法承担民事责任。因不正当竞争行为受到损害的经营者的赔偿数额，按照其因被侵权所受到的实际损失确定；实际损失难以计算的，按照侵权人因侵权所获得的利益确定。经营者恶意实施侵犯商业秘密行为，情节严重的，可以在按照上述方法确定数额的一倍以上五倍以下确定赔偿数额。赔偿数额还应当包括经营者为制止侵权行为所支付的合理开支。权利人因被侵权所受到的实际损失、侵权人因侵权所获得的利益难以确定的，由人民法院根据侵权行为的情节判决给予权利人五百万元以下的赔偿。

◎行政法律风险：

由监督检查部门责令停止违法行为，没收违法商品。违法经营额五万元以上的，可以并处违法经营额五倍以下的罚款；没有违法经营额或者违法经营额不足五万元的，可以并处二十五万元以下的罚款。情节严重的，吊销营业执照。

经营者违反《反不正当竞争法》规定从事不正当竞争，有主动消除或者减轻违法行为危害后果等法定情形的，依法从轻或者减轻行政处罚；违法行为轻微并及时纠正，没有造成危害后果的，不予行政处罚。

◎刑事法律风险：

无。

典型案例：深圳某自动化设备有限公司擅自使用他人有一定影响的域名主体部分混淆案

当事人在权利人已是知名企业的情况下，未经许可，擅自注册与权利人域名“www. A. com. cn”主体部分相同的域名—“www. A-cn. com”，且在该网站上使用了权利人网站的文章、案例等文字内容，并通过电商平台对外销售“A”品牌的工业配件。当事人擅自使用“A”网站域名的行为，足以产生混淆，引人误认为是权利人的商品，或者与权利人存在特定联系，误导公众。

当事人的上述行为，违反了《反不正当竞争法》第六条第三项的规定，构成擅自使用他人有一定影响的域名主体部分的市场混淆行为。依据《反不正当竞争法》第十八条第一款的规定，执法机关责令当事人立即停止违法行为，并作出处以罚款3万元的行政处罚决定。

防范建议

食品生产经营者不得使用其他单位或个人具有一定影响的域名主体部分、网站名称、网页等。在选择域名、网站、网页方案时，有必要对同行业具有一定影响的相关域名、网站、网页进行一定的调查研究。

风险107：将他人注册商标、未注册的驰名商标作为企业名称中的字号使用，误导公众，构成不正当竞争行为的。

法律规定

《反不正当竞争法》第十七条、第十八条、第二十五条
《商标法》第五十八条

法律风险

◎**民事法律风险：**

经营者违反《反不正当竞争法》规定，给他人造成损害的，应当依法承担民事责任。因不正当竞争行为受到损害的经营者的赔偿数额，按照其因被侵权所受到的实际损失确定；实际损失难以计算的，按照侵权人因侵权所获得的利益确定。经营者恶意实施侵犯商业秘密行为，情节严重的，可以在按照上述方法确定数额的一倍以上五倍以下确定赔偿数额。赔偿数额还应当包括经营者为制止侵权行为所支付的合理开支。权利人因被侵权所受到的实际损失、侵权人因侵权所获得的利益难以确定的，由人民法院根据侵权行为的情节判决给予权利人五百万元以下的赔偿。

◎**行政法律风险：**

由监督检查部门责令停止违法行为，没收违法商品。违法经营额五万元以上的，可以并处违法经营额五倍以下的罚款；没有违法经营额或者违法经营额不足五万元的，可以并处二十五万元以下的罚款。情节严重的，吊销营业执照。

经营者登记的企业名称违反《反不正当竞争法》第六条规定的，应当及时办理名称变更登记；名称变更前，由原企业登记机关以统一社会信用代码代替其名称。

经营者违反《反不正当竞争法》规定从事不正当竞争，有主动消除或者减轻违法行为危害后果等法定情形的，依法从轻或者减轻行政处罚；违法行为轻微并及时纠正，没有造成危害后果的，不予行政处罚。

◎**刑事法律风险：**

无。

典型案例：中国某安保险（集团）股份有限公司诉深圳某安国际大酒店有限公司不正当竞争纠纷案

原告中国某安保险（集团）股份有限公司于1988年注册成立，通过持续经营，业务范围遍布全国并发展至海外多个国家和地区。中国某安在保险、银行和投资等服务类别注册了多个“某安”商标，“某安”商标多次被认定为驰名商标，具有极高的知名度。

被告深圳某安国际大酒店有限公司成立于2013年1月18日，其在位于深圳市福田区彩田北路的酒店醒目位置使用“某安国际大酒店”标识，并通过网站等进行宣传推广。原告认为，在某安国际大酒店成立时，中国某安第69747××号“某安”注册商标已属于“保险”“银行”“投资”服务类别上的驰名商标，某安国际大酒店将“某安”作为字号注册并使用，具有明显的攀附“某安”商标知名度的主观故意，构成不正当竞争行为。

深圳市中级人民法院一审判决：被告深圳某安国际大酒店有限公司立即停止使用含有“某安”字号的企业名称并赔偿原告中国某安保险（集团）股份有限公司经济损失200万元及维权合理支出33222元。某安国际大酒店不服一审判决，提出上诉。

法院生效判决认为：中国某安成立较早，在金融保险行业具有较高地位，由于中国某安持续使用及宣传，在被告成立之前也即2013年1月之前，涉案第69747××号商标在保险、银行、资本投资服务上已经达到驰名状态。某安国际大酒店在中国某安总部所在地深圳开设以“某安”作为字号的高档酒店，并在企业名称，宣传、使用等环节刻意使用“某安”二字，其攀附中国某安涉案商标良好声誉以吸引消费者的主观故意明显。

首先，被告不是小旅馆、小招待所而是星级酒店，使用“某安”作为字号，使用“某安”二字不是为了彰显酒店“安全”属性。

其次，被告的地理位置距离原告总部“某安国际金融中心”不过三公里，容易使得消费者误认为被告是原告所开办的酒店。

再次，被告一系列行为证明其刻意强化其“某安”色彩，故意追求消费者混淆与误认的效果，例如将企业命名为“深圳某安国际大酒店有限公司”、在办理高德地图产品的定位和导航服务中、在携程网的广告推介中，自称为“深圳某安国际大酒店”“某安国际大酒店”，将企业网站命名为“某安国际大酒店”等。

因此，被告的行为违反了《反不正当竞争法》第十八条的规定，违反了诚实信用原则，其行为不但会导致相关消费者对某安国际大酒店与中国某安的关系产生混淆与误认，同时也会削减中国某安涉案商标的显著性，构成不正当竞争。因此，广东省高级人民法院二审判决：驳回上诉，维持原判。

防范建议

食品生产经营者应建立合规审查机制。在注册企业名称时，不得使用他人注册商标、未注册的驰名商标作为企业名称中的字号，避免造成商业混淆。

风险108：其他足以引人误认为是他人商品或者与他人存在特定联系的混淆行为的。

法律规定

《反不正当竞争法》第十七条、第十八条、第二十五条

法律风险

◎民事法律风险：

经营者违反《反不正当竞争法》规定，给他人造成损害的，应当依法承担民事责任。因不正当竞争行为受到损害的经营者的赔偿数额，按照其因被侵权所受到的实际损失确定；实际损失难以计算的，按照侵权人因侵权所获得的利益确定。经营者恶意实施侵犯商业秘密行为，情节严重的，可以在按照上述方法确定数额的一倍以上五倍以下确定赔偿数额。赔偿数额还应当包括经营者为制止侵权行为所支付的合理开支。权利人因被侵权所受到的实际损失、侵权人因侵权所获得的利益难以确定的，由人民法院根据侵权行为的情节判决给予权利人五百万元以下的赔偿。

◎行政法律风险：

由监督检查部门责令停止违法行为，没收违法商品。违法经营额五万元以上的，可以并处违法经营额五倍以下的罚款；没有违法经营额或者违法经营额不足五万元的，可以并处二十五万元以下的罚款。情节严重的，吊销营业执照。

经营者违反《反不正当竞争法》规定从事不正当竞争，有主动消除或者减轻违法行为危害后果等法定情形的，依法从轻或者减轻行政处罚；违法行为轻微并及时纠正，没有造成危害后果的，不予行政处罚。

◎刑事法律风险：

无。

防范建议

食品生产经营者应建立合规审查机制。不得试图采用任何方式与具有一定影响的其他同业竞争者进行商业混淆。

风险109：经营者采用财物或者其他手段贿赂交易相对方的工作人员，以谋取交易机会或者竞争优势的。

法律规定

《反不正当竞争法》第十七条、第十九条、第二十五条

法律风险

◎民事法律风险：

经营者违反《反不正当竞争法》规定，给他人造成损害的，应当依法承担民事责任。因不正当竞争行为受到损害的经营者的赔偿数额，按照其因被侵权所受到的实际损失确定；实际损失难以计算的，按照侵权人因侵权所获得的利益确定。经营者恶意实施侵犯商业秘密行为，情节严重的，可以在按照上述方法确定数额的一倍以上五倍以下确定赔偿数额。赔偿数额还应当包括经营者为制止侵权行为所支付的合理开支。

◎行政法律风险：

经营者违反《反不正当竞争法》第七条规定贿赂他人的，由监督检查部门没收违法所得，处十万元以上三百万元以下的罚款。情节严重的，吊销营业执照。

经营者的工作人员进行贿赂的，应当认定为经营者的行为；但是，经营者有证据证明该工作人员的行为与为经营者谋取交易机会或者竞争优势无关的除外。

经营者违反《反不正当竞争法》规定从事不正当竞争，有主动消除或者减轻违法行为危害后果等法定情形的，依法从轻或者减轻行政处罚；违法行为轻微并及时纠正，没有造成危害后果的，不予行政处罚。

◎刑事法律风险：

无。

防范建议

一是企业要加强合规制度建设。在规定企业责任和员工个人责任时，避免使用概括表述或员工承诺书。企业对合规制度的有效性承担证明责任，因此要重点关注会计账簿和所有支持性材料。

二是企业要加强对业务部门的监督。企业要经常核实业务部门报销费用的真实用途，重点关注那些金额高、频繁出现的费用。

三是对于涉嫌商业贿赂的支付，企业财务部门对该费用应当决定不予报销，同时留存不予报销的记录。企业不能凭借对涉案员工的内部处罚来代替企业的主体责任，在严格依法处理责任人员的同时，明令其他员工不得从事类似行为。

风险110：经营者采用财物或者其他手段贿赂受交易相对方委托办理相关事务的单位或者个人，以谋取交易机会或者竞争优势的。

法律规定

《反不正当竞争法》第十七条、第十九条、第二十五条

法律风险

◎民事法律风险：

经营者违反《反不正当竞争法》规定，给他人造成损害的，应当依法承担民事责任。因不正当竞争行为受到损害的经营者的赔偿数额，按照其因被侵权所受到的实际损失确定；实际损失难以计算的，按照侵权人因侵权所获得的利益确定。经营者恶意实施侵犯商业秘密行为，情节严重的，可以在按照上述方法确定数额的一倍以上五倍以下确定赔偿数额。赔偿数额还应当包括经营者为制止侵权行为所支付的合理开支。

◎行政法律风险：

经营者违反《反不正当竞争法》第七条规定贿赂他人的，由监督检查部门没收违法所得，处十万元以上三百万元以下的罚款。情节严重的，吊销营业执照。

经营者的工作人员进行贿赂的，应当认定为经营者的行为；但是，经营者有证据证明该工作人员的行为与为经营者谋取交易机会或者竞争优势无关的除外。

经营者违反《反不正当竞争法》规定从事不正当竞争，有主动消除或者减轻违法行为危害后果等法定情形的，依法从轻或者减轻行政处罚；违法行为轻微并及时纠正，没有造成危害后果的，不予行政处罚。

◎刑事法律风险：

无。

典型案例：宜兴市某生物科技有限公司商业贿赂案

宜兴市某生物科技有限公司主要从事铁皮石斛制品的销售经营。为招徕客户、提高销量，当事人以“人头费”“销售提成”的名义，按照到店游客人数和游客单笔消费金额的一定比例，向旅行社支付钱财。旅行社受游客委托提供旅游服务，当事人以支付“人头费”“销售提成”的方式诱使旅行社违背其忠诚义务，为当事人谋取不当交易机会或竞争优势，侵害了游客利益。

当事人的商业贿赂行为违反了《反不正当竞争法》第七条第一款规定，根据《反不正当竞争法》第十九条规定，宜兴市市场监督管理局决定对其作出罚款10万元的行政处罚。

防范建议

食品生产经营企业要加强对授权单位、个人的廉洁监督，杜绝业务受托单位或个人收取贿赂。

风险111：经营者采用财物或者其他手段贿赂利用职权或者影响力影响交易的单位或者个人，以谋取交易机会或者竞争优势的。

法律规定

《反不正当竞争法》第十七条、第十九条、第二十五条

法律风险

◎民事法律风险：

经营者违反《反不正当竞争法》规定，给他人造成损害的，应当依法承担民事责任。因不正当竞争行为受到损害的经营者的赔偿数额，按照其因被侵权所受到的实际损失确定；实际损失难以计算的，按照侵权人因侵权所获得的利益确定。经营者恶意实施侵犯商业秘密行为，情节严重的，可以在按照上述方法确定数额的一倍以上五倍以下确定赔偿数额。赔偿数额还应当包括经营者为制止侵权行为所支付的合理开支。

◎行政法律风险：

经营者违反《反不正当竞争法》第七条规定贿赂他人的，由监督检查部门没收违法所得，处十万元以上三百万元以下的罚款。情节严重的，吊销营业执照。

经营者的工作人员进行贿赂的，应当认定为经营者的行为；但是，经营者有证据证明该工作人员的行为与为经营者谋取交易机会或者竞争优势无关的除外。

经营者违反《反不正当竞争法》规定从事不正当竞争，有主动消除或者减轻违法行为危害后果等法定情形的，依法从轻或者减轻行政处罚；违法行为轻微并及时纠正，没有造成危害后果的，不予行政处罚。

◎刑事法律风险：

无。

典型案例：某食品工业（昆山）有限公司系列商业贿赂案

2019 年 8 月，上海市市场监督管理局执法总队在配合区市场监督管理局处理一起消费者食品投诉时，出面交涉的财务竟然紧张到手抖。凭着敏锐的观察和丰富的经验，执法人员“嗅”出了猫腻。执法人员现场搜集证据，找到了抬头为“借款申请单（代借款凭证）”的多张单据，上面清楚记载着每一笔支付给上海多家大型商超的工作人员的回扣数据。经梳理、汇总资金链，追查到多名收受回扣的商超主管人员以及包括该案当事人在内的三十多家行贿单位。

经调查，当事人某食品工业（昆山）有限公司自 2013 年 1 月起，为了获取更好的商品摆放位置，增加交易机会，按门店进货金额 4%～10%的比例，账外给予某乐福、某润发、某德龙、某尔玛等大型商超工作人员回扣。经审计，当事人获利 1838622.23 元。

当事人违反《反不正当竞争法》第八条的规定，构成商业贿赂行为。依据《反不正当竞争法》第十九条规定，对其处以没收违法所得 1838622.23 元，罚款 100000 元的行政处罚。

此外，该系列案件中九家行贿单位受到了处罚，涉案人员 900 余人，罚没款总计 1000 余万元，12 人被追究刑事责任。

防范建议

一是企业要加强合规制度建设。在规定企业责任和员工个人责任时，避免使用概括表述或员工承诺书。企业对合规制度的有效性承担证明责任，因此要重点关注会计账簿和所有支持性材料。

二是企业要加强对业务部门的监督。企业要经常核实业务部门报销费用的真实用途，重点关注那些金额高、频繁出现的费用。

三是对于涉嫌商业贿赂的支付，企业财务部门对该费用应当决定不予报销，同时留存不予报销的记录。企业不能凭借对涉案员工的内部处罚来代替企业的主体责任，在严格依法处理责任人员的同时，明令其他员工不得从事类似行为。

风险 112：经营者违反《反不正当竞争法》第八条规定对其商品作虚假或者引人误解的商业宣传，或者通过组织虚假交易等方式帮助其他经营者进行虚假或者引人误解的商业宣传的。

法律规定

《反不正当竞争法》第十七条、第二十条、第二十五条

法律风险

◎民事法律风险：

经营者违反《反不正当竞争法》规定，给他人造成损害的，应当依法承担民事责任。因不正当竞争行为受到损害的经营者的赔偿数额，按照其因被侵权所受到的实际损失确定；实际损失难以计算的，按照侵权人因侵权所获得的利益确定。经营者恶意实施侵犯商业秘密行为，情节严重的，可以在按照上述方法确定数额的一倍以上五倍以下确定赔偿数额。赔偿数额还应当包括经营者为制止侵权行为所

支付的合理开支。

◎**行政法律风险：**

由监督检查部门责令停止违法行为，处二十万元以上一百万元以下的罚款；情节严重的，处一百万元以上二百万元以下的罚款，可以吊销营业执照。

经营者违反《反不正当竞争法》第八条规定，属于发布虚假广告的，依照《广告法》的规定处罚。

经营者违反《反不正当竞争法》规定从事不正当竞争，有主动消除或者减轻违法行为危害后果等法定情形的，依法从轻或者减轻行政处罚；违法行为轻微并及时纠正，没有造成危害后果的，不予行政处罚。

◎**刑事法律风险：**

无。

典型案例：深圳南山区荣某科技公司虚假宣传案

2022 年 5 月，深圳市南山区市场监督管理局发现一起食品企业虚假宣传的违法行为。经调查，荣某科技公司是“某牌压片糖果”“某牌牡蛎钛压片糖果”“某牌芦荟果粒”产品的广告主，该三款产品属性为食品。

其中，“某牌压片糖果”的广告宣传语中写明“具有抗病毒、提高免疫力的作用”，还被宣传为适合“经常感到疲劳乏力”“感冒反复发作”“肠胃较弱想养胃”人群食用；“芦荟果粒”则宣传适合“抗衰老人群、皮肤不好人群、消化不良人群、内分泌紊乱人群”食用；“某牌牡蛎钛压片糖果”的广告宣传语中列明“牡蛎具有强肝解毒、增强性功能等多种功能”。根据荣某科技的广告委托制作合同及深圳增值税专用发票显示，广告制作费用为 10500 元。

南山区市场监督管理局认为，荣某科技公司所发布的广告中暗示疾病治疗功能，涉嫌虚假宣传不正当竞争行为，依据《反不正当竞争法》第二十条及《广告法》的相关规定，深圳市市场监督管理局南山监督管理局对荣某科技公司罚款 10500 元。

典型案例：杭州市查处新型“网评” 刷单炒信系列案

2021 年 5 月初，杭州市市场监督管理局根据举报，一举查获了杭州某品牌管理有限公司等 11 家企业涉嫌组织虚假交易的不正当竞争行为系列案。经查，该公司根据商家打造所谓“网红店”的需求，通过微信群组织大量平台大 V 会员，利用免费就餐和虚假评价等手段，按照商家要求，图文并茂地为商家提供虚假的有偿好评，以提高平台内商家的星级。

初步核查，本系列案涉及商户百余家，平台大 V 会员千余名；涉及平台主要为某些内容电商等；涉及商家类型主要有网红餐厅、高端月子中心、私立幼儿园等。

当事人组织用户进行虚假评价的行为构成了《反不正当竞争法》第八条第二款所指的组织虚假交易行为；相关商户支付费用委托相关公司组织用户就餐并虚构用户评价的行为构成了《反不正当竞争法》第八条第一款所指的虚假宣传行为。杭州市市场监督管理局依据《反不正当竞争法》第二十条的规定对当事人立案查处。

防范建议

食品生产经营者应坚守公平竞争的原则，不得通过对其商品作虚假或者引人误解的商业宣传，或者通过组织虚假交易等方式进行虚假或者引人误解的商业宣传。

风险113：以盗窃、贿赂、欺诈、胁迫、电子侵入或者其他不正当手段获取权利人的商业秘密的。

法律规定

《反不正当竞争法》第十七条、第二十一条、第二十五条
《刑法》第二百一十九条

法律风险

◎民事法律风险：

经营者违反《反不正当竞争法》规定，给他人造成损害的，应当依法承担民事责任。因不正当竞争行为受到损害的经营者的赔偿数额，按照其因被侵权所受到的实际损失确定；实际损失难以计算的，按照侵权人因侵权所获得的利益确定。经营者恶意实施侵犯商业秘密行为，情节严重的，可以在按照上述方法确定数额的一倍以上五倍以下确定赔偿数额。赔偿数额还应当包括经营者为制止侵权行为所支付的合理开支。权利人因被侵权所受到的实际损失、侵权人因侵权所获得的利益难以确定的，由人民法院根据侵权行为的情节判决给予权利人五百万元以下的赔偿。

◎行政法律风险：

由监督检查部门责令停止违法行为，没收违法所得，处十万元以上一百万元以下的罚款；情节严重的，处五十万元以上五百万元以下的罚款。

经营者违反《反不正当竞争法》规定从事不正当竞争，有主动消除或者减轻违法行为危害后果等法定情形的，依法从轻或者减轻行政处罚；违法行为轻微并及时纠正，没有造成危害后果的，不予行政处罚。

◎刑事法律风险：

情节严重的，涉嫌侵犯商业秘密罪。处三年以下有期徒刑，并处或者单处罚金；情节特别严重的，处三年以上十年以下有期徒刑，并处罚金。

典型案例：江苏B食品有限公司侵犯商业秘密案

2019年12月，连云港市市场监督管理局接到A食品企业举报，称其南瓜蛋挞产品的商业秘密被公司原技术开发部张某和现任销售部长马某窃取并泄露给其竞争对手江苏B食品有限公司使用。经司法鉴定机构鉴定，A食品企业南瓜蛋挞的配方、工艺及客户名单构成商业秘密。

经查，张某原系A食品企业技术开发部工作人员，张某掌握该企业商业秘密中的技术信息。2019年2月，张某从企业辞职后于当月加入江苏B食品有限公司，张某在江苏B食品有限公司任职期间直接使用了其所掌握的A食品企业商业秘密中的特征性工艺，生产出同类产品并有实

际销售，侵犯了A食品企业的商业秘密。马某在A食品企业掌握该公司商业秘密中的客户名单，马某向其所掌握的客户推销江苏B食品有限公司同类产品并有实际销售，马某侵犯了A食品企业的商业秘密。

江苏B食品有限公司由马某等4名股东设立，于2019年9月底获得食品生产许可证后生产、销售和A食品企业同类的产品，属于市场竞争的关系。江苏B食品有限公司明知张某和马某掌握着A食品企业的商业秘密，仍在经营活动中使用了张某所掌握的技术信息和马某所掌握的经营信息，侵犯了A食品企业的商业秘密。2020年10月，执法机关根据《反不正当竞争法》第二十一条规定，责令当事人停止侵犯A食品企业商业秘密行为，没收违法所得23190.94元，处50万元罚款。

本案典型意义：食品的配方、工艺很难申请专利，且容易仿制。本案商业“秘密点”涉及产品配方、制作工艺及客户名单，属于“复合”对象。在“秘密点”认定时，执法机关向上海某司法鉴定机构和浙江省某司法部门申请鉴定，并征求中国食品工业协会相关专家意见，最终认定A食品企业的南瓜蛋挞进入市场后，相关人员不可能通过品尝、观察、测绘等手段了解其确切的组分配比和特殊工艺，经过中国科学院上海科技查新咨询中心国际联机和国内联机检索，各类公开发布的论文库中都未检索到该公司的特定配方和特殊工艺，从而确定了A食品企业南瓜蛋挞产品的配方、工艺和客户名单构成商业秘密。

防范建议

客户信息是企业赖以生存的重要资源，预防是解决盗用客户名单问题的最好方法。一是对离职员工动向进行跟踪，可以适时提供相关职位，鼓励优秀离职员工回归；二是以离职证明强化保密约束，在证明中注明保密义务的相关内容，以便下家单位能够清楚了解该方面信息；三是引入时间戳技术有效留痕，可明确商业秘密的权利主体、证明电子文件未被修改，符合真实性、完整性的证据效力要求，有利于维权和举证。

风险114：披露、使用或者允许他人使用盗窃、贿赂、欺诈、胁迫、电子侵入等手段获取的权利人的商业秘密的。

法律规定

《反不正当竞争法》第十七条、第二十一条、第二十五条

《刑法》第二百一十九条

法律风险

◎民事法律风险：

经营者违反《反不正当竞争法》规定，给他人造成损害的，应当依法承担民事责任。因不正当竞争行为受到损害的经营者的赔偿数额，按照其因被侵权所受到的实际损失确定；实际损失难以计算的，按照侵权人因侵权所获得的利益确定。经营者恶意实施侵犯商业秘密行为，情节严重的，可以在按照上述方法确定数额的一倍以上五倍以下确定赔偿数额。赔偿数额还应当包括经营者为制止侵权行为所

支付的合理开支。权利人因被侵权所受到的实际损失、侵权人因侵权所获得的利益难以确定的，由人民法院根据侵权行为的情节判决给予权利人五百万元以下的赔偿。

◎**行政法律风险：**

由监督检查部门责令停止违法行为，没收违法所得，处十万元以上一百万元以下的罚款；情节严重的，处五十万元以上五百万元以下的罚款。

经营者违反《反不正当竞争法》规定从事不正当竞争，有主动消除或者减轻违法行为危害后果等法定情形的，依法从轻或者减轻行政处罚；违法行为轻微并及时纠正，没有造成危害后果的，不予行政处罚。

◎**刑事法律风险：**

情节严重的，涉嫌侵犯商业秘密罪。处三年以下有期徒刑，并处或者单处罚金；情节特别严重的，处三年以上十年以下有期徒刑，并处罚金。

典型案例：温州 A 公司和程某等人侵犯商业秘密案

2020 年 1 月 7 日，温州市市场监督管理局接到温州 B 工贸有限公司举报，反映该公司离职员工程某违反保密协议向温州 A 公司提供、披露其公司的产品资料、客户名单等商业秘密。经查，温州市市场监督管理局依法对温州 A 公司现场扣押涉案三台电脑和一部手机，并提取大量涉案眼镜实物和财务账单，证明当事人利用程某披露的商业秘密开展经营活动。在温州 A 公司筹备和生产经营过程中，程某、林某某多次实施侵权行为，导致温州 B 工贸有限公司 30 款眼镜产品被窃取，4 个客户被抢占。温州 A 公司的涉案销售金额达 972.3 万元。

温州 A 公司、程某、林某某等的行为，违反《反不正当竞争法》第九条、第二十一条及《刑法》第二百一十九条规定，属于侵犯商业秘密的违法行为，并已达刑事立案标准，2020 年 9 月 23 日，温州市市场监督管理局依法将案件移送温州市公安局。

防范建议

食品生产经营者应当建立内部商业秘密保护机制。采取必要的技术手段对本单位的商业秘密进行保护，与涉密人员签订保密协议，防止商业秘密外泄。

风险 115：违反保密义务或者违反权利人有关保守商业秘密的要求，披露、使用或者允许他人使用其所掌握的商业秘密的。

法律规定

《反不正当竞争法》第十七条、第二十一条、第二十五条

《刑法》第二百一十九条

法律风险

◎**民事法律风险：**

经营者违反《反不正当竞争法》规定，给他人造成损害的，应当依法承担民事责任。因不正当竞

争行为受到损害的经营者的赔偿数额，按照其因被侵权所受到的实际损失确定；实际损失难以计算的，按照侵权人因侵权所获得的利益确定。经营者恶意实施侵犯商业秘密行为，情节严重的，可以在按照上述方法确定数额的一倍以上五倍以下确定赔偿数额。赔偿数额还应当包括经营者为制止侵权行为所支付的合理开支。权利人因被侵权所受到的实际损失、侵权人因侵权所获得的利益难以确定的，由人民法院根据侵权行为的情节判决给予权利人五百万元以下的赔偿。

◎行政法律风险：

由监督检查部门责令停止违法行为，没收违法所得，处十万元以上一百万元以下的罚款；情节严重的，处五十万元以上五百万元以下的罚款。

经营者违反《反不正当竞争法》规定从事不正当竞争，有主动消除或者减轻违法行为危害后果等法定情形的，依法从轻或者减轻行政处罚；违法行为轻微并及时纠正，没有造成危害后果的，不予行政处罚。

◎刑事法律风险：

情节严重的，涉嫌侵犯商业秘密罪。处三年以下有期徒刑，并处或者单处罚金；情节特别严重的，处三年以上十年以下有期徒刑，并处罚金。

典型案例：陆某阳等合伙侵犯商业秘密系列案

2021年1月、3月宁波某数控机械有限公司（以下简称“宁波数控”）员工陆某阳、黄某华、向某君，从宁波数控离职后私下签订了合作出资办厂协议，并以陆某阳妻子为法定代表人成立了台州某能公司。陆某阳等三人通过复制、留存等手段带走权利人“机床客户信息”“机床零配件供应商客户信息”“宁波数控机床销售标准价格表”“电气设计技术资料”等商业信息为台州某能公司生产经营所用，谋取非法利益。至查获时止，陆某阳等人以台州某能公司名义招揽了5笔机床业务，合同签订的金额计444.4万元。

当事人陆某阳、黄某华、向某君违反保密约定，通过事先拷贝、备份权利人的商业秘密并披露给台州某能公司经营活动使用，台州某能公司明知陆某阳、黄某华、向某君违反权利人有关保密约定而非法获取权利人商业秘密的情况下仍使用该商业秘密牟取非法利益，当事人的行为根据《反不正当竞争法》第九条规定，构成侵犯商业秘密行为。临海市市场监督管理局根据《反不正当竞争法》第二十一条，结合各当事人的违法情节，责令陆某阳、黄某华、向某君及台州某能公司停止违法行为，分别处以罚款15万元、13万元、13万元、35万元。

防范建议

商业秘密是企业赖以生存的重要资源，预防是解决盗用商业秘密问题的最好方法。一是对离职员工动向进行跟踪，可以适时提供相关职位，鼓励优秀离职员工回归；二是以离职证明强化保密约束，在证明中注明保密义务的相关内容，以便下家单位能够清楚了解该方面信息；三是引入时间戳技术有效留痕，可明确商业秘密的权利主体、证明电子文件未被修改，符合真实性、完整性的证据效力要求，有利于维权和举证。

风险116：教唆、引诱、帮助他人违反保密义务或者违反权利人有关保守商业秘密的要求，获取、披露、使用或者允许他人使用权利人的商业秘密的。

法律规定

《反不正当竞争法》第十七条、第二十一条、第二十五条
《刑法》第二百一十九条

法律风险

◎**民事法律风险：**

经营者违反《反不正当竞争法》规定，给他人造成损害的，应当依法承担民事责任。因不正当竞争行为受到损害的经营者的赔偿数额，按照其因被侵权所受到的实际损失确定；实际损失难以计算的，按照侵权人因侵权所获得的利益确定。经营者恶意实施侵犯商业秘密行为，情节严重的，可以在按照上述方法确定数额的一倍以上五倍以下确定赔偿数额。赔偿数额还应当包括经营者为制止侵权行为所支付的合理开支。权利人因被侵权所受到的实际损失、侵权人因侵权所获得的利益难以确定的，由人民法院根据侵权行为的情节判决给予权利人五百万元以下的赔偿。

◎**行政法律风险：**

由监督检查部门责令停止违法行为，没收违法所得，处十万元以上一百万元以下的罚款；情节严重的，处五十万元以上五百万元以下的罚款。

经营者违反《反不正当竞争法》规定从事不正当竞争，有主动消除或者减轻违法行为危害后果等法定情形的，依法从轻或者减轻行政处罚；违法行为轻微并及时纠正，没有造成危害后果的，不予行政处罚。

◎**刑事法律风险：**

情节严重的，涉嫌侵犯商业秘密罪。处三年以下有期徒刑，并处或者单处罚金；情节特别严重的，处三年以上十年以下有期徒刑，并处罚金。

典型案例：张某等三人侵犯商业秘密案

2020年9月，执法机关收到某集团股份有限公司（以下简称权利人）的举报，反映张某涉嫌非法获取该公司商业秘密，接报后执法机关立即启动调查。经查，张某原在权利人公司担任主管职务，于2020年4月底离职后，教唆权利人的在职员工石某通过公司电子邮件向其提供11份文件，教唆权利人的在职员工谢某通过微信向其提供12份文件。据其供述，其获取上述涉及文件的目的是用来学习，并非受新公司的指使，也未将所获取的信息运用到新公司的工作中。张某未将获得的文件向第三人披露、使用。

经查，执法机关认定如下。（一）张某通过权利人员工石某、谢某获取的文件不为公众所知悉。张某向石某索要的11份文件，均为权利人内部整理汇总，未向社会公开。张某向谢某索要的12份文件，均为权利人内部相关部门制作并不断修订产生的，未向社会公开。（二）上述

信息具有商业价值。从石某处获取的 11 份外协财务数据，内容包含外协厂名单、考核指标和考核数据和物料名称、定额、单价、采购量等敏感信息；从谢某处获取的 12 份文件，其中 7 份文件是权利人相关部门结合经营实践、不断修订更新制作的内部管理文件，在样机管理、模具管理、集中采购等业务领域有提高效率、降低成本、减少风险的作用，能为权利人带来商业价值。（三）权利人采取了相应保密措施。一是权利人与所有入职员工都签订了“保密协议”，张某、石某、谢某均负有保密义务；二是制定并公布了《信息安全组织运作及管控机制》等工作制度，明确规定了保密信息和保密要求；三是禁止员工携带私人电脑办公，办公电脑不能复制文件；四是涉及商业秘密的文件严格控制发送范围；五是离职员工必须及时交还办公电脑并接受检查。综上，张某教唆石某、谢某违反保密义务，披露权利人的商业秘密。

张某教唆他人违反保密义务，披露权利人的商业秘密的行为，违反了《反不正当竞争法》第九条第一款第四项和第二款的规定；石某、谢某违反保密义务，披露其所掌握的权利人商业秘密的行为违反了《反不正当竞争法》第九条第一款第三项的规定，均构成侵犯商业秘密行为。根据《反不正当竞争法》第二十一条以及《行政处罚法》第四条第二款、第二十七条的规定，对张某处罚款 6 万元，对石某处罚款 3 万元，对谢某处罚款 2 万元。

防范建议

食品生产经营者除建立商业秘密的内部保护机制外，还需建立事后维权机制，加大对侵害商业秘密不正当竞争行为的打击维权力度。

风险 117：所设奖的种类、兑奖条件、奖金金额或者奖品等有奖销售信息不明确，影响兑奖的。

法律规定

《反不正当竞争法》第十七条、第二十二条、第二十五条

法律风险

◎民事法律风险：

经营者违反《反不正当竞争法》规定，给他人造成损害的，应当依法承担民事责任。因不正当竞争行为受到损害的经营者的赔偿数额，按照其因被侵权所受到的实际损失确定；实际损失难以计算的，按照侵权人因侵权所获得的利益确定。经营者恶意实施侵犯商业秘密行为，情节严重的，可以在按照上述方法确定数额的一倍以上五倍以下确定赔偿数额。赔偿数额还应当包括经营者为制止侵权行为所支付的合理开支。

◎行政法律风险：

经营者违反《反不正当竞争法》第十条规定进行有奖销售的，由监督检查部门责令停止违法行为，处五万元以上五十万元以下的罚款。

经营者违反《反不正当竞争法》规定从事不正当竞争，有主动消除或者减轻违法行为危害后果等法定情形的，依法从轻或者减轻行政处罚；违法行为轻微并及时纠正，没有造成危害后果的，不予行

政处罚。

◎刑事法律风险：

无。

防范建议

企业开展有奖销售活动，必须事先明确奖品种类、兑奖条件、奖金金额等有奖销售信息，不得对消费者兑奖设置人为障碍。

风险118：采用谎称有奖或者故意让内定人员中奖的欺骗方式进行有奖销售的。

法律规定

《反不正当竞争法》第十七条、第二十二条、第二十五条

《刑法》第二百六十六条

法律风险

◎民事法律风险：

经营者违反《反不正当竞争法》规定，给他人造成损害的，应当依法承担民事责任。因不正当竞争行为受到损害的经营者的赔偿数额，按照其因被侵权所受到的实际损失确定；实际损失难以计算的，按照侵权人因侵权所获得的利益确定。经营者恶意实施侵犯商业秘密行为，情节严重的，可以在按照上述方法确定数额的一倍以上五倍以下确定赔偿数额。赔偿数额还应当包括经营者为制止侵权行为所支付的合理开支。

◎行政法律风险：

经营者违反《反不正当竞争法》第十条规定进行有奖销售的，由监督检查部门责令停止违法行为，处五万元以上五十万元以下的罚款。

经营者违反《反不正当竞争法》规定从事不正当竞争，有主动消除或者减轻违法行为危害后果等法定情形的，依法从轻或者减轻行政处罚；违法行为轻微并及时纠正，没有造成危害后果的，不予行政处罚。

◎刑事法律风险：

涉嫌诈骗罪。诈骗公私财物，数额较大的，处三年以下有期徒刑、拘役或者管制，并处或者单处罚金；数额巨大或者有其他严重情节的，处三年以上十年以下有期徒刑，并处罚金；数额特别巨大或者有其他特别严重情节的，处十年以上有期徒刑或者无期徒刑，并处罚金或者没收财产。

防范建议

食品生产经营者不得通过谎称有奖或内定获奖者的不正当竞争方式欺骗消费者购买商品或服务。

风险119：抽奖式的有奖销售，最高奖的金额超过五万元的。

法律规定

《反不正当竞争法》第十七条、第二十二条、第二十五条

法律风险

◎**民事法律风险：**

经营者违反《反不正当竞争法》规定，给他人造成损害的，应当依法承担民事责任。因不正当竞争行为受到损害的经营者的赔偿数额，按照其因被侵权所受到的实际损失确定；实际损失难以计算的，按照侵权人因侵权所获得的利益确定。经营者恶意实施侵犯商业秘密行为，情节严重的，可以在按照上述方法确定数额的一倍以上五倍以下确定赔偿数额。赔偿数额还应当包括经营者为制止侵权行为所支付的合理开支。

◎**行政法律风险：**

经营者违反《反不正当竞争法》第十条规定进行有奖销售的，由监督检查部门责令停止违法行为，处五万元以上五十万元以下的罚款。

经营者违反《反不正当竞争法》规定从事不正当竞争，有主动消除或者减轻违法行为危害后果等法定情形的，依法从轻或者减轻行政处罚；违法行为轻微并及时纠正，没有造成危害后果的，不予行政处罚。

◎**刑事法律风险：**

无。

防范建议

食品生产经营者开展抽奖有奖销售活动，设置的最高奖金额不得超过 5 万元。否则，就构成了不正当竞争。

风险120：编造、传播虚假信息或者误导性信息，损害竞争对手的商业信誉、商品声誉的。

法律规定

《反不正当竞争法》第十一条、第十七条、第二十三条、第二十五条
《刑法》第二百二十一条

法律风险

◎**民事法律风险：**

经营者违反《反不正当竞争法》规定，给他人造成损害的，应当依法承担民事责任。因不正当竞争行为受到损害的经营者的赔偿数额，按照其因被侵权所受到的实际损失确定；实际损失难以计算的，按照侵权人因侵权所获得的利益确定。经营者恶意实施侵犯商业秘密行为，情节严重的，可以在按照

上述方法确定数额的一倍以上五倍以下确定赔偿数额。赔偿数额还应当包括经营者为制止侵权行为所支付的合理开支。

◎行政法律风险：

由监督检查部门责令停止违法行为、消除影响，处十万元以上五十万元以下的罚款；情节严重的，处五十万元以上三百万元以下的罚款。

经营者违反《反不正当竞争法》规定从事不正当竞争，有主动消除或者减轻违法行为危害后果等法定情形的，依法从轻或者减轻行政处罚；违法行为轻微并及时纠正，没有造成危害后果的，不予行政处罚。

◎刑事法律风险：

涉嫌损害商业信誉、商品声誉罪。捏造并散布虚伪事实，损害他人的商业信誉、商品声誉，给他人造成重大损失或者有其他严重情节的，处二年以下有期徒刑或者拘役，并处或者单处罚金。

防范建议

食品生产经营者应坚守公平竞争的原则，不得为获取更多的交易机会而贬损同行业竞争者的企业信誉或商品声誉。

食用农产品、有机产品

风险121：违法使用剧毒、高毒农药，将剧毒、高毒农药用于蔬菜、瓜果、茶叶和中草药材等国家规定的农作物的。

法律规定

《食品安全法》第一百二十三条、第一百四十八条

《中华人民共和国农产品质量安全法》（以下简称《农产品质量安全法》）第五十四条

《刑法》第一百四十四条

法律风险

◎民事法律风险：

生产、销售《农产品质量安全法》[①] 第三十三条所列农产品，给消费者造成损害的，依法承担赔偿责任。农产品批发市场中销售的农产品有上述规定情形的，消费者可以向农产品批发市场要求赔偿；属于生产者、销售者责任的，农产品批发市场有权追偿。消费者也可以直接向农产品生产者、销售者要求赔偿。

生产不符合食品安全标准的食品或者经营明知是不符合食品安全标准的食品，消费者除要求赔偿

① 于2022年9月2日进行修订，新版本自2023年1月1日起施行，本书编写时不具有法律效力，读者可自行查阅。

损失外，还可以向生产者或者经营者要求支付价款十倍或者损失三倍的赔偿金；增加赔偿的金额不足一千元的，为一千元。但是，食品的标签、说明书存在不影响食品安全且不会对消费者造成误导的瑕疵的除外。明知从事上述违法行为，仍为其提供生产经营场所或者其他条件的，使消费者的合法权益受到损害的，应当与食品生产经营者承担连带责任。

◎**行政法律风险：**

尚不构成犯罪的，由县级以上人民政府食品安全监督管理部门没收违法所得和违法生产经营的食品，并可以没收用于违法生产经营的工具、设备、原料等物品；违法生产经营的食品货值金额不足一万元的，并处十万元以上十五万元以下罚款；货值金额一万元以上的，并处货值金额十五倍以上三十倍以下罚款；情节严重的，吊销许可证，并可以由公安机关对其直接负责的主管人员和其他直接责任人员处五日以上十五日以下拘留。

◎**刑事法律风险：**

涉嫌生产、销售有毒有害食品罪。处五年以下有期徒刑，并处罚金；对人体健康造成严重危害或者有其他严重情节的，处五年以上十年以下有期徒刑，并处罚金；致人死亡或者有其他特别严重情节的，依照《刑法》第一百四十一条的规定处罚。

典型案例：赵某在生姜种植过程中使用高毒农药案

2020年6月，行唐县农业农村局在农药监督检查过程中，发现姜农赵某正在使用已撕毁标签的农药浇灌生姜。执法人员现场检查并询问，赵某拒不说出所使用农药名称和进货来源。执法人员遂将其所用农药登记保存并送检。经检测，赵某所使用农药为高毒农药甲拌磷。赵某的行为已违反《刑法》第一百四十四条的规定，涉嫌生产、销售有毒有害食品罪。行唐县农业农村局将案件移送公安机关查处。公安机关对赵某涉嫌犯罪行为予以刑事立案侦查。

典型案例：周某在蔬菜种植中使用禁用农药案

2019年11月，宁波市北仑区农业农村局执法人员对位于北仑区白峰街道百丈村周某的蔬菜种植大棚进行日常巡查，并对其种植的大白菜和芹菜进行抽检，检出蔬菜生产上禁止使用的农药毒死蜱。周某的行为已违反《刑法》第一百四十四条的规定。2020年1月，宁波市北仑区农业农村局将该案移送公安机关查处。2020年6月，被告人周某因犯生产、销售有毒、有害食品罪，被判处有期徒刑六个月，缓刑一年，并处罚金2000元，同时周某被禁止在缓刑考验期内从事食品生产、销售及相关活动。

防范建议

食用农产品生产者应建立农业投入品合规机制。在农作物种植过程中不得使用国家禁止投放的剧毒、高毒农药。

食用农产品经营者应当严格履行进货查验义务，有下列情形之一的农产品，不得销售：

1. 含有国家禁止使用的农药、兽药或者其他化学物质的；
2. 农药、兽药等化学物质残留或者含有的重金属等有毒有害物质不符合农产品质量安全标准的；
3. 含有的致病性寄生虫、微生物或者生物毒素不符合农产品质量安全标准的；
4. 使用的保鲜剂、防腐剂、添加剂等材料不符合国家有关强制性的技术规范的；

5. 其他不符合农产品质量安全标准的。

风险 122：食用农产品销售者未依法建立食用农产品进货查验记录制度的。

法律规定

《食品安全法》第一百二十六条

法律风险

◎民事法律风险：

无。

◎行政法律风险：

由县级以上人民政府食品安全监督管理部门责令改正，给予警告；拒不改正的，处五千元以上五万元以下罚款；情节严重的，责令停产停业，直至吊销许可证。

◎刑事法律风险：

无。

典型案例：江苏省泰州市高港区某园水果经营部经营食用农产品未建立进货查验记录制度案

2022 年 1 月 30 日，江苏省泰州市高港区市场监督管理局在疫情防控检查中发现，高港区某园水果经营部经营的进口香蕉未向供货商索要证照及合格证明材料（进口水果“三证”），执法人员检查时亦未能提供上述材料。当事人销售食用农产品未建立食用农产品进货查验记录制度，违反了《食品安全法》第六十五条的规定。

高港区市场监督管理局依据《食品安全法》第一百二十六条规定，责令当事人改正，并给予警告的行政处罚。

典型案例：天津市西青区某洲蔬菜店未建立食用农产品进货查验记录制度案

2020 年 6 月 23 日，执法人员接举报反映当事人现场销售蔬菜价格高，2020 年 6 月 28 日，执法人员对当事人进行现场检查，当事人现场未能提供所销售的西红柿和黄瓜的进货凭证，未建立食用农产品进货查验记录制度。2020 年 6 月 29 日执法人员对当事人进行了询问调查。

经查，当事人销售的食用农产品“西红柿”和“黄瓜”进货时未建立食用农产品进货查验记录制度。当事人未保存相关进货凭证。

依据当时的《食品安全法》第一百二十六条第一款、第四款的规定，西青区市场监管部门作出行政处罚如下：警告。

防范建议

食用农产品销售者应当建立农产品进货查验记录制度，如实记录采购农产品的供货人、品类、数量、产地、联系方式等信息，并备存待查。

风险123：冒用农产品质量标志的。

法律规定

《农产品质量安全法》第五十一条
《消费者权益保护法》第五十五条

法律风险

◎民事法律风险：

经营者提供商品或者服务有欺诈行为的，应当按照消费者的要求增加赔偿其受到的损失，增加赔偿的金额为消费者购买商品的价款或者接受服务的费用的三倍；增加赔偿的金额不足五百元的，为五百元。法律另有规定的，依照其规定。

◎行政法律风险：

冒用农产品质量标志的，责令改正，没收违法所得，并处二千元以上二万元以下罚款。

◎刑事法律风险：

无。

典型案例：某公司冒用农产品质量标志案

2020年11月16日，S省Y市G区农业农村局行政执法人员在开展农产品质量安全检查时，在Y市G区Y市某公司（以下称当事人）门市内发现正在销售标称“Y市某公司”生产的“源某新软香粘大米”，该“源某新软香粘大米”产品包装袋上标识了绿色食品标志图案。执法人员通过“中国绿色食品发展中心网”查询：标称企业“Y市某公司”认证的绿色食品中并无“源某新软香粘大米”。当事人的行为涉嫌冒用农产品质量标志。2020年11月18日，Y市G区农业农村局对当事人立案调查。经调查查明，当事人于2020年11月5日将未经产品认证的自产大米40袋（规格：10千克/袋）用印有绿色食品标志图案的包装袋进行包装，并置于当事人门市内进行销售，销售标价48元/袋，至案发时该产品尚未售出，没有取得销售收入；经计算，当事人经营上述产品的货值金额为1920元。当事人冒用农产品质量标志的行为违反了《农产品质量安全法》第三十二条第二款的规定，Y市G区农业农村局依据《农产品质量安全法》第五十一条的规定，对当事人责令改正，并作出了“罚款2000元”的行政处罚决定。

防范建议

食用农产品生产经营者不得冒用有机食品、绿色食品、地理标志产品等认证标识。

风险124：未经国务院农业行政主管部门批准，擅自进口农业转基因生物的。

法律规定

《农业转基因生物安全管理条例》第四十八条

法律风险

◎民事法律风险：

无。

◎行政法律风险：

由国务院农业行政主管部门责令停止进口，没收已进口的产品和违法所得；违法所得十万元以上的，并处违法所得一倍以上五倍以下的罚款；没有违法所得或者违法所得不足十万元的，并处十万元以上二十万元以下的罚款。

◎刑事法律风险：

无。

防范建议

进口食品经营者进口农业转基因产品应依法向国家有关部门申请，获得准许后方可进口。

风险125：进口、携带、邮寄农业转基因生物未向口岸出入境检验检疫机构申报的。

法律规定

《农业转基因生物安全管理条例》第四十九条

《刑法》第二百三十条

法律风险

◎民事法律风险：

无。

◎行政法律风险：

由口岸出入境检验检疫机构比照《进出境动植物检疫法》的有关规定处罚。

◎刑事法律风险：

涉嫌逃避商检罪。违反《进出口商品检验法》的规定，逃避商品检验，将必须经商检机构检验的进口商品未报经检验而擅自销售、使用，或者将必须经商检机构检验的出口商品未报经检验合格而擅自出口，情节严重的，处三年以下有期徒刑或者拘役，并处或者单处罚金。

防范建议

进口农业转基因产品应依法向海关申报，不得逃避海关的检验检疫。

风险126：违反《农业转基因生物安全管理条例》关于农业转基因生物标识管理规定的。

法律规定

《消费者权益保护法》第五十五条
《农业转基因生物安全管理条例》第五十条

法律风险

◎民事法律风险：

经营者提供商品或者服务有欺诈行为的，应当按照消费者的要求增加赔偿其受到的损失，增加赔偿的金额为消费者购买商品的价款或者接受服务的费用的三倍；增加赔偿的金额不足五百元的，为五百元。法律另有规定的，依照其规定。

◎行政法律风险：

由县级以上人民政府农业行政主管部门依据职权，责令限期改正，可以没收非法销售的产品和违法所得，并可以处一万元以上五万元以下的罚款。

◎刑事法律风险：

无。

典型案例：福建省闽侯县食用油虚假非转基因标识公益诉讼案

2018年4月，央视《每周质量报告》曝光了闽侯县域内四家食用调和油生产商存在偷工减料、非转基因虚假标识等现象。这些食用调和油生产商通过在普通植物油勾兑出的低端油中添加低价大豆油等方式降低成本，以低价油冒充高价油，并在产品标签中虚假标注原料配比、虚假标识非转基因，以转基因原料冒充非转基因原料，严重损害了社会公共利益。

央媒曝光后，闽侯县人民检察院立即深入闽侯县市场监督管理局、福州市高新区市场监督管理局等部门调查了解相关情况，并监督其对涉案企业开展检查。2018年4月，针对调查中发现的食用油安全、偷工减料、非转基因虚假标识等问题，分别向闽侯县市场监督管理局、福州市高新区市场监督管理局等部门发出检察建议，督促其依法履行监管职责，对涉事企业违法生产经营依法予以查处，依法采取没收涉案企业违法生产经营的食用油及违法所得、处以罚款等措施。

闽侯县市场监督管理局、福州市高新区市场监督管理局迅速行动，成立专案组；对涉案产品展开调查，对涉事企业从原料采购、生产过程、购销台账、库存产品和未使用的标签等进行全面清查；监管部门依据《农业转基因生物安全管理条例》第五十条等相关规定对涉案企业依法予以行政处罚，落实食品安全主体责任，督促食用油问题整改。目前，央媒曝光闽侯县内的四家涉嫌生产标签不合格食用油的生产企业现已基本整改完毕，共没收封存约9700瓶、召回销毁46箱违法生产经营的食品油，涉案金额累计26万余元，共处罚款224.8万元。

防范建议

在中华人民共和国境内销售列入农业转基因生物目录的农业转基因生物，应当有明显的标识。

列入农业转基因生物目录的农业转基因生物，由生产、分装单位和个人负责标识；未标识的，不得销售。经营单位和个人在进货时，应当对货物和标识进行核对。经营单位和个人拆开原包装进行销售的，应当重新标识。

农业转基因生物标识应当载明产品中含有转基因成分的主要原料名称；有特殊销售范围要求的，还应当载明销售范围，并在指定范围内销售。

进口农业转基因生物，没有国务院农业行政主管部门颁发的农业转基因生物安全证书和相关批准文件的，或者与证书、批准文件不符的，作退货或者销毁处理。进口农业转基因生物不按照规定标识的，重新标识后方可入境。

风险127：假冒、伪造、转让或者买卖农业转基因生物有关证明文书的。

法律规定

《农业转基因生物安全管理条例》第五十一条

《刑法》第二百八十条

法律风险

◎民事法律风险：

无。

◎行政法律风险：

由县级以上人民政府农业行政主管部门依据职权，收缴相应的证明文书，并处二万元以上十万元以下的罚款。

◎刑事法律风险：

涉嫌伪造、变造、买卖国家机关公文、证件、印章罪。伪造、变造、买卖国家机关的公文、证件、印章的，处三年以下有期徒刑、拘役、管制或者剥夺政治权利，并处罚金；情节严重的，处三年以上十年以下有期徒刑，并处罚金。

涉嫌伪造公司、企业、事业单位、人民团体印章罪。伪造企事业单位印章罪。伪造公司、企业、事业单位、人民团体的印章的，处三年以下有期徒刑、拘役、管制或者剥夺政治权利，并处罚金。

典型案例：某某（天津）农业科技发展有限公司涉嫌伪造转基因证明文件案

某某（天津）农业科技发展有限公司于2018年8月伪造天津食品安全检测技术研究院出具的非转基因大豆检测报告。上述行为满足伪造、篡改法定检验机构出具的产品质量检验报告的构成要件。

当事人的上述行为违反了《农业转基因生物安全管理条例》第五十一条及《天津市产品质量监督条例》的规定，依据《天津市产品质量监督条例》第二十五条和《行政处罚法》第二十三条的规定，执法部门责令当事人改正伪造法定检验机构出具的产品质量检验报告的违法行为，并对当事人给予以下行政处罚：处5万元罚款。

防范建议

农业转基因产品经营者不得假冒、伪造、转让或者买卖农业转基因生物证明文书。

风险128：伪造、变造、冒用、非法买卖、转让、涂改有机产品认证证书的。

法律规定

《有机产品认证管理办法》第四十八条
《刑法》第二百八十条

法律风险

◎民事法律风险：

无。

◎行政法律风险：

地方认证监管部门责令改正，处三万元罚款。

◎刑事法律风险：

涉嫌伪造、变造、买卖国家机关公文、证件、印章罪。伪造、变造、买卖国家机关的公文、证件、印章的，处三年以下有期徒刑、拘役、管制或者剥夺政治权利，并处罚金；情节严重的，处三年以上十年以下有期徒刑，并处罚金。

涉嫌伪造公司、企业、事业单位、人民团体印章罪。伪造公司、企业、事业单位、人民团体的印章的，处三年以下有期徒刑、拘役、管制或者剥夺政治权利，并处罚金。

典型案例：北京某源粮油有限公司伪造有机产品认证证书案

2013年12月底，南京市质量技术监督局建邺分局现场执法检查中就发现了一批认证存疑的“有机食品”，经过鉴别后发现，这批“有机食品”的认证是伪造的。

建邺分局的执法人员在江苏宁某农产品超市有限公司南京某某街分店中，查获了57袋在售可疑杂粮，这些由北京某源粮油有限公司生产销售的“中某”牌黄米、绿豆、高粱米等产品包装看上去“高大上”，包装上都印有“中国有机产品”的字样。在检查中，销售方还向执法人员提供了北京某源粮油有限公司的有机产品认证证书。但执法人员经过鉴别后发现，这个认证证书实际上是该公司伪造的，并非真正的有机认证证书。

该公司伪造有机产品认证证书的做法违反了《有机产品认证管理办法》第四十八条及《认证证书和认证标志管理办法》的相关规定，但因为其积极配合了调查，并主动整改，最终执法部门根据相关法律法规，只是责令改正，处以2万元的罚款。

防范建议

任何人不得擅自伪造、变造、冒用、非法买卖、转让、涂改有机产品认证证书，应当按照规定程序申请认证，获得认证后方可使用。

风险129：违反《有机产品认证管理办法》第三十五条的规定，在产品或者产品包装及标签上标注含有“有机”“ORGANIC”等字样且可能误导公众认为该产品为有机产品的文字表述和图案的。

法律规定

《消费者权益保护法》第五十五条

《有机产品认证管理办法》第五十条

法律风险

◎民事法律风险：

经营者提供商品或者服务有欺诈行为的，应当按照消费者的要求增加赔偿其受到的损失，增加赔偿的金额为消费者购买商品的价款或者接受服务的费用的三倍；增加赔偿的金额不足五百元的，为五百元。法律另有规定的，依照其规定。

◎行政法律风险：

地方认证监管部门责令改正，处三万元以下罚款。

◎刑事法律风险：

无。

典型案例：青岛某鸿生物科技有限公司在产品包装及标签上违规使用“有机”字样案

当事人青岛某鸿生物科技有限公司没有取得产品有机认证证书，在黄豆、红豆、绿豆、小米标签及网页上标注“有机”字样且可能误导公众认为该产品为有机产品的文字表述，构成了在产品包装及标签、网站上标注“有机”字样且可能误导公众认为该产品为有机产品的文字表述的违法行为，鉴于该违法情形属于首次违法，依据《有机产品认证管理办法》第五十条的规定，参照《山东省市场监督管理行政处罚裁量基准（试行）》第五百一十七条的规定，监管部门在责令当事人立即改正违法行为的同时，对当事人作以下行政处罚：罚款1000元。

防范建议

未获得有机产品认证的产品，或获证产品在认证证书标明的生产、加工场所外进行了再次加工、分装、分割的，不得在产品、产品最小销售包装及其标签上标注含有“有机”“ORGANIC”等字样。

风险130：未获得有机产品认证的加工产品，违反《有机产品认证管理办法》第十五条的规定，进行有机产品认证标识标注的。

法律规定

《有机产品认证管理办法》第五十五条
《消费者权益保护法》第五十五条

法律风险

◎民事法律风险：

经营者提供商品或者服务有欺诈行为的，应当按照消费者的要求增加赔偿其受到的损失，增加赔偿的金额为消费者购买商品的价款或者接受服务的费用的三倍；增加赔偿的金额不足五百元的，为五百元。法律另有规定的，依照其规定。

◎行政法律风险：

由地方认证监管部门责令改正，处一万元以上三万元以下罚款。

◎刑事法律风险：

无。

典型案例：湖北某和食品有限公司擅自标注“有机” 案

2016年7月1日，郭某某通过天猫平台购买了湖北某和食品有限公司（以下简称“某和公司”）的小花菇一袋。2016年7月5日，郭某某再次通过天猫平台购买了某和公司的某和香菇干货40袋，每袋26元，共计1040元。郭某某认为某和公司销售的某和香菇违反了《食品安全法》、《食品安全国家标准 预包装食品营养标签通则》（GB 28050—2011）、《食品安全国家标准 预包装食品标签通则》（GB 7718—2011）、《有机产品认证管理办法》等强制性规定，为不符合食品安全标准的食品。先后向济宁市任城区人民法院、济宁市中级人民法院、山东省高级人民法院提起诉讼。山东省高级人民法院再审认为，某和公司在涉案香菇未取得有机产品认证的情况下，于标签上使用“有机”字样等行为，违反食品安全标准，属于虚假宣传，在一定意义上，构成对消费者，包括郭某某的欺诈。根据《消费者权益保护法》第五十五条第一款的规定，判决某和公司返还郭某某已付购物款，并按照价款的三倍予以赔偿。

防范建议

有机产品生产经营者应当在获得有机产品认证后，方可在产品或者产品包装及标签上标注“有机”字样，加施有机产品认证标志。

风险131：未依照《有机产品认证管理办法》第三十三条第一款、第三十四条的规定使用认证标志的。

法律规定

《消费者权益保护法》第五十五条

《有机产品认证管理办法》第五十五条

法律风险

◎民事法律风险：

经营者提供商品或者服务有欺诈行为的，应当按照消费者的要求增加赔偿其受到的损失，增加赔偿的金额为消费者购买商品的价款或者接受服务的费用的三倍；增加赔偿的金额不足五百元的，为五百元。法律另有规定的，依照其规定。

◎行政法律风险：

由地方认证监管部门责令改正，处一万元以上三万元以下罚款。

◎刑事法律风险：

无。

防范建议

有机产品生产者应当建立健全标签合规机制，严格按照《有机产品认证管理办法》等法规的要求使用认证标识。

中国有机产品认证标志应当在认证证书限定的产品类别、范围和数量内使用。

认证机构应当按照国家认监委统一的编号规则，对每枚认证标志进行唯一编号（以下简称有机码），并采取有效防伪、追溯技术，确保发放的每枚认证标志能够溯源到其对应的认证证书和获证产品及其生产、加工单位。

获证产品的认证委托人应当在获证产品或者产品的最小销售包装上，加施中国有机产品认证标志、有机码和认证机构名称。获证产品标签、说明书及广告宣传等材料上可以印制中国有机产品认证标志，并可以按照比例放大或者缩小，但不得变形、变色。

风险132：在有机认证证书暂停期间或者被注销、撤销后，仍继续使用认证证书和认证标志的。

法律规定

《消费者权益保护法》第五十五条

《有机产品认证管理办法》第五十五条

法律风险

◎民事法律风险：

经营者提供商品或者服务有欺诈行为的，应当按照消费者的要求增加赔偿其受到的损失，增加赔偿的金额为消费者购买商品的价款或者接受服务的费用的三倍；增加赔偿的金额不足五百元的，为五百元。法律另有规定的，依照其规定。

◎行政法律风险：

由地方认证监管部门责令改正，处一万元以上三万元以下罚款。

◎刑事法律风险：

无。

防范建议

有机产品生产经营者，在认证证书暂停期间或者被注销、撤销后，不得继续使用认证证书和认证标志。有机产品经营者应严格履行索票索证、进货查验义务。

产品召回

风险133：食品生产经营者被责令召回或者停止经营后，仍拒不召回或者停止经营的。

法律规定

《食品安全法》第一百二十四条、第一百四十八条

《消费者权益保护法》第四十九条

《刑法》第一百四十三条、第一百四十四条

《食品召回管理办法》第四十三条

法律风险

◎民事法律风险：

经营者提供商品或者服务，造成消费者或者其他受害人人身伤害的，应当赔偿医疗费、护理费、交通费等为治疗和康复支出的合理费用，以及因误工减少的收入。造成残疾的，还应当赔偿残疾生活辅助具费和残疾赔偿金。造成死亡的，还应当赔偿丧葬费和死亡赔偿金。

生产不符合食品安全标准的食品或者经营明知是不符合食品安全标准的食品，消费者除要求赔偿损失外，还可以向生产者或者经营者要求支付价款十倍或者损失三倍的赔偿金；增加赔偿的金额不足一千元的，为一千元。但是，食品的标签、说明书存在不影响食品安全且不会对消费者造成误导的瑕疵的除外。明知从事上述违法行为，仍为其提供生产经营场所或者其他条件的，使消费者的合法权益

受到损害的，应当与食品生产经营者承担连带责任。

◎**行政法律风险：**

尚不构成犯罪的，由县级以上人民政府食品安全监督管理部门没收违法所得和违法生产经营的食品、食品添加剂，并可以没收用于违法生产经营的工具、设备、原料等物品；违法生产经营的食品、食品添加剂货值金额不足一万元的，并处五万元以上十万元以下罚款；货值金额一万元以上的，并处货值金额十倍以上二十倍以下罚款；情节严重的，吊销许可证。

食品生产经营者主动采取停止生产经营、召回和处置不安全食品措施，消除或者减轻危害后果的，依法从轻或者减轻处罚；违法情节轻微并及时纠正，没有造成危害后果的，不予行政处罚。

◎**刑事法律风险：**

涉嫌生产、销售不符合安全标准的食品罪。足以造成严重食物中毒事故或者其他严重食源性疾病的，处三年以下有期徒刑或者拘役，并处罚金；对人体健康造成严重危害或者有其他严重情节的，处三年以上七年以下有期徒刑，并处罚金；后果特别严重的，处七年以上有期徒刑或者无期徒刑，并处罚金或者没收财产。

涉嫌生产、销售有毒有害食品罪。处五年以下有期徒刑，并处罚金；对人体健康造成严重危害或者有其他严重情节的，处五年以上十年以下有期徒刑，并处罚金；致人死亡或者有其他特别严重情节的，依照《刑法》第一百四十一条的规定处罚。

防范建议

食品生产经营者发现不安全食品或被市场监管部门责令召回的，应立即制定召回方案并组织实施，将召回情况报告市场监管部门。存在食品安全问题的问题食品召回后，应进行集中无害化处理。

风险134：食品生产经营者违反《食品召回管理办法》第八条第一款、第十二条第一款、第十三条、第十四条、第二十条第一款、第二十一条、第二十三条第一款、第二十四条第一款的规定，不立即停止生产经营、不主动召回、不按规定时限启动召回、不按照召回计划召回不安全食品或者不按照规定处置不安全食品的。

法律规定

《食品召回管理办法》第三十八条、第四十三条

《食品安全法》第一百四十八条

《消费者权益保护法》第四十九条

《刑法》第一百四十三条、第一百四十四条

法律风险

◎**民事法律风险：**

经营者提供商品或者服务，造成消费者或者其他受害人人身伤害的，应当赔偿医疗费、护理费、交通费等为治疗和康复支出的合理费用，以及因误工减少的收入。造成残疾的，还应当赔偿残疾生活辅助具费和残疾赔偿金。造成死亡的，还应当赔偿丧葬费和死亡赔偿金。

生产不符合食品安全标准的食品或者经营明知是不符合食品安全标准的食品，消费者除要求赔偿损失外，还可以向生产者或者经营者要求支付价款十倍或者损失三倍的赔偿金；增加赔偿的金额不足一千元的，为一千元。但是，食品的标签、说明书存在不影响食品安全且不会对消费者造成误导的瑕疵的除外。明知从事上述违法行为，仍为其提供生产经营场所或者其他条件的，使消费者的合法权益受到损害的，应当与食品生产经营者承担连带责任。

◎行政法律风险：

由食品药品监督管理部门给予警告，并处一万元以上三万元以下罚款。

食品生产经营者主动采取停止生产经营、召回和处置不安全食品措施，消除或者减轻危害后果的，依法从轻或者减轻处罚；违法情节轻微并及时纠正，没有造成危害后果的，不予行政处罚。

◎刑事法律风险：

涉嫌生产、销售不符合安全标准的食品罪。足以造成严重食物中毒事故或者其他严重食源性疾病的，处三年以下有期徒刑或者拘役，并处罚金；对人体健康造成严重危害或者有其他严重情节的，处三年以上七年以下有期徒刑，并处罚金；后果特别严重的，处七年以上有期徒刑或者无期徒刑，并处罚金或者没收财产。

涉嫌生产、销售有毒有害食品罪。处五年以下有期徒刑，并处罚金；对人体健康造成严重危害或者有其他严重情节的，处五年以上十年以下有期徒刑，并处罚金；致人死亡或者有其他特别严重情节的，依照《刑法》第一百四十一条的规定处罚。

防范建议

食品生产经营者发现其生产经营的食品属于不安全食品的，应当立即停止生产经营，采取通知或者公告的方式告知相关食品生产经营者停止生产经营、消费者停止食用，并采取必要的措施防控食品安全风险。食品生产经营者应当依据法律法规的规定，对因停止生产经营、召回等原因退出市场的不安全食品采取补救、无害化处理、销毁等处置措施。对违法添加非食用物质、腐败变质、病死畜禽等严重危害人体健康和生命安全的不安全食品，食品生产经营者应当立即就地销毁。

根据食品安全风险的严重和紧急程度，食品召回分为三级：

1. 一级召回：食用后已经或者可能导致严重健康损害甚至死亡的，食品生产者应当在知悉食品安全风险后 24 小时内启动召回，并向县级以上地方食品药品监督管理部门报告召回计划。

2. 二级召回：食用后已经或者可能导致一般健康损害，食品生产者应当在知悉食品安全风险后 48 小时内启动召回，并向县级以上地方食品药品监督管理部门报告召回计划。

3. 三级召回：标签、标识存在虚假标注的食品，食品生产者应当在知悉食品安全风险后 72 小时内启动召回，并向县级以上地方食品药品监督管理部门报告召回计划。标签、标识存在瑕疵，食用后不会造成健康损害的食品，食品生产者应当改正，可以自愿召回。

风险135：食品经营者违反《食品召回管理办法》第十九条的规定，不配合食品生产者召回不安全食品的。

法律规定

《食品召回管理办法》第三十九条、第四十三条

《食品安全法》第一百四十八条

《消费者权益保护法》第四十九条

《刑法》第一百四十三条、第一百四十四条

法律风险

◎民事法律风险：

经营者提供商品或者服务，造成消费者或者其他受害人人身伤害的，应当赔偿医疗费、护理费、交通费等为治疗和康复支出的合理费用，以及因误工减少的收入。造成残疾的，还应当赔偿残疾生活辅助具费和残疾赔偿金。造成死亡的，还应当赔偿丧葬费和死亡赔偿金。

生产不符合食品安全标准的食品或者经营明知是不符合食品安全标准的食品，消费者除要求赔偿损失外，还可以向生产者或者经营者要求支付价款十倍或者损失三倍的赔偿金；增加赔偿的金额不足一千元的，为一千元。但是，食品的标签、说明书存在不影响食品安全且不会对消费者造成误导的瑕疵的除外。

明知从事上述违法行为，仍为其提供生产经营场所或者其他条件的，使消费者的合法权益受到损害的，应当与食品生产经营者承担连带责任。

◎行政法律风险：

由食品药品监督管理部门给予警告，并处五千元以上三万元以下罚款。

食品生产经营者主动采取停止生产经营、召回和处置不安全食品措施，消除或者减轻危害后果的，依法从轻或者减轻处罚；违法情节轻微并及时纠正，没有造成危害后果的，不予行政处罚。

◎刑事法律风险：

涉嫌生产、销售不符合安全标准的食品罪。足以造成严重食物中毒事故或者其他严重食源性疾病的，处三年以下有期徒刑或者拘役，并处罚金；对人体健康造成严重危害或者有其他严重情节的，处三年以上七年以下有期徒刑，并处罚金；后果特别严重的，处七年以上有期徒刑或者无期徒刑，并处罚金或者没收财产。

涉嫌生产、销售有毒有害食品罪。处五年以下有期徒刑，并处罚金；对人体健康造成严重危害或者有其他严重情节的，处五年以上十年以下有期徒刑，并处罚金；致人死亡或者有其他特别严重情节的，依照《刑法》第一百四十一条的规定处罚。

防范建议

食品经营者知悉食品生产者召回不安全食品后，应当立即采取停止购进、销售，封存不安全食品，在经营场所醒目位置张贴生产者发布的召回公告等措施，配合食品生产者开展召回工作。

风险136：食品生产经营者违反《食品召回管理办法》第十三条、第二十四条第二款、第三十二条的规定，未按规定履行相关报告义务的。

法律规定

《食品召回管理办法》第四十条、第四十三条

法律风险

◎**民事法律风险：**

无。

◎**行政法律风险：**

由食品药品监督管理部门责令改正，给予警告；拒不改正的，处二千元以上二万元以下罚款。

食品生产经营者主动采取停止生产经营、召回和处置不安全食品措施，消除或者减轻危害后果的，依法从轻或者减轻处罚；违法情节轻微并及时纠正，没有造成危害后果的，不予行政处罚。

◎**刑事法律风险：**

无。

防范建议

食品生产经营者应按照食品召回级别，在规定的时间内向市场监督管理部门履行报告义务。

1. 一级召回：食用后已经或者可能导致严重健康损害甚至死亡的，食品生产者应当在知悉食品安全风险后24小时内启动召回，并向县级以上地方市场监督管理部门报告召回计划。

2. 二级召回：食用后已经或者可能导致一般健康损害，食品生产者应当在知悉食品安全风险后48小时内启动召回，并向县级以上地方市场监督管理部门报告召回计划。

3. 三级召回：标签、标识存在虚假标注的食品，食品生产者应当在知悉食品安全风险后72小时内启动召回，并向县级以上地方市场监督管理部门报告召回计划。

食品生产经营者在集中销毁处理前，应当向县级以上地方食品药品监督管理部门报告。

食品生产经营者停止生产经营、召回和处置的不安全食品存在较大风险的，应当在停止生产经营、召回和处置不安全食品结束后5个工作日内向县级以上地方食品药品监督管理部门书面报告情况。

风险137：食品生产经营者违反《食品召回管理办法》第二十三条第二款的规定，市场监督管理部门责令食品生产经营者依法处置不安全食品，食品生产经营者拒绝或者拖延履行的。

法律规定

《食品安全法》第一百四十八条

《消费者权益保护法》第四十九条

《食品召回管理办法》第四十一条、第四十三条

《刑法》第一百四十三条、第一百四十四条

法律风险

◎**民事法律风险：**

经营者提供商品或者服务，造成消费者或者其他受害人人身伤害的，应当赔偿医疗费、护理费、交通费等为治疗和康复支出的合理费用，以及因误工减少的收入。造成残疾的，还应当赔偿残疾生活

辅助具费和残疾赔偿金。造成死亡的，还应当赔偿丧葬费和死亡赔偿金。

生产不符合食品安全标准的食品或者经营明知是不符合食品安全标准的食品，消费者除要求赔偿损失外，还可以向生产者或者经营者要求支付价款十倍或者损失三倍的赔偿金；增加赔偿的金额不足一千元的，为一千元。但是，食品的标签、说明书存在不影响食品安全且不会对消费者造成误导的瑕疵的除外。明知从事上述违法行为，仍为其提供生产经营场所或者其他条件的，使消费者的合法权益受到损害的，应当与食品生产经营者承担连带责任。

◎**行政法律风险：**

由食品药品监督管理部门给予警告，并处二万元以上三万元以下罚款。

食品生产经营者主动采取停止生产经营、召回和处置不安全食品措施，消除或者减轻危害后果的，依法从轻或者减轻处罚；违法情节轻微并及时纠正，没有造成危害后果的，不予行政处罚。

◎**刑事法律风险：**

涉嫌生产、销售不符合安全标准的食品罪。足以造成严重食物中毒事故或者其他严重食源性疾病的，处三年以下有期徒刑或者拘役，并处罚金；对人体健康造成严重危害或者有其他严重情节的，处三年以上七年以下有期徒刑，并处罚金；后果特别严重的，处七年以上有期徒刑或者无期徒刑，并处罚金或者没收财产。

涉嫌生产、销售有毒有害食品罪。处五年以下有期徒刑，并处罚金；对人体健康造成严重危害或者有其他严重情节的，处五年以上十年以下有期徒刑，并处罚金；致人死亡或者有其他特别严重情节的，依照《刑法》第一百四十一条的规定处罚。

防范建议

市场监管部门责令食品生产经营者依法处置不安全食品的，食品生产经营者应当积极履行义务，不得拒绝或拖延履行。

风险138：食品生产经营者违反《食品召回管理办法》第二十八条的规定，未按规定记录保存不安全食品停止生产经营、召回和处置情况的。

法律规定

《食品召回管理办法》第四十二条、第四十三条

法律风险

◎**民事法律风险：**

无。

◎**行政法律风险：**

由食品药品监督管理部门责令改正，给予警告；拒不改正的，处二千元以上二万元以下罚款。

食品生产经营者主动采取停止生产经营、召回和处置不安全食品措施，消除或者减轻危害后果的，依法从轻或者减轻处罚；违法情节轻微并及时纠正，没有造成危害后果的，不予行政处罚。

◎**刑事法律风险：**

无。

防范建议

食品生产经营者应当如实记录停止生产经营、召回和处置不安全食品的名称、商标、规格、生产日期、批次、数量等内容。记录保存期限不得少于两年。

食品安全管理制度

风险139：食品生产经营企业未按规定建立食品安全管理制度，或者未按规定配备或者培训、考核食品安全管理人员的。

法律规定

《食品安全法》第一百二十六条

法律风险

◎民事法律风险：

无。

◎行政法律风险：

由县级以上人民政府食品安全监督管理部门责令改正，给予警告；拒不改正的，处五千元以上五万元以下罚款；情节严重的，责令停产停业，直至吊销许可证。

◎刑事法律风险：

无。

典型案例：永城市某食品厂未按规定建立食品安全管理制度案

永城市市场监督管理局于2019年9月2日起对永城市某食品厂未按规定建立食品安全管理制度且拒不改正一案展开调查。经调查，该单位上述行为违反了《食品安全法》第四十四条第一款："食品生产经营企业应当建立健全食品安全管理制度，对职工进行食品安全知识培训，加强食品检验工作，依法从事生产经营活动"的规定，已构成违法。

根据该单位违法行为的事实、性质、情节、社会危害程序和相关证据，根据《食品安全法》第一百二十六条第一款的规定并结合《河南省食品药品监督管理行政处罚裁量标准（食品）》，永城市市场监督管理局决定对该单位作出如下行政处罚：处罚款7000元。

防范建议

食品生产经营者应当建立食品安全管理制度，配备食品安全管理人员。

风险140：食品、食品添加剂生产经营者进货时未查验许可证和相关证明文件，或者未按规定建立并遵守进货查验记录、出厂检验记录和销售记录制度的。

法律规定

《食品安全法》第一百二十六条

法律风险

◎民事法律风险：

无。

◎行政法律风险：

由县级以上人民政府食品安全监督管理部门责令改正，给予警告；拒不改正的，处五千元以上五万元以下罚款；情节严重的，责令停产停业，直至吊销许可证。

◎刑事法律风险：

无。

典型案例：滨城区某某便利店未建立食品进货查验制度案

当事人从事食品经营未建立食品进货查验制度，其行为违反了《食品安全法》第五十三条第一款及第一百二十六条的规定，根据《行政处罚法》第二十七条第四项、《山东省市场监督管理局行使行政处罚裁量权适用规则（试行）》第十二条第五项以及《食品安全法》第一百二十六条第一款第三项的规定，参照《山东省市场监督管理行政处罚裁量基准》第七百三十五条（二）裁量标准（从轻）的规定给予当事人罚款15000元的行政处罚。

防范建议

食品生产经营者应建立进货查验、索票索证制度，及进货查验记录、出厂检验记录和销售记录制度。做到全程留痕，便于后期追溯。

风险141：食品生产经营者未定期对食品安全状况进行检查评价，或者生产经营条件发生变化，未按规定处理的。

法律规定

《食品安全法》第一百二十六条

法律风险

◎民事法律风险：

无。

◎行政法律风险：

由县级以上人民政府食品安全监督管理部门责令改正，给予警告；拒不改正的，处五千元以上五万元以下罚款；情节严重的，责令停产停业，直至吊销许可证。

◎刑事法律风险：

无。

防范建议

食品生产经营者应定期检查评估自身食品安全状况，发现不符合食品生产经营条件的，应当立即采取措施予以补救，确保持续符合食品生产经营的条件。

风险142：食品生产企业、餐饮服务提供者未按规定制定、实施生产经营过程控制要求的。

法律规定

《食品安全法》第一百二十六条、第一百四十八条

《消费者权益保护法》第四十九条

《刑法》第一百四十三条

法律风险

◎民事法律风险：

经营者提供商品或者服务，造成消费者或者其他受害人人身伤害的，应当赔偿医疗费、护理费、交通费等为治疗和康复支出的合理费用，以及因误工减少的收入。造成残疾的，还应当赔偿残疾生活辅助具费和残疾赔偿金。造成死亡的，还应当赔偿丧葬费和死亡赔偿金。

生产不符合食品安全标准的食品或者经营明知是不符合食品安全标准的食品，消费者除要求赔偿损失外，还可以向生产者或者经营者要求支付价款十倍或者损失三倍的赔偿金；增加赔偿的金额不足一千元的，为一千元。但是，食品的标签、说明书存在不影响食品安全且不会对消费者造成误导的瑕疵的除外。明知从事上述违法行为，仍为其提供生产经营场所或者其他条件的，使消费者的合法权益受到损害的，应当与食品生产经营者承担连带责任。

◎**行政法律风险：**

由县级以上人民政府食品安全监督管理部门责令改正，给予警告；拒不改正的，处五千元以上五万元以下罚款；情节严重的，责令停产停业，直至吊销许可证。

◎**刑事法律风险：**

涉嫌生产、销售不符合安全标准的食品罪。足以造成严重食物中毒事故或者其他严重食源性疾病的，处三年以下有期徒刑或者拘役，并处罚金；对人体健康造成严重危害或者有其他严重情节的，处三年以上七年以下有期徒刑，并处罚金；后果特别严重的，处七年以上有期徒刑或者无期徒刑，并处罚金或者没收财产。

典型案例：未按规定制定实施生产、经营过程控制要求，多家连锁餐饮企业被通报处罚案

北京市场监管部门的处置通报显示，北京某某天湘餐饮管理有限公司丰台分公司未按规定制定、实施生产经营过程控制要求的行为，违反了《食品安全法》第三十三条第一款第一项的规定，依据《行政处罚法》第二十八条第一款、《食品安全法》第一百二十六条第一款第十三项的规定，给予警告的行政处罚。

北京某某餐饮中心未按规定制定实施生产、经营过程控制要求的行为，违反了《食品安全法》第五十五条第一款的规定，依据《行政处罚法》第二十八条第一款、《食品安全法》第一百二十六条第一款第十三项的规定，给予警告的行政处罚。

北京某某家快餐有限公司冰淇淋店未按规定制定实施生产、经营过程控制要求的行为，违反了《食品安全法》第五十五条第一款的规定，依据《行政处罚法》第二十八条第一款、《食品安全法》第一百二十六条第一款第十三项的规定，给予警告的行政处罚。

防范建议

食品生产企业、餐饮服务提供者应当建立健全生产经营过程控制体系，严格把控关键环节的生产经营操作行为，确保食品安全。

风险143：食品相关产品生产者未按规定对生产的食品相关产品进行检验的。

法律规定

《食品安全法》第一百二十六条

《消费者权益保护法》第四十九条

《刑法》第一百四十六条

法律风险

◎**民事法律风险：**

经营者提供商品或者服务，造成消费者或者其他受害人人身伤害的，应当赔偿医疗费、护理费、交通费等为治疗和康复支出的合理费用，以及因误工减少的收入。造成残疾的，还应当赔偿残疾生活辅助具费和残疾赔偿金。造成死亡的，还应当赔偿丧葬费和死亡赔偿金。

◎**行政法律风险：**

由县级以上人民政府食品安全监督管理部门责令改正，给予警告；拒不改正的，处五千元以上五万元以下罚款；情节严重的，责令停产停业，直至吊销许可证。

◎**刑事法律风险：**

涉嫌生产、销售不符合安全标准的产品罪。造成严重后果的，处五年以下有期徒刑，并处销售金额百分之五十以上二倍以下罚金；后果特别严重的，处五年以上有期徒刑，并处销售金额百分之五十以上二倍以下罚金。

防范建议

食品相关产品生产者应当建立检验制度，定期对食品相关产品进行检验。

风险144：事故单位在发生食品安全事故后未依法依规进行处置、报告的。

法律规定

《食品安全法》第一百二十八条

法律风险

◎**民事法律风险：**

无。

◎**行政法律风险：**

由有关主管部门按照各自职责分工责令改正，给予警告；隐匿、伪造、毁灭有关证据的，责令停产停业，没收违法所得，并处十万元以上五十万元以下罚款；造成严重后果的，吊销许可证。

◎**刑事法律风险：**

无。

防范建议

食品生产经营者在发生食品安全事故后，应第一时间进行处置并将处置情况报告当地市场监管部门。

风险145：接受食品生产经营者委托贮存、运输食品，未按照规定记录保存信息的。

法律规定

《食品安全法》第一百二十六条

《食品安全法实施条例》第六十九条、第七十五条

法律风险

◎民事法律风险：

无。

◎行政法律风险：

存在此种违法情形的，依照《食品安全法》第一百二十六条第一款、《食品安全法实施条例》第七十五条的规定给予处罚。

《食品安全法》第一百二十六条第一款规定，由县级以上人民政府食品安全监督管理部门责令改正，给予警告；拒不改正的，处五千元以上五万元以下罚款；情节严重的，责令停产停业，直至吊销许可证。

《食品安全法实施条例》第七十五条规定，食品生产经营企业等单位有《食品安全法》规定的违法情形，除依照《食品安全法》的规定给予处罚外，有下列情形之一的，对单位的法定代表人、主要负责人、直接负责的主管人员和其他直接责任人员处以其上一年度从本单位取得收入的一倍以上十倍以下罚款：

（一）故意实施违法行为；

（二）违法行为性质恶劣；

（三）违法行为造成严重后果。

属于《食品安全法》第一百二十五条第二款规定情形的，不适用上述规定。

◎刑事法律风险：

无。

防范建议

食品运输经营者应当建立食品运输信息档案，对托运人、货物品类、数量等信息进行记录并保存。

风险146：食品生产经营者未按照规定对变质、超过保质期或者回收的食品进行标示或者存放，或者未及时对上述食品采取无害化处理、销毁等措施并如实记录的。

法律规定

《食品安全法》第一百二十六条、第一百四十八条

《消费者权益保护法》第四十九条

《食品安全法实施条例》第六十九条、第七十五条
《刑法》第一百四十六条

法律风险

◎民事法律风险：

经营者提供商品或者服务，造成消费者或者其他受害人人身伤害的，应当赔偿医疗费、护理费、交通费等为治疗和康复支出的合理费用，以及因误工减少的收入。造成残疾的，还应当赔偿残疾生活辅助具费和残疾赔偿金。造成死亡的，还应当赔偿丧葬费和死亡赔偿金。

生产不符合食品安全标准的食品或者经营明知是不符合食品安全标准的食品，消费者除要求赔偿损失外，还可以向生产者或者经营者要求支付价款十倍或者损失三倍的赔偿金；增加赔偿的金额不足一千元的，为一千元。但是，食品的标签、说明书存在不影响食品安全且不会对消费者造成误导的瑕疵的除外。明知从事上述违法行为，仍为其提供生产经营场所或者其他条件的，使消费者的合法权益受到损害的，应当与食品生产经营者承担连带责任。

◎行政法律风险：

存在此种违法情形的，依照《食品安全法》第一百二十六条第一款、《食品安全法实施条例》第七十五条的规定给予处罚。

《食品安全法》第一百二十六条第一款规定，由县级以上人民政府食品安全监督管理部门责令改正，给予警告；拒不改正的，处五千元以上五万元以下罚款；情节严重的，责令停产停业，直至吊销许可证。

《食品安全法实施条例》第七十五条规定，食品生产经营企业等单位有《食品安全法》规定的违法情形，除依照《食品安全法》的规定给予处罚外，有下列情形之一的，对单位的法定代表人、主要负责人、直接负责的主管人员和其他直接责任人员处以其上一年度从本单位取得收入的一倍以上十倍以下罚款：

（一）故意实施违法行为；

（二）违法行为性质恶劣；

（三）违法行为造成严重后果。

属于《食品安全法》第一百二十五条第二款规定情形的，不适用上述规定。

◎刑事法律风险：

涉嫌生产、销售不符合安全标准的食品罪。足以造成严重食物中毒事故或者其他严重食源性疾病的，处三年以下有期徒刑或者拘役，并处罚金；对人体健康造成严重危害或者有其他严重情节的，处三年以上七年以下有期徒刑，并处罚金；后果特别严重的，处七年以上有期徒刑或者无期徒刑，并处罚金或者没收财产。

防范建议

食品生产经营者应建立过期食品、回收食品管理档案。对变质、超过保质期、回收的食品进行标示或者存放，未及时采取无害化处理、销毁等措施的，应如实记录。

从业人员

风险147：食品生产经营者安排未取得健康证明或者患有国务院卫生行政部门规定的有碍食品安全疾病的人员从事接触直接入口食品的工作的。

法律规定

《食品安全法》第一百二十六条

法律风险

◎民事法律风险：

无。

◎行政法律风险：

由县级以上人民政府食品安全监督管理部门责令改正，给予警告；拒不改正的，处五千元以上五万元以下罚款；情节严重的，责令停产停业，直至吊销许可证。

◎刑事法律风险：

无。

典型案例：对未取得健康证明人员从事直接入口食品工作进行处罚案

2017 年 1 月 12 日，瓦房店市市场监督管理局执法人员在日常监督检查中发现佤国小镇某茶餐厅从业人员刘某、王某某未取得健康证明从事直接入口食品的工作。

执法人员对佤国小镇某茶餐厅给予警告的当场处罚，并下达了责令改正通知书，责令食品从业人员立即停止从事接触直接入口食品的工作，取得健康证明后方可从事接触直接入口食品工作。

2017 年 2 月 6 日，执法人员再次对该餐馆进行监督检查，发现该单位从业人员于某英、张某、黄某未取得健康证明从事直接入口食品的工作。

当事人安排未取得健康证明的人员从事接触直接入口食品的工作的行为，违反了《食品安全法》第四十五条第二款“从事接触直接入口食品工作的食品生产经营人员应当每年进行健康检查，取得健康证明后方可上岗工作”的规定。鉴于当事人蒋某欣积极配合查处，主动消除危害后果，立即安排食品从业人员于某英、张某、黄某去进行健康检查，调离直接接触食品的工作，参照《辽宁省食品药品监督管理系统规范行政处罚裁量权办法》第十四条，瓦房店市市场监督管理局依据《食品安全法》第一百二十六条第一款第六项，处以罚款 5000 元的行政处罚。

防范建议

食品生产经营者应建立从业人员健康管理制度。不得安排未取得健康证明或者患有国务院卫生行政部门规定的有碍食品安全疾病的人员从事接触直接入口食品的工作。

风险148：食品生产经营企业等单位有《食品安全法》规定的违法情形，除依照《食品安全法》的规定给予处罚外，有《食品安全法实施条例》第七十五条规定的故意实施违法行为（或违法行为性质恶劣、违法行为造成严重后果）情形之一的。

法律规定

《食品安全法实施条例》第七十五条

法律风险

◎民事法律风险：

无。

◎行政法律风险：

对单位的法定代表人、主要负责人、直接负责的主管人员和其他直接责任人员处以其上一年度从本单位取得收入的一倍以上十倍以下罚款。

◎刑事法律风险：

无。

典型案例：四川天府新区首例“处罚到人”案

四川天府新区市场监督管理局对某农场经营场所进行了现场检查。经查，该农场婚宴午餐所用的虾、蟹等食材上带有副溶血性弧菌，同时这些食材的清洗和食品的制作加工操作不规范，致使出现午餐食品原材料和成品的交叉污染，进而引发食物中毒事件。该农场负责人夏某某、食品安全主要负责人李某某未严格落实企业食品安全管理制度，造成副溶血性弧菌的交叉污染，导致出现20余人食物中毒的严重后果，应对此次副溶血性弧菌食物中毒事件负主要责任。

2020年12月22日，四川天府新区市场监督管理局依法对涉事农场作出没收违法所得19505元，并罚款292575元的行政处罚。同时，依据《食品安全法实施条例》第七十五条的规定对该农场负责人夏某某罚款18720元，对农场食品安全主要负责人李某某罚款14320元。

典型案例：济南某商业有限公司经营腐败变质、感官性状异常的猪肉以及相关责任人员被“处罚到人”案

2021年8月，根据媒体报道线索，济南市市场监督管理局对济南某商业有限公司进行立案调查。经查，当事人在销售猪肉及其制品过程中，将发黏、发臭等腐败变质、感官性状异常的猪肉混入正常肉品中以“特价肉”或制作成肉馅、香肠进行销售，涉案货值共计1.85万元，违法所得共计1.79万元。当事人售卖变质肉的违法行为与其在经营场所现场宣传“不卖隔夜肉、天天新鲜”等内容明显不符，构成了虚假或引人误解的商业宣传。8月28日，济南市市场监督管理局对济南某商业有限公司经营腐败变质、感官性状异常的猪肉及其制品以及进行虚假或引人误解的商业宣传案，作出警告，没收违法所得1.79万元，没收相关肉品，罚款137.15万元，罚没款合计138.94万元的行政处罚。

鉴于当事人故意实施违法行为且违法行为性质恶劣，根据《食品安全法实施条例》第七十五条的规定，对相关责任人员依法落实“处罚到人”。其中：对违法行为负有总体食品安全管理责任的总经理孙某、对违法行为负有管理责任的生鲜部经理张某、对直接负责肉品食品安全管理的肉品科主要负责人李某、对直接参与处理并销售有异味变质猪肉的肉品科员工张某和姜某等5人，分别处以其2020年度在本单位取得收入的2到10倍不等的罚款，罚款合计92.65万元。

防范建议

食品生产经营企业负责人作为食品安全第一责任人，应当领导并督促企业建立健全食品安全合规机制，确保食品安全。

风险149：担任被吊销食品生产经营许可证的食品生产经营单位的法定代表人、直接负责的主管人员和其他直接责任人员的。

法律规定

《食品安全法》第一百三十五条

法律风险

◎民事法律风险：

无。

◎行政法律风险：

自处罚决定作出之日起五年内不得申请食品生产经营许可，或者从事食品生产经营管理工作、担任食品生产经营企业食品安全管理人员。

◎刑事法律风险：

无。

典型案例：厦门某某进出口有限公司违规进口食品案

厦门某某进出口有限公司经营未进集中监管仓且未取得核酸检测阴性证明的进口冷冻食品。在申请入厦通行码时填报虚假材料，且涉案食品数量多、货值金额大，涉案的部分食品的内包装经龙岩市疾控部门核酸检测结果为阳性。该行为违反了《食品安全法》第三十四条第十二项的规定，构成经营国家为防病等特殊需要明令禁止生产经营的食品。根据《食品安全法》第一百二十三条第一款第五项、第一百三十五条的规定，相关部门对厦门某某进出口有限公司处罚如下：

1. 处货值金额30倍的罚款18712555.2元；
2. 吊销食品经营许可证；
3. 对厦门某某进出口有限公司及法定代表人张某、主要负责人李某作如下处理：自处罚决定作出之日起，五年内不得申请食品生产经营许可，或者从事食品生产经营管理工作、担任食品生产经营企业食品安全管理人员；
4. 对厦门某某进出口有限公司的法定代表人张某罚款153000元；
5. 厦门某某进出口有限公司及法定代表人张某、主要负责人李某都被列入严重违法失信名单，通过国家企业信用信息公示系统公示，并实施相应管理措施。

防范建议

食品生产经营单位的法定代表人、直接负责的主管人员和其他直接责任人员应当严格履行食品安全管理责任，否则可能承担相应的行政法律责任。

风险150：食品行业及相关从业者因食品安全犯罪被判处有期徒刑以上刑罚的。

法律规定

《食品安全法》第一百三十五条

法律风险

◎民事法律风险：

无。

◎行政法律风险：

终身不得从事食品生产经营管理工作，也不得担任食品生产经营企业食品安全管理人员。

◎刑事法律风险：

无。

典型案例：一火锅调料厂老板在粉皮里加明矾获刑终身禁业案

2015 年 10 月，某火锅调料厂负责人彭某在生产粉皮时，添加明矾制作宽粉皮、细粉皮，均超出国家标准。2016 年 12 月 21 日，陕西省汉中市汉台区人民法院以犯生产、销售不符合安全标准的食品罪，判处彭某有期徒刑 6 个月，并处罚金 5000 元。然而，彭某在刑期结束后，仍继续经营涉案火锅调料厂，从事粉皮生产、销售工作。

检察机关认为，这违反了《食品安全法》第一百三十五条“因食品安全犯罪被判处有期徒刑以上刑罚的，终身不得从事食品生产经营管理工作”的规定，侵害了社会公共利益。2020 年 2 月，汉中市汉台区检察院向区市场监督管理局送达检察建议。

对此，汉台区市场监督管理局于同年 2 月 28 日向涉案火锅调料厂作出行政处罚决定，吊销其食品小作坊生产许可证，责令其负责人彭某终身不得从事食品生产经营管理工作、不得担任食品生产经营企业管理人员。

防范建议

食品行业从业人员应当牢固树立合规意识。否则，一旦被追究有期徒刑以上刑罚，将终身不得从事食品生产经营管理工作，也不得担任食品生产经营企业食品安全管理人员。

风险 151：食品生产经营者违规聘用下列人员：1. 在曾从业单位被吊销许可证的处罚决定作出之日起五年内，且在原单位担任法定代表人、直接负责的主管人员和相关直接责任人员；2. 因食品安全犯罪被判处有期徒刑以上刑罚的。

法律规定

《食品安全法》第一百三十五条

法律风险

◎民事法律风险：

无。

◎行政法律风险：

由县级以上人民政府食品安全监督管理部门吊销许可证。

◎刑事法律风险：

无。

防范建议

食品生产经营者应建立从业人员入职审查机制。如发现在曾从业单位被吊销许可证的处罚决定作出之日起五年内，且在原单位担任法定代表人、直接负责的主管人员和相关直接责任人员，及因食品安全犯罪被判处有期徒刑以上刑罚的，一律不得聘用。

风险152：因发布虚假广告，或者有其他《广告法》规定的违法行为，被吊销营业执照的公司、企业的法定代表人，对违法行为负有个人责任的。

法律规定

《广告法》第六十九条

法律风险

◎民事法律风险：

无。

◎行政法律风险：

自该公司、企业被吊销营业执照之日起3年内不得担任公司、企业的董事、监事、高级管理人员。

◎刑事法律风险：

无。

防范建议

食品生产经营企业的负责人应牢固树立合规意识。不得违反《广告法》发布违法广告，否则可能因发布违法广告导致企业被吊销营业执照，进而3年内不得担任公司、企业的董事、监事、高级管理人员。

风险153：违反《动物防疫法》第二十九条规定，从事屠宰、经营、运输动物或者生产、经营、加工、贮藏、运输动物产品的人员的。

法律规定

《动物防疫法》第九十七条

法律风险

◎民事法律风险：

无。

◎行政法律风险：

违法行为人及其法定代表人（负责人）、直接负责的主管人员和其他直接责任人员，自处罚决定作出之日起五年内不得从事相关活动。构成犯罪的，终身不得从事屠宰、经营、运输动物或者生产、经营、加工、贮藏、运输动物产品等相关活动。

◎刑事法律风险：

无。

防范建议

法律禁止屠宰、经营、运输下列动物和生产、经营、加工、贮藏、运输下列动物产品：

1. 封锁疫区内与所发生动物疫病有关的；
2. 疫区内易感染的；
3. 依法应当检疫而未经检疫或者检疫不合格的；
4. 染疫或者疑似染疫的；
5. 病死或者死因不明的；
6. 其他不符合国务院农业农村主管部门有关动物防疫规定的。

从事屠宰、经营、运输动物或者生产、经营、加工、贮藏、运输动物产品的人员应当牢固树立合规意识，否则可能因违反防疫法规被禁业5年，构成犯罪的，则将被终身禁业。

食品安全抽样监督

风险154：食品生产经营者无正当理由拒绝、阻挠或者干涉食品安全抽样检验、风险监测和调查处理的。

法律规定

《食品安全抽样检验管理办法》第四十七条、第四十九条

《食品安全法》第一百三十三条

《刑法》第二百七十七条

法律风险

◎民事法律风险：

无。

◎行政法律风险：

食品生产经营者违反《食品安全抽样检验管理办法》的规定，无正当理由拒绝、阻挠或者干涉食品安全抽样检验、风险监测和调查处理的，由县级以上人民政府市场监督管理部门依照《食品安全法》第一百三十三条第一款的规定处罚；违反《治安管理处罚法》有关规定的，由市场监督管理部门依法移交公安机关处理。

《食品安全法》第一百三十三条第一款规定，由有关主管部门按照各自职责分工责令停产停业，并处二千元以上五万元以下罚款；情节严重的，吊销许可证；构成违反治安管理行为的，由公安机关依法给予治安管理处罚。

市场监督管理部门应当依法将食品生产经营者受到的行政处罚等信息归集至国家企业信用信息公示系统，记于食品生产经营者名下并向社会公示。对存在严重违法失信行为的，按照规定实施联合

惩戒。

◎刑事法律风险：

涉嫌妨害公务罪。以暴力、威胁方法阻碍国家机关工作人员依法执行职务的，处三年以下有期徒刑、拘役、管制或者罚金。

典型案例：镇江某蔬菜经营摊无正当理由不配合调查处理案

2020年4月，根据镇江市市场监督管理局监督抽检统一安排，抽样人员依法对镇江新区某蔬菜经营摊销售的黄豆芽进行了随机抽样。经抽样检验，当事人销售的黄豆芽中存在国家禁止使用的4-氯苯氧乙酸钠，不符合《国家食品药品监督管理总局 农业部 国家卫生和计划生育委员会关于豆芽生产过程中禁止使用6-苄基腺嘌呤等物质的公告》要求，检验结论为不合格。执法人员多次依法向当事人送达检验报告、检验结果通知书、行政执法调查通知书、限期提供材料通知书等文书，当事人无正当理由拒不签收，不配合调查处理，导致不能对其销售不合格黄豆芽追根溯源，不能进行产品隐患源头的风险监测和控制。

当事人行为违反了《食品安全抽样检验管理办法》第四十条规定，根据《食品安全抽样检验管理办法》第四十七条、《食品安全法》第一百三十三条规定，镇江新区市场监督管理局按照从重处罚原则，对镇江新区某蔬菜经营摊作出罚款35000元的行政处罚。当事人逾期未缴纳罚款，加处罚款35000元，以上合计70000元已申请法院强制执行。

防范建议

食品生产经营者应积极配合食品安全抽样检验、风险监测和调查处理。

风险155：食品生产经营者违反《食品安全抽样检验管理办法》第三十七条的规定，提供虚假证明材料的。

法律规定

《食品安全抽样检验管理办法》第四十七条、第四十九条

法律风险

◎民事法律风险：

无。

◎行政法律风险：

由市场监督管理部门给予警告，并处一万元以上三万元以下罚款。

市场监督管理部门应当依法将食品生产经营者受到的行政处罚等信息归集至国家企业信用信息公示系统，记于食品生产经营者名下并向社会公示。对存在严重违法失信行为的，按照规定实施联合惩戒。

◎刑事法律风险：

无。

防范建议

食品生产经营者对其生产经营食品的抽样过程、样品真实性、检验方法、标准适用等事项依法提出异议处理申请。对抽样过程有异议的，申请人应当在抽样完成后7个工作日内，向实施监督抽检的市场监督管理部门提出书面申请，提交相关证明材料。对样品真实性、检验方法、标准适用等事项有异议的，申请人应当自收到不合格结论通知之日起7个工作日内，向组织实施监督抽检的市场监督管理部门提出书面申请，并提交相关证明材料。

风险156：违反《食品安全抽样检验管理办法》第四十二条的规定，食品经营者未按规定公示相关不合格产品信息的。

法律规定

《消费者权益保护法》第五十五条
《食品安全抽样检验管理办法》第四十七条、第四十九条
《刑法》第一百四十条

法律风险

◎民事法律风险：

经营者提供商品或者服务有欺诈行为的，应当按照消费者的要求增加赔偿其受到的损失，增加赔偿的金额为消费者购买商品的价款或者接受服务的费用的三倍；增加赔偿的金额不足五百元的，为五百元。法律另有规定的，依照其规定。

◎行政法律风险：

由市场监督管理部门责令改正；拒不改正的，给予警告，并处二千元以上三万元以下罚款。

市场监督管理部门应当依法将食品生产经营者受到的行政处罚等信息归集至国家企业信用信息公示系统，记于食品生产经营者名下并向社会公示。对存在严重违法失信行为的，按照规定实施联合惩戒。

◎刑事法律风险：

涉嫌生产、销售伪劣产品罪。生产者、销售者以不合格产品冒充合格产品，销售金额五万元以上不满二十万元的，处二年以下有期徒刑或者拘役，并处或者单处销售金额百分之五十以上二倍以下罚金；销售金额二十万元以上不满五十万元的，处二年以上七年以下有期徒刑，并处销售金额百分之五十以上二倍以下罚金；销售金额五十万元以上不满二百万元的，处七年以上有期徒刑，并处销售金额百分之五十以上二倍以下罚金；销售金额二百万元以上的，处十五年有期徒刑或者无期徒刑，并处销售金额百分之五十以上二倍以下罚金或者没收财产。

防范建议

食品经营者收到监督抽检不合格检验结论后，应当按照国家市场监督管理总局的规定在被抽检经营场所显著位置公示相关不合格产品信息。

风险157：被抽样生产者、销售者的被抽样产品存在严重质量问题的。

法律规定

《食品安全法》第一百四十八条
《消费者权益保护法》第四十九条
《产品质量监督抽查管理暂行办法》第五十一条
《刑法》第一百四十条、第一百四十三条、第一百四十四条

法律风险

◎民事法律风险：

经营者提供商品或者服务，造成消费者或者其他受害人人身伤害的，应当赔偿医疗费、护理费、交通费等为治疗和康复支出的合理费用，以及因误工减少的收入。造成残疾的，还应当赔偿残疾生活辅助具费和残疾赔偿金。造成死亡的，还应当赔偿丧葬费和死亡赔偿金。

生产不符合食品安全标准的食品或者经营明知是不符合食品安全标准的食品，消费者除要求赔偿损失外，还可以向生产者或者经营者要求支付价款十倍或者损失三倍的赔偿金；增加赔偿的金额不足一千元的，为一千元。但是，食品的标签、说明书存在不影响食品安全且不会对消费者造成误导的瑕疵的除外。明知从事上述违法行为，仍为其提供生产经营场所或者其他条件的，使消费者的合法权益受到损害的，应当与食品生产经营者承担连带责任。

◎行政法律风险：

由县级市场监督管理部门按照有关法律、行政法规规定处理；法律、行政法规未作规定的，处三万元以下罚款。

需根据抽检结果的不同，根据《食品安全法》的相关规定予以处理。

◎刑事法律风险：

涉嫌生产、销售伪劣产品罪。生产者、销售者以不合格产品冒充合格产品，销售金额五万元以上不满二十万元的，处二年以下有期徒刑或者拘役，并处或者单处销售金额百分之五十以上二倍以下罚金；销售金额二十万元以上不满五十万元的，处二年以上七年以下有期徒刑，并处销售金额百分之五十以上二倍以下罚金；销售金额五十万元以上不满二百万元的，处七年以上有期徒刑，并处销售金额百分之五十以上二倍以下罚金；销售金额二百万元以上的，处十五年有期徒刑或者无期徒刑，并处销售金额百分之五十以上二倍以下罚金或者没收财产。

涉嫌生产、销售不符合安全标准的食品罪。足以造成严重食物中毒事故或者其他严重食源性疾病的，处三年以下有期徒刑或者拘役，并处罚金；对人体健康造成严重危害或者有其他严重情节的，处三年以上七年以下有期徒刑，并处罚金；后果特别严重的，处七年以上有期徒刑或者无期徒刑，并处罚金或者没收财产。

涉嫌生产、销售有毒有害食品罪。处五年以下有期徒刑，并处罚金；对人体健康造成严重危害或者有其他严重情节的，处五年以上十年以下有期徒刑，并处罚金；致人死亡或者有其他特别严重情节的，依照《刑法》第一百四十一条的规定处罚。

典型案例：安徽某食品有限公司生产不合格食品案

安徽科某产品检测研究院有限公司于2019年6月18日对安徽某食品有限公司生产的商标为“A”的鹅肉（规格型号：400克/盒、生产日期：2019-06-18）进行了抽样，抽样基数30盒，抽样数量8盒，备样数量2盒。2019年7月12日安徽科某产品检测研究院有限公司出具了编号为B的检验报告，检验结论为不合格，不合格项为大肠菌群。

2019年7月17日，合肥市长丰县市场监管稽查大队接到长丰县市场监督管理局不合格食品核查处置通知书（编号为B）称：安徽某食品有限公司生产的鹅肉经检验大肠菌群项目不合格。7月19日，执法人员向当事人送达检验报告并进行检查。

经查，在该公司仓库内未发现有抽检批次的鹅肉，据法定代表人陈某某陈述，抽检批次的鹅肉已经全部销售完毕，未接到有消费者出现不良反应的报告。安徽某食品有限公司生产的“A”牌鹅肉销售价为22元/盒，2019年6月18日共生产47斤鹅肉，已全部销往某店，数量为58盒（规格型号：400克/盒），销售金额为1276元。调查中当事人提出的无菌采样问题、采样时间和报告出具日期间隔时间长问题、采样未冷藏问题，执法人员通过与检验机构工作人员积极沟通，根据提供的材料证据分别予以了正面答复解惑，最终顺利办结此案。

依据《食品安全法》第三十四条①和第一百二十四条的规定给予当事人以下行政处罚：没收违法所得1276元，罚款5万元。

防范建议

食品生产经营者应当建立健全食品安全合规体系，确保生产经营的食品符合食品安全标准。

风险158：被抽样生产者、销售者未经负责结果处理的市场监督管理部门认定复查合格而恢复生产、销售同一产品的。

法律规定

《食品安全法》第一百四十八条

《消费者权益保护法》第四十九条

《产品质量监督抽查管理暂行办法》第五十一条

《刑法》第一百四十三条

法律风险

◎民事法律风险：

经营者提供商品或者服务，造成消费者或者其他受害人人身伤害的，应当赔偿医疗费、护理费、交通费等为治疗和康复支出的合理费用，以及因误工减少的收入。造成残疾的，还应当赔偿残疾生活

① 因抽检结果的多样性、不确定性，需结合抽检结果才能确定具体涉及的《食品安全法》相关条款。此处“法律规定”栏目不逐一列明可能涉及的所有条款，而是仅为法律风险对应的条款。

辅助具费和残疾赔偿金。造成死亡的，还应当赔偿丧葬费和死亡赔偿金。

生产不符合食品安全标准的食品或者经营明知是不符合食品安全标准的食品，消费者除要求赔偿损失外，还可以向生产者或者经营者要求支付价款十倍或者损失三倍的赔偿金；增加赔偿的金额不足一千元的，为一千元。但是，食品的标签、说明书存在不影响食品安全且不会对消费者造成误导的瑕疵的除外。

明知从事上述违法行为，仍为其提供生产经营场所或者其他条件的，使消费者的合法权益受到损害的，应当与食品生产经营者承担连带责任。

◎行政法律风险：

由县级市场监督管理部门按照有关法律、行政法规规定处理；法律、行政法规未作规定的，处三万元以下罚款。

◎刑事法律风险：

涉嫌生产、销售不符合安全标准的食品罪。足以造成严重食物中毒事故或者其他严重食源性疾病的，处三年以下有期徒刑或者拘役，并处罚金；对人体健康造成严重危害或者有其他严重情节的，处三年以上七年以下有期徒刑，并处罚金；后果特别严重的，处七年以上有期徒刑或者无期徒刑，并处罚金或者没收财产。

防范建议

被抽样食品生产经营者未经负责结果处理的市场监督管理部门认定复查合格，不得恢复生产、销售同一产品。

风险159：被抽样生产者、销售者隐匿、转移、变卖、损毁样品的。

法律规定

《产品质量监督抽查管理暂行办法》第五十一条

法律风险

◎民事法律风险：

无。

◎行政法律风险：

由县级市场监督管理部门按照有关法律、行政法规规定处理；法律、行政法规未作规定的，处三万元以下罚款。

◎刑事法律风险：

无。

防范建议

被抽样食品生产经营者不得隐匿、转移、变卖、损毁样品。

日常市场监督检查

风险160：食品生产经营者在一年内累计三次因违反《食品安全法》规定受到责令停产停业、吊销许可证以外处罚的。

法律规定

《食品安全法》第一百三十四条

法律风险

◎民事法律风险：

无。

◎行政法律风险：

由食品安全监督管理部门责令停产停业，直至吊销许可证。

◎刑事法律风险：

无。

典型案例：东莞市名某有限公司一年内多次被发现生产不合规标签案

2017年8月，东莞市名某有限公司被发现生产的“核桃酥”过程中仅添加“核桃香精”而没有添加核桃或核桃产品，食品名称与食品的真实属性不相符，不符合《食品安全国家标准 预包装食品标签通则》（GB 7718—2011）的规定，违反了《食品安全法》相关规定，相关机构依据《食品安全法》第一百二十五条第一款第二项的规定于2017年9月7日对该公司进行处罚。

2018年1月，东莞市名某有限公司又被发现生产“香蕉牛奶金桔味沙琪玛”过程中仅添加“香蕉牛奶香精”而未添加香蕉、牛奶或其制品，且在包装标签上标示香蕉图片，食品名称与食品的真实属性不相符，不符合《食品安全国家标准 预包装食品标签通则》（GB 7718—2011）的规定，违反了《食品安全法》相关规定，相关机构依据《食品安全法》第一百二十五条第一款第二项的规定于2018年3月20日对该公司进行处罚。

2018年6月，东莞市名某有限公司再次被发现生产“香蕉牛奶沙琪玛”过程中仅添加“香蕉牛奶香精”而未添加香蕉、牛奶或其制品，食品名称与食品的真实属性不相符，不符合《食品安全国家标准 预包装食品标签通则》（GB 7718—2011）的规定，违反了《食品安全法》相关规定，相关机构依据《食品安全法》第一百二十五条第一款第二项和第一百三十四条的规定，2018年9月4日对该公司处以没收违法所得、罚款和责令停产停业。

防范建议

食品生产经营者应建立健全食品企业合规体系，最大限度避免因违法被行政处罚，特别是不能一年内累计被处罚达到3次以上。

风险161：拒绝接受依法进行的产品质量监督检查的。

法律规定

《产品质量法》第五十六条
《刑法》第二百七十七条

法律风险

◎民事法律风险：
无。
◎行政法律风险：
给予警告，责令改正；拒不改正的，责令停业整顿；情节特别严重的，吊销营业执照。
◎刑事法律风险：
以暴力、威胁方法阻碍国家机关工作人员依法执行职务的，涉嫌妨害公务罪。处三年以下有期徒刑、拘役、管制或者罚金。

防范建议

食品生产经营者应积极配合监管部门依法进行的产品质量监督检查。

风险162：隐匿、转移、变卖、损毁被市场监督管理部门查封、扣押的物品的。

法律规定

《产品质量法》第六十三条

法律风险

◎民事法律风险：
无。
◎行政法律风险：
处被隐匿、转移、变卖、损毁物品货值金额等值以上三倍以下的罚款；有违法所得的，并处没收违法所得。
◎刑事法律风险：
无。

防范建议

市场监督管理部门依法查封、扣押的物品，食品生产经营者不得隐匿、转移、变卖、损毁。

风险163：以暴力、威胁方法阻碍市场监督管理部门的工作人员依法执行职务的。

法律规定

《产品质量法》第六十九条

《刑法》第二百七十七条

法律风险

◎民事法律风险：

无。

◎行政法律风险：

无。

◎刑事法律风险：

涉嫌妨害公务罪。以暴力、威胁方法阻碍国家机关工作人员依法执行职务的，处三年以下有期徒刑、拘役、管制或者罚金。

典型案例：增城市摆摊摊贩暴力阻碍执法案

2012年12月30日13时，增城市小楼镇城管中队执法人员在小楼镇太平村路口对方某某（另作处理）乱摆乱卖的草莓档口进行执法时，遭到被告人包某某、吴某某、王某某等人持菜刀、铁锹暴力反抗，并对城管中队的执法人员进行殴打，致使城管中队的执法人员汤某杰、郭某雷、王某浪受伤（经鉴定为轻微伤）。

事发后，公安民警接城管中队的报案到场，经现场协商，档主方某某以及被告人吴某某、包某某、王某某4人主动到小楼派出所接受处理，因而归案。归案后，吴某某、包某某、王某某三被告人基本如实供述了暴力阻碍执法的主要犯罪事实。

法院认为，被告人吴某某、包某某、王某某以暴力方法阻碍国家机关工作人员依法执行职务，其行为已违反《刑法》第二百七十七条的规定，构成妨害公务罪。依法判决被告人吴某某有期徒刑9个月、被告人包某某有期徒刑9个月、被告人王某某有期徒刑6个月。

防范建议

食品生产经营者不得以暴力、威胁方法阻碍市场监督管理部门的工作人员依法执行职务。

风险164：违反《反食品浪费法》[1] 规定，食品生产经营者在食品生产经营过程中造成严重食品浪费的。

法律规定

《反食品浪费法》第二十八条

法律风险

◎民事法律风险：

无。

◎行政法律风险：

由县级以上地方人民政府市场监督管理部门或者县级以上地方人民政府指定的部门责令改正，拒不改正的，处五千元以上五万元以下罚款。

◎刑事法律风险：

无。

典型案例：金华市某餐饮店浪费食品案

2021年5月10日，金华市市场监督管理局开发区分局三江市场监管所组织开展了专项检查，执法人员在八一南街的某餐饮店后厨发现有一个抽屉，里面放着许多当日制作的食品成品，其中多个名为“牛角包”的面包，因烘烤过度，口感不符合要求被丢弃。

工作人员称这些面包太硬，不能提供给消费者。就在执法人员的检查过程中，该店一名工作人员又丢弃了一款名为“黄金鸡块”的小食品，而且还是一次性倒掉了一大勺。工作人员称，这是因为制作时间太久且形状有破损，为保障食品安全，要进行报废。

经了解，当事人为保障食品安全，对制作的成品标示有“最佳赏味期”，一般为90分钟，对超过期限的食品进行报废处理。三江市场监管所执法人员认为，当事人建立最佳赏味期，固然是对消费者食品安全负责，但确保食品安全的同时，也要保障食品不浪费，并不是没有两全的方法。最后，三江市场监管所依据《反食品浪费法》第二十八条的规定对当事人发出“责令改正通知书”，要求改正上述浪费食品的行为。如果当事人拒不改正，将被处以5000元以上5万元以下罚款。

防范建议

食品生产经营者应建立反浪费机制。在食品生产经营过程中贯彻节约粮食的原则，避免造成食品浪费。

---

① 全称为《中华人民共和国反食品浪费法》，以下使用简称《反食品浪费法》。

风险165：食品生产经营者未按照规定在显著位置张贴或者公开展示相关监督检查结果记录表，撕毁、涂改监督检查结果记录表，或者未保持日常监督检查结果记录表至下次日常监督检查的。

法律规定

《食品生产经营监督检查管理办法》第四十八条

法律风险

◎民事法律风险：

无。

◎行政法律风险：

由县级以上地方市场监督管理部门责令改正；拒不改正的，给予警告，可以并处五千元以上五万元以下罚款。

◎刑事法律风险：

无。

防范建议

食品生产经营者应依规在显著位置公开展示监督检查结果记录表，且不得擅自撕毁、涂改。

风险166：食品生产经营者拒绝、拖延、限制检查人员进入被检查场所或者区域的，或者限制检查时间的。

法律规定

《食品生产经营监督检查管理办法》第四十九条

《食品安全法》第一百三十三条

法律风险

◎民事法律风险：

无。

◎行政法律风险：

由县级以上市场监督管理部门依照《食品安全法》第一百三十三条第一款的规定进行处理。

《食品安全法》第一百三十三条第一款规定，由有关主管部门按照各自职责分工责令停产停业，并处二千元以上五万元以下罚款；情节严重的，吊销许可证；构成违反治安管理行为的，由公安机关依法给予治安管理处罚。

◎刑事法律风险：

无。

防范建议

食品生产经营者应当积极配合市场监管部门的检查，不得人为设置障碍。

风险167：食品生产经营者拒绝或者限制抽取样品、录像、拍照和复印等调查取证工作的。

法律规定

《食品生产经营监督检查管理办法》第四十九条
《食品安全法》第一百三十三条

法律风险

◎民事法律风险：

无。

◎行政法律风险：

由县级以上市场监督管理部门依照《食品安全法》第一百三十三条第一款的规定进行处理。

《食品安全法》第一百三十三条第一款规定，由有关主管部门按照各自职责分工责令停产停业，并处二千元以上五万元以下罚款；情节严重的，吊销许可证；构成违反治安管理行为的，由公安机关依法给予治安管理处罚。

◎刑事法律风险：

无。

防范建议

食品生产经营者应当积极配合市场监管部门的调查取证工作。

风险168：食品生产经营者无正当理由不提供或者延迟提供与检查相关的合同、记录、票据、账簿、电子数据等材料的。

法律规定

《食品生产经营监督检查管理办法》第四十九条
《食品安全法》第一百三十三条

法律风险

◎民事法律风险：

无。

◎行政法律风险：

由县级以上市场监督管理部门依照《食品安全法》第一百三十三条第一款的规定进行处理。

《食品安全法》第一百三十三条第一款规定，由有关主管部门按照各自职责分工责令停产停业，并处二千元以上五万元以下罚款；情节严重的，吊销许可证；构成违反治安管理行为的，由公安机关依法给予治安管理处罚。

◎刑事法律风险：

无。

防范建议

食品生产经营者应当积极配合市场监管部门的执法检查，并如实提供与检查相关的合同、记录、票据、账簿、电子数据等材料。

风险169：食品生产经营者以主要负责人、主管人员或者相关工作人员不在岗为由，或者故意以停止生产经营等方式欺骗、误导、逃避检查的。

法律规定

《食品生产经营监督检查管理办法》第四十九条

《食品安全法》第一百三十三条

法律风险

◎民事法律风险：

无。

◎行政法律风险：

由县级以上市场监督管理部门依照《食品安全法》第一百三十三条第一款的规定进行处理。

《食品安全法》第一百三十三条第一款规定，由有关主管部门按照各自职责分工责令停产停业，并处二千元以上五万元以下罚款；情节严重的，吊销许可证；构成违反治安管理行为的，由公安机关依法给予治安管理处罚。

◎刑事法律风险：

无。

防范建议

食品生产经营者不得以任何方式欺骗、误导、逃避市场监管部门的执法检查。

风险170：食品生产经营者在市场监督管理部门检查时伪造、隐匿、毁灭证据或者提供虚假情况的。

法律规定

《食品生产经营监督检查管理办法》第四十九条

《食品安全法》第一百三十三条

法律风险

◎民事法律风险：

无。

◎行政法律风险：

由县级以上市场监督管理部门依照《食品安全法》第一百三十三条第一款的规定进行处理。

《食品安全法》第一百三十三条第一款规定，由有关主管部门按照各自职责分工责令停产停业，并处二千元以上五万元以下罚款；情节严重的，吊销许可证；构成违反治安管理行为的，由公安机关依法给予治安管理处罚。

◎刑事法律风险：

无。

防范建议

食品生产经营者在接受市场监管部门检查时不得伪造、隐匿、毁灭证据，应如实向市场监管部门提供相关情况。

食盐生产经营

风险171：违反《食盐加碘消除碘缺乏危害管理条例》的规定，擅自开办碘盐加工企业或者未经批准从事碘盐批发业务的。

法律规定

《食盐加碘消除碘缺乏危害管理条例》第二十四条

《刑法》第二百二十五条

法律风险

◎民事法律风险：

无。

◎行政法律风险：

由县级以上人民政府盐业主管机构责令停止加工或者批发碘盐，没收全部碘盐和违法所得，可以并处该盐产品价值三倍以下的罚款。

◎刑事法律风险：

涉嫌非法经营罪。未经许可经营法律、行政法规规定的专营、专卖物品或者其他限制买卖的物品，扰乱市场秩序，情节严重的，处五年以下有期徒刑或者拘役，并处或者单处违法所得一倍以上五倍以下罚金；情节特别严重的，处五年以上有期徒刑，并处违法所得一倍以上五倍以下罚金或者没收财产。

防范建议

未获得食盐生产、批发许可前，不得擅自从事食盐生产、批发业务。

风险172：碘盐的加工企业、批发企业违反《食盐加碘消除碘缺乏危害管理条例》的规定，加工、批发不合格碘盐的。

法律规定

《食盐加碘消除碘缺乏危害管理条例》第二十五条
《食品安全法》第一百四十八条
《刑法》第一百四十条、第一百四十三条

法律风险

◎民事法律风险：

生产不符合食品安全标准的食品或者经营明知是不符合食品安全标准的食品，消费者除要求赔偿损失外，还可以向生产者或者经营者要求支付价款十倍或者损失三倍的赔偿金；增加赔偿的金额不足一千元的，为一千元。但是，食品的标签、说明书存在不影响食品安全且不会对消费者造成误导的瑕疵的除外。

◎行政法律风险：

由县级以上人民政府盐业主管机构责令停止出售并责令责任者按照国家规定标准对食盐补碘，没收违法所得，可以并处该盐产品价值三倍以下的罚款。情节严重的，对加工企业，由省、自治区、直辖市人民政府盐业主管机构报请国务院盐业主管机构批准后，取消其碘盐加工资格；对批发企业，由省、自治区、直辖市人民政府盐业主管机构取消其碘盐批发资格。

◎刑事法律风险：

涉嫌生产、销售不符合安全标准的食品罪。足以造成严重食物中毒事故或者其他严重食源性疾病的，处三年以下有期徒刑或者拘役，并处罚金；对人体健康造成严重危害或者有其他严重情节的，处三年以上七年以下有期徒刑，并处罚金；后果特别严重的，处七年以上有期徒刑或者无期徒刑，并处罚金或者没收财产。

涉嫌生产、销售伪劣产品罪。生产者、销售者以不合格产品冒充合格产品，销售金额五万元以上不满二十万元的，处二年以下有期徒刑或者拘役，并处或者单处销售金额百分之五十以上二倍以下罚金；销售金额二十万元以上不满五十万元的，处二年以上七年以下有期徒刑，并处销售金额百分之五十以上二倍以下罚金；销售金额五十万元以上不满二百万元的，处七年以上有期徒刑，并处销售金额百分之五十以上二倍以下罚金；销售金额二百万元以上的，处十五年有期徒刑或者无期徒刑，并处销售金额百分之五十以上二倍以下罚金或者没收财产。

防范建议

食盐生产、批发企业经营的食盐质量必须符合国家法规、标准的规定。生产企业须严格把控好食盐生产质量关，批发企业须严格履行进货查验义务。坚决杜绝不合格食盐流通到市场中。

风险173：违反《食盐加碘消除碘缺乏危害管理条例》的规定，在缺碘地区的食用盐市场销售不合格碘盐或者擅自销售非碘盐的。

法律规定

《食盐加碘消除碘缺乏危害管理条例》第二十六条

《食品安全法》第一百四十八条

《刑法》第一百四十条、第一百四十三条

法律风险

◎民事法律风险：

生产不符合食品安全标准的食品或者经营明知是不符合食品安全标准的食品，消费者除要求赔偿损失外，还可以向生产者或者经营者要求支付价款十倍或者损失三倍的赔偿金；增加赔偿的金额不足一千元的，为一千元。但是，食品的标签、说明书存在不影响食品安全且不会对消费者造成误导的瑕疵的除外。

◎行政法律风险：

由县级以上人民政府盐业主管机构没收其经营的全部盐产品和违法所得，可以并处该盐产品价值三倍以下的罚款。

◎刑事法律风险：

涉嫌生产、销售不符合安全标准的食品罪。足以造成严重食物中毒事故或者其他严重食源性疾病的，处三年以下有期徒刑或者拘役，并处罚金；对人体健康造成严重危害或者有其他严重情节的，处三年以上七年以下有期徒刑，并处罚金；后果特别严重的，处七年以上有期徒刑或者无期徒刑，并处罚金或者没收财产。

涉嫌生产、销售伪劣产品罪。生产者、销售者在产品中掺杂、掺假，以假充真，以次充好或者以不合格产品冒充合格产品，销售金额五万元以上不满二十万元的，处二年以下有期徒刑或者拘役，并处或者单处销售金额百分之五十以上二倍以下罚金；销售金额二十万元以上不满五十万元的，处二年以上七年以下有期徒刑，并处销售金额百分之五十以上二倍以下罚金；销售金额五十万元以上不满二百万元的，处七年以上有期徒刑，并处销售金额百分之五十以上二倍以下罚金；销售金额二百万元以上的，处十五年有期徒刑或者无期徒刑，并处销售金额百分之五十以上二倍以下罚金或者没收财产。

典型案例：南平市某某便利店销售非碘盐案

2018年10月19日，南平市建阳区食品药品监督管理局收到某某便利店（店主：甘某珍）涉嫌销售非碘盐行为的线索。经初步核实，该店涉嫌违反《福建省碘盐管理办法》第十四条规定，2018年10月25日，南平市建阳区食品药品监督管理局随即给予立案调查。

经调查，当事人于2018年8月1日从某盐化有限公司处购进无碘盐，共进数量0.078吨计300小包，规格为260克/小包，进货价为5.5元/小包，销售价为9.9元/小包，10月19日已全部销售完毕，共计货值2970元，违法所得1320元。

南平市建阳区食品药品监督管理局认为：当事人擅自销售非碘盐行为违反了《福建省碘盐管理办法》第十四条“在市场上销售的碘盐必须达到规定的含碘量，禁止非碘盐和不合格碘盐进入食用盐市场”的规定。

依据《食盐加碘消除碘缺乏危害管理条例》第二十六条规定，由县级以上人民政府盐业主管机构没收其经营的全部盐产品和违法所得，可以并处该盐产品价值三倍以下的罚款。但鉴于当事人采购销售非碘盐并非主观故意，发现违反相关食盐专营法规后，立即停止进货销售，截案发止尚未发现危害后果，符合《福建省食品药品监督管理局行政处罚裁量权适用规则》第十六条第五项“初次违法，危害后果轻的”的从轻处罚情形，南平市建阳区食品药品监督管理局研究决定：对当事人处以没收违法所得1320元，并处罚款680元，合计罚没款2000元。

防范建议

食盐经营单位在缺碘地区不得销售不合格碘盐或者非碘盐。在采购时应当严格履行进货查验义务。

风险174：违反《食盐加碘消除碘缺乏危害管理条例》的规定，在碘盐的加工、运输、经营过程中不符合国家卫生标准的。

法律规定

《食盐加碘消除碘缺乏危害管理条例》第二十七条

《食品安全法》第一百四十八条

《刑法》第一百四十三条

法律风险

◎民事法律风险：

生产不符合食品安全标准的食品或者经营明知是不符合食品安全标准的食品，消费者除要求赔偿损失外，还可以向生产者或者经营者要求支付价款十倍或者损失三倍的赔偿金；增加赔偿的金额不足一千元的，为一千元。但是，食品的标签、说明书存在不影响食品安全且不会对消费者造成误导的瑕疵的除外。

◎行政法律风险：

由县级以上人民政府卫生行政部门责令责任者改正，可以并处该盐产品价值三倍以下的罚款。

◎刑事法律风险：

涉嫌生产、销售不符合安全标准的食品罪。足以造成严重食物中毒事故或者其他严重食源性疾病的，处三年以下有期徒刑或者拘役，并处罚金；对人体健康造成严重危害或者有其他严重情节的，处三年以上七年以下有期徒刑，并处罚金；后果特别严重的，处七年以上有期徒刑或者无期徒刑，并处罚金或者没收财产。

典型案例：李某某销售不符合卫生标准的食盐案

河南省商丘市民权县人民检察院指控被告人李某某犯销售不符合卫生标准的食品罪[①]，于2010年6月17日向民权县人民法院提起公诉，法院依法组成合议庭，公开开庭审理了该案。

经审理查明：2009年以来，被告人李某某为获利，多次将散装工业盐作为食用盐销售，其中被盐业管理人员当场查获散装工业盐3次共1050千克；被告人李某某自2009年7月份以来销售给刘某（另案处理）900千克，销售给李某（另案处理）100千克。上述事实，被告人在开庭审理过程中亦无异议，并有证人的证言、查封扣押清单、检验报告、户籍证明等证据证实，足以认定。

法院认为，被告人李某某以工业盐当作食盐销售，其行为已构成销售不符合卫生标准的食品罪，公诉机关指控罪名成立。被告人李某某自愿认罪，可酌定从轻处罚。依照《刑法》第一百四十三条、第五十二条的规定，判决如下：被告人李某某犯销售不符合卫生标准的食品罪，判处拘役3个月，并处罚金1000元。

防范建议

食盐生产企业要严格把控食品安全关，建立健全生产过程控制体系。食盐销售企业要严格履行索票索证、进货查验义务。

风险175：违反《食盐加碘消除碘缺乏危害管理条例》的规定，出厂碘盐未予包装或者包装不符合国家卫生标准的。

法律规定

《食盐加碘消除碘缺乏危害管理条例》第二十八条

《食品安全法》第一百四十八条

《刑法》第一百四十三条

法律风险

◎民事法律风险：

生产不符合食品安全标准的食品或者经营明知是不符合食品安全标准的食品，消费者除要求赔偿损失外，还可以向生产者或者经营者要求支付价款十倍或者损失三倍的赔偿金；增加赔偿的金额不足一千元的，为一千元。但是，食品的标签、说明书存在不影响食品安全且不会对消费者造成误导的瑕疵的除外。

◎行政法律风险：

由县级以上人民政府卫生行政部门责令改正，可以并处该盐产品价值三倍以下的罚款。

◎刑事法律风险：

涉嫌生产、销售不符合安全标准的食品罪。足以造成严重食物中毒事故或者其他严重食源性疾病

---

① 《刑法》修正后此罪名改为“销售不符合安全标准的食品罪”。

的，处三年以下有期徒刑或者拘役，并处罚金；对人体健康造成严重危害或者有其他严重情节的，处三年以上七年以下有期徒刑，并处罚金；后果特别严重的，处七年以上有期徒刑或者无期徒刑，并处罚金或者没收财产。

防范建议

食盐出厂时应当按照国家食品安全标准的要求进行包装，确保食品安全。

风险176：违反《食盐加碘消除碘缺乏危害管理条例》的规定，在缺碘地区生产、销售的食品和副食品中添加非碘盐的。

法律规定

《食盐加碘消除碘缺乏危害管理条例》第二十九条
《食品安全法》第一百四十八条
《刑法》第一百四十三条

法律风险

◎民事法律风险：

生产不符合食品安全标准的食品或者经营明知是不符合食品安全标准的食品，消费者除要求赔偿损失外，还可以向生产者或者经营者要求支付价款十倍或者损失三倍的赔偿金；增加赔偿的金额不足一千元的，为一千元。但是，食品的标签、说明书存在不影响食品安全且不会对消费者造成误导的瑕疵的除外。

◎行政法律风险：

由县级以上人民政府卫生行政部门责令改正，没收违法所得，可以并处该产品价值一倍以下的罚款。

◎刑事法律风险：

涉嫌生产、销售不符合安全标准的食品罪。足以造成严重食物中毒事故或者其他严重食源性疾病的，处三年以下有期徒刑或者拘役，并处罚金；对人体健康造成严重危害或者有其他严重情节的，处三年以上七年以下有期徒刑，并处罚金；后果特别严重的，处七年以上有期徒刑或者无期徒刑，并处罚金或者没收财产。

典型案例：使用非碘盐加工食品案

2018年7月13日，A市卫生监督员对该市某食品有限公司（以下简称该单位）的加碘盐使用情况进行日常监督检查时发现，在该单位原料车间门口发现有“桂花牌”肠衣盐（非加碘的工业盐）153袋，每袋50千克。该单位提供原料入库验证/检验记录单、食盐批发许可证、久某盐矿有限责任公司产品质量报告单各1份；现场提取该单位2017年9月至2018年7月外购入库电子账单1份；在该单位生产车间可见有待用的肠衣盐。针对监督检查中发现的情况，卫生监督员现场拍摄照片13张。当天，卫生监督员制作了受理记录、立案报告，经领导审批，立即立案。

2018 年 7 月 16 日，卫生监督员在该市卫生计生监督所询问室对该单位受委托人李某进行了询问，制作了询问笔录。同时，受委托人李某提供出该单位相关证照、法定代表人身份证、法人授权委托书、受委托人身份证、销售记录、产品清单及久某盐矿有限公司的相关证照和质量报告单等证据。同时，卫生监督员在现场提取的该单位原材料入库验证/检验记录、原材料外购入库单、销售合同等证据，经受委托人李某当场核实无误后签字确认。

为明确该市是不是碘缺乏病地区、该单位使用肠衣盐对该市当前消除碘缺乏病工作是否相悖，卫生监督员积极与该市地方病防治领导小组对接，查找文件支撑，进一步确定该市存在流行性碘缺乏病。在《食盐加碘消除碘缺乏危害管理条例》第十五条第三款中明确规定，在缺碘地区生产、销售的食品和副食品，凡需添加食用盐的，必须使用碘盐。

2018 年 7 月 17 日，卫生监督员根据调查结果制作案件调查终结报告。调查结果证实该单位在缺碘地区生产、销售的需添加食用盐（必须使用碘盐）的食品中，使用非碘盐加工食品，共计收入 80703 元，产品价值共计 1365 元。

当事人的行为，违反了《食盐加碘消除碘缺乏危害管理条例》第十五条第三款的规定。依据《食盐加碘消除碘缺乏危害管理条例》第二十九条的规定，责令该单位立即改正违法行为，建议给予当事人：没收违法所得 80703 元；罚款 1365 元的行政处罚。

防范建议

在缺碘地区生产、销售的食品和副食品，应当添加碘盐。

风险 177：非食盐定点生产企业生产食盐，非食盐定点批发企业经营食盐批发业务的。

法律规定

《食盐专营办法》第二十六条

《刑法》第二百二十五条

法律风险

◎民事法律风险：

无。

◎行政法律风险：

由县级以上地方人民政府盐业主管部门予以取缔，没收违法生产经营的食盐和违法所得。违法生产经营的食盐货值金额不足一万元的，可以处五万元以下的罚款；货值金额一万元以上的，并处货值金额五倍以上十倍以下的罚款。

◎刑事法律风险：

涉嫌非法经营罪。违反国家规定，未经许可经营法律、行政法规规定的专营、专卖物品或者其他限制买卖的物品的，扰乱市场秩序，情节严重的，处五年以下有期徒刑或者拘役，并处或者单处违法所得一倍以上五倍以下罚金；情节特别严重的，处五年以上有期徒刑，并处违法所得一倍以上五倍以下罚金或者没收财产。

典型案例：非食盐定点批发企业经营食盐批发业务案

2018 年 6 月，贵州独山县市场监督管理局在市场检查中发现，百泉镇杨某经营的副食批发店从四川乐山某盐化公司购进食盐，将其批发给镇上副食零售户，共计批发食盐 39 件，价值金额 1560 元。杨某无食盐定点批发许可证擅自从事批发业务的行为违反了《食盐专营办法》第十二条规定，属于非法转批食盐的行为。按照《食盐专营办法》第二十六条第二款规定，独山县市场监督管理局对其依法作出没收所扣押的食盐 3 件，没收违法所得 78 元，罚款 10000 元的处罚。

防范建议

任何人在未获得食盐生产许可、定点批发牌照，不得擅自开展食盐生产、批发业务。

风险 178：食盐定点生产企业、非食用盐生产企业未按照《食盐专营办法》规定保存生产销售记录的。

法律规定

《食盐专营办法》第二十七条

法律风险

◎民事法律风险：

无。

◎行政法律风险：

由县级以上地方人民政府盐业主管部门责令改正，处五千元以上五万元以下的罚款；情节严重的，责令停产停业整顿，直至吊销食盐定点生产、食盐定点批发企业证书。

◎刑事法律风险：

无。

防范建议

食盐定点生产企业和非食用盐生产企业应当建立生产销售记录制度，如实记录并保存相关凭证。记录和凭证保存期限不得少于两年。

风险 179：食盐定点批发企业未按照《食盐专营办法》规定保存采购销售记录的。

法律规定

《食盐专营办法》第二十七条

法律风险

◎民事法律风险：

无。

◎行政法律风险：

由县级以上地方人民政府盐业主管部门责令改正，处五千元以上五万元以下的罚款；情节严重的，责令停产停业整顿，直至吊销食盐定点生产、食盐定点批发企业证书。

◎刑事法律风险：

无。

防范建议

食盐定点批发企业应当建立采购销售记录制度，如实记录并保存相关凭证。记录和凭证保存期限不得少于 2 年。

风险 180：食盐定点批发企业超出国家规定的范围销售食盐的。

法律规定

《食盐专营办法》第二十七条

法律风险

◎民事法律风险：

无。

◎行政法律风险：

由县级以上地方人民政府盐业主管部门责令改正，处五千元以上五万元以下的罚款；情节严重的，责令停产停业整顿，直至吊销食盐定点生产、食盐定点批发企业证书。

◎刑事法律风险：

无。

防范建议

食盐定点批发企业不得超出国家规定的区域范围销售食盐。

风险 181：将非食用盐产品作为食盐销售的。

法律规定

《刑法》第一百四十条

《食盐专营办法》第二十七条

法律风险

◎**民事法律风险：**

无。

◎**行政法律风险：**

由县级以上地方人民政府盐业主管部门责令改正，处五千元以上五万元以下的罚款；情节严重的，责令停产停业整顿，直至吊销食盐定点生产、食盐定点批发企业证书。

◎**刑事法律风险：**

涉嫌生产、销售伪劣产品罪。生产者、销售者在产品中掺杂、掺假，以假充真，以次充好或者以不合格产品冒充合格产品，销售金额五万元以上不满二十万元的，处二年以下有期徒刑或者拘役，并处或者单处销售金额百分之五十以上二倍以下罚金；销售金额二十万元以上不满五十万元的，处二年以上七年以下有期徒刑，并处销售金额百分之五十以上二倍以下罚金；销售金额五十万元以上不满二百万元的，处七年以上有期徒刑，并处销售金额百分之五十以上二倍以下罚金；销售金额二百万元以上的，处十五年有期徒刑或者无期徒刑，并处销售金额百分之五十以上二倍以下罚金或者没收财产。

防范建议

食盐销售企业应当严格履行进货查验义务，不得采购非食用盐冒充食盐的。

风险182：食盐定点批发企业从除食盐定点生产企业、其他食盐定点批发企业以外的单位或者个人购进食盐的。

法律规定

《食盐专营办法》第二十八条

法律风险

◎**民事法律风险：**

无。

◎**行政法律风险：**

由县级以上地方人民政府盐业主管部门责令改正，没收违法购进的食盐，可以处违法购进的食盐货值金额三倍以下的罚款。

◎**刑事法律风险：**

无。

防范建议

食盐定点批发企业必须从食盐定点生产企业、其他食盐定点批发企业采购食盐。

风险183：食盐零售单位从食盐定点批发企业以外的单位或者个人购进食盐的。

法律规定

《食盐专营办法》第二十八条

法律风险

◎民事法律风险：

无。

◎行政法律风险：

由县级以上地方人民政府盐业主管部门责令改正，没收违法购进的食盐，可以处违法购进的食盐货值金额三倍以下的罚款。

◎刑事法律风险：

无。

典型案例：非法购进食盐案

2018年11月，贞丰县市场监督管理局在龙场镇三街进行检查时发现，杨某经营的小卖部从食盐定点批发企业以外的单位购进食盐从事零售，违反了《食盐专营办法》第十六条规定，属于非法购进食盐的行为。按照《食盐专营办法》第二十八条第二款规定，贞丰县市场监督管理局依法对其作出没收违法购进的食盐1040袋，罚款2250元的处罚。

防范建议

食盐零售单位应当从食盐定点批发企业采购食盐。

风险184：未按照《食盐专营办法》第十条的规定作出食盐标识的。

法律规定

《食盐专营办法》第二十九条

法律风险

◎民事法律风险：

无。

◎行政法律风险：

由有关主管部门依据职责分工，责令改正，可以处5万元以下的罚款。

◎**刑事法律风险：**

无。

防范建议

食盐应当按照规定在外包装上作出标识，非食用盐的包装、标识应当明显区别于食盐。

风险185：食盐经营者的行为违反《食盐专营办法》的规定同时违反《食品安全法》的。

法律规定

《食盐专营办法》第三十条

法律风险

◎**民事法律风险：**

无。

◎**行政法律风险：**

由县级以上地方人民政府食盐质量安全监督管理部门依照《食品安全法》进行处罚。

◎**刑事法律风险：**

无。

防范建议

食盐经营者应建立健全合规机制，除遵守《食盐专营办法》外，还需遵守《食品安全法》的规定。

风险186：食盐定点生产企业、食盐定点批发企业违反《食盐专营办法》的规定，被处以吊销食盐定点生产、食盐定点批发企业证书行政处罚的。

法律规定

《食盐专营办法》第三十一条

法律风险

◎**民事法律风险：**

无。

◎**行政法律风险：**

其法定代表人、直接负责的主管人员和其他直接责任人员自处罚决定作出之日起5年内不得从事食盐生产经营管理活动，不得担任食盐定点生产企业、食盐定点批发企业的董事、监事或者高级管理人员。

◎**刑事法律风险：**

无。

防范建议

食盐定点生产企业、食盐定点批发企业应建立健全合规机制，避免触犯《食盐专营办法》等法规的规定而被吊销食盐定点生产、食盐定点批发企业证书。

风险 187：食盐定点生产企业、食盐定点批发企业违规聘用被吊销食盐生产、批发证书 5 年内的企业原法定代表人、直接负责的主管人员、其他直接责任人员担任董事、监事或者高级管理人员的。

法律规定

《食盐专营办法》第三十一条

法律风险

◎民事法律风险：

无。

◎行政法律风险：

由盐业主管部门责令改正；拒不改正的，吊销其食盐定点生产、食盐定点批发企业证书。

◎刑事法律风险：

无。

防范建议

食盐定点生产企业、食盐定点批发企业应建立人事合规机制，做好应聘人员的尽职调查。

风险 188：违反《食盐质量安全监督管理办法》第六条，未取得食品生产经营许可从事食盐生产经营活动的。

法律规定

《食品安全法》第一百二十二条

《食盐质量安全监督管理办法》第二十一条、第二十六条

法律风险

◎民事法律风险：

无。

◎行政法律风险：

违反《食盐质量安全监督管理办法》第六条，未取得食品生产经营许可从事食盐生产经营活动的，由县级以上市场监督管理部门依照《食品安全法》第一百二十二条的规定处罚。

《食品安全法》第一百二十二条规定，由县级以上人民政府食品安全监督管理部门没收违法所得

和违法生产经营的食品、食品添加剂以及用于违法生产经营的工具、设备、原料等物品；违法生产经营的食品、食品添加剂货值金额不足一万元的，并处五万元以上十万元以下罚款；货值金额一万元以上的，并处货值金额十倍以上二十倍以下罚款。

《食盐质量安全监督管理办法》第二十六条规定，县级以上市场监督管理部门应当依法将食盐生产经营者受到的行政处罚等信息归集至国家企业信用信息公示系统，记于食品生产经营者名下并向社会公示。对存在严重违法失信行为的，依法实施联合惩戒。

◎刑事法律风险：

无。

防范建议

任何人未取得食品生产经营许可前不得从事食盐生产经营活动。

风险189：违反《食盐质量安全监督管理办法》第八条第一款第一项至第四项，将液体盐（含天然卤水）作为食盐销售等的。

法律规定

《食品安全法》第一百二十三条、第一百四十八条

《刑法》第一百四十四条

《食盐质量安全监督管理办法》第二十二条、第二十六条

法律风险

◎民事法律风险：

生产不符合食品安全标准的食品或者经营明知是不符合食品安全标准的食品，消费者除要求赔偿损失外，还可以向生产者或者经营者要求支付价款十倍或者损失三倍的赔偿金；增加赔偿的金额不足一千元的，为一千元。但是，食品的标签、说明书存在不影响食品安全且不会对消费者造成误导的瑕疵的除外。

◎行政法律风险：

违反《食盐质量安全监督管理办法》第八条第一款第一项至第四项的禁止性规定生产经营食盐的，由县级以上市场监督管理部门依照《食品安全法》第一百二十三条第一款的规定处罚。

《食品安全法》第一百二十三条第一款规定，尚不构成犯罪的，由县级以上人民政府食品安全监督管理部门没收违法所得和违法生产经营的食品，并可以没收用于违法生产经营的工具、设备、原料等物品；违法生产经营的食品货值金额不足一万元的，并处十万元以上十五万元以下罚款；货值金额一万元以上的，并处货值金额十五倍以上三十倍以下罚款；情节严重的，吊销许可证，并可以由公安机关对其直接负责的主管人员和其他直接责任人员处五日以上十五日以下拘留。

县级以上市场监督管理部门应当依法将食盐生产经营者受到的行政处罚等信息归集至国家企业信用信息公示系统，记于食品生产经营者名下并向社会公示。对存在严重违法失信行为的，依法实施联合惩戒。

◎刑事法律风险：

涉嫌生产、销售有毒有害食品罪。在生产、销售的食品中掺入有毒、有害的非食品原料的，或者

销售明知掺有有毒、有害的非食品原料的食品的，处五年以下有期徒刑，并处罚金；对人体健康造成严重危害或者有其他严重情节的，处五年以上十年以下有期徒刑，并处罚金；致人死亡或者有其他特别严重情节的，处十年以上有期徒刑、无期徒刑或者死刑，并处罚金或者没收财产。

防范建议

食盐生产者应严格按照国家食盐生产规范生产食盐，不得实施下列行为：

1. 将液体盐（含天然卤水）作为食盐销售；
2. 将工业用盐和其他非食用盐作为食盐销售；
3. 将利用盐土、硝土或者工业废渣、废液制作的盐作为食盐销售；
4. 利用井矿盐卤水熬制食盐，或者将利用井矿盐卤水熬制的盐作为食盐销售。

风险190：违反《食盐质量安全监督管理办法》第八条第一款第五项，生产经营掺假掺杂、混有异物的食盐的。

法律规定

《食品安全法》第一百二十四条、第一百四十八条

《刑法》第一百四十条

《食盐质量安全监督管理办法》第二十三条、第二十六条

法律风险

◎民事法律风险：

生产不符合食品安全标准的食品或者经营明知是不符合食品安全标准的食品，消费者除要求赔偿损失外，还可以向生产者或者经营者要求支付价款十倍或者损失三倍的赔偿金；增加赔偿的金额不足一千元的，为一千元。但是，食品的标签、说明书存在不影响食品安全且不会对消费者造成误导的瑕疵的除外。

◎行政法律风险：

违反《食盐质量安全监督管理办法》第八条第一款第五项，生产经营掺假掺杂、混有异物的食盐，由县级以上市场监督管理部门依照《食品安全法》第一百二十四条第一款的规定处罚。

《食品安全法》第一百二十四条第一款规定，尚不构成犯罪的，由县级以上人民政府食品安全监督管理部门没收违法所得和违法生产经营的食品、食品添加剂，并可以没收用于违法生产经营的工具、设备、原料等物品；违法生产经营的食品、食品添加剂货值金额不足一万元的，并处五万元以上十万元以下罚款；货值金额一万元以上的，并处货值金额十倍以上二十倍以下罚款；情节严重的，吊销许可证。

县级以上市场监督管理部门应当依法将食盐生产经营者受到的行政处罚等信息归集至国家企业信用信息公示系统，记于食品生产经营者名下并向社会公示。对存在严重违法失信行为的，依法实施联合惩戒。

◎刑事法律风险：

涉嫌生产、销售伪劣产品罪。生产者、销售者在产品中掺杂、掺假，以假充真，以次充好或者以不合格产品冒充合格产品，销售金额五万元以上不满二十万元的，处二年以下有期徒刑或者拘

役，并处或者单处销售金额百分之五十以上二倍以下罚金；销售金额二十万元以上不满五十万元的，处二年以上七年以下有期徒刑，并处销售金额百分之五十以上二倍以下罚金；销售金额五十万元以上不满二百万元的，处七年以上有期徒刑，并处销售金额百分之五十以上二倍以下罚金；销售金额二百万元以上的，处十五年有期徒刑或者无期徒刑，并处销售金额百分之五十以上二倍以下罚金或者没收财产。

防范建议

食盐生产经营者在生产经营过程中不得通过掺杂掺假等手段，生产经营伪劣食盐。

风险191：违反《食盐质量安全监督管理办法》第八条第二款，食盐零售单位销售散装食盐，或者餐饮服务提供者采购、贮存、使用散装食盐的。

法律规定

《食品安全法》第一百四十八条

《食盐质量安全监督管理办法》第二十四条、第二十六条

法律风险

◎民事法律风险：

生产不符合食品安全标准的食品或者经营明知是不符合食品安全标准的食品，消费者除要求赔偿损失外，还可以向生产者或者经营者要求支付价款十倍或者损失三倍的赔偿金；增加赔偿的金额不足一千元的，为一千元。但是，食品的标签、说明书存在不影响食品安全且不会对消费者造成误导的瑕疵的除外。

◎行政法律风险：

由县级以上市场监督管理部门责令改正；拒不改正的，给予警告，并处5000元以上3万元以下罚款。

县级以上市场监督管理部门应当依法将食盐生产经营者受到的行政处罚等信息归集至国家企业信用信息公示系统，记于食品生产经营者名下并向社会公示。对存在严重违法失信行为的，依法实施联合惩戒。

◎刑事法律风险：

无。

防范建议

法规禁止食盐零售单位销售散装食盐，也禁止餐饮服务提供者采购、贮存、使用散装食盐。

风险192：违反《食盐质量安全监督管理办法》第九条第一款、第二款，生产经营无标签或者标签不符合法律、法规、规章和食品安全标准规定的食盐的，或者加碘食盐的标签未标明碘的含量的。

法律规定

《食品安全法》第一百二十五条、第一百四十八条

《食盐质量安全监督管理办法》第二十五条、第二十六条

法律风险

◎民事法律风险：

生产不符合食品安全标准的食品或者经营明知是不符合食品安全标准的食品，消费者除要求赔偿损失外，还可以向生产者或者经营者要求支付价款十倍或者损失三倍的赔偿金；增加赔偿的金额不足一千元的，为一千元。但是，食品的标签、说明书存在不影响食品安全且不会对消费者造成误导的瑕疵的除外。

◎行政法律风险：

违反《食盐质量安全监督管理办法》第九条第一款、第二款，生产经营无标签或者标签不符合法律、法规、规章和食品安全标准规定的食盐的，或者加碘食盐的标签未标明碘的含量的，由县级以上市场监督管理部门依照《食品安全法》第一百二十五条第一款的规定处罚。

《食品安全法》第一百二十五条第一款规定，由县级以上人民政府食品安全监督管理部门没收违法所得和违法生产经营的食品、食品添加剂，并可以没收用于违法生产经营的工具、设备、原料等物品；违法生产经营的食品、食品添加剂货值金额不足一万元的，并处五千元以上五万元以下罚款；货值金额一万元以上的，并处货值金额五倍以上十倍以下罚款；情节严重的，责令停产停业，直至吊销许可证。

县级以上市场监督管理部门应当依法将食盐生产经营者受到的行政处罚等信息归集至国家企业信用信息公示系统，记于食品生产经营者名下并向社会公示。对存在严重违法失信行为的，依法实施联合惩戒。

◎刑事法律风险：

无。

防范建议

食盐生产企业应当建立标签合规机制，食盐经营者应严格履行索票索证、进货查验义务。

风险193：违反《食盐质量安全监督管理办法》第九条第三款，未加碘食盐的标签未在显著位置标注“未加碘”字样的。

法律规定

《食品安全法》第一百四十八条

《食盐质量安全监督管理办法》第二十五条、第二十六条

法律风险

◎民事法律风险：

生产不符合食品安全标准的食品或者经营明知是不符合食品安全标准的食品，消费者除要求赔偿损失外，还可以向生产者或者经营者要求支付价款十倍或者损失三倍的赔偿金；增加赔偿的金额不足一千元的，为一千元。但是，食品的标签、说明书存在不影响食品安全且不会对消费者造成误导的瑕疵的除外。

◎行政法律风险：

由县级以上市场监督管理部门责令改正；拒不改正的，给予警告，并处五千元以上三万元以下罚款。

县级以上市场监督管理部门应当依法将食盐生产经营者受到的行政处罚等信息归集至国家企业信用信息公示系统，记于食品生产经营者名下并向社会公示。对存在严重违法失信行为的，依法实施联合惩戒。

◎刑事法律风险：

无。

防范建议

食盐生产企业应当建立标签合规机制，食盐经营者应严格履行索票索证、进货查验义务。

第二部分

◁ 食品及相关产品生产

生产许可管理

风险1：企业未依照《工业产品生产许可证管理条例》[①] 规定申请取得生产许可证而擅自生产列入“国家实行生产许可证制度的工业产品目录”产品的。

法律规定

《食品安全法》第一百四十八条

《工业产品生产许可证管理条例》第四十五条

《刑法》第一百四十条

法律风险

◎民事法律风险：

生产不符合食品安全标准的食品或者经营明知是不符合食品安全标准的食品，消费者除要求赔偿损失外，还可以向生产者或者经营者要求支付价款十倍或者损失三倍的赔偿金；增加赔偿的金额不足一千元的，为一千元。但是，食品的标签、说明书存在不影响食品安全且不会对消费者造成误导的瑕疵的除外。

◎行政法律风险：

由工业产品生产许可证主管部门责令停止生产，没收违法生产的产品，处违法生产产品货值金额等值以上三倍以下的罚款；有违法所得的，没收违法所得。

◎刑事法律风险：

涉嫌生产、销售伪劣产品罪。生产者、销售者在产品中掺杂、掺假，以假充真，以次充好或者以不合格产品冒充合格产品，销售金额五万元以上不满二十万元的，处二年以下有期徒刑或者拘役，并处或者单处销售金额百分之五十以上二倍以下罚金；销售金额二十万元以上不满五十万元的，处二年以上七年以下有期徒刑，并处销售金额百分之五十以上二倍以下罚金；销售金额五十万元以上不满二百万元的，处七年以上有期徒刑，并处销售金额百分之五十以上二倍以下罚金；销售金额二百万元以上的，处十五年有期徒刑或者无期徒刑，并处销售金额百分之五十以上二倍以下罚金或者没收财产。

① 全称为《中华人民共和国工业产品生产许可证管理条例》，以下使用简称《工业产品生产许可证管理条例》。

典型案例：温州某酒业有限公司无证生产白酒和虚假白酒标签案

2021 年 9 月 10 日，浙江省温州市市场监督管理局依法对温州某酒业有限公司无证生产白酒和虚假白酒标签的违法行为作出罚没 1012.3 万元的行政处罚。

2021 年 2 月 7 日，温州市市场监督管理局根据线索摸排，依法对温州某酒业有限公司进行检查，发现该公司涉嫌无证生产白酒和虚假标注生产日期。经查，当事人于 2019 年年底委托某酒业公司生产勾兑白酒（2006 年产白酒和近年产白酒按比例勾兑）50 余吨。在未取得食品生产许可证的情况下，当事人于 2020 年 11 月起陆续采购散装白酒近 30 吨，自行添加绵柔调味剂等食品添加剂。上述白酒泥封坛口均放置“生产日期：2006 年冬至；冬酿春成入坛密封珍藏”等内容的标签后对外销售。截至案发时，当事人累计销售金额 200 余万元，获利 60 余万元。当事人的上述行为违反了《食品安全法》第三十五条第一款、第七十一条及《工业产品生产许可证管理条例》第四十五条的规定，温州市市场监督管理局依法对当事人作出行政处罚。

本案中，当事人无证生产白酒，存在极大的食品安全隐患。同时，虚构酒龄冒充陈年“老酒汗”的欺骗行为，不但损害了“老酒汗”作为温州市非物质文化遗产的市场声誉，更是侵害了消费者的合法权益，应依法予以惩处。

防范建议

生产列入“国家实行生产许可证制度的工业产品目录”的产品，应当依法取得许可，在生产许可证下发后方可开始生产。

风险 2：取得生产许可证的企业生产条件、检验手段、生产技术或者工艺发生变化，未依照《工业产品生产许可证管理条例》规定办理重新审查手续的。

法律规定

《工业产品生产许可证管理条例》第四十六条

《刑法》第一百四十三条

法律风险

◎民事法律风险：

无。

◎行政法律风险：

责令停止生产、销售，没收违法生产、销售的产品，并限期办理相关手续；逾期仍未办理的，处违法生产、销售产品（包括已售出和未售出的产品，下同）货值金额三倍以下的罚款；有违法所得的，没收违法所得。

◎**刑事法律风险：**

涉嫌生产、销售不符合安全标准的食品罪。足以造成严重食物中毒事故或者其他严重食源性疾病的，处三年以下有期徒刑或者拘役，并处罚金；对人体健康造成严重危害或者有其他严重情节的，处三年以上七年以下有期徒刑，并处罚金；后果特别严重的，处七年以上有期徒刑或者无期徒刑，并处罚金或者没收财产。

防范建议

取得生产许可证的企业，如果生产条件、检验手段、生产技术或者工艺发生变化，应当停止生产并申请市场监管部门重新审查，审查通过后再恢复生产。

风险3：取得生产许可证的企业名称发生变化，未依照《工业产品生产许可证管理条例》规定办理变更手续的。

法律规定

《工业产品生产许可证管理条例》第四十六条

法律风险

◎**民事法律风险：**

无。

◎**行政法律风险：**

责令限期办理相关手续；逾期仍未办理的，责令停止生产、销售，没收违法生产、销售的产品，并处违法生产、销售产品货值金额等值以下的罚款；有违法所得的，没收违法所得。

◎**刑事法律风险：**

无。

防范建议

生产许可证中载明的企业名称发生变化的，应依法办理变更手续。

风险4：取得生产许可证的企业未依照《工业产品生产许可证管理条例》规定在产品、包装或者说明书上标注生产许可证标志和编号的。

法律规定

《食品安全法》第一百四十八条

《工业产品生产许可证管理条例》第四十七条、第五十五条

法律风险

◎**民事法律风险：**

生产不符合食品安全标准的食品或者经营明知是不符合食品安全标准的食品，消费者除要求赔偿损失外，还可以向生产者或者经营者要求支付价款十倍或者损失三倍的赔偿金；增加赔偿的金额不足一千元的，为一千元。但是，食品的标签、说明书存在不影响食品安全且不会对消费者造成误导的瑕疵的除外。

◎**行政法律风险：**

责令限期改正；逾期仍未改正的，处违法生产、销售产品货值金额百分之三十以下的罚款；有违法所得的，没收违法所得；情节严重的，吊销生产许可证。

企业被吊销生产许可证的，在三年内不得再次申请同一列入目录产品的生产许可证。

◎**刑事法律风险：**

无。

防范建议

生产企业应在产品、包装或者说明书上标注生产许可证标志和编号。

风险5：销售或者在经营活动中使用未取得生产许可证的列入目录产品的。

法律规定

《食品安全法》第一百四十八条

《工业产品生产许可证管理条例》第四十八条

《刑法》第一百四十条

法律风险

◎**民事法律风险：**

生产不符合食品安全标准的食品或者经营明知是不符合食品安全标准的食品，消费者除要求赔偿损失外，还可以向生产者或者经营者要求支付价款十倍或者损失三倍的赔偿金；增加赔偿的金额不足一千元的，为一千元。但是，食品的标签、说明书存在不影响食品安全且不会对消费者造成误导的瑕疵的除外。

◎**行政法律风险：**

责令改正，处五万元以上二十万元以下的罚款；有违法所得的，没收违法所得。

◎**刑事法律风险：**

涉嫌生产、销售伪劣产品罪。生产者、销售者在产品中掺杂、掺假，以假充真，以次充好或者以不合格产品冒充合格产品，销售金额五万元以上不满二十万元的，处二年以下有期徒刑或者拘役，并处或者单处销售金额百分之五十以上二倍以下罚金；销售金额二十万元以上不满五十万元的，处二年以上七年以下有期徒刑，并处销售金额百分之五十以上二倍以下罚金；销售金额五十万元以上不满二百万元的，处七年以上有期徒刑，并处销售金额百分之五十以上二倍以下罚金；销售金额二百万元以上的，处十五年有期徒刑或者无期徒刑，并处销售金额百分之五十以上二倍以下罚金或者没收财产。

防范建议

食品经营者不得在经营过程中销售、使用无证生产的工业产品。

风险6：取得生产许可证的企业出租、出借或者转让许可证证书、生产许可证标志和编号的。

法律规定

《工业产品生产许可证管理条例》第四十九条、第五十五条
《刑法》第一百四十条、第二百六十六条

法律风险

◎民事法律风险：

无。

◎行政法律风险：

责令限期改正，处20万元以下的罚款；情节严重的，吊销生产许可证。

企业被吊销生产许可证的，在3年内不得再次申请同一列入目录产品的生产许可证。

◎刑事法律风险：

构成犯罪的，依法追究刑事责任。可能涉嫌生产（或销售）伪劣产品罪、诈骗罪等犯罪的共犯。

涉嫌生产、销售伪劣产品罪（共犯）。生产者、销售者在产品中掺杂、掺假，以假充真，以次充好或者以不合格产品冒充合格产品，销售金额五万元以上不满二十万元的，处二年以下有期徒刑或者拘役，并处或者单处销售金额百分之五十以上二倍以下罚金；销售金额二十万元以上不满五十万元的，处二年以上七年以下有期徒刑，并处销售金额百分之五十以上二倍以下罚金；销售金额五十万元以上不满二百万元的，处七年以上有期徒刑，并处销售金额百分之五十以上二倍以下罚金；销售金额二百万元以上的，处十五年有期徒刑或者无期徒刑，并处销售金额百分之五十以上二倍以下罚金或者没收财产。

涉嫌诈骗罪（共犯）。诈骗公私财物，数额较大的，处三年以下有期徒刑、拘役或者管制，并处或者单处罚金；数额巨大或者有其他严重情节的，处三年以上十年以下有期徒刑，并处罚金；数额特别巨大或者有其他特别严重情节的，处十年以上有期徒刑或者无期徒刑，并处罚金或者没收财产。《刑法》另有规定的，依照规定。

防范建议

食品生产者不得出租、出借或者转让生产许可证证书和编号。避免他人将其作为违法、犯罪的工具，将对社会造成一定的危害。

风险7：违法接受并使用他人提供的许可证证书、生产许可证标志和编号的。

法律规定

《工业产品生产许可证管理条例》第四十九条

《刑法》第一百四十条、第二百六十六条

法律风险

◎民事法律风险：

无。

◎行政法律风险：

责令停止生产、销售，没收违法生产、销售的产品，处违法生产、销售产品货值金额等值以上三倍以下的罚款；有违法所得的，没收违法所得。

◎刑事法律风险：

构成犯罪的，依法追究刑事责任。可能涉嫌生产（或销售）伪劣产品罪、诈骗罪等犯罪。

涉嫌生产、销售伪劣产品罪。生产者、销售者在产品中掺杂、掺假，以假充真，以次充好或者以不合格产品冒充合格产品，销售金额五万元以上不满二十万元的，处二年以下有期徒刑或者拘役，并处或者单处销售金额百分之五十以上二倍以下罚金；销售金额二十万元以上不满五十万元的，处二年以上七年以下有期徒刑，并处销售金额百分之五十以上二倍以下罚金；销售金额五十万元以上不满二百万元的，处七年以上有期徒刑，并处销售金额百分之五十以上二倍以下罚金；销售金额二百万元以上的，处十五年有期徒刑或者无期徒刑，并处销售金额百分之五十以上二倍以下罚金或者没收财产。

涉嫌诈骗罪。诈骗公私财物，数额较大的，处三年以下有期徒刑、拘役或者管制，并处或者单处罚金；数额巨大或者有其他严重情节的，处三年以上十年以下有期徒刑，并处罚金；数额特别巨大或者有其他特别严重情节的，处十年以上有期徒刑或者无期徒刑，并处罚金或者没收财产。《刑法》另有规定的，依照规定。

防范建议

食品生产者不得接受、使用他人的生产许可证证书和编号。

风险8：违反《工业产品生产许可证管理条例》第五十条规定，擅自动用、调换、转移、损毁被查封、扣押财物的。

法律规定

《工业产品生产许可证管理条例》第五十条

法律风险

◎民事法律风险：

无。

◎行政法律风险：

责令改正，处被动用、调换、转移、损毁财物价值百分之五十以上二倍以下的罚款；拒不改正的，处被动用、调换、转移、损毁财物价值一倍以上三倍以下的罚款。

◎刑事法律风险：

无。

防范建议

任何人不得擅自动用、调换、转移、损毁被行政机关查封、扣押的财物。

风险9：伪造、变造许可证证书、生产许可证标志和编号的。

法律规定

《工业产品生产许可证管理条例》第五十一条

《刑法》第二百八十条

法律风险

◎民事法律风险：

无。

◎行政法律风险：

责令改正，没收违法生产、销售的产品，并处违法生产、销售产品货值金额等值以上三倍以下的罚款；有违法所得的，没收违法所得。

◎刑事法律风险：

涉嫌伪造、变造、买卖国家机关公文、证件、印章罪。伪造、变造、买卖或者盗窃、抢夺、毁灭国家机关的公文、证件、印章的，处三年以下有期徒刑、拘役、管制或者剥夺政治权利，并处罚金；情节严重的，处三年以上十年以下有期徒刑，并处罚金。

典型案例：湖南某食品有限公司伪造、变造生产许可证标志编号被罚案

2016年3月16日，湖南省食品药品监督管理局在收到国家食品药品监督管理总局对“×××特殊医学用途婴儿配方粉”一案的复函后，确认某公司伪造、变造特殊医学用途婴儿配方粉生产许可证标志和编号，作出了（湘）食药监食罚〔2015〕8号行政处罚决定。

经查明，2014年5月19日至2015年2月，某（湖南）食品有限公司私自将婴幼儿配方乳粉的生产许可证标志和编号标注于特殊医学用途婴儿配方粉上，共生产6批次12719听，销售10477听，库存2200听。销售的产品已召回7958听（已召回和库存的10158听产品除被该局抽

检48听外，其余10110听产品均留存在某（湖南）食品有限公司仓库；未能召回产品2519听，销售单价在27.2元至148元间。全部产品货值金额为505356.21元，销售金额为132611.94元，未能召回产品成本金额为49572.38元，违法所得实际为83039.56元。

湖南省食品药品监督管理局认为，某（湖南）食品有限公司的上述行为违反了《工业产品生产许可证管理条例》第三十五条的规定。依据《工业产品生产许可证管理条例》第五十一条规定，决定给予该公司以下行政处罚：没收该公司已召回和库存的标签上标注有“QS430005020100”编号的特殊医学用途婴儿配方粉10110听；没收违法所得83039.56元；处货值金额505356.21元2倍的罚款1010712.42元。罚没合计为1093751.98元。

防范建议

食品生产者不得伪造、变造生产许可证证书和编号。

风险10：企业用欺骗、贿赂等不正当手段取得生产许可证的。

法律规定

《工业产品生产许可证管理条例》第五十二条

《刑法》第三百八十九条、第三百九十条

法律风险

◎民事法律风险：

无。

◎行政法律风险：

由工业产品生产许可证主管部门处二十万元以下的罚款，并依照《中华人民共和国行政许可法》的有关规定作出处理。

◎刑事法律风险：

涉嫌行贿罪。为谋取不正当利益，给予国家工作人员以财物的，是行贿罪。在经济往来中，违反国家规定，给予国家工作人员以财物，数额较大的，或者违反国家规定，给予国家工作人员以各种名义的回扣、手续费的，以行贿论处。

对犯行贿罪的，处五年以下有期徒刑或者拘役，并处罚金；因行贿谋取不正当利益，情节严重的，或者使国家利益遭受重大损失的，处五年以上十年以下有期徒刑，并处罚金；情节特别严重的，或者使国家利益遭受特别重大损失的，处十年以上有期徒刑或者无期徒刑，并处罚金或者没收财产。

防范建议

食品生产者不得通过欺骗、贿赂等不正当手段取得生产许可证，应依法定程序申请。

风险11：取得生产许可证的企业未依照《工业产品生产许可证管理条例》规定定期向省、自治区、直辖市工业产品生产许可证主管部门提交报告的。

法律规定

《工业产品生产许可证管理条例》第五十三条

法律风险

◎民事法律风险：

无。

◎行政法律风险：

由省、自治区、直辖市工业产品生产许可证主管部门责令限期改正；逾期未改正的，处五千元以下的罚款。

◎刑事法律风险：

无。

防范建议

食品生产企业应当保证产品质量稳定合格，并定期向省、自治区、直辖市工业产品生产许可证主管部门提交报告，并对报告的真实性负责。

风险12：取得生产许可证的产品经产品质量国家监督抽查或者省级监督抽查不合格的。

法律规定

《食品安全法》第一百四十八条

《工业产品生产许可证管理条例》第五十四条、第五十五条

《刑法》第一百四十三条

法律风险

◎民事法律风险：

生产不符合食品安全标准的食品或者经营明知是不符合食品安全标准的食品，消费者除要求赔偿损失外，还可以向生产者或者经营者要求支付价款十倍或者损失三倍的赔偿金；增加赔偿的金额不足一千元的，为一千元。但是，食品的标签、说明书存在不影响食品安全且不会对消费者造成误导的瑕疵的除外。

◎行政法律风险：

由工业产品生产许可证主管部门责令限期改正；到期复查仍不合格的，吊销生产许可证。

企业被吊销生产许可证的，在三年内不得再次申请同一列入目录产品的生产许可证。

◎**刑事法律风险：**

涉嫌生产、销售不符合安全标准的食品罪。足以造成严重食物中毒事故或者其他严重食源性疾病的，处三年以下有期徒刑或者拘役，并处罚金；对人体健康造成严重危害或者有其他严重情节的，处三年以上七年以下有期徒刑，并处罚金；后果特别严重的，处七年以上有期徒刑或者无期徒刑，并处罚金或者没收财产。

防范建议

食品生产者应当建立食品生产质量控制体系并有效实施，确保生产的产品合格。

风险13：违反《工业产品生产许可证管理条例实施办法》[①] 第三十条规定，企业未在规定期限内提出变更申请的。

法律规定

《工业产品生产许可证管理条例实施办法》第四十九条

法律风险

◎**民事法律风险：**

无。

◎**行政法律风险：**

责令改正，处二万元以下罚款；构成有关法律、行政法规规定的违法行为的，按照有关法律、行政法规的规定实施行政处罚。

◎**刑事法律风险：**

无。

防范建议

食品生产者的企业名称、住所或者生产地址名称发生变化而企业生产条件、检验手段、生产技术或者工艺未发生变化的，应当自变化事项发生后一个月内向企业所在地省级市场监督管理部门提出变更申请。

风险14：违反《工业产品生产许可证管理条例实施办法》第四十条规定，企业未按照规定要求进行标注企业名称、生产许可证编号等信息的。

法律规定

《食品安全法》第一百四十八条

① 全称为《中华人民共和国工业产品生产许可证管理条例实施办法》，以下均使用简称《工业产品生产许可证管理条例实施办法》。

《工业产品生产许可证管理条例实施办法》第五十条

法律风险

◎**民事法律风险：**

生产不符合食品安全标准的食品或者经营明知是不符合食品安全标准的食品，消费者除要求赔偿损失外，还可以向生产者或者经营者要求支付价款十倍或者损失三倍的赔偿金；增加赔偿的金额不足一千元的，为一千元。但是，食品的标签、说明书存在不影响食品安全且不会对消费者造成误导的瑕疵的除外。

◎**行政法律风险：**

责令改正，处三万元以下罚款；构成有关法律、行政法规规定的违法行为的，按照有关法律、行政法规的规定实施行政处罚。

◎**刑事法律风险：**

无。

防范建议

食品生产者应在产品包装、说明书上标注生产许可证编号。采取委托方式加工生产列入“食品生产许可分类目录”的，企业应当在产品或者其包装、说明书上标注委托企业的名称、住所，以及被委托企业的名称、住所、生产许可证编号。委托企业具有其委托加工的产品生产许可证的，还应当标注委托企业的生产许可证标志和编号。

风险15：违反《工业产品生产许可证管理条例实施办法》第四十二条第二款规定，企业冒用他人的生产许可证证书、生产许可证标志和编号的。

法律规定

《反不正当竞争法》第十七条

《工业产品生产许可证管理条例实施办法》第五十一条

《刑法》第一百四十条

法律风险

◎**民事法律风险：**

经营者违反《反不正当竞争法》规定，给他人造成损害的，应当依法承担民事责任。经营者的合法权益受到不正当竞争行为损害的，可以向人民法院提起诉讼。因不正当竞争行为受到损害的经营者的赔偿数额，按照其因被侵权所受到的实际损失确定；实际损失难以计算的，按照侵权人因侵权所获得的利益确定。经营者恶意实施侵犯商业秘密行为，情节严重的，可以在按照上述方法确定数额的一倍以上五倍以下确定赔偿数额。赔偿数额还应当包括经营者为制止侵权行为所支付的合理开支。

◎**行政法律风险：**

责令改正，处三万元以下罚款。

◎**刑事法律风险：**

涉嫌生产、销售伪劣产品罪。生产者、销售者在产品中掺杂、掺假，以假充真，以次充好或者以不合格产品冒充合格产品，销售金额五万元以上不满二十万元的，处二年以下有期徒刑或者拘役，并处或者单处销售金额百分之五十以上二倍以下罚金；销售金额二十万元以上不满五十万元的，处二年以上七年以下有期徒刑，并处销售金额百分之五十以上二倍以下罚金；销售金额五十万元以上不满二百万元的，处七年以上有期徒刑，并处销售金额百分之五十以上二倍以下罚金；销售金额二百万元以上的，处十五年有期徒刑或者无期徒刑，并处销售金额百分之五十以上二倍以下罚金或者没收财产。

典型案例：五原县张某伪造生产许可证编号案

巴彦淖尔市五原县市场监督管理局的执法人员在食品市场专项检查中发现，张某经营的小作坊生产的粉条，外包装上印有的生产许可证编号可疑，遂对其展开调查。经查，该粉条厂在未取得食品生产许可证的情况下，在其产品的外包装上伪造了食品生产许可证编号。据该厂负责人张某交代，由于自己经营的小作坊条件简陋，一直未申请到食品生产许可证，为了使自己的产品销得更远，占领外地市场。于是，张某就动起了歪脑筋，觉得市场上有生产许可证的食品那么多，应该不会有人注意到他，只是没想到这么快就被查到了。在执法人员要求其提供食品生产许可证相关证件时，张某支支吾吾，无法提供。

张某伪造生产许可证编号的行为，违反了《工业产品生产许可证管理条例实施办法》第五十一条的规定。巴彦淖尔市五原县市场监督管理局依法对粉条厂作出责令改正，没收标注伪造生产许可证编号粉条1000袋，并处2000元罚款。

防范建议

食品生产企业不得冒用他人的生产许可证证书、编号。

风险16：违反《工业产品生产许可证管理条例实施办法》第四十五条第二款规定，企业试生产的产品未经出厂检验合格或者未在产品或者包装、说明书标明“试制品”即销售的。

法律规定

《消费者权益保护法》第五十五条

《食品安全法》第一百四十八条

《工业产品生产许可证管理条例实施办法》第五十二条

《刑法》第一百四十条

法律风险

◎**民事法律风险：**

经营者提供商品或者服务有欺诈行为的，应当按照消费者的要求增加赔偿其受到的损失，增加赔偿的金额为消费者购买商品的价款或者接受服务的费用的三倍；增加赔偿的金额不足五百元的，为五百元。法律另有规定的，依照其规定。经营者明知商品或者服务存在缺陷，仍然向消费者提供，造成消费者或者其他受害人死亡或者健康严重损害的，受害人有权要求经营者依照《消费者权益保护法》第四十九条、第五十一条等法律规定赔偿损失，并有权要求所受损失二倍以下的惩罚性赔偿。

生产不符合食品安全标准的食品或者经营明知是不符合食品安全标准的食品，消费者除要求赔偿损失外，还可以向生产者或者经营者要求支付价款十倍或者损失三倍的赔偿金；增加赔偿的金额不足一千元的，为一千元。但是，食品的标签、说明书存在不影响食品安全且不会对消费者造成误导的瑕疵的除外。

◎行政法律风险：

责令改正，处三万元以下罚款。

◎刑事法律风险：

涉嫌生产、销售伪劣产品罪。生产者、销售者在产品中掺杂、掺假，以假充真，以次充好或者以不合格产品冒充合格产品，销售金额五万元以上不满二十万元的，处二年以下有期徒刑或者拘役，并处或者单处销售金额百分之五十以上二倍以下罚金；销售金额二十万元以上不满五十万元的，处二年以上七年以下有期徒刑，并处销售金额百分之五十以上二倍以下罚金；销售金额五十万元以上不满二百万元的，处七年以上有期徒刑，并处销售金额百分之五十以上二倍以下罚金；销售金额二百万元以上的，处十五年有期徒刑或者无期徒刑，并处销售金额百分之五十以上二倍以下罚金或者没收财产。

防范建议

食品生产企业试生产的产品须经出厂检验合格，并在产品或者包装、说明书标明“试制品”方可销售。

风险17：违反《工业产品生产许可证管理条例实施办法》第四十六条规定，取得生产许可的企业未能持续保持取得生产许可的规定条件的。

法律规定

《食品安全法》第一百二十六条、第一百四十八条

《工业产品生产许可证管理条例实施办法》第五十三条

《刑法》第一百四十三条

法律风险

◎民事法律风险：

生产不符合食品安全标准的食品或者经营明知是不符合食品安全标准的食品，消费者除要求赔偿损失外，还可以向生产者或者经营者要求支付价款十倍或者损失三倍的赔偿金；增加赔偿的金额不足一千元的，为一千元。但是，食品的标签、说明书存在不影响食品安全且不会对消费者造成误导的瑕疵的除外。

◎行政法律风险：

违反《工业产品生产许可证管理条例实施办法》第四十六条，责令改正，处一万元以上三万元以下罚款。

违反《食品安全法》第一百二十六条，食品生产经营者未定期对食品安全状况进行检查评价，或者生产经营条件发生变化，未按规定处理的，由县级以上人民政府食品安全监督管理部门责令改正，给予警告；拒不改正的，处五千元以上五万元以下罚款；情节严重的，责令停产停业，直至吊销许可证。

◎**刑事法律风险：**

涉嫌生产、销售不符合安全标准的食品罪。足以造成严重食物中毒事故或者其他严重食源性疾病的，处三年以下有期徒刑或者拘役，并处罚金；对人体健康造成严重危害或者有其他严重情节的，处三年以上七年以下有期徒刑，并处罚金；后果特别严重的，处七年以上有期徒刑或者无期徒刑，并处罚金或者没收财产。

典型案例：佛山市高明区某榨油加工厂生产经营条件发生变化而未按规定处理案

佛山市高明区某榨油加工厂对其生产场所进行大规模装修，造成生产经营条件大幅改变，不再符合食品安全要求。当事人在此状况下仍进行生产经营活动，未采取食品安全保障措施。

当事人的行为违反了《食品安全法》第四十七条及《工业产品生产许可证管理条例实施办法》第五十三条的规定，依据《食品安全法》第一百二十六条第一款规定，罚款28000元。

防范建议

食品生产企业在取得生产许可后，须持续保持取得生产许可的规定条件。如不能保持的，则应当先停产，待条件满足后重新申请审查。

风险18：违反《工业产品生产许可证管理条例实施办法》第四十七条规定，企业委托未取得与委托加工产品相应的生产许可的企业生产列入“国家实行生产许可证制度的工业产品目录”产品的。

法律规定

《食品安全法》第一百四十八条

《工业产品生产许可证管理条例实施办法》第四十七条、第五十四条

《刑法》第一百四十条

法律风险

◎**民事法律风险：**

生产不符合食品安全标准的食品或者经营明知是不符合食品安全标准的食品，消费者除要求赔偿损失外，还可以向生产者或者经营者要求支付价款十倍或者损失三倍的赔偿金；增加赔偿的金额不足一千元的，为一千元。但是，食品的标签、说明书存在不影响食品安全且不会对消费者造成误导的瑕疵的除外。

◎**行政法律风险：**

责令改正，处三万元以下罚款。

◎**刑事法律风险：**

涉嫌生产、销售伪劣产品罪。生产者、销售者在产品中掺杂、掺假，以假充真，以次充好或者以不合格产品冒充合格产品，销售金额五万元以上不满二十万元的，处二年以下有期徒刑或者拘役，并处或者单处销售金额百分之五十以上二倍以下罚金；销售金额二十万元以上不满五十万元的，处二年以上七年以下有期徒刑，并处销售金额百分之五十以上二倍以下罚金；销售金额五十万元以上不满二百万元的，处七年以上有期徒刑，并处销售金额百分之五十以上二倍以下罚金；销售金额二百万元以上的，处十五年有期徒刑或者无期徒刑，并处销售金额百分之五十以上二倍以下罚金或者没收财产。

防范建议

食品生产经营者采用委托加工形式的，应当委托具有相应产品生产资质的食品生产企业。正式委托之前，应当做好受委托生产企业的资质审查。

风险19：违反《工业产品生产许可证管理条例实施办法》第四十八条规定，企业未向省级质量技术监督局或者其委托的市县级质量技术监督局提交自查报告的。

法律规定

《工业产品生产许可证管理条例实施办法》第五十五条

法律风险

◎**民事法律风险：**

无。

◎**行政法律风险：**

责令改正，处一万元以下罚款。

◎**刑事法律风险：**

无。

防范建议

食品生产企业应当按年度向省级质量技术监督局或者其委托的市县级质量技术监督局提交自查报告。获证未满一年的企业，可以于下一年度提交自查报告。

企业自查报告应当包括以下内容：

1. 取得生产许可规定条件的保持情况；
2. 企业名称、住所、生产地址等变化情况；
3. 企业生产状况及产品变化情况；
4. 生产许可证证书、生产许可证标志和编号使用情况；
5. 行政机关对产品质量的监督检查情况；
6. 企业应当说明的其他情况。

风险20：食品生产者生产的食品不属于食品生产许可证上载明的食品类别的。

法律规定

《食品安全法》第一百二十二条、第一百四十八条

《食品生产许可管理办法》第四十九条、第五十四条

《食品安全法实施条例》第七十五条

《刑法》第一百四十三条

法律风险

◎民事法律风险：

生产不符合食品安全标准的食品或者经营明知是不符合食品安全标准的食品，消费者除要求赔偿损失外，还可以向生产者或者经营者要求支付价款十倍或者损失三倍的赔偿金；增加赔偿的金额不足一千元的，为一千元。但是，食品的标签、说明书存在不影响食品安全且不会对消费者造成误导的瑕疵的除外。

◎行政法律风险：

食品生产者生产的食品不属于食品生产许可证上载明的食品类别的，视为未取得食品生产许可从事食品生产活动。由县级以上地方市场监督管理部门依照《食品安全法》第一百二十二条的规定给予处罚。

《食品安全法》第一百二十二条第一款规定，由县级以上人民政府食品安全监督管理部门没收违法所得和违法生产经营的食品、食品添加剂以及用于违法生产经营的工具、设备、原料等物品；违法生产经营的食品、食品添加剂货值金额不足一万元的，并处五万元以上十万元以下罚款；货值金额一万元以上的，并处货值金额十倍以上二十倍以下罚款。

食品生产者违反《食品生产许可管理办法》规定，有《食品安全法实施条例》第七十五条第一款规定的情形的，依法对单位的法定代表人、主要负责人、直接负责的主管人员和其他直接责任人员给予处罚。被吊销生产许可证的食品生产者及其法定代表人、直接负责的主管人员和其他直接责任人员自处罚决定作出之日起五年内不得申请食品生产经营许可，或者从事食品生产经营管理工作、担任食品生产经营企业食品安全管理人员。

《食品安全法实施条例》第七十五条第一款规定，食品生产经营企业等单位有《食品安全法》规定的违法情形，除依照《食品安全法》的规定给予处罚外，有下列情形之一的，对单位的法定代表人、主要负责人、直接负责的主管人员和其他直接责任人员处以其上一年度从本单位取得收入的一倍以上十倍以下罚款（《食品安全法》第一百二十五条第二款规定的情形除外）：

（一）故意实施违法行为；

（二）违法行为性质恶劣；

（三）违法行为造成严重后果。

◎刑事法律风险：

涉嫌生产、销售不符合安全标准的食品罪。足以造成严重食物中毒事故或者其他严重食源性疾病的，处三年以下有期徒刑或者拘役，并处罚金；对人体健康造成严重危害或者有其他严重情节的，处三年以上七年以下有期徒刑，并处罚金；后果特别严重的，处七年以上有期徒刑或者无期徒刑，并处

罚金或者没收财产。

典型案例：海南某食品有限公司无证生产及生产标签不符合规定的食品案

海口市食品药品监督管理局接到消费者投诉举报后，对海南某食品有限公司进行检查。经查，海南某食品有限公司在未获得生产许可证之前便开始生产开心果等炒货及坚果制品，同时使用不符合规定的标签对产品进行包装。海南某食品有限公司未取得食品生产许可证期间生产的标签不符合规定的食品的总货值为56569.98元，违法所得为9428.70元。另外，海南某食品有限公司建立的食品原料进货查验记录制度和食品出厂检验记录制度不健全。

依据《食品安全法》第一百二十二条等相关规定，海口市食品药品监督管理局对该公司无证生产及生产标签不符合规定的食品的违法行为给予罚没共计805386.11元的处罚；对海南某食品有限公司建立食品原料进货查验记录制度及食品出厂检验记录制度不全的违法行为给予警告的处罚。

典型案例：海口某酿酒有限公司未经许可生产蒸馏米酒案

海口市食品药品监督管理局在组织开展省局部署的其他配制酒的专项整治工作中发现，海口某酿酒有限公司将发酵米糟用于蒸馏米酒生产。蒸馏米酒的生产是国家规定的限制类产业。食品生产许可审查规定：未能提交省级发展和改革委员会和经委出具的符合国家产业政策的证明文件，不得办理生产许可手续。该公司上述行为构成了未经许可生产蒸馏米酒的违法行为，执法人员依法对涉案的28罐米糟予以原地封查，货值金额共计6750元。

该公司的上述行为，违反了《食品安全法》第三十五条、第一百二十二条的规定，海口市食品药品监督管理局依法没收原地查封的28罐米糟，对该公司处50000元罚款。

防范建议

食品生产企业不得超许可范围生产，否则将被视为无证生产。

风险21：许可申请人隐瞒真实情况或者提供虚假材料申请食品生产许可的。

法律规定

《食品生产许可管理办法》第五十条、第五十四条

《食品安全法实施条例》第七十五条

法律风险

◎民事法律风险：

无。

◎**行政法律风险：**

申请人在一年内不得再次申请食品生产许可。

食品生产者违反《食品生产许可管理办法》规定，有《食品安全法实施条例》第七十五条第一款规定的情形的，依法对单位的法定代表人、主要负责人、直接负责的主管人员和其他直接责任人员给予处罚。

《食品安全法实施条例》第七十五条第一款规定，食品生产经营企业等单位有《食品安全法》规定的违法情形，除依照《食品安全法》的规定给予处罚外，有下列情形之一的，对单位的法定代表人、主要负责人、直接负责的主管人员和其他直接责任人员处以其上一年度从本单位取得收入的一倍以上十倍以下罚款（《食品安全法》第一百二十五条第二款规定的情形除外）：

（一）故意实施违法行为；

（二）违法行为性质恶劣；

（三）违法行为造成严重后果。

◎**刑事法律风险：**

无。

防范建议

食品生产许可申请人不得隐瞒真实情况或者提供虚假材料申请食品生产许可。

风险22：被许可人以欺骗、贿赂等不正当手段取得食品生产许可的。

法律规定

《食品生产许可管理办法》第五十一条、第五十四条

《食品安全法实施条例》第七十五条

《刑法》第三百八十九条、第三百九十条

法律风险

◎**民事法律风险：**

无。

◎**行政法律风险：**

由原发证的市场监督管理部门撤销许可，并处一万元以上三万元以下罚款。被许可人在三年内不得再次申请食品生产许可。

食品生产者违反《食品生产许可管理办法》规定，有《食品安全法实施条例》第七十五条第一款规定的情形的，依法对单位的法定代表人、主要负责人、直接负责的主管人员和其他直接责任人员给予处罚。

《食品安全法实施条例》第七十五条第一款规定，食品生产经营企业等单位有《食品安全法》规定的违法情形，除依照《食品安全法》的规定给予处罚外，有下列情形之一的，对单位的法定代表人、主要负责人、直接负责的主管人员和其他直接责任人员处以其上一年度从本单位取得收入的一倍以上十倍以下罚款（《食品安全法》第一百二十五条第二款规定的情形除外）：

（一）故意实施违法行为；

（二）违法行为性质恶劣；

（三）违法行为造成严重后果。

◎刑事法律风险：

涉嫌行贿罪。为谋取不正当利益，给予国家工作人员以财物的，是行贿罪。在经济往来中，违反国家规定，给予国家工作人员以财物，数额较大的，或者违反国家规定，给予国家工作人员以各种名义的回扣、手续费的，以行贿论处。

对犯行贿罪的，处五年以下有期徒刑或者拘役，并处罚金；因行贿谋取不正当利益，情节严重的，或者使国家利益遭受重大损失的，处五年以上十年以下有期徒刑，并处罚金；情节特别严重的，或者使国家利益遭受特别重大损失的，处十年以上有期徒刑或者无期徒刑，并处罚金或者没收财产。

防范建议

食品许可申请人不得以欺骗、贿赂等不正当手段取得食品生产许可。

风险23：违反《食品生产许可管理办法》第三十一条第一款规定，食品生产者伪造、涂改、倒卖、出租、出借、转让食品生产许可证的。

法律规定

《食品生产许可管理办法》第五十二条、第五十四条

《食品安全法实施条例》第七十五条

《刑法》第二百八十条

法律风险

◎民事法律风险：

无。

◎行政法律风险：

由县级以上地方市场监督管理部门责令改正，给予警告，并处一万元以下罚款；情节严重的，处一万元以上三万元以下罚款。

食品生产者违反《食品生产许可管理办法》规定，有《食品安全法实施条例》第七十五条第一款规定的情形的，依法对单位的法定代表人、主要负责人、直接负责的主管人员和其他直接责任人员给予处罚。

《食品安全法实施条例》第七十五条第一款规定，食品生产经营企业等单位有《食品安全法》规定的违法情形，除依照《食品安全法》的规定给予处罚外，有下列情形之一的，对单位的法定代表人、主要负责人、直接负责的主管人员和其他直接责任人员处以其上一年度从本单位取得收入的一倍以上十倍以下罚款（《食品安全法》第一百二十五条第二款规定的情形除外）：

（一）故意实施违法行为；

（二）违法行为性质恶劣；

（三）违法行为造成严重后果。

◎刑事法律风险：

涉嫌伪造、变造、买卖国家机关公文、证件、印章罪。伪造、变造、买卖或者盗窃、抢夺、毁灭国家机关的公文、证件、印章的，处三年以下有期徒刑、拘役、管制或者剥夺政治权利，并处罚金；情节严重的，处三年以上十年以下有期徒刑，并处罚金。

防范建议

食品生产者不得伪造、涂改、倒卖、出租、出借、转让食品生产许可证。

风险24：违反《食品生产许可管理办法》第三十一条第二款规定，食品生产者未按规定在生产场所的显著位置悬挂或者摆放食品生产许可证的。

法律规定

《食品生产许可管理办法》第三十一条、第五十二条、第五十四条

《食品安全法实施条例》第七十五条

法律风险

◎民事法律风险：

无。

◎行政法律风险：

由县级以上地方市场监督管理部门责令改正；拒不改正的，给予警告。

食品生产者违反《食品生产许可管理办法》规定，有《食品安全法实施条例》第七十五条第一款规定的情形的，依法对单位的法定代表人、主要负责人、直接负责的主管人员和其他直接责任人员给予处罚。

《食品安全法实施条例》第七十五条第一款规定，食品生产经营企业等单位有《食品安全法》规定的违法情形，除依照《食品安全法》的规定给予处罚外，有下列情形之一的，对单位的法定代表人、主要负责人、直接负责的主管人员和其他直接责任人员处以其上一年度从本单位取得收入的一倍以上十倍以下罚款（《食品安全法》第一百二十五条第二款规定的情形除外）：

（一）故意实施违法行为；

（二）违法行为性质恶劣；

（三）违法行为造成严重后果。

◎刑事法律风险：

无。

防范建议

食品生产者应在生产场所的显著位置悬挂或者摆放食品生产许可证。

风险25：违反《食品生产许可管理办法》第三十二条第一款规定，食品生产许可证有效期内，食品生产者名称、现有设备布局和工艺流程、主要生产设备设施等事项发生变化，需要变更食品生产许可证载明的许可事项，未按规定申请变更的。

法律规定

《食品安全法》第一百四十八条

《食品生产许可管理办法》第五十三条、第五十四条

《食品安全法实施条例》第七十五条

法律风险

◎民事法律风险：

生产不符合食品安全标准的食品或者经营明知是不符合食品安全标准的食品，消费者除要求赔偿损失外，还可以向生产者或者经营者要求支付价款十倍或者损失三倍的赔偿金；增加赔偿的金额不足一千元的，为一千元。但是，食品的标签、说明书存在不影响食品安全且不会对消费者造成误导的瑕疵的除外。

◎行政法律风险：

由原发证的市场监督管理部门责令改正，给予警告；拒不改正的，处一万元以上三万元以下罚款。

食品生产者违反《食品生产许可管理办法》规定，有《食品安全法实施条例》第七十五条第一款规定的情形的，依法对单位的法定代表人、主要负责人、直接负责的主管人员和其他直接责任人员给予处罚。

《食品安全法实施条例》第七十五条第一款规定，食品生产经营企业等单位有《食品安全法》规定的违法情形，除依照《食品安全法》的规定给予处罚外，有下列情形之一的，对单位的法定代表人、主要负责人、直接负责的主管人员和其他直接责任人员处以其上一年度从本单位取得收入的一倍以上十倍以下罚款（《食品安全法》第一百二十五条第二款规定的情形除外）：

（一）故意实施违法行为；

（二）违法行为性质恶劣；

（三）违法行为造成严重后果。

◎刑事法律风险：

无。

防范建议

食品生产者名称、现有设备布局和工艺流程、主要生产设备设施、食品类别等事项发生变化，需要变更食品生产许可证载明的许可事项的，食品生产者应当在变化后十个工作日内向原发证的市场监督管理部门提出变更申请。

风险26：违反《食品生产许可管理办法》第三十二条第二款规定，食品生产者的生产场所迁址后未重新申请取得食品生产许可从事食品生产活动的。

法律规定

《食品安全法》第一百二十二条、第一百四十八条

《食品生产许可管理办法》第五十三条、第五十四条

《食品安全法实施条例》第七十五条

《刑法》第一百四十三条

法律风险

◎民事法律风险：

生产不符合食品安全标准的食品或者经营明知是不符合食品安全标准的食品，消费者除要求赔偿损失外，还可以向生产者或者经营者要求支付价款十倍或者损失三倍的赔偿金；增加赔偿的金额不足一千元的，为一千元。但是，食品的标签、说明书存在不影响食品安全且不会对消费者造成误导的瑕疵的除外。

◎行政法律风险：

由县级以上地方市场监督管理部门依照《食品安全法》第一百二十二条的规定给予处罚。

《食品安全法》第一百二十二条规定，由县级以上人民政府食品安全监督管理部门没收违法所得和违法生产经营的食品、食品添加剂以及用于违法生产经营的工具、设备、原料等物品；违法生产经营的食品、食品添加剂货值金额不足一万元的，并处五万元以上十万元以下罚款；货值金额一万元以上的，并处货值金额十倍以上二十倍以下罚款。

食品生产者违反《食品生产许可管理办法》规定，有《食品安全法实施条例》第七十五条第一款规定的情形的，依法对单位的法定代表人、主要负责人、直接负责的主管人员和其他直接责任人员给予处罚。

《食品安全法》第七十五条第一款规定，食品生产经营企业等单位有《食品安全法》规定的违法情形，除依照《食品安全法》的规定给予处罚外，有下列情形之一的，对单位的法定代表人、主要负责人、直接负责的主管人员和其他直接责任人员处以其上一年度从本单位取得收入的一倍以上十倍以下罚款（《食品安全法》第一百二十五条第二款规定的情形除外）：

（一）故意实施违法行为；

（二）违法行为性质恶劣；

（三）违法行为造成严重后果。

◎刑事法律风险：

涉嫌生产、销售不符合安全标准的食品罪。足以造成严重食物中毒事故或者其他严重食源性疾病的，处三年以下有期徒刑或者拘役，并处罚金；对人体健康造成严重危害或者有其他严重情节的，处三年以上七年以下有期徒刑，并处罚金；后果特别严重的，处七年以上有期徒刑或者无期徒刑，并处罚金或者没收财产。

典型案例：南昌市某有限公司迁厂未重新办理生产许可案

当事人于2016年12月30日经核准取得了食品经营许可证，其登记情况为“经营者名称：南昌市某有限公司；许可证编号：×××××××；社会信用代码：××××××；日常监管机构：青山湖区市场监督管理局塘山分局；法定代表人：梁某某；住所：××××××；经营场所：南昌市青山湖区××××××室（仓库地址：南昌市青山湖区××××××室）；主体业态：食品销售经营者；经营项目：预包装食品（含冷藏冷冻食品）销售，有效期至2021年12月29日”。2019年8月1日当事人将其经营场所由“南昌市青山湖区××××××室”迁至“南昌市昌东大道与广州路交界处××××××楼”，未重新申请食品经营许可证，但仍从事食品经营活动。

另查明，当事人于2019年8月22日从内蒙古××××××股份有限公司以每盒2元的价格购进牛奶1710箱，每箱24盒，共计41040盒。截至2019年10月28日，共销售了12374盒，其中以销售价2.4元/盒销售了10203盒；以销售价2.6元/盒销售了2171盒；合计销售金额30131.8元，违法所得5383.8元。案发后，当事人认识到其经营行为违反了相关法律法规，主动停止了经营行为，并将未销售的1185箱共计28440盒牛奶主动退回内蒙古××××××股份有限公司设在南昌的仓库，剩余226盒牛奶除去部分损耗外分给了公司员工自用。故办案机构认为当事人违法经营食品的货值金额应以当事人实际销售的金额计算，货值金额为30131.8元。

当事人的上述行为已违反了《中华人民共和国公司登记管理条例》① 第二十六条、《食品安全法》第三十五条第一款“国家对食品生产经营实行许可制度。从事食品生产、食品销售、餐饮服务，应当依法取得许可”的规定。

鉴于当事人在案件调查阶段积极配合调查，提供相关证据，并能积极改正错误将所有食品停止销售，主动消除、减轻违法行为造成的危害后果。依据《江西省适用〈中华人民共和国食品安全法〉行政处罚裁量细化标准（试行）》第四条及第十一条的规定，对当事人予以从轻处罚。

对当事人未取得食品经营许可从事食品经营活动的违法行为，依据《行政处罚法》第二十八条及《食品安全法》第一百二十二条第一款的规定，南昌市市场监督管理局决定责令当事人改正违法行为，并给予以下行政处罚：一是责令当事人在30日内到登记机关办理有关事项变更登记；二是没收违法所得5383.8元；三是罚款316383.9元。罚没款共计321767.7元，上缴国库。

防范建议

食品生产者的生产场所迁址的，应当重新申请食品生产许可证。

① 于2022年3月1日已废止。

风险27：违反《食品生产许可管理办法》第三十二条第三款规定，食品生产许可证副本载明的同一食品类别内的事项发生变化，食品生产者未按规定报告的。

法律规定

《食品生产许可管理办法》第五十三条、第五十四条

《食品安全法实施条例》第七十五条

法律风险

◎民事法律风险：

无。

◎行政法律风险：

由原发证的市场监督管理部门责令改正；拒不改正的，给予警告，并处五千元以下罚款。

食品生产者违反《食品生产许可管理办法》规定，有《食品安全法实施条例》第七十五条第一款规定的情形的，依法对单位的法定代表人、主要负责人、直接负责的主管人员和其他直接责任人员给予处罚。

《食品安全法》第七十五条第一款规定，食品生产经营企业等单位有《食品安全法》规定的违法情形，除依照《食品安全法》的规定给予处罚外，有下列情形之一的，对单位的法定代表人、主要负责人、直接负责的主管人员和其他直接责任人员处以其上一年度从本单位取得收入的一倍以上十倍以下罚款（《食品安全法》第一百二十五条第二款规定的情形除外）：

（一）故意实施违法行为；

（二）违法行为性质恶劣；

（三）违法行为造成严重后果。

◎刑事法律风险：

无。

防范建议

食品生产许可证副本载明的同一食品类别内的事项发生变化的，食品生产者应当在变化后10个工作日内向原发证的市场监督管理部门报告。

风险28：违反《食品生产许可管理办法》第四十条第一款规定，食品生产者终止食品生产，食品生产许可被撤回、撤销或者食品生产许可证被吊销，未按规定申请办理注销手续的。

法律规定

《食品生产许可管理办法》第五十三条、第五十四条

《食品安全法实施条例》第七十五条

法律风险

◎民事法律风险：

无。

◎行政法律风险：

由原发证的市场监督管理部门责令改正；拒不改正的，给予警告，并处五千元以下罚款。

食品生产者违反《食品生产许可管理办法》规定，有《食品安全法实施条例》第七十五条第一款规定的情形的，依法对单位的法定代表人、主要负责人、直接负责的主管人员和其他直接责任人员给予处罚。

《食品安全法》第七十五条第一款规定，食品生产经营企业等单位有《食品安全法》规定的违法情形，除依照《食品安全法》的规定给予处罚外，有下列情形之一的，对单位的法定代表人、主要负责人、直接负责的主管人员和其他直接责任人员处以其上一年度从本单位取得收入的一倍以上十倍以下罚款（《食品安全法》第一百二十五条第二款规定的情形除外）：

（一）故意实施违法行为；

（二）违法行为性质恶劣；

（三）违法行为造成严重后果。

◎刑事法律风险：

无。

防范建议

食品生产者终止食品生产，食品生产许可被撤回、撤销或者食品生产许可证被吊销的，应当在20个工作日内向原发证的市场监督管理部门申请办理注销手续。

乳制品

风险29：生鲜乳收购者、乳制品生产企业在生鲜乳收购、乳制品生产过程中，加入非食品用化学物质或者其他可能危害人体健康的物质的。

法律规定

《食品安全法》第一百四十八条

《乳品质量安全监督管理条例》第五十四条、第五十八条

《刑法》第一百四十四条

法律风险

◎民事法律风险：

生产不符合食品安全标准的食品或者经营明知是不符合食品安全标准的食品，消费者除要求赔偿损失外，还可以向生产者或者经营者要求支付价款十倍或者损失三倍的赔偿金；增加赔偿的金额不足一千元的，为一千元。但是，食品的标签、说明书存在不影响食品安全且不会对消费者造成误导的瑕疵的除外。

◎行政法律风险：

不构成犯罪的，由畜牧兽医主管部门、质量监督部门依据各自职责没收违法所得和违法生产的乳品，以及相关的工具、设备等物品，并处违法乳品货值金额十五倍以上三十倍以下罚款，由发证机关吊销许可证照。依照《刑法》第一百四十四条的规定，构成犯罪的，依法追究刑事责任，并由发证机关吊销许可证照。

违反《乳品质量安全监督管理条例》规定，在婴幼儿奶粉生产过程中，加入非食品用化学物质或其他可能危害人体健康的物质的，或者生产、销售的婴幼儿奶粉营养成分不足、不符合乳品质量安全国家标准的，依照《乳品质量安全监督管理条例》规定，从重处罚。

◎刑事法律风险：

涉嫌生产、销售有毒有害食品罪。在生产、销售的食品中掺入有毒、有害的非食品原料的，或者销售明知掺有有毒、有害的非食品原料的食品的，处五年以下有期徒刑，并处罚金；对人体健康造成严重危害或者有其他严重情节的，处五年以上十年以下有期徒刑，并处罚金；致人死亡或者有其他特别严重情节的，依照《刑法》第一百四十一条的规定处罚。

典型案例：湖南某婴幼儿配方乳粉生产企业非法添加案

2021 年 9 月 9 日，国家市场监督管理总局抽样人员对江西省南昌市一家母婴生活馆经营的某牌婴儿配方羊奶粉（0~6 月龄，1 段）［规格型号：800 克/罐；生产日期：2020-07-29；中国总代理：某生物科技（湖南）有限公司］进行监督抽检时，发现样品香兰素项目不符合 GB 2760—2014《食品安全国家标准　食品添加剂使用标准》的要求。

香兰素作为一种食品添加剂，不得添加在 0-6 月龄的婴幼儿配方乳粉中。否则，将危害 0-6 月龄婴幼儿的身体健康。长沙市市场监督管理局依据《乳品质量安全监督管理条例》第五十四条、第五十八条的规定，对某生物科技（湖南）有限公司罚没 699.51 万元，并没收涉事产品 36767 罐。

防范建议

生鲜乳收购者、乳制品生产企业在生鲜乳收购、乳制品生产过程中，不得加入非食品用化学物质或者其他可能危害人体健康的物质。否则，涉嫌生产、销售有毒有害食品罪。

风险30：生产、销售不符合乳品质量安全国家标准的乳品的。

法律规定

《食品安全法》第一百四十八条

《乳品质量安全监督管理条例》第五十五条、第五十八条

《刑法》第一百四十条、第一百四十三条

法律风险

◎民事法律风险：

生产不符合食品安全标准的食品或者经营明知是不符合食品安全标准的食品，消费者除要求赔偿损失外，还可以向生产者或者经营者要求支付价款十倍或者损失三倍的赔偿金；增加赔偿的金额不足一千元的，为一千元。但是，食品的标签、说明书存在不影响食品安全且不会对消费者造成误导的瑕疵的除外。

◎行政法律风险：

尚不构成犯罪的，由畜牧兽医主管部门、质量监督部门、市场监督管理部门依据各自职责没收违法所得、违法乳品和相关的工具、设备等物品，并处违法乳品货值金额十倍以上二十倍以下罚款，由发证机关吊销许可证照。依照《刑法》第一百四十三条的规定，构成犯罪的，依法追究刑事责任，并由发证机关吊销许可证照。

违反《乳品质量安全监督管理条例》规定，在婴幼儿奶粉生产过程中，加入非食品用化学物质或其他可能危害人体健康的物质的，或者生产、销售的婴幼儿奶粉营养成分不足、不符合乳品质量安全国家标准的，依照该条例规定，从重处罚。

◎刑事法律风险：

涉嫌生产、销售不符合安全标准的食品罪。足以造成严重食物中毒事故或者其他严重食源性疾病的，处三年以下有期徒刑或者拘役，并处罚金；对人体健康造成严重危害或者有其他严重情节的，处三年以上七年以下有期徒刑，并处罚金；后果特别严重的，处七年以上有期徒刑或者无期徒刑，并处罚金或者没收财产。

涉嫌生产、销售伪劣产品罪。生产者、销售者在产品中掺杂、掺假，以假充真，以次充好或者以不合格产品冒充合格产品，销售金额五万元以上不满二十万元的，处二年以下有期徒刑或者拘役，并处或者单处销售金额百分之五十以上二倍以下罚金；销售金额二十万元以上不满五十万元的，处二年以上七年以下有期徒刑，并处销售金额百分之五十以上二倍以下罚金；销售金额五十万元以上不满二百万元的，处七年以上有期徒刑，并处销售金额百分之五十以上二倍以下罚金；销售金额二百万元以上的，处十五年有期徒刑或者无期徒刑，并处销售金额百分之五十以上二倍以下罚金或者没收财产。

典型案例：上海某国际有限公司以超过保质期的乳制品冒充合格乳制品案

2016年1月15日，时任被告单位上海某国际有限公司法定代表人、总经理的被告人刘某某将存放公司仓库内的超过保质期的新西兰恒天然全脂奶粉8330袋（25千克/袋），以及超过保质期的新西兰恒天然切达奶酪269箱（20千克/箱）交付给尚某某（另案处理）经营的公司，销售金额共计295万余元。2016年4月，上述部分超过保质期的奶粉及全部奶酪被执法部门查获。

上海市第三中级人民法院审理认为，被告单位上海某国际有限公司及被告人刘某某为牟取非法利益，违反国家法律法规，以超过保质期的不合格产品冒充合格产品进行销售，销售金额达295万余元，其行为违反了《刑法》第一百四十条，构成销售伪劣产品罪，应依法惩处。据此，以销售伪劣产品罪分别判处被告单位上海某国际贸易有限公司罚金300万元；被告人刘某某有期徒刑15年，并处罚金30万元。

防范建议

乳制品生产经营者不得生产经营不符合乳品质量安全国家标准的乳品。

风险31：乳制品生产企业违反《乳品质量安全监督管理条例》第三十六条的规定，对不符合乳品质量安全国家标准、存在危害人体健康和生命安全或者可能危害婴幼儿身体健康和生长发育的乳制品，不停止生产、不召回的。

法律规定

《食品安全法》第一百四十八条

《刑法》第一百四十三条

《乳品质量安全监督管理条例》第五十六条、第五十八条

法律风险

◎**民事法律风险：**

生产不符合食品安全标准的食品或者经营明知是不符合食品安全标准的食品，消费者除要求赔偿损失外，还可以向生产者或者经营者要求支付价款十倍或者损失三倍的赔偿金；增加赔偿的金额不足一千元的，为一千元。但是，食品的标签、说明书存在不影响食品安全且不会对消费者造成误导的瑕疵的除外。

◎**行政法律风险：**

由质量监督部门责令停止生产、召回；拒不停止生产、拒不召回的，没收其违法所得、违法乳制品和相关的工具、设备等物品，并处违法乳制品货值金额十五倍以上三十倍以下罚款，由发证机关吊销许可证照。

违反《乳品质量安全监督管理条例》规定，在婴幼儿奶粉生产过程中，加入非食品用化学物质或其他可能危害人体健康的物质的，或者生产、销售的婴幼儿奶粉营养成分不足、不符合乳品质量安全国家标准的，依照本条例规定，从重处罚。

◎刑事法律风险：

涉嫌生产、销售不符合安全标准的食品罪。

足以造成严重食物中毒事故或者其他严重食源性疾病的，处三年以下有期徒刑或者拘役，并处罚金；对人体健康造成严重危害或者有其他严重情节的，处三年以上七年以下有期徒刑，并处罚金；后果特别严重的，处七年以上有期徒刑或者无期徒刑，并处罚金或者没收财产。

防范建议

乳制品生产经营者对不符合乳品质量安全国家标准、存在危害人体健康和生命安全或者可能危害婴幼儿身体健康和生长发育的乳制品，应当立即停止生产，并依法召回。

风险32：奶畜养殖者、生鲜乳收购者、乳制品生产企业和销售者在发生乳品质量安全事故后未报告、处置的。

法律规定

《食品安全法》第一百四十八条

《乳品质量安全监督管理条例》第五十九条

《刑法》第一百四十三条

法律风险

◎民事法律风险：

生产不符合食品安全标准的食品或者经营明知是不符合食品安全标准的食品，消费者除要求赔偿损失外，还可以向生产者或者经营者要求支付价款十倍或者损失三倍的赔偿金；增加赔偿的金额不足一千元的，为一千元。但是，食品的标签、说明书存在不影响食品安全且不会对消费者造成误导的瑕疵的除外。

◎行政法律风险：

由畜牧兽医、质量监督、工商行政管理、食品药品监督等部门依据各自职责，责令改正，给予警告；毁灭有关证据的，责令停产停业，并处十万元以上二十万元以下罚款；造成严重后果的，由发证机关吊销许可证照。

◎刑事法律风险：

涉嫌生产、销售不符合安全标准的食品罪。足以造成严重食物中毒事故或者其他严重食源性疾病的，处三年以下有期徒刑或者拘役，并处罚金；对人体健康造成严重危害或者有其他严重情节的，处三年以上七年以下有期徒刑，并处罚金；后果特别严重的，处七年以上有期徒刑或者无期徒刑，并处罚金或者没收财产。

防范建议

奶畜养殖者、生鲜乳收购者、乳制品生产企业和销售者在发生乳品质量安全事故后，应立即向主管部门报告、处置。

风险33：未取得生鲜乳收购许可证收购生鲜乳的。

法律规定

《食品安全法》第一百四十八条
《乳品质量安全监督管理条例》第六十条
《刑法》第一百四十三条

法律风险

◎民事法律风险：

生产不符合食品安全标准的食品或者经营明知是不符合食品安全标准的食品，消费者除要求赔偿损失外，还可以向生产者或者经营者要求支付价款十倍或者损失三倍的赔偿金；增加赔偿的金额不足一千元的，为一千元。但是，食品的标签、说明书存在不影响食品安全且不会对消费者造成误导的瑕疵的除外。

◎行政法律风险：

由县级以上地方人民政府畜牧兽医主管部门没收违法所得、违法收购的生鲜乳和相关的设备、设施等物品，并处违法乳品货值金额五倍以上十倍以下罚款；有许可证照的，由发证机关吊销许可证照。

◎刑事法律风险：

涉嫌生产、销售不符合安全标准的食品罪。足以造成严重食物中毒事故或者其他严重食源性疾病的，处三年以下有期徒刑或者拘役，并处罚金；对人体健康造成严重危害或者有其他严重情节的，处三年以上七年以下有期徒刑，并处罚金；后果特别严重的，处七年以上有期徒刑或者无期徒刑，并处罚金或者没收财产。

典型案例：未取得生鲜乳收购许可证收购生鲜乳案

北京市农业综合执法总队侦破一起未取得生鲜乳收购许可证收购生鲜乳案。生鲜乳收购许可证有效期是2年，而涉案的某乳制品生产食品有限公司在生鲜乳收购许可证已过期14个月后仍违法收购生鲜乳，涉案生鲜乳近1.4吨，涉案金额4.8万余元。

执法人员先是在网络平台小红书App上看到“溜娃”自媒体的信息，发现某乳制品生产食品有限公司有违法收购生鲜乳的嫌疑，于是立即开展现场检查。执法人员借助科技手段，利用“全国奶业监管平台”App，随时调取查阅企业生鲜乳收购许可资质，确证违法事实成立。当事人的行为违反了《乳品质量安全监督管理条例》第六十条的规定。北京市农业综合执法总队依法对其立案查处。

防范建议

收购生鲜乳应依法取得生鲜乳收购许可证。

风险34：生鲜乳收购站取得生鲜乳收购许可证后，不再符合许可条件继续从事生鲜乳收购的。

法律规定

《食品安全法》第一百四十八条

《乳品质量安全监督管理条例》第六十条

《刑法》第一百四十三条

法律风险

◎民事法律风险：

生产不符合食品安全标准的食品或者经营明知是不符合食品安全标准的食品，消费者除要求赔偿损失外，还可以向生产者或者经营者要求支付价款十倍或者损失三倍的赔偿金；增加赔偿的金额不足一千元的，为一千元。但是，食品的标签、说明书存在不影响食品安全且不会对消费者造成误导的瑕疵的除外。

◎行政法律风险：

由县级以上地方人民政府畜牧兽医主管部门没收违法所得、违法收购的生鲜乳和相关的设备、设施等物品，并处违法乳品货值金额五倍以上十倍以下罚款；有许可证照的，由发证机关吊销许可证照。

◎刑事法律风险：

涉嫌生产、销售不符合安全标准的食品罪。足以造成严重食物中毒事故或者其他严重食源性疾病的，处三年以下有期徒刑或者拘役，并处罚金；对人体健康造成严重危害或者有其他严重情节的，处三年以上七年以下有期徒刑，并处罚金；后果特别严重的，处七年以上有期徒刑或者无期徒刑，并处罚金或者没收财产。

防范建议

生鲜乳收购站取得生鲜乳收购许可证后，应保持符合从事生鲜乳收购的许可条件。

风险35：生鲜乳收购站收购《乳品质量安全监督管理条例》第二十四条规定禁止收购的生鲜乳的。

法律规定

《食品安全法》第一百四十八条

《乳品质量安全监督管理条例》第六十条

《刑法》第一百四十三条

法律风险

◎民事法律风险：

生产不符合食品安全标准的食品或者经营明知是不符合食品安全标准的食品，消费者除要求赔偿损失外，还可以向生产者或者经营者要求支付价款十倍或者损失三倍的赔偿金；增加赔偿的金额不足一千元的，为一千元。但是，食品的标签、说明书存在不影响食品安全且不会对消费者造成误导的瑕疵的除外。

◎行政法律风险：

由县级以上地方人民政府畜牧兽医主管部门没收违法所得、违法收购的生鲜乳和相关的设备、设施等物品，并处违法乳品货值金额五倍以上十倍以下罚款；有许可证照的，由发证机关吊销许可证照。

◎刑事法律风险：

涉嫌生产、销售不符合安全标准的食品罪。足以造成严重食物中毒事故或者其他严重食源性疾病的，处三年以下有期徒刑或者拘役，并处罚金；对人体健康造成严重危害或者有其他严重情节的，处三年以上七年以下有期徒刑，并处罚金；后果特别严重的，处七年以上有期徒刑或者无期徒刑，并处罚金或者没收财产。

典型案例：焦作市博爱县某奶牛养殖专业合作社收购不符合乳品质量安全国家标准生鲜乳案

2014 年 4 月 28 号，某乳业（焦作）公司向博爱县畜牧局报告，博爱县某奶牛养殖专业合作社收购的生鲜乳不符合乳品质量安全国家标准。

2014 年 4 月 27 日，博爱县某奶牛养殖专业合作社成员董某某因饲养的一头奶牛出现病症，违法使用禁用药氯霉素，并让该奶牛上站挤奶。该合作社未检测出药物残留，于 4 月 28 日将收购的生鲜乳送往某乳业（焦作）公司，该公司检测，此批次生鲜乳不符合乳品质量安全国家标准。博爱县某奶牛养殖专业合作社收购不符合乳品质量安全国家标准的生鲜乳，违反了《乳品质量安全监督管理条例》第六十条的有关规定。

博爱县畜牧局依法对当事人作出行政处罚，吊销其生鲜乳收购许可证，罚款 82200 元。董某某涉嫌生产、销售有毒有害食品行为已移送博爱县公安局查办。

防范建议

生鲜乳收购站不得收购法规禁止收购的下列生鲜：

1. 经检测不符合健康标准或者未经检疫合格的奶畜产的；
2. 奶畜产犊七日内的初乳，但以初乳为原料从事乳制品生产的除外；
3. 在规定用药期和休药期内的奶畜产的；
4. 其他不符合乳品质量安全国家标准的。

特殊食品

风险36：以分装方式生产婴幼儿配方乳粉，或者同一企业以同一配方生产不同品牌的婴幼儿配方乳粉的。

法律规定

《食品安全法》第一百二十四条、第一百四十八条

法律风险

◎民事法律风险：

生产不符合食品安全标准的食品或者经营明知是不符合食品安全标准的食品，消费者除要求赔偿损失外，还可以向生产者或者经营者要求支付价款十倍或者损失三倍的赔偿金；增加赔偿的金额不足一千元的，为一千元。但是，食品的标签、说明书存在不影响食品安全且不会对消费者造成误导的瑕疵的除外。

◎行政法律风险：

尚不构成犯罪的，由县级以上人民政府食品安全监督管理部门没收违法所得和违法生产经营的食品、食品添加剂，并可以没收用于违法生产经营的工具、设备、原料等物品；违法生产经营的食品、食品添加剂货值金额不足一万元的，并处五万元以上十万元以下罚款；货值金额一万元以上的，并处货值金额十倍以上二十倍以下罚款；情节严重的，吊销许可证。

◎刑事法律风险：

无。

防范建议

婴幼儿配方乳粉生产企业不得以分装方式生产婴幼儿配方乳粉，同一企业不得以同一配方生产不同品牌的婴幼儿配方乳粉。

风险37：保健食品生产企业未按规定向市场监督管理部门备案，或者未按备案的产品配方、生产工艺等技术要求组织生产的。

法律规定

《食品安全法》第一百二十六条、第一百四十八条

《刑法》第一百四十三条

法律风险

◎**民事法律风险：**

生产不符合食品安全标准的食品或者经营明知是不符合食品安全标准的食品，消费者除要求赔偿损失外，还可以向生产者或者经营者要求支付价款十倍或者损失三倍的赔偿金；增加赔偿的金额不足一千元的，为一千元。但是，食品的标签、说明书存在不影响食品安全且不会对消费者造成误导的瑕疵的除外。

◎**行政法律风险：**

由县级以上人民政府食品安全监督管理部门责令改正，给予警告；拒不改正的，处五千元以上五万元以下罚款；情节严重的，责令停产停业，直至吊销许可证。

◎**刑事法律风险：**

涉嫌生产、销售不符合安全标准的食品罪。足以造成严重食物中毒事故或者其他严重食源性疾病的，处三年以下有期徒刑或者拘役，并处罚金；对人体健康造成严重危害或者有其他严重情节的，处三年以上七年以下有期徒刑，并处罚金；后果特别严重的，处七年以上有期徒刑或者无期徒刑，并处罚金或者没收财产。

防范建议

保健食品生产企业生产保健食品需按规定向市场监督管理部门备案，并按照备案的产品配方、生产工艺等技术要求组织生产。

风险38：特殊食品生产企业未按规定建立生产质量管理体系并有效运行，或者未定期提交自查报告的。

法律规定

《食品安全法》第一百二十六条、第一百四十八条

法律风险

◎**民事法律风险：**

生产不符合食品安全标准的食品或者经营明知是不符合食品安全标准的食品，消费者除要求赔偿损失外，还可以向生产者或者经营者要求支付价款十倍或者损失三倍的赔偿金；增加赔偿的金额不足一千元的，为一千元。但是，食品的标签、说明书存在不影响食品安全且不会对消费者造成误导的瑕疵的除外。

◎**行政法律风险：**

由县级以上人民政府食品安全监督管理部门责令改正，给予警告；拒不改正的，处五千元以上五万元以下罚款；情节严重的，责令停产停业，直至吊销许可证。

◎**刑事法律风险：**

无。

防范建议

特殊食品生产企业应建立生产质量管理体系并有效运行，定期开展自查并向监管部门提交自查报告。

风险39：婴幼儿配方食品生产企业未依法将食品原料、食品添加剂、产品配方、标签等向市场监督管理部门备案的。

法律规定

《食品安全法》第一百二十六条

法律风险

◎民事法律风险：

无。

◎行政法律风险：

由县级以上人民政府食品安全监督管理部门责令改正，给予警告；拒不改正的，处五千元以上五万元以下罚款；情节严重的，责令停产停业，直至吊销许可证。

◎刑事法律风险：

无。

防范建议

婴幼儿配方食品生产企业应将食品原料、食品添加剂、产品配方、标签等向市场监督管理部门备案。

风险40：特殊医学用途配方食品注册申请人隐瞒真实情况或者提供虚假材料申请注册的。

法律规定

《特殊医学用途配方食品注册管理办法》第四十三条

法律风险

◎民事法律风险：

无。

◎行政法律风险：

国家市场监督管理总局不予受理或者不予注册，并给予警告；申请人在1年内不得再次申请注册。

◎刑事法律风险：

无。

防范建议

特殊医学用途配方食品注册申请人不得隐瞒真实情况或者提供虚假材料申请注册。

风险41：特殊医学用途配方食品注册被许可人以欺骗、贿赂等不正当手段取得注册证书的。

法律规定

《特殊医学用途配方食品注册管理办法》第四十四条

《刑法》第三百八十九条、第三百九十条

法律风险

◎民事法律风险：

无。

◎行政法律风险：

由国家市场监督管理总局撤销注册证书，并处一万元以上三万元以下罚款；申请人在三年内不得再次申请注册。

◎刑事法律风险：

涉嫌行贿罪。为谋取不正当利益，给予国家工作人员以财物的，是行贿罪。在经济往来中，违反国家规定，给予国家工作人员以财物，数额较大的，或者违反国家规定，给予国家工作人员以各种名义的回扣、手续费的，以行贿论处。

对犯行贿罪的，处五年以下有期徒刑或者拘役，并处罚金；因行贿谋取不正当利益，情节严重的，或者使国家利益遭受重大损失的，处五年以上十年以下有期徒刑，并处罚金；情节特别严重的，或者使国家利益遭受特别重大损失的，处十年以上有期徒刑或者无期徒刑，并处罚金或者没收财产。

防范建议

特殊医学用途配方食品注册被许可人不得以欺骗、贿赂等不正当手段取得注册证书。

风险42：特殊医学用途配方食品注册人伪造、涂改、倒卖、出租、出借、转让特殊医学用途配方食品注册证书的。

法律规定

《特殊医学用途配方食品注册管理办法》第四十五条

《刑法》第二百六十六条、第二百八十条

法律风险

◎民事法律风险：

无。

◎行政法律风险：

由县级以上食品药品监督管理部门责令改正，给予警告，并处一万元以下罚款；情节严重的，处一万元以上三万元以下罚款。

◎**刑事法律风险：**

涉嫌伪造、变造、买卖国家机关公文、证件、印章罪。伪造、变造、买卖或者盗窃、抢夺、毁灭国家机关的公文、证件、印章的，处三年以下有期徒刑、拘役、管制或者剥夺政治权利，并处罚金；情节严重的，处三年以上十年以下有期徒刑，并处罚金。

涉嫌诈骗罪（共犯）。诈骗公私财物，数额较大的，处三年以下有期徒刑、拘役或者管制，并处或者单处罚金；数额巨大或者有其他严重情节的，处三年以上十年以下有期徒刑，并处罚金；数额特别巨大或者有其他特别严重情节的，处十年以上有期徒刑或者无期徒刑，并处罚金或者没收财产。《刑法》另有规定的，依照规定。

防范建议

特殊医学用途配方食品注册人不得伪造、涂改、倒卖、出租、出借、转让特殊医学用途配方食品注册证书。如果明知他人从事犯罪活动，仍出借、出租给他人的，将涉嫌共同犯罪。

风险43：特殊医学用途配方食品注册人变更不影响产品安全性、营养充足性以及特殊医学用途临床效果的事项，未依法申请变更的。

法律规定

《特殊医学用途配方食品注册管理办法》第四十六条

法律风险

◎**民事法律风险：**

无。

◎**行政法律风险：**

由县级以上食品药品监督管理部门责令改正，给予警告；拒不改正的，处一万元以上三万元以下罚款。

◎**刑事法律风险：**

无。

防范建议

特殊医学用途配方食品注册人变更不影响产品安全性、营养充足性以及特殊医学用途临床效果的事项，应依法申请变更。

风险44：特殊医学用途配方食品注册人变更产品配方、生产工艺等影响产品安全性、营养充足性以及特殊医学用途临床效果的事项，未依法申请变更的。

法律规定

《食品安全法》第一百二十四条、第一百四十八条

《特殊医学用途配方食品注册管理办法》第四十六条
《刑法》第一百四十三条

法律风险

◎民事法律风险：

生产不符合食品安全标准的食品或者经营明知是不符合食品安全标准的食品，消费者除要求赔偿损失外，还可以向生产者或者经营者要求支付价款十倍或者损失三倍的赔偿金；增加赔偿的金额不足一千元的，为一千元。但是，食品的标签、说明书存在不影响食品安全且不会对消费者造成误导的瑕疵的除外。

◎行政法律风险：

实施此种违法行为的，由县级以上食品药品监督管理部门依照《食品安全法》第一百二十四条第一款的规定进行处罚。

《食品安全法》第一百二十四条第一款规定，尚不构成犯罪的，由县级以上人民政府食品安全监督管理部门没收违法所得和违法生产经营的食品、食品添加剂，并可以没收用于违法生产经营的工具、设备、原料等物品；违法生产经营的食品、食品添加剂货值金额不足一万元的，并处五万元以上十万元以下罚款；货值金额一万元以上的，并处货值金额十倍以上二十倍以下罚款；情节严重的，吊销许可证。

◎刑事法律风险：

涉嫌生产、销售不符合安全标准的食品罪。足以造成严重食物中毒事故或者其他严重食源性疾病的，处三年以下有期徒刑或者拘役，并处罚金；对人体健康造成严重危害或者有其他严重情节的，处三年以上七年以下有期徒刑，并处罚金；后果特别严重的，处七年以上有期徒刑或者无期徒刑，并处罚金或者没收财产。

防范建议

特殊医学用途配方食品注册人变更产品配方、生产工艺等影响产品安全性、营养充足性以及特殊医学用途临床效果的事项，应依法申请变更。

风险45：保健食品注册申请人隐瞒真实情况或者提供虚假材料申请注册的。

法律规定

《保健食品注册与备案管理办法》第七十条

法律风险

◎民事法律风险：

无。

◎行政法律风险：

国家市场监督管理总局不予受理或者不予注册，并给予警告；申请人在一年内不得再次申请注册该保健食品。

◎刑事法律风险：

涉嫌犯罪的，依法移送公安机关，追究刑事责任。

防范建议

保健食品注册申请人不得隐瞒真实情况或者提供虚假材料申请注册。

风险46：保健食品注册申请人以欺骗、贿赂等不正当手段取得保健食品注册证书的。

法律规定

《保健食品注册与备案管理办法》第七十一条

《刑法》第三百八十九条、第三百九十条

法律风险

◎民事法律风险：

无。

◎行政法律风险：

由国家市场监督管理总局撤销保健食品注册证书，并处一万元以上三万元以下罚款。被许可人在三年内不得再次申请注册。

◎刑事法律风险：

涉嫌行贿罪。为谋取不正当利益，给予国家工作人员以财物的，是行贿罪。在经济往来中，违反国家规定，给予国家工作人员以财物，数额较大的，或者违反国家规定，给予国家工作人员以各种名义的回扣、手续费的，以行贿论处。

对犯行贿罪的，处五年以下有期徒刑或者拘役，并处罚金；因行贿谋取不正当利益，情节严重的，或者使国家利益遭受重大损失的，处五年以上十年以下有期徒刑，并处罚金；情节特别严重的，或者使国家利益遭受特别重大损失的，处十年以上有期徒刑或者无期徒刑，并处罚金或者没收财产。

防范建议

保健食品注册申请人不得以欺骗、贿赂等不正当手段取得保健食品注册证书。

风险47：保健食品注册申请人擅自转让保健食品注册证书的。

法律规定

《保健食品注册与备案管理办法》第七十二条

法律风险

◎**民事法律风险**：

无。

◎**行政法律风险**：

由县级以上人民政府市场监督管理部门处以一万元以上三万元以下罚款。

◎**刑事法律风险**：

无。

防范建议

保健食品注册申请人不得擅自转让保健食品注册证书。

风险48：保健食品注册申请人伪造、涂改、倒卖、出租、出借保健食品注册证书的。

法律规定

《保健食品注册与备案管理办法》第七十二条

《刑法》第二百八十条

法律风险

◎**民事法律风险**：

无。

◎**行政法律风险**：

由县级以上人民政府市场监督管理部门处以一万元以上三万元以下罚款。

◎**刑事法律风险**：

涉嫌伪造、变造、买卖国家机关公文、证件、印章罪。伪造、变造、买卖或者盗窃、抢夺、毁灭国家机关的公文、证件、印章的，处三年以下有期徒刑、拘役、管制或者剥夺政治权利，并处罚金；情节严重的，处三年以上十年以下有期徒刑，并处罚金。

防范建议

保健食品注册申请人不得伪造、涂改、倒卖、出租、出借保健食品注册证书。

风险49：婴幼儿配方乳粉产品配方注册申请人隐瞒有关情况或者提供虚假材料、样品申请婴幼儿配方乳粉产品配方注册的。

法律规定

《刑法》第二百八十条

《婴幼儿配方乳粉产品配方注册管理办法》第四十三条

法律风险

◎民事法律风险：

无。

◎行政法律风险：

国家市场监督管理总局（原国家食品药品监督管理总局）不予受理或者不予注册，对申请人给予警告，并向社会公告。申请人在一年内不得再次申请婴幼儿配方乳粉产品配方注册。

◎刑事法律风险：

涉嫌犯罪的，依法移送公安机关，追究刑事责任。如在注册申请过程中伪造国家机关、企事业单位文件、印章的，涉嫌伪造、变造、买卖国家机关公文、证件、印章罪。伪造、变造、买卖或者盗窃、抢夺、毁灭国家机关的公文、证件、印章的，处三年以下有期徒刑、拘役、管制或者剥夺政治权利，并处罚金；情节严重的，处三年以上十年以下有期徒刑，并处罚金。

防范建议

婴幼儿配方乳粉产品配方注册申请人不得隐瞒有关情况或者提供虚假材料、样品申请婴幼儿配方乳粉产品配方注册。

风险50：婴幼儿配方乳粉产品配方注册申请人变更不影响产品配方科学性、安全性的事项，未依法申请变更的。

法律规定

《婴幼儿配方乳粉产品配方注册管理办法》第四十四条

法律风险

◎民事法律风险：

无。

◎行政法律风险：

由县级以上食品药品监督管理部门责令改正，给予警告；拒不改正的，处一万元以上三万元以下罚款。

◎刑事法律风险：

无。

防范建议

婴幼儿配方乳粉产品配方注册申请人变更不影响产品配方科学性、安全性的事项，应依法申请变更。

风险51：婴幼儿配方乳粉产品配方注册申请人变更可能影响产品配方科学性、安全性的事项，未依法申请变更的。

法律规定

《食品安全法》第一百二十四条、第一百四十八条

《婴幼儿配方乳粉产品配方注册管理办法》第四十四条

《刑法》第一百四十三条

法律风险

◎民事法律风险：

生产不符合食品安全标准的食品或者经营明知是不符合食品安全标准的食品，消费者除要求赔偿损失外，还可以向生产者或者经营者要求支付价款十倍或者损失三倍的赔偿金；增加赔偿的金额不足一千元的，为一千元。但是，食品的标签、说明书存在不影响食品安全且不会对消费者造成误导的瑕疵的除外。

◎行政法律风险：

实施此违法行为的，由县级以上食品药品监督管理部门依照《食品安全法》第一百二十四条的规定处罚。

《食品安全法》第一百二十四条规定，尚不构成犯罪的，由县级以上人民政府食品安全监督管理部门没收违法所得和违法生产经营的食品、食品添加剂，并可以没收用于违法生产经营的工具、设备、原料等物品；违法生产经营的食品、食品添加剂货值金额不足一万元的，并处五万元以上十万元以下罚款；货值金额一万元以上的，并处货值金额十倍以上二十倍以下罚款；情节严重的，吊销许可证。

◎刑事法律风险：

涉嫌生产、销售不符合安全标准的食品罪。足以造成严重食物中毒事故或者其他严重食源性疾病的，处三年以下有期徒刑或者拘役，并处罚金；对人体健康造成严重危害或者有其他严重情节的，处三年以上七年以下有期徒刑，并处罚金；后果特别严重的，处七年以上有期徒刑或者无期徒刑，并处罚金或者没收财产。

防范建议

婴幼儿配方乳粉产品配方注册申请人变更可能影响产品配方科学性、安全性的事项，应依法申请变更。

风险52：伪造、涂改、倒卖、出租、出借、转让婴幼儿配方乳粉产品配方注册证书的。

法律规定

《婴幼儿配方乳粉产品配方注册管理办法》第四十五条

《刑法》第二百六十六条、第二百八十条

法律风险

◎民事法律风险：

无。

◎行政法律风险：

由县级以上食品药品监督管理部门责令改正，给予警告，并处一万元以下罚款；情节严重的，处一万元以上三万元以下罚款。

◎刑事法律风险：

涉嫌伪造、变造、买卖国家机关公文、证件、印章罪。伪造、变造、买卖或者盗窃、抢夺、毁灭国家机关的公文、证件、印章的，处三年以下有期徒刑、拘役、管制或者剥夺政治权利，并处罚金；情节严重的，处三年以上十年以下有期徒刑，并处罚金。

涉嫌诈骗罪（共犯）。诈骗公私财物，数额较大的，处三年以下有期徒刑、拘役或者管制，并处或者单处罚金；数额巨大或者有其他严重情节的，处三年以上十年以下有期徒刑，并处罚金；数额特别巨大或者有其他特别严重情节的，处十年以上有期徒刑或者无期徒刑，并处罚金或者没收财产。《刑法》另有规定的，依照规定。

防范建议

任何人不得伪造、涂改、倒卖、出租、出借、转让婴幼儿配方乳粉产品配方注册证书。

风险53：婴幼儿配方乳粉生产销售者违反《婴幼儿配方乳粉产品配方注册管理办法》第三十条规定，未提交标签和说明书样稿及标签、说明书中声称的说明、证明材料的。

法律规定

《婴幼儿配方乳粉产品配方注册管理办法》第四十六条

法律风险

◎民事法律风险：

无。

◎行政法律风险：

由市场监督管理部门（原食品药品监督管理部门）责令改正，并依法处以一万元以上三万元以下罚款。

◎刑事法律风险：

无。

防范建议

申请人申请婴幼儿配方乳粉产品配方注册，应当提交标签和说明书样稿及标签、说明书中声称的说明、证明材料。标签和说明书涉及婴幼儿配方乳粉产品配方的，应当与获得注册的产品配方的内容一致，并标注注册号。

风险54：婴幼儿配方乳粉生产销售者违反《婴幼儿配方乳粉产品配方注册管理办法》第三十一条规定，未依规标示动物性来源、食用植物油及营养成分表有关信息的。

法律规定

《食品安全法》第一百四十八条

《婴幼儿配方乳粉产品配方注册管理办法》第四十六条

法律风险

◎民事法律风险：

生产不符合食品安全标准的食品或者经营明知是不符合食品安全标准的食品，消费者除要求赔偿损失外，还可以向生产者或者经营者要求支付价款十倍或者损失三倍的赔偿金；增加赔偿的金额不足一千元的，为一千元。但是，食品的标签、说明书存在不影响食品安全且不会对消费者造成误导的瑕疵的除外。

◎行政法律风险：

由市场监督管理部门（原食品药品监督管理部门）责令改正，并依法处以一万元以上三万元以下罚款。

◎刑事法律风险：

无。

防范建议

婴幼儿配方乳粉产品名称中有动物性来源的，应当根据产品配方在配料表中如实标明使用的生乳、乳粉、乳清（蛋白）粉等乳制品原料的动物性来源。使用的乳制品原料有两种以上动物性来源时，应当标明各种动物性来源原料所占比例。

婴幼儿配方乳粉配料表应当将食用植物油具体的品种名称按照加入量的递减顺序标注。

婴幼儿配方乳粉营养成分表应当按照婴幼儿配方乳粉食品安全国家标准规定的营养素顺序列出，并按照能量、蛋白质、脂肪、碳水化合物、维生素、矿物质、可选择性成分等类别分类列出。

风险55：婴幼儿配方乳粉生产销售者违反《婴幼儿配方乳粉产品配方注册管理办法》第三十二条规定，声称生乳、原料乳粉等原料来源，未如实标明具体来源地或者来源国，违规使用“进口奶源”“源自国外牧场”“生态牧场”“进口原料”等模糊信息的。

法律规定

《消费者权益保护法》第五十五条

《婴幼儿配方乳粉产品配方注册管理办法》第四十六条

法律风险

◎民事法律风险：

经营者提供商品或者服务有欺诈行为的，应当按照消费者的要求增加赔偿其受到的损失，增加赔偿的金额为消费者购买商品的价款或者接受服务的费用的三倍；增加赔偿的金额不足五百元的，为五百元。法律另有规定的，依照其规定。

◎行政法律风险：

由市场监督管理部门（原食品药品监督管理部门）责令改正，并依法处以一万元以上三万元以下罚款。

◎刑事法律风险：

无。

防范建议

婴幼儿配方乳粉声称生乳、原料乳粉等原料来源的，应如实标明具体来源地或者来源国。不得使用“进口奶源”“源自国外牧场”“生态牧场”“进口原料”等模糊信息。

风险56：婴幼儿配方乳粉生产销售者违反《婴幼儿配方乳粉产品配方注册管理办法》第三十三条规定，声称未注明婴幼儿配方乳粉适用月龄的。

法律规定

《消费者权益保护法》第五十五条

《婴幼儿配方乳粉产品配方注册管理办法》第四十六条

法律风险

◎民事法律风险：

经营者提供商品或者服务有欺诈行为的，应当按照消费者的要求增加赔偿其受到的损失，增加赔偿的金额为消费者购买商品的价款或者接受服务的费用的三倍；增加赔偿的金额不足五百元的，为五百元。法律另有规定的，依照其规定。

◎行政法律风险：

由食品药品监督管理部门责令改正，并依法处以一万元以上三万元以下罚款。

◎刑事法律风险：

无。

防范建议

婴幼儿配方乳粉声称应当注明婴幼儿适用月龄，标注1段、2段、3段。

风险57：婴幼儿配方乳粉生产销售者违反《婴幼儿配方乳粉产品配方注册管理办法》第三十四条规定，标签和说明书含有虚假内容的。

法律规定

《食品安全法》第一百四十八条
《婴幼儿配方乳粉产品配方注册管理办法》第四十六条

法律风险

◎民事法律风险：

生产不符合食品安全标准的食品或者经营明知是不符合食品安全标准的食品，消费者除要求赔偿损失外，还可以向生产者或者经营者要求支付价款十倍或者损失三倍的赔偿金；增加赔偿的金额不足一千元的，为一千元。但是，食品的标签、说明书存在不影响食品安全且不会对消费者造成误导的瑕疵的除外。

◎行政法律风险：

由市场监督管理部门（原食品药品监督管理部门）责令改正，并依法处以一万元以上三万元以下罚款。

◎刑事法律风险：

无。

防范建议

婴幼儿配方乳粉标签、说明书中不得出现《婴幼儿配方乳粉产品配方注册管理办法》第三十四条规定的禁止性内容：

1. 涉及疾病预防、治疗功能；
2. 明示或者暗示具有保健作用；
3. 明示或者暗示具有益智、增加抵抗力或者免疫力、保护肠道等功能性表述；
4. 对于按照食品安全标准不应当在产品配方中含有或者使用的物质，以“不添加”“不含有”“零添加”等字样强调未使用或者不含有；
5. 虚假、夸大、违反科学原则或者绝对化的内容；
6. 与产品配方注册的内容不一致的声称。

食品标识标签

风险58：违反《食品标识管理规定》第六条，未按规定标注食品名称的。

法律规定

《食品安全法》第一百二十五条、第一百四十八条

《食品标识管理规定》第二十七条

法律风险

◎民事法律风险：

生产不符合食品安全标准的食品或者经营明知是不符合食品安全标准的食品，消费者除要求赔偿损失外，还可以向生产者或者经营者要求支付价款十倍或者损失三倍的赔偿金；增加赔偿的金额不足一千元的，为一千元。但是，食品的标签、说明书存在不影响食品安全且不会对消费者造成误导的瑕疵的除外。

◎行政法律风险：

违反《食品标识管理规定》第六条，未按规定标注食品名称的，责令限期改正；逾期不改的，处以五百元以上一万元以下罚款。

生产经营无标签的预包装食品、食品添加剂或者标签、说明书不符合《食品安全法》规定的食品、食品添加剂，由县级以上人民政府食品安全监督管理部门没收违法所得和违法生产经营的食品、食品添加剂，并可以没收用于违法生产经营的工具、设备、原料等物品；违法生产经营的食品、食品添加剂货值金额不足一万元的，并处五千元以上五万元以下罚款；货值金额一万元以上的，并处货值金额五倍以上十倍以下罚款；情节严重的，责令停产停业，直至吊销许可证。

◎刑事法律风险：

无。

典型案例：东莞某食品有限公司食品名称与食品真实属性不相符案

2018 年 1 月，东莞市食品药品监督管理局发现东莞某食品有限公司生产的“壹格牌金桔汁葡萄干沙琪玛”，在标签上标注“金桔汁+葡萄干沙琪玛”食品名称和在配料表中标示“金桔汁”，但实际生产过程中没有加金桔汁或含有金桔汁的原料，仅添加金桔香精；生产的“壹格牌柠檬汁葡萄干沙琪玛”，在标签上标注“柠檬汁+葡萄干沙琪玛”食品名称和在配料表中标示“柠檬汁”，但实际生产过程中没有加柠檬汁或含有柠檬汁的原料，仅添加柠檬香精。上述产品的标签不符合《食品安全国家标准　预包装食品标签通则》（GB 7718—2011）的规定，违反了《食品安全法》第七十一条第一款的规定，东莞市食品药品监督管理局依据《食品安全法》第一百二十五条第一款第二项规定，对该公司进行处罚。

防范建议

食品名称应当表明食品的真实属性，并符合下列要求：

1. 国家标准、行业标准对食品名称有规定的，应当采用国家标准、行业标准规定的名称；

2. 国家标准、行业标准对食品名称没有规定的，应当使用不会引起消费者误解和混淆的常用名称或者俗名；

3. 标注“新创名称”、“奇特名称”、“音译名称”、“牌号名称”、“地区俚语名称”或者“商标名称”等易使人误解食品属性的名称时，应当在所示名称的邻近部位使用同一字号标注上述一、二项规定的一个名称或者分类（类属）名称；

4. 由两种或者两种以上食品通过物理混合而成且外观均匀一致难以相互分离的食品，其名称应当反映该食品的混合属性和分类（类属）名称；

5. 以动、植物食物为原料，采用特定的加工工艺制作，用以模仿其他生物的个体、器官、组织等特征的食品，应当在名称前冠以“人造”、“仿”或者“素”等字样，并标注该食品真实属性的分类（类属）名称。

风险59：违反《食品标识管理规定》第七条，未按规定标注食品产地的。

法律规定

《食品安全法》第一百二十五条、第一百四十八条

《食品标识管理规定》第二十七条

法律风险

◎民事法律风险：

生产不符合食品安全标准的食品或者经营明知是不符合食品安全标准的食品，消费者除要求赔偿损失外，还可以向生产者或者经营者要求支付价款十倍或者损失三倍的赔偿金；增加赔偿的金额不足一千元的，为一千元。但是，食品的标签、说明书存在不影响食品安全且不会对消费者造成误导的瑕疵的除外。

◎行政法律风险：

违反《食品标识管理规定》第七条，未按规定标注食品产地的，责令限期改正；逾期不改的，处以五百元以上一万元以下罚款。

生产经营无标签的预包装食品、食品添加剂或者标签、说明书不符合《食品安全法》规定的食品、食品添加剂，由县级以上人民政府食品安全监督管理部门没收违法所得和违法生产经营的食品、食品添加剂，并可以没收用于违法生产经营的工具、设备、原料等物品；违法生产经营的食品、食品添加剂货值金额不足一万元的，并处五千元以上五万元以下罚款；货值金额一万元以上的，并处货值金额五倍以上十倍以下罚款；情节严重的，责令停产停业，直至吊销许可证。

◎刑事法律风险：

无。

防范建议

食品标签应当标注产地，食品产地应当按照行政区划标注到地市级地域。

风险60：违反《食品标识管理规定》第八条，未按规定标注生产者信息的。

法律规定

《食品安全法》第一百二十五条、第一百四十八条

《食品标识管理规定》第二十七条

法律风险

◎民事法律风险：

生产不符合食品安全标准的食品或者经营明知是不符合食品安全标准的食品，消费者除要求赔偿损失外，还可以向生产者或者经营者要求支付价款十倍或者损失三倍的赔偿金；增加赔偿的金额不足一千元的，为一千元。但是，食品的标签、说明书存在不影响食品安全且不会对消费者造成误导的瑕疵的除外。

◎行政法律风险：

责令限期改正；逾期不改的，处以五百元以上一万元以下罚款。

生产经营无标签的预包装食品、食品添加剂或者标签、说明书不符合《食品安全法》规定的食品、食品添加剂，由县级以上人民政府食品安全监督管理部门没收违法所得和违法生产经营的食品、食品添加剂，并可以没收用于违法生产经营的工具、设备、原料等物品；违法生产经营的食品、食品添加剂货值金额不足一万元的，并处五千元以上五万元以下罚款；货值金额一万元以上的，并处货值金额五倍以上十倍以下罚款；情节严重的，责令停产停业，直至吊销许可证。

◎刑事法律风险：

无。

典型案例：预包装紧压白茶未注明生产者名称案

2021年4月，某军消费6224元在某茶叶零售商处购买了8个福鼎白茶紧压寿眉茶饼。之后，某军发现所购茶饼的外包装上标注了品名、类型、原料、净含量、产地、执行标准、保质期、贮存条件和生产日期等信息，但没有标注生产者的名称、地址、联系方式、生产许可证编号。

某军认为，茶饼属于预包装食品，但来源及生产者不明，存在食品安全隐患，不符合食品安全标准，故诉至上海市奉贤区人民法院（以下简称“上海奉贤法院”）要求茶叶零售商退还货款并承担十倍惩罚性赔偿。

茶叶零售商认为，其销售的茶饼是村民农家茶园自产自销的农产品，属于手工古法制作，村委会和茶叶协会也出具了证明，因此茶饼在销售时无须取得生产许可证，可以退还某军货款，但某军主张的十倍惩罚性赔偿不应适用。

针对双方争议的涉案茶饼属于预包装食品还是农产品，上海奉贤法院在审理过程中查询了《享受企业所得税优惠政策的农产品初加工范围（试行）》以及《食品安全国家标准 预包装食品标签通则》（GB 7718—2011）等国家公开发布的文件：一是茶叶初加工是通过对茶树上采摘下来的鲜叶和嫩芽进行杀青（萎凋、摇青）、揉捻、发酵、烘干、分级、包装等简单加工处理，制成的初制毛茶。精制茶、边销茶、紧压茶和掺兑各种药物的茶及茶饮料不属于初加工范围；二是预包装食品是指预先定量包装或者制作在包装材料和容器中的食品，包括预先定量包装以及预先定量制作在包装材料和容器中并且在一定量限范围内具有统一的质量或体积标识的食品；三是涉案茶饼标注的执行标准GB/T 31751发布于2015年7月3日，该标准中对紧压白茶的定义是以白茶（白毫银针、白牡丹、贡眉、寿眉）为原料，经整理、拼配、蒸压定型、干燥等工序制成的茶品。涉案茶饼标注的生产日期为2012年9月11日。

上海奉贤法院经审理认为，某军在茶叶零售商处购买茶饼并付款，双方之间成立合法有效的买卖合同关系。关于某军主张的解除合同并退还货款，因茶叶零售商表示同意，对此法院予以支持。关于某军主张的十倍惩罚性赔偿。上海奉贤法院认为，茶叶属于食品范畴，村委会和茶叶协会并非茶叶生产、销售的主管机关，故不宜以其出具的证明认定涉案茶品的性质。根据农产品初加工及预包装食品的定义，涉案茶品为紧压寿眉，属于紧压茶，且其制作需要经过整理、拼配、蒸压定型、干燥等特定工序，与简单的茶叶初加工明显不同，且涉案产品已经经过包装，并有净含量标识，所以涉案产品应为预包装食品。根据《食品安全法》第六十七条、第一百二十五条的规定，预包装食品上应当注明生产者名称、地址、联系方式及生产许可证编号等信息，同时不得含有虚假内容。而涉案茶饼并无以上信息，且标注的执行标准发布日期晚于生产日期，存在明显矛盾，应认为属于不符合我国食品安全标准，某军主张的十倍惩罚性赔偿有事实和法律依据，应当支持。

综上，上海奉贤法院判决茶叶零售商退还某军货款6224元，同时按照十倍赔偿标准赔偿某军62240元；某军退还已购的全部茶叶。

防范建议

食品标识应当标注生产者的名称、地址和联系方式。生产者名称和地址应当是依法登记注册、能够承担产品质量责任的生产者的名称、地址。

有下列情形之一的，按照下列规定相应予以标注：

1. 依法独立承担法律责任的公司或者其子公司，应当标注各自的名称和地址；

2. 依法不能独立承担法律责任的公司分公司或者公司的生产基地，应当标注公司和分公司或者生产基地的名称、地址，或者仅标注公司的名称、地址；

3. 受委托生产加工食品且不负责对外销售的，应当标注委托企业的名称和地址；对于实施生产许可证管理的食品，委托企业具有其委托加工的食品生产许可证的，应当标注委托企业的名称、地址和被委托企业的名称，或者仅标注委托企业的名称和地址；

4. 分装食品应当标注分装者的名称及地址，并注明分装字样。

风险61：违反《食品标识管理规定》第十条规定，未按规定标注净含量的。

法律规定

《食品安全法》第一百二十五条、第一百四十八条

《食品标识管理规定》第二十九条

《定量包装商品计量监督管理办法》第十七条

法律风险

◎民事法律风险：

生产不符合食品安全标准的食品或者经营明知是不符合食品安全标准的食品，消费者除要求赔偿

损失外，还可以向生产者或者经营者要求支付价款十倍或者损失三倍的赔偿金；增加赔偿的金额不足一千元的，为一千元。但是，食品的标签、说明书存在不影响食品安全且不会对消费者造成误导的瑕疵的除外。

◎行政法律风险：

违反《食品标识管理规定》第十条规定，未按规定标注净含量的，依照《定量包装商品计量监督管理办法》规定进行处罚。责令改正；未标注净含量的，限期改正，逾期不改的，可处一千元以下罚款。

生产经营无标签的预包装食品、食品添加剂或者标签、说明书不符合《食品安全法》规定的食品、食品添加剂，由县级以上人民政府食品安全监督管理部门没收违法所得和违法生产经营的食品、食品添加剂，并可以没收用于违法生产经营的工具、设备、原料等物品；违法生产经营的食品、食品添加剂货值金额不足一万元的，并处五千元以上五万元以下罚款；货值金额一万元以上的，并处货值金额五倍以上十倍以下罚款；情节严重的，责令停产停业，直至吊销许可证。

◎刑事法律风险：

无。

防范建议

食品生产者应建立健全标签标识合规机制，严格按照《定量包装商品计量监督管理办法》的规定标注净含量。

定量包装食品标识应当标注净含量，并按照有关规定要求标注规格。对含有固、液两相物质的食品，除标示净含量外，还应当标示沥干物（固形物）的含量。净含量应当与食品名称排在食品包装的同一展示版面。净含量的标注应当符合《定量包装商品计量监督管理办法》的规定。

风险62：违反《食品标识管理规定》第十一条，未按规定标注配料、营养成分的。

法律规定

《食品安全法》第一百二十五条、第一百四十八条

《食品标识管理规定》第二十七条

法律风险

◎民事法律风险：

生产不符合食品安全标准的食品或者经营明知是不符合食品安全标准的食品，消费者除要求赔偿损失外，还可以向生产者或者经营者要求支付价款十倍或者损失三倍的赔偿金；增加赔偿的金额不足一千元的，为一千元。但是，食品的标签、说明书存在不影响食品安全且不会对消费者造成误导的瑕疵的除外。

◎行政法律风险：

违反《食品标识管理规定》第十一条，未按规定标注配料、营养成分的，责令限期改正；逾期不改的，处以五百元以上一万元以下罚款。

生产经营无标签的预包装食品、食品添加剂或者标签、说明书不符合《食品安全法》规定的食

品、食品添加剂，由县级以上人民政府食品安全监督管理部门没收违法所得和违法生产经营的食品、食品添加剂，并可以没收用于违法生产经营的工具、设备、原料等物品；违法生产经营的食品、食品添加剂货值金额不足一万元的，并处五千元以上五万元以下罚款；货值金额一万元以上的，并处货值金额五倍以上十倍以下罚款；情节严重的，责令停产停业，直至吊销许可证。

◎刑事法律风险：

无。

防范建议

食品标签应按照《食品标识管理规定》《食品安全国家标准　预包装食品标签通则》《食品安全国家标准　预包装食品营养标签通则》的规定标注配料表、营养成分表。

食品标识应当标注食品的成分或者配料清单。

配料清单中各种配料应当按照生产加工食品时加入量的递减顺序进行标注，具体标注方法按照国家标准的规定执行。

在食品中直接使用甜味剂、防腐剂、着色剂的，应当在配料清单食品添加剂项下标注具体名称；使用其他食品添加剂的，可以标注具体名称、种类或者代码。食品添加剂的使用范围和使用量应当按照国家标准的规定执行。

专供婴幼儿和其他特定人群的主辅食品，其标识还应当标注主要营养成分及其含量。

风险63：违反《食品标识管理规定》第十二条，未按规定标注执行标准号的。

法律规定

《食品安全法》第一百二十五条、第一百四十八条

《食品标识管理规定》第二十七条

法律风险

◎民事法律风险：

生产不符合食品安全标准的食品或者经营明知是不符合食品安全标准的食品，消费者除要求赔偿损失外，还可以向生产者或者经营者要求支付价款十倍或者损失三倍的赔偿金；增加赔偿的金额不足一千元的，为一千元。但是，食品的标签、说明书存在不影响食品安全且不会对消费者造成误导的瑕疵的除外。

◎行政法律风险：

违反《食品标识管理规定》第十二条，未按规定标注执行标准号的，责令限期改正；逾期不改的，处以五百元以上一万元以下罚款。

生产经营无标签的预包装食品、食品添加剂或者标签、说明书不符合《食品安全法》规定的食品、食品添加剂，由县级以上人民政府食品安全监督管理部门没收违法所得和违法生产经营的食品、食品添加剂，并可以没收用于违法生产经营的工具、设备、原料等物品；违法生产经营的食品、食品添加剂货值金额不足一万元的，并处五千元以上五万元以下罚款；货值金额一万元以上的，并处货值金额五倍以上十倍以下罚款；情节严重的，责令停产停业，直至吊销许可证。

◎**刑事法律风险**：

无。

典型案例：标签未按生产执行标准标注，超市受罚消费者获赔偿案

2019年1月10日，李某在一家小型超市购买了一桶白酒，事后发现该品牌白酒的执行标准是GB/T 20821，标签标注为“水、食用酒精、高粱、食用香料”。依据国家市场监督管理总局规定，执行标准GB/T 20821的标签必须标注食用酒精、水、食品添加剂，不得标注原料为高粱、小麦等。李某据此向当地市场监督管理部门投诉。经立案调查，市场监督管理部门认定该超市出售的白酒违反《食品安全法》，予以行政处罚。

李某又向五河县人民法院提起诉讼，诉请法院判令被告退回货款35元，原告退货，请求法院依据《食品安全法》第一百四十八条判令被告赔偿原告货款2000元。经五河县人民法院主持调解，最终双方当事人自愿达成协议，被告赔偿原告700元，当庭付清。

防范建议

产品有执行标准的，应当在食品标签中注明标准号。

风险64：违反《食品标识管理规定》第十三条，未按规定标注质量等级、加工工艺的。

法律规定

《食品安全法》第一百二十五条、第一百四十八条

《食品标识管理规定》第二十七条

法律风险

◎**民事法律风险**：

生产不符合食品安全标准的食品或者经营明知是不符合食品安全标准的食品，消费者除要求赔偿损失外，还可以向生产者或者经营者要求支付价款十倍或者损失三倍的赔偿金；增加赔偿的金额不足一千元的，为一千元。但是，食品的标签、说明书存在不影响食品安全且不会对消费者造成误导的瑕疵的除外。

◎**行政法律风险**：

违反《食品标识管理规定》第十三条，未按规定标注质量等级、加工工艺的，责令限期改正；逾期不改的，处以五百元以上一万元以下罚款。

生产经营无标签的预包装食品、食品添加剂或者标签、说明书不符合《食品安全法》规定的食品、食品添加剂，由县级以上人民政府食品安全监督管理部门没收违法所得和违法生产经营的食品、食品添加剂，并可以没收用于违法生产经营的工具、设备、原料等物品；违法生产经营的食品、食品添加剂货值金额不足一万元的，并处五千元以上五万元以下罚款；货值金额一万元以上的，并处货值金额五倍以上十倍以下罚款；情节严重的，责令停产停业，直至吊销许可证。

◎**刑事法律风险：**

无。

典型案例：曾某某不服兰溪市市场监督管理局举报投诉处理行政复议案

曾某某通过天猫平台在被投诉举报人金华某某火腿有限公司开设的天猫网店“某某干货旗舰店”购买某某香肠（以下称涉案产品），规格为400克/包。2020年10月8日，曾某某以“涉案产品未区分质量等级，违反了GB/T 7718—2011《食品安全国家标准　预包装食品标签通则》4.1.11.4质量（品质）等级”等为由通过全国12315平台向兰溪市市场监督管理局提出举报。2020年10月14日，兰溪市市场监督管理局对曾某某的举报进行案源登记，并指派执法人员对被举报方金华某某火腿有限公司进行现场检查并制作现场笔录。经现场检查，规格为400克/包的某某香肠共有200包，外包装袋3000只，均未标识质量等级。上述香肠执行标准为GB/T 23493—2009《中式香肠》，产品标准号为GB/T 23493—2009。现场检查时，被举报人金华某某火腿有限公司当场对涉案产品进行下架处理，并承诺进行整改。当日，兰溪市市场监督管理局向被投诉人金华某某火腿有限公司作出“责令改正通知书”，要求金华某某火腿有限公司在2020年10月21日前进行整改。2020年10月20日，被举报人金华某某火腿有限公司作出《关于某某香肠彩袋印刷整改说明》，就处理方案和整改情况作出说明，并提交了整改情况照片。同日，兰溪市市场监督管理局决定不予立案。2020年10月26日，兰溪市市场监督管理局通过全国12315平台向曾某某告知了不予立案的处理结果（即曾某某所申请复议的“回复”，以下简称涉案“回复”）。曾某某对此不服，遂向复议机关兰溪市人民政府提起行政复议。

复议机关审理认为：中华人民共和国国家标准《中式香肠》（GB/T 23493—2009）第4.4条质量指标中的理化指标将产品质量等级分为特级、优级、普通级。GB 7718—2011《食品安全国家标准　预包装食品标签通则》第4.1.11.4质量（品质）等级规定“食品所执行的相应产品标准已明确规定质量（品质）等级的，应标示质量（品质）等级”。根据上述标准，涉案产品标签应当标明质量等级。被举报人金华某某火腿有限公司生产的涉案产品未标明质量等级，其行为违反《食品安全法》第六十七条第一款第九项的规定。鉴于被举报人金华某某火腿有限公司上述行为不影响食品安全，且涉案产品外包装和网店销售页面均未宣传质量等级，不会对消费者产生误导，故对于被举报人金华某某火腿有限公司的上述违法行为，兰溪市市场监督管理局根据《食品安全法》第一百二十五条第二款的规定依法作出“责令改正通知书”，要求被举报人金华某某火腿有限公司在2020年10月21日前进行整改，已履行了法定职责，处置并无不当。因被举报人金华某某火腿有限公司违法行为轻微并及时纠正，未造成危害后果，故兰溪市市场监督管理局于2020年10月20日对曾某某提出的举报不予立案，并于同月25日通过全国12315平台向曾某某作出涉案回复告知不予立案，并无明显不当，涉案举报处理程序符合《市场监督管理投诉举报处理暂行办法》相关规定。综上，根据《中华人民共和国行政复议法》第二十八条第一款第一项的规定，复议机关决定如下：维持兰溪市市场监督管理局于2020年10月26日在全国12315平台上作出的回复。

防范建议

食品执行的标准明确要求标注食品的质量等级、加工工艺的，应当相应地予以标明。

风险65：违反《食品标识管理规定》第十五条，未按规定标注警示标志或中文警示说明的。

法律规定

《消费者权益保护法》第四十九条
《食品标识管理规定》第二十八条
《产品质量法》第五十四条

法律风险

◎民事法律风险：

经营者提供商品或者服务，造成消费者或者其他受害人人身伤害的，应当赔偿医疗费、护理费、交通费等为治疗和康复支出的合理费用，以及因误工减少的收入。造成残疾的，还应当赔偿残疾生活辅助具费和残疾赔偿金。造成死亡的，还应当赔偿丧葬费和死亡赔偿金。

◎行政法律风险：

违反《食品标识管理规定》第十五条，未按规定标注警示标志或中文警示说明的。依照《产品质量法》第五十四条规定进行处罚。

《产品质量法》第五十四条规定，情节严重的，责令停止生产、销售，并处违法生产、销售产品货值金额百分之三十以下的罚款；有违法所得的，并处没收违法所得。

◎刑事法律风险：

无。

防范建议

混装非食用产品易造成误食，使用不当容易造成人身伤害的，应当在其标识上标注警示标志或者中文警示说明。

风险66：违反《食品标识管理规定》第十七条规定，食品在其名称或者说明中标注“营养”“强化”字样的，未按规定标注食品营养素、热量以及定量标示的。

法律规定

《食品安全法》第一百二十五条、第一百四十八条
《食品标识管理规定》第十七条、第三十条

法律风险

◎民事法律风险：

生产不符合食品安全标准的食品或者经营明知是不符合食品安全标准的食品，消费者除要求赔偿损失外，还可以向生产者或者经营者要求支付价款十倍或者损失三倍的赔偿金；增加赔偿的金额不足

一千元的，为一千元。但是，食品的标签、说明书存在不影响食品安全且不会对消费者造成误导的瑕疵的除外。

◎行政法律风险：

食品在其名称或者说明中标注“营养”“强化”字样的，未按规定标注食品营养素、热量以及定量标示的。责令限期改正；逾期不改的，处以五千元以下罚款。

生产经营无标签的预包装食品、食品添加剂或者标签、说明书不符合《食品安全法》规定的食品、食品添加剂，由县级以上人民政府食品安全监督管理部门没收违法所得和违法生产经营的食品、食品添加剂，并可以没收用于违法生产经营的工具、设备、原料等物品；违法生产经营的食品、食品添加剂货值金额不足一万元的，并处五千元以上五万元以下罚款；货值金额一万元以上的，并处货值金额五倍以上十倍以下罚款；情节严重的，责令停产停业，直至吊销许可证。

◎刑事法律风险：

无。

防范建议

食品标签中的营养标签应当符合《食品标识管理规定》《食品安全国家标准　预包装食品营养标签通则》的要求。

风险67：违反《食品标识管理规定》第十八条规定，食品标识标注禁止性内容的。

法律规定

《食品安全法》第一百二十五条、第一百四十八条

《食品标识管理规定》第三十一条

法律风险

◎民事法律风险：

生产不符合食品安全标准的食品或者经营明知是不符合食品安全标准的食品，消费者除要求赔偿损失外，还可以向生产者或者经营者要求支付价款十倍或者损失三倍的赔偿金；增加赔偿的金额不足一千元的，为一千元。但是，食品的标签、说明书存在不影响食品安全且不会对消费者造成误导的瑕疵的除外。

◎行政法律风险：

违反《食品标识管理规定》第十八条规定，食品标识标注禁止性内容的，责令限期改正；逾期不改的，处以一万元以下罚款；违反有关法律法规规定的，按有关法律法规规定处理。

生产经营无标签的预包装食品、食品添加剂或者标签、说明书不符合《食品安全法》规定的食品、食品添加剂，由县级以上人民政府食品安全监督管理部门没收违法所得和违法生产经营的食品、食品添加剂，并可以没收用于违法生产经营的工具、设备、原料等物品；违法生产经营的食品、食品添加剂货值金额不足一万元的，并处五千元以上五万元以下罚款；货值金额一万元以上的，并处货值金额五倍以上十倍以下罚款；情节严重的，责令停产停业，直至吊销许可证。

◎刑事法律风险：

无。

典型案例：云城区某酒行未按照许可范围从事食品经营活动和经营标签涉及疾病预防、治疗功能的食品案

2019 年 1 月 11 日，广东省云浮市云城区市场监督管理局执法人员依法到位于云浮市云城区某酒行进行日常检查。执法人员现场检查发现当事人正在经营“山捻子酒”“黄皮酒”等食品。当事人食品经营许可证上的经营范围为“预包装食品（不含冷藏冷冻食品）销售，散装食品（不含冷藏冷冻食品，不含散装熟食）销售”，不包含“自制饮品”的经营范围。当事人涉嫌未按照许可范围经营食品和经营标签涉及疾病预防、治疗功能的食品，云城区市场监督管理局即日立案调查，并现场扣押了涉案物品一批。

当事人未按照许可范围从事食品经营活动和经营标签涉及疾病预防、治疗功能的食品的行为违反《广东省食品安全条例》第十二条第一款、《食品安全法》第七十一条第一款的规定，依据《广东省食品安全条例》第六十条以及《食品安全法》第一百二十五条第一款第二项的规定，2019 年 2 月 3 日，云城区市场监督管理局向当事人送达“行政处罚决定书”。

（一）当事人主要从事预包装酒类及散装酒类食品的经营，取得的食品经营许可的经营范围为“预包装食品（不含冷藏冷冻食品）销售，散装食品（不含冷藏冷冻食品，不含散装熟食）销售”，并不包括浸泡酒等“自制饮品”经营范围，其擅自使用采购的散装酒品制作浸泡酒并对外销售，属于未按照许可范围从事食品经营活动的违法行为，违反《广东省食品安全条例》第十二条第一款的规定，云城区市场监督管理局依据《广东省食品安全条例》第六十条的规定，对其进行处罚。

（二）食品生产经营者进行食品营销和宣传时，应当真实、合法，不得作虚假或者误导性宣传；不得明示或暗示保健食品具有疾病预防或治疗功能；不得利用国家机关、医疗单位、学术机构、行业组织的名义，或者以专家、医务人员和消费者的名义为产品功效作证明；不得虚构食品监制、出品、推荐单位信息。生产经营食品应当符合《食品安全法》的相关要求，不得在食品标签、说明书中夸大功能范围，进行虚假宣传。当事人经营山捻子酒的标签上有“固精壮髓、强筋壮骨、祛风活络、乌发提神、强身壮体、男女佳宜”等内容，涉及疾病预防、治疗功能，违反了《食品安全法》第七十一条第一款的规定，云城区市场监督管理局依据《食品安全法》第一百二十五条第一款第二项的规定，对其进行处罚。

防范建议

食品标签中不得出现以下禁止性内容：

1. 明示或者暗示具有预防、治疗疾病作用的；
2. 非保健食品明示或者暗示具有保健作用的；
3. 以欺骗或者误导的方式描述或者介绍食品的；
4. 附加的产品说明无法证实其依据的；
5. 文字或者图案不尊重民族习俗，带有歧视性描述的；
6. 使用国旗、国徽或者人民币等进行标注的；
7. 其他法律、法规和标准禁止标注的内容。

风险68：违反《食品标识管理规定》，伪造或者虚假标注食品生产日期和保质期的。

法律规定

《食品安全法》第一百二十四条、第一百四十八条

《食品标识管理规定》第三十二条

《刑法》第一百四十条

法律风险

◎民事法律风险：

生产不符合食品安全标准的食品或者经营明知是不符合食品安全标准的食品，消费者除要求赔偿损失外，还可以向生产者或者经营者要求支付价款十倍或者损失三倍的赔偿金；增加赔偿的金额不足一千元的，为一千元。但是，食品的标签、说明书存在不影响食品安全且不会对消费者造成误导的瑕疵的除外。

◎行政法律风险：

违反《食品标识管理规定》，伪造或者虚假标注食品生产日期和保质期的。责令限期改正，处以五百元以上一万元以下罚款；情节严重，造成后果的，依照有关法律、行政法规规定进行处罚。

生产经营标注虚假生产日期、保质期或者超过保质期的食品、食品添加剂。尚不构成犯罪的，由县级以上人民政府食品安全监督管理部门没收违法所得和违法生产经营的食品、食品添加剂，并可以没收用于违法生产经营的工具、设备、原料等物品；违法生产经营的食品、食品添加剂货值金额不足一万元的，并处五万元以上十万元以下罚款；货值金额一万元以上的，并处货值金额十倍以上二十倍以下罚款；情节严重的，吊销许可证。

◎刑事法律风险：

涉嫌生产、销售伪劣产品罪。生产者、销售者在产品中掺杂、掺假，以假充真，以次充好或者以不合格产品冒充合格产品，销售金额五万元以上不满二十万元的，处二年以下有期徒刑或者拘役，并处或者单处销售金额百分之五十以上二倍以下罚金；销售金额二十万元以上不满五十万元的，处二年以上七年以下有期徒刑，并处销售金额百分之五十以上二倍以下罚金；销售金额五十万元以上不满二百万元的，处七年以上有期徒刑，并处销售金额百分之五十以上二倍以下罚金；销售金额二百万元以上的，处十五年有期徒刑或者无期徒刑，并处销售金额百分之五十以上二倍以下罚金或者没收财产。

典型案例：德阳市广汉市市场监督管理局查处广汉市某粮油食品企业生产虚假标注保质期食品等违法行为案

2021 年 10 月，广汉市市场监督管理局按照市场监管领域粮食市场秩序专项整治工作部署对广汉市某粮油食品企业进行监督检查，发现该企业生产经营标注虚假保质期等违法行为，遂对当事人进行立案调查。经查，当事人在翻装“汉中香米”“广汉大米”食品包装中只将食品生产日期的标注作改变，而没有将食品保质期的标注作相应调整，涉案“汉中香米”和“广汉大米”共计 85000 千克，货值金额共计 352750 元。

当事人销售了 33000 千克“广汉大米”，获利 39270 元。同时查明当事人在从事“广汉大米”生产经营中，大米包装上标注含有“中国有机产品”“ORGANIC”“证书编号：284OP20×××× ”内容的图形标志，但当事人取得的上述编号有机产品认证证书有效期已满且未申请延续，属未获得有机产品认证的情形。当事人使用的包装机等 6 台计量器具属于列入强制检定目录的计量器具，但未按规定对计量器具申请检定。

当事人生产经营食品标注虚假保质期的行为，违反了《食品安全法》第三十四条第十项的规定；当事人在“广汉大米”食品上标注有机认证标志的行为，违反了《有机产品认证管理办法》第三十五条的规定；当事人在粮食购销经营中使用未经检定计量器具的行为，违反了《中华人民共和国计量法》第九条第一款的规定。

依据《食品安全法》第一百二十四条第五项、《有机产品认证管理办法》第五十条和《中华人民共和国计量法实施细则》第四十三条的规定，广汉市市场监督管理局于 2022 年 1 月 20 日依法责令当事人立即改正，并作出如下行政处罚：

1. 没收标注虚假保质期的“汉中香米”15000 千克（计 600 袋）、“广汉大米”37000 千克（计 1480 袋）；
2. 没收违法所得 39270 元；
3. 对当事人生产经营标注虚假保质期食品的行为罚款 3527500 元；
4. 对当事人违法标注有机认证标志的行为罚款 10000 元；
5. 对当事人使用未按规定检定计量器具的行为罚款 800 元。

上述第 2 至 5 罚没款项共计 3577570 元。

防范建议

食品生产经营者不得虚假标注生产日期、保质期。

风险 69：违反《食品标识管理规定》，伪造食品产地，伪造或者冒用其他生产者的名称、地址的。

法律规定

《食品安全法》第一百四十八条

《产品质量法》第五十三条

《食品标识管理规定》第三十三条

《刑法》第一百四十条

法律风险

◎民事法律风险：

生产不符合食品安全标准的食品或者经营明知是不符合食品安全标准的食品，消费者除要求赔偿损失外，还可以向生产者或者经营者要求支付价款十倍或者损失三倍的赔偿金；增加赔偿的金额不足一千元的，为一千元。但是，食品的标签、说明书存在不影响食品安全且不会对消费者造成误导的瑕疵的除外。

◎行政法律风险：

违反《食品标识管理规定》，伪造食品产地，伪造或者冒用其他生产者的名称、地址的。依照《产品质量法》第五十三条规定进行处罚。

《产品质量法》第五十三条规定，责令改正，没收违法生产、销售的产品，并处违法生产、销售产品货值金额等值以下的罚款；有违法所得的，并处没收违法所得；情节严重的，吊销营业执照。

◎刑事法律风险：

涉嫌生产、销售伪劣产品罪。生产者、销售者在产品中掺杂、掺假，以假充真，以次充好或者以不合格产品冒充合格产品，销售金额五万元以上不满二十万元的，处二年以下有期徒刑或者拘役，并处或者单处销售金额百分之五十以上二倍以下罚金；销售金额二十万元以上不满五十万元的，处二年以上七年以下有期徒刑，并处销售金额百分之五十以上二倍以下罚金；销售金额五十万元以上不满二百万元的，处七年以上有期徒刑，并处销售金额百分之五十以上二倍以下罚金；销售金额二百万元以上的，处十五年有期徒刑或者无期徒刑，并处销售金额百分之五十以上二倍以下罚金或者没收财产。

典型案例：涉嫌生产伪造产地及冒用他人厂名、厂址的蔬菜和水果干制品案

2013 年 2 月，根据群众举报，浙江省质量技术监督局稽查总队会同嘉兴市稽查支队及海宁市稽查大队，三级联动对位于海宁市海昌街道火炬社区×××号的海宁市某食品有限公司进行执法检查。

经检查发现，该公司正在分装黄花菜、桂圆等蔬菜干制品和水果干制品。该厂负责人出示了蔬菜干制品和水果干制品的分装许可证。执法人员发现该公司购入的大包装原料黄花菜的标签上，生产企业标注为“陕西大荔黄花菜专业合作社”，但在该企业分装的黄花菜成品标签上，却将产地标注为“湖南株洲”。执法人员还在现场发现一批桂圆干制品成品及其包装袋，均标注有“分装商：莆田市某食品有限公司”字样。执法人员对现场发现的 280 袋（158 克/袋）该种黄花菜干制品，以及 385 袋（450 克/袋）该种桂圆干制品进行了查封，并对执法过程进行了拍照和录像。海宁市某食品有限公司涉嫌生产伪造产地及冒用他人厂名、厂址的蔬菜、水果干制品。

当事人的行为违反了《食品标识管理规定》第三十三条、《产品质量法》第五十三条的规定，由海宁市质量技术监督局依法立案调查处理。

防范建议

食品生产经营者不得擅自伪造产品产地，冒用他人厂名、厂址。

风险70：违反《食品标识管理规定》第二十条规定，食品标识与食品或者其包装分离的。

法律规定

《食品安全法》第一百二十五条、第一百四十八条
《食品标识管理规定》第三十四条

法律风险

◎民事法律风险：

生产不符合食品安全标准的食品或者经营明知是不符合食品安全标准的食品，消费者除要求赔偿损失外，还可以向生产者或者经营者要求支付价款十倍或者损失三倍的赔偿金；增加赔偿的金额不足一千元的，为一千元。但是，食品的标签、说明书存在不影响食品安全且不会对消费者造成误导的瑕疵的除外。

◎行政法律风险：

违反《食品标识管理规定》第二十条规定，食品标识与食品或者其包装分离的。责令限期改正，处以五千元以下罚款。

生产经营无标签的预包装食品、食品添加剂或者标签、说明书不符合《食品安全法》规定的食品、食品添加剂，由县级以上人民政府食品安全监督管理部门没收违法所得和违法生产经营的食品、食品添加剂，并可以没收用于违法生产经营的工具、设备、原料等物品；违法生产经营的食品、食品添加剂货值金额不足一万元的，并处五千元以上五万元以下罚款；货值金额一万元以上的，并处货值金额五倍以上十倍以下罚款；情节严重的，责令停产停业，直至吊销许可证。

◎刑事法律风险：

无。

防范建议

食品标签不得与产品相分离，应采用相应的技术手段 ，确保食品标签与产品包装不分离。

风险71：违反《食品标识管理规定》第二十一条规定，食品标识未直接标注在最小销售单元的食品或者其包装上的。

法律规定

《食品安全法》第一百二十五条、第一百四十八条
《食品标识管理规定》第三十五条

法律风险

◎民事法律风险：

生产不符合食品安全标准的食品或者经营明知是不符合食品安全标准的食品，消费者除要求赔偿损失外，还可以向生产者或者经营者要求支付价款十倍或者损失三倍的赔偿金；增加赔偿的金额不足一千元的，为一千元。但是，食品的标签、说明书存在不影响食品安全且不会对消费者造成误导的瑕疵的除外。

◎行政法律风险：

违反《食品标识管理规定》第二十一条规定，食品标识未直接标注在最小销售单元的食品或者其包装上的。责令限期改正；逾期不改的，处以一万元以下罚款。

生产经营无标签的预包装食品、食品添加剂或者标签、说明书不符合《食品安全法》规定的食品、食品添加剂，由县级以上人民政府食品安全监督管理部门没收违法所得和违法生产经营的食品、食品添加剂，并可以没收用于违法生产经营的工具、设备、原料等物品；违法生产经营的食品、食品添加剂货值金额不足一万元的，并处五千元以上五万元以下罚款；货值金额一万元以上的，并处货值金额五倍以上十倍以下罚款；情节严重的，责令停产停业，直至吊销许可证。

◎刑事法律风险：

无。

防范建议

最小销售单元的食品包装上应当标识食品标签信息。

风险72：违反《食品标识管理规定》第二十二条第二款规定，在一个销售单元的包装中含有不同品种、多个独立包装的食品，独立包装的食品标识未按照《食品标识管理规定》进行标注的。

法律规定

《食品安全法》第一百二十五条、第一百四十八条

《食品标识管理规定》第三十五条

法律风险

◎民事法律风险：

生产不符合食品安全标准的食品或者经营明知是不符合食品安全标准的食品，消费者除要求赔偿损失外，还可以向生产者或者经营者要求支付价款十倍或者损失三倍的赔偿金；增加赔偿的金额不足一千元的，为一千元。但是，食品的标签、说明书存在不影响食品安全且不会对消费者造成误导的瑕疵的除外。

◎行政法律风险：

违反《食品标识管理规定》第二十二条第二款规定，责令限期改正；逾期不改的，处以一万元以下罚款。

生产经营无标签的预包装食品、食品添加剂或者标签、说明书不符合《食品安全法》规定的食品、食品添加剂，由县级以上人民政府食品安全监督管理部门没收违法所得和违法生产经营的食品、

食品添加剂，并可以没收用于违法生产经营的工具、设备、原料等物品；违法生产经营的食品、食品添加剂货值金额不足一万元的，并处五千元以上五万元以下罚款；货值金额一万元以上的，并处货值金额五倍以上十倍以下罚款；情节严重的，责令停产停业，直至吊销许可证。

◎刑事法律风险：

无。

防范建议

在一个销售单元的包装中含有不同品种、多个独立包装的食品，每件独立包装的食品标识应当按照规定进行标注，但外包装易于开启识别的除外。

风险73：违反《食品标识管理规定》第二十四条规定，食品标识文字未使用规范的中文的。

法律规定

《食品安全法》第一百二十五条

《食品标识管理规定》第三十五条

法律风险

◎民事法律风险：

无。

◎行政法律风险：

违反《食品标识管理规定》第二十四条规定，食品标识文字未使用规范的中文。责令限期改正；逾期不改的，处以一万元以下罚款。

生产经营无标签的预包装食品、食品添加剂或者标签、说明书不符合《食品安全法》规定的食品、食品添加剂，由县级以上人民政府食品安全监督管理部门没收违法所得和违法生产经营的食品、食品添加剂，并可以没收用于违法生产经营的工具、设备、原料等物品；违法生产经营的食品、食品添加剂货值金额不足一万元的，并处五千元以上五万元以下罚款；货值金额一万元以上的，并处货值金额五倍以上十倍以下罚款；情节严重的，责令停产停业，直至吊销许可证。

◎刑事法律风险：

无。

典型案例：威海经济技术开发区某咖啡西餐厅经营外包装无中文标签的预包装食品案

2020年7月8日，威海市市场监督管理局对威海经济技术开发区某咖啡西餐厅实施监督检查，查明当事人经营外包装无中文标签的抹茶和肉桂粉。当事人的行为违反了《食品安全法》第九十七条的规定，依据《食品安全法》第一百二十五条第一款第二项的规定，没收违法所得150元，没收外包装无中文标签的抹茶1罐、肉桂粉1瓶，罚款18000元。

防范建议

食品标识所用文字应当为规范的中文。使用外文、少数民族文字，应当有对应的中文，但注册商标除外。

风险74：违反《食品标识管理规定》第二十五条规定，食品标识中强制标注内容的文字、符号、数字的高度不符合规定的。

法律规定

《食品安全法》第一百二十五条

《食品标识管理规定》第三十五条

法律风险

◎民事法律风险：

无。

◎行政法律风险：

违反《食品标识管理规定》第二十五条规定，责令限期改正；逾期不改的，处以一万元以下罚款。

生产经营无标签的预包装食品、食品添加剂或者标签、说明书不符合《食品安全法》规定的食品、食品添加剂，由县级以上人民政府食品安全监督管理部门没收违法所得和违法生产经营的食品、食品添加剂，并可以没收用于违法生产经营的工具、设备、原料等物品；违法生产经营的食品、食品添加剂货值金额不足一万元的，并处五千元以上五万元以下罚款；货值金额一万元以上的，并处货值金额五倍以上十倍以下罚款；情节严重的，责令停产停业，直至吊销许可证。

◎刑事法律风险：

无。

典型案例：食品标签净含量字符高度不符合国家标准案

2017年11月3日，由湖南出入境检验检疫局检验检疫中心委托醴陵市食品药品和质量技术检验检测所对醴陵市某超市凯旋店经营的瑞麦牌山药饼干380克/盒（生产日期为2017年6月28日）标签净含量字符高度进行检测。经检验，该店经营的瑞麦牌山药饼干（净含量为380克）净含量字符高度为2mm，依据大于200克而小于1000克食品的净含量字符高度大于等于4毫米限量指标的要求，该瑞麦牌山药饼干（净含量为380克）标签净含量字符高度已小于限量指标，标签检验项目不符合GB 7718—2011《食品安全国家标准 预包装食品标签通则》的标准要求，从而判定该产品为不合格产品。湖南出入境检验检疫局于2018年1月17日将报告书送达当事人，并指定人员调查处理本案。

经查证当事人于2017年9月9日从湖南某有限公司购进瑞麦牌山药饼干（净含量为380克）13盒，每盒380克，购进价格为8.5元/盒。当事人称于2018年1月17日止已经销售9盒，销售价格为10元/盒。经营总额为90元，获利13.5元。

其行为违反《食品安全法》第九十七条和《定量包装商品计量监督管理办法》第六条的规定，构成了经营不符合包装商品净含量标注字符标准要求的食品的违法行为。根据《食品安全法》第一百二十五条第一款的规定，鉴于当事人违法经营额90元，且积极配合调查，醴陵市市场监督管理局决定作出如下行政处罚：

1. 没收当事人经营的瑞麦牌山药饼干（净含量为380克）4盒；
2. 没收当事人违法所得13.5元，并处5000元罚款，合计5013.5元，上缴国库。

防范建议

食品标签中文字、符号、数字的高度应当符合《食品标识管理规定》《食品安全国家标准　预包装食品标签通则》的规定。

第三部分

食品流通

食品经营许可管理

风险1：未取得食品经营许可从事食品经营活动的。

法律规定

《食品安全法》第一百二十二条

《食品经营许可管理办法》第四十五条

法律风险

◎民事法律风险：

无。

◎行政法律风险：

未取得食品经营许可从事食品经营活动的，由县级以上地方食品药品监督管理部门依照《食品安全法》第一百二十二条的规定给予处罚。

《食品安全法》第一百二十二条规定，由县级以上人民政府食品安全监督管理部门没收违法所得和违法生产经营的食品、食品添加剂以及用于违法生产经营的工具、设备、原料等物品；违法生产经营的食品、食品添加剂货值金额不足一万元的，并处五万元以上十万元以下罚款；货值金额一万元以上的，并处货值金额十倍以上二十倍以下罚款。

◎刑事法律风险：

无。

典型案例：广州某贸易有限公司未取得食品经营许可证从事食品经营活动案

2019年7月22日，广州市白云区市场监督管理局在日常检查中，发现广州某贸易有限公司经营红酒销售业务。经查，该公司尚未取得食品经营许可证从事食品经营活动。

广州某贸易有限公司未取得食品经营许可证从事食品经营活动的行为，违反了《食品安全法》第三十五条第一款及第一百二十二条的规定，广州市白云区市场监督管理局依法对当事人罚款50000元，没收违法所得2698元。

防范建议

食品销售者开展食品销售之前，应当向市场监管部门申请食品经营许可。

风险2：许可申请人隐瞒真实情况或者提供虚假材料申请食品经营许可的。

法律规定

《食品经营许可管理办法》第四十六条

法律风险

◎民事法律风险：

无。

◎行政法律风险：

由县级以上地方食品药品监督管理部门给予警告。申请人在一年内不得再次申请食品经营许可。

◎刑事法律风险：

无。

防范建议

申请食品经营许可不得隐瞒真实情况或者提供虚假材料。

风险3：被许可人以欺骗、贿赂等不正当手段取得食品经营许可的。

法律规定

《刑法》第三百八十九条、第三百九十条

《食品经营许可管理办法》第四十七条

法律风险

◎民事法律风险：

无。

◎行政法律风险：

由原发证的食品药品监督管理部门撤销许可，并处一万元以上三万元以下罚款。被许可人在三年内不得再次申请食品经营许可。

◎刑事法律风险：

涉嫌行贿罪。为谋取不正当利益，给予国家工作人员以财物的，是行贿罪。在经济往来中，违反国家规定，给予国家工作人员以财物，数额较大的，或者违反国家规定，给予国家工作人员以各种名义的回扣、手续费的，以行贿论处。

对犯行贿罪的，处五年以下有期徒刑或者拘役，并处罚金；因行贿谋取不正当利益，情节严重的，或者使国家利益遭受重大损失的，处五年以上十年以下有期徒刑，并处罚金；情节特别严重的，或者使国家利益遭受特别重大损失的，处十年以上有期徒刑或者无期徒刑，并处罚金或者没收财产。

防范建议

任何人不得以欺骗、贿赂等不正当手段取得食品经营许可。

风险4：违反《食品经营许可管理办法》第二十六条第一款规定，食品经营者伪造、涂改、倒卖、出租、出借、转让食品经营许可证的。

法律规定

《刑法》第二百八十条

《食品经营许可管理办法》第四十八条

法律风险

◎民事法律风险：

无。

◎行政法律风险：

由县级以上地方食品药品监督管理部门责令改正，给予警告，并处一万元以下罚款；情节严重的，处一万元以上三万元以下罚款。

◎刑事法律风险：

涉嫌伪造、变造、买卖国家机关公文、证件、印章罪。伪造、变造、买卖或者盗窃、抢夺、毁灭国家机关的公文、证件、印章的，处三年以下有期徒刑、拘役、管制或者剥夺政治权利，并处罚金；情节严重的，处三年以上十年以下有期徒刑，并处罚金。

典型案例：宜宾市翠屏区市场监督管理局查处首例伪造食品经营许可证案

宜宾市翠屏区市场监督管理局接举报，称宜宾市翠屏区女学街的某饮品店冒用其营业执照和食品经营许可证在某 App 上开展外卖活动。

翠屏区市场监督管理局执法人员随即前往该饮品店在某 App 上显示的经营地址进行现场检查，发现该饮品店现场不能够提供营业执照和食品经营许可证。执法人员现场登录某 App，发现该饮品店公示的营业执照和食品经营许可证的经营者、经营场所等信息均与实际不符，同时发证机关加盖的印章为“翠屏区市场监督管理局”，无印章编号，与该局印章“宜宾市翠屏区市场监督管理局”也不一致，初步判定为假冒证件。执法人员现场责令当事人停止继续开展外卖活动，并下架其产品。

当事人的行为违反了《刑法》第二百八十条的规定，翠屏区市场监督管理局对当事人伪造食品经营许可证的行为立案查处，将伪造国家公文、印章的犯罪线索移送公安部门，并对相关网络食品交易第三方平台移交属地监管部门立案调查。

防范建议

食品经营者不得伪造、涂改、倒卖、出租、出借、转让食品经营许可证。

风险5：违反《食品经营许可管理办法》第二十六条第二款规定，食品经营者未按规定在经营场所的显著位置悬挂或者摆放食品经营许可证的。

法律规定

《食品经营许可管理办法》第四十八条

法律风险

◎民事法律风险：

无。

◎行政法律风险：

由县级以上地方食品药品监督管理部门责令改正，给予警告，并处一万元以下罚款；情节严重的，处一万元以上三万元以下罚款。

◎刑事法律风险：

无。

防范建议

食品经营者应在经营场所的显著位置悬挂或者摆放食品经营许可证。

风险6：违反《食品经营许可管理办法》第二十七条第一款规定，食品经营许可证载明的许可事项发生变化，食品经营者未按规定申请变更经营许可的。

法律规定

《食品经营许可管理办法》第四十九条

法律风险

◎民事法律风险：

无。

◎行政法律风险：

由原发证的食品药品监督管理部门责令改正，给予警告；拒不改正的，处二千元以上一万元以下罚款。

◎刑事法律风险：

无。

防范建议

食品经营许可证载明的许可事项发生变化的，食品经营者应当在变化后十个工作日内向原发证的食品药品监督管理部门申请变更经营许可。经营场所发生变化的，应当重新申请食品经营许可。

风险7：违反《食品经营许可管理办法》第二十七条第二款规定或者第三十六条第一款规定，食品经营者外设仓库地址发生变化，未按规定报告，或者食品经营者终止食品经营，食品经营许可被撤回、撤销或者食品经营许可证被吊销，未按规定申请办理注销手续的。

法律规定

《食品经营许可管理办法》第四十九条

法律风险

◎**民事法律风险：**

无。

◎**行政法律风险：**

由原发证的食品药品监督管理部门责令改正；拒不改正的，给予警告，并处二千元以下罚款。

◎**刑事法律风险：**

无。

防范建议

外设仓库地址发生变化的，食品经营者应当在变化后十个工作日内向原发证的食品药品监督管理部门报告。

食用农产品销售

风险8：违反《农产品质量安全法》第二十八条规定，销售的农产品未按照规定进行包装、标识的。

法律规定

《消费者权益保护法》第五十五条

《农产品质量安全法》第四十八条

法律风险

◎民事法律风险：

经营者提供商品或者服务有欺诈行为的，应当按照消费者的要求增加赔偿其受到的损失，增加赔偿的金额为消费者购买商品的价款或者接受服务的费用的三倍；增加赔偿的金额不足五百元的，为五百元。法律另有规定的，依照其规定。

◎行政法律风险：

责令限期改正；逾期不改正的，可以处二千元以下罚款。

◎刑事法律风险：

无。

防范建议

农产品生产企业、农民专业合作经济组织以及从事农产品收购的单位或者个人销售的农产品，按照规定应当包装或者附加标识的，须经包装或者附加标识后方可销售。包装物或者标识上应当按照规定标明产品的品名、产地、生产者、生产日期、保质期、产品质量等级等内容；使用添加剂的，还应当按照规定标明添加剂的名称。具体办法由国务院农业行政主管部门制定。

风险9：农产品生产企业、农民专业合作经济组织、农产品销售企业销售的农产品含有国家禁止使用的农药、兽药或者其他化学物质的。

法律规定

《食品安全法》第一百二十四条

《农产品质量安全法》第五十条、第五十四条

《刑法》第一百四十四条

法律风险

◎民事法律风险：

生产、销售《农产品质量安全法》第三十三条所列农产品，给消费者造成损害的，依法承担赔偿责任。农产品批发市场中销售的农产品有上述规定情形的，消费者可以向农产品批发市场要求赔偿；属于生产者、销售者责任的，农产品批发市场有权追偿。消费者也可以直接向农产品生产者、销售者要求赔偿。

◎行政法律风险：

销售的农产品有《农产品质量安全法》第三十三条第一项至第三项或者第五项所列情形之一的，责令停止销售，追回已经销售的农产品，对违法销售的农产品进行无害化处理或者予以监督销毁；没收违法所得，并处二千元以上二万元以下罚款。

尚不构成犯罪的，由县级以上人民政府食品安全监督管理部门没收违法所得和违法生产经营的食品、食品添加剂，并可以没收用于违法生产经营的工具、设备、原料等物品；违法生产经营的食品、食品添加剂货值金额不足一万元的，并处五万元以上十万元以下罚款；货值金额一万元以上的，并处货值金额十倍以上二十倍以下罚款；情节严重的，吊销许可证。

◎**刑事法律风险：**

涉嫌生产、销售有毒有害食品罪。处五年以下有期徒刑，并处罚金；对人体健康造成严重危害或者有其他严重情节的，处五年以上十年以下有期徒刑，并处罚金；致人死亡或者有其他特别严重情节的，依照《刑法》第一百四十一条的规定处罚。

典型案例：河南两起豆角使用高毒农药被罚案

河南省农业农村厅公布了2021年农产品质量典型案例，其中两个案例涉及将高毒、禁用农药用于蔬菜生产，涉案农产品被追回销毁，当事人王某某、张某某分别被处以1000元、2000元的罚款。

在“巩义市王某某将高毒农药用于蔬菜生产案”中，王某某供给某超市的豆角，经检验发现氧乐果项目不合格。执法人员在调查取证后，确认王某某将高毒农药氧乐果用于蔬菜生产。当事人的行为违反了《农产品质量安全法》第五十条的规定，综合各种因素，巩义市执法机关依法对其从轻处以1000元罚款。

在“许昌市张某某将禁用农药用于蔬菜种植案”中，张某某在豆角采收上市期，违法使用了禁用农药克百威，并将41千克豆角销往某超市。经执法人员检测，发现这批豆角克百威项目不合格。当事人的行为违反了《农产品质量安全法》第五十条的规定。许昌市执法机关依法对张某某作出责令停止销售、追回并销毁涉案农产品、没收违法所得、处以2000元罚款的决定。

典型案例：姬某某使用蔬菜禁止使用农药氧乐果种植茄子案

2020年11月，山西省高平市农业农村局接到该市市场监督管理局监督抽查结果通报，称当地村民姬某某生产销售的茄子检测不合格。经调查，姬某某在茄子种植过程中使用了蔬菜禁止使用的农药氧乐果。姬某某的行为违反了《刑法》第一百四十四条的规定，高平市农业农村局随后将案件移送至公安机关查处。2021年3月，姬某某因犯生产、销售有毒有害食品罪，被判处有期徒刑7个月，并处罚金5000元，支付赔偿金1000元。

防范建议

农产品生产企业、农民专业合作经济组织应当严格遵守农业投入品的相关规定，不得使用国家禁止使用的农药、兽药或者其他化学物质。

农产品销售企业应建立进货查验制度，注重采购农产品的检测工作。

风险10：农产品生产企业、农民专业合作经济组织、农产品销售企业销售的农产品有农药、兽药等化学物质残留或者含有的重金属等有毒有害物质不符合农产品质量安全标准的。

法律规定

《农产品质量安全法》第五十条、第五十四条

《食品安全法》第一百二十四条

《刑法》第一百四十四条

法律风险

◎民事法律风险：

生产、销售《农产品质量安全法》第三十三条所列农产品，给消费者造成损害的，依法承担赔偿责任。农产品批发市场中销售的农产品有上述规定情形的，消费者可以向农产品批发市场要求赔偿；属于生产者、销售者责任的，农产品批发市场有权追偿。消费者也可以直接向农产品生产者、销售者要求赔偿。

◎行政法律风险：

销售的农产品有《农产品质量安全法》第三十三条第一项至第三项或者第五项所列情形之一的，责令停止销售，追回已经销售的农产品，对违法销售的农产品进行无害化处理或者予以监督销毁；没收违法所得，并处二千元以上二万元以下罚款。

尚不构成犯罪的，由县级以上人民政府食品安全监督管理部门没收违法所得和违法生产经营的食品、食品添加剂，并可以没收用于违法生产经营的工具、设备、原料等物品；违法生产经营的食品、食品添加剂货值金额不足一万元的，并处五万元以上十万元以下罚款；货值金额一万元以上的，并处货值金额十倍以上二十倍以下罚款；情节严重的，吊销许可证。

◎刑事法律风险：

涉嫌生产、销售有毒有害食品罪。处五年以下有期徒刑，并处罚金；对人体健康造成严重危害或者有其他严重情节的，处五年以上十年以下有期徒刑，并处罚金；致人死亡或者有其他特别严重情节的，依照《刑法》第一百四十一条的规定处罚。

典型案例：上海道某果业农民专业合作社销售不符合食品安全国家标准农产品案

2020年7月，上海市奉贤区农业农村委员会对上海道某果业农民专业合作社开展监督抽检，检测发现其生产并上市销售的长豇豆、鸡毛菜中氯氟氰菊酯和鸡毛菜中啶虫脒农药残留超标，判定为不合格产品，涉案产品26千克。2021年1月，奉贤区农业农村委员会依据《农产品质量安全法》第五十条的规定对该合作社作出如下行政处罚：没收违法所得150元，并处罚款5000元。

典型案例：王某某未按照农药标签标注内容使用农药种植韭菜案

2021年1月，内蒙古自治区阿拉善盟农牧业综合行政执法支队对阿拉善左旗巴彦霍德嘎查王某某种植的温棚韭菜开展监督抽查，检测发现韭菜中氯氰菊酯和啶虫脒残留超标，判定为不合格产品。经查，当事人王某某在韭菜生产过程中使用过农药啶虫脒和高氯·甲维盐（含有4.5%氯氰菊酯成分），案发时虽已经超过安全间隔期，但其未按照农药标签标注的使用方法和剂量、使用技术要求等规定使用农药。阿拉善盟农牧局依据《农产品质量安全法》第五十条的规定对当事人作出罚款7000元的行政处罚。

防范建议

农产品生产企业、农民专业合作经济组织应当严格遵守农业投入品的相关规定，不得超量超范围使用农药、兽药或者肥料。

农产品销售企业应建立进货查验制度，注重采购农产品的检测工作。

风险11：农产品生产企业、农民专业合作经济组织、农产品销售企业销售的农产品含有的致病性寄生虫、微生物或者生物毒素不符合农产品质量安全标准的。

法律规定

《农产品质量安全法》第五十条、第五十四条

《食品安全法》第一百二十四条

《刑法》第一百四十三条

法律风险

◎民事法律风险：

生产、销售《农产品质量安全法》第三十三条所列农产品，给消费者造成损害的，依法承担赔偿责任。农产品批发市场中销售的农产品有上述规定情形的，消费者可以向农产品批发市场要求赔偿；属于生产者、销售者责任的，农产品批发市场有权追偿。消费者也可以直接向农产品生产者、销售者要求赔偿。

◎行政法律风险：

销售的农产品有《农产品质量安全法》第三十三条第一项至第三项或者第五项所列情形之一的，责令停止销售，追回已经销售的农产品，对违法销售的农产品进行无害化处理或者予以监督销毁；没收违法所得，并处二千元以上二万元以下罚款。

尚不构成犯罪的，由县级以上人民政府食品安全监督管理部门没收违法所得和违法生产经营的食品、食品添加剂，并可以没收用于违法生产经营的工具、设备、原料等物品；违法生产经营的食品、食品添加剂货值金额不足一万元的，并处五万元以上十万元以下罚款；货值金额一万元以上的，并处货值金额十倍以上二十倍以下罚款；情节严重的，吊销许可证。

◎刑事法律风险：

涉嫌生产、销售不符合安全标准的食品罪。足以造成严重食物中毒事故或者其他严重食源性疾病的，处三年以下有期徒刑或者拘役，并处罚金；对人体健康造成严重危害或者有其他严重情节的，处三年以上七年以下有期徒刑，并处罚金；后果特别严重的，处七年以上有期徒刑或者无期徒刑，并处罚金或者没收财产。

典型案例：百货超市销售的生花生米黄曲霉毒素超标案

2021 年 5 月 27 日，由济宁市兖州区市场监督管理局委托山东某科技有限公司进行的食品安全监督抽检中，抽取的济宁市兖州区某百货超市销售的生花生米经抽样检验，黄曲霉毒素 B1 项目不符合 GB 2761—2017《食品安全国家标准　食品中真菌毒素限量》要求，检验结论为不合格。抽取的结球甘蓝经抽样检验，氧乐果项目不符合 GB 2763—2019《食品安全国家标准　食品中农药最大残留限量》要求，检验结论为不合格。兖州区市场监督管理局依法立案调查。

本案中当事人的经营行为违反了《食用农产品市场销售质量安全监督管理办法》第二十五条第二项的规定。根据《食用农产品市场销售质量安全监督管理办法》第五十条第二款的规定，本案中当事人的经营行为属于《食品安全法》第一百二十四条第一款第一项规定的“经营农药残留含量超过食品安全标准限量的食品”及“经营生物毒素含量超过食品安全标准限量的食品”的行为。

依据《食品安全法》第一百二十四条第一款第一项的规定，参照山东省自由裁量权相关规定，兖州区市场监督管理局责令当事人立即改正违法行为，并给予当事人以下行政处罚：1. 罚款 10000 元；2. 没收违法所得 409 元。

防范建议

农产品生产企业、农民专业合作经济组织、农产品销售企业销售应重视农产品质量安全，不得生产经营含有致病性寄生虫、微生物或者生物毒素不符合农产品质量安全标准的农产品。

风险 12：从事对温度、湿度等有特殊要求的食品贮存业务的非食品生产经营者，食品集中交易市场的开办者、食品展销会的举办者，未按照规定备案或者报告的。

法律规定

《食品安全法实施条例》第七十二条

法律风险

◎民事法律风险：

无。

◎行政法律风险：

由县级以上人民政府食品安全监督管理部门责令改正，给予警告；拒不改正的，处一万元以上五万元以下罚款；情节严重的，责令停产停业，并处五万元以上二十万元以下罚款。

◎刑事法律风险：

无。

防范建议

对从事对温度、湿度等有特殊要求的食品贮存业务的非食品生产经营者，食品集中交易市场的开办者、食品展销会的举办者应当依法向监管部门备案或报告。

风险13：农产品批发市场违反《农产品质量安全法》第三十七条第一款规定，未设立或者委托农产品质量安全检测机构，发现不符合农产品质量安全标准的，未要求销售者立即停止销售，并向农业行政主管部门报告的。

法律规定

《农产品质量安全法》第五十条

法律风险

◎民事法律风险：

无。

◎行政法律风险：

责令改正，处二千元以上二万元以下罚款。

◎刑事法律风险：

无。

典型案例：食用农产品集中交易市场尚未配备检验设备案

定西市安定区人民检察院在开展“四个最严”专项行动中，于2020年1月7日、8日对安定区各大食用农产品市场进行走访调查，共走访了安定区城区内4家食用农产品集中交易市场和6家大型综合超市，其中发现新城区华某超市、西某市场等食用农产品集中交易市场违反《农产品质量安全法》第三十七条、第五十条的规定，尚未配备检验设备，上述市场中的食用农产品销售者多种多样，且无食用农产品的产地证明或者购货凭证、合格证明文件，无法保证市场销售的食用农产品可追溯，不能确保食用农产品的质量安全，对消费者造成一定的食品安全风险。定西市安定区市场监督管理局作为监督管理部门，对上述情况存在未依法履行监管职责的情形，致使社会公共利益受到损害。

安定区人民检察院在调查取证后，于2020年1月15对该案立案审查，并于2020年4月9日向定西市安定区市场监督管理局送达了“检察建议书”。检察建议内容：1. 建议定西市安定区市场监督管理局督促定西市安定区范围内的食用农产品集中交易市场和超市配备检验设备，或者委托具有资质的食品检验机构，对食用农产品进行抽样检验或者快速检测，并严格按照年度日常监督检查计划对食用农产品进行定期或者不定期的抽样检验，靠实抽样检验计划工作责任，及时排除在食用农产品销售过程中存在的质量安全隐患；2. 对辖区内的食用农产品经营者依法进行全面监督管理，提高集中交易市场开办者和食用农产品销售者的行业自律性，督促集中交易市场开办者和销售者履行应尽的法律义务，加强对食用农产品违法经营的打击整治力度，切实加强日常执法巡查，加强普法宣传，让老百姓买到放心、安全的食用农产品。

2020年5月29日，定西市安定区市场监督管理局向定西市安定区人民检察院书面回复了检察建议整改采纳情况。定西市安定区市场监督管理局采纳了检察建议全部内容，并采取了以下整改措施：1. 安定区范围内的食用农产品批发市场（马铃薯交易中心）已设立食用农产品快速检测室并正常开展工作；2. 依照检察建议，新城区世纪华某超市已配备检验设备及检测人员，并正常开展食用农产品快速检测工作；3. 食用农产品交易市场（西某市场、北某市场、永某中心大市场）不要求设立检验检测室，由辖区市场监督管理所负责按照年度日常监督检查计划对食用农产品进行定期不定期的抽样检验，食品安全快速检测车将随机对农产品交易市场交易的食用农产品进行抽样检测，及时排除在食用农产品销售过程中存在的质量安全隐患，让老百姓买到放心、安全的食用农产品。

防范建议

农产品批发市场应当设立或者委托农产品质量安全检测机构，对进场销售的农产品质量安全状况进行抽查检测；发现不符合农产品质量安全标准的，应当要求销售者立即停止销售，并向农业行政主管部门报告。

农产品销售企业对其销售的农产品，应当建立健全进货检查验收制度；经查验不符合农产品质量安全标准的，不得销售。

风险14：集中交易市场开办者未建立或者落实食品安全管理制度的。

法律规定

《食用农产品市场销售质量安全监督管理办法》第四十七条

法律风险

◎民事法律风险：

无。

◎行政法律风险：

由县级以上食品药品监督管理部门责令改正，给予警告；拒不改正的，处五千元以上三万元以下罚款。

◎刑事法律风险：

无。

典型案例：黄石港区某农贸市场拒不落实食品安全管理制度案

2021年3月，黄石市市场监督管理局对黄石港区某农贸市场进行现场检查，发现该农贸市场环境卫生差、未配备专职食品安全管理人员、熟食“三防”设备和措施均未落实，执法人员当场下达“当场处罚决定书”，对当事人予以警告，并责令限期整改。

整改期满后执法人员现场复查发现该农贸市场仍然存在上述问题，构成了未落实食品安全管理制度、环境设施设备等不符合有关食用农产品质量安全的违法行为，黄石市市场监督管理局依据《食用农产品市场销售质量安全监督管理办法》第四十七条的规定，给予当事人罚款5000元的行政处罚。

防范建议

食用农产品集中交易市场开办者应建立并落实食品安全管理制度。

风险15：集中交易市场开办者未按要求配备食品安全管理人员、专业技术人员，或者未组织食品安全知识培训的。

法律规定

《食用农产品市场销售质量安全监督管理办法》第四十七条

法律风险

◎民事法律风险：

无。

◎行政法律风险：

由县级以上食品药品监督管理部门责令改正，给予警告；拒不改正的，处五千元以上三万元以下罚款。

◎刑事法律风险：

无。

典型案例：昆明市晋宁区某农贸市场未履行市场开办者管理义务案

2021年3月25日，昆明市晋宁区市场监督管理局执法人员在对某农贸市场进行农贸市场环境卫生全提升行动和国家卫生城市复审工作专项检查过程中，发现当事人存在未按要求履行制定食品安全管理制度、配备食品安全管理人员、组织食品安全知识培训、建立入场销售者档案、查验并留存入场销售者的身份信息资料、购货凭证、按要求公布食用农产品抽样检验结果等集中交易市场开办者应当履行的管理义务的问题，执法人员对当事人进行了约谈并下达责令“整改通知书”，责令当事人在2021年4月1日前改正上述行为。2021年4月7日和8日复查时，发现上述问题仍未整改。

当事人上述行为违反了《食用农产品市场销售质量安全监督管理办法》第九条第三款及第四十七条第一款第二项的相关规定，昆明市晋宁区市场监督管理局依法对其作出罚款5000元的行政处罚决定。

防范建议

食用农产品集中交易市场开办者应当配备食品安全管理人员、专业技术人员，组织入场销售者进行食品安全知识培训。

风险16：集中交易市场开办者未制定、实施食品安全事故处置方案的。

法律规定

《食用农产品市场销售质量安全监督管理办法》第四十七条

法律风险

◎民事法律风险：

无。

◎行政法律风险：

由县级以上食品药品监督管理部门责令改正，给予警告；拒不改正的，处五千元以上三万元以下罚款。

◎刑事法律风险：

无。

防范建议

食用农产品集中交易市场开办者应制定食品安全事故处置方案，根据食用农产品风险程度确定检查重点、方式、频次等，定期检查食品安全事故防范措施落实情况，及时消除食用农产品质量安全隐患。

风险17：集中交易市场开办者未按食用农产品类别实行分区销售的。

法律规定

《食用农产品市场销售质量安全监督管理办法》第四十七条

法律风险

◎民事法律风险：

无。

◎行政法律风险：

由县级以上食品药品监督管理部门责令改正，给予警告；拒不改正的，处五千元以上三万元以下罚款。

◎刑事法律风险：

无。

典型案例：昆明市官渡区某农贸市场未按照食用农产品类别实行分区销售案

2021 年 4 月 1 日，昆明市官渡区市场监督管理局执法人员到某农贸市场进行检查，现场发现该农贸市场商品分类混乱，未分区域经营管理，悬挂的标示牌与实际不符，执法人员现场下达了“责令改正通知书”要求整改、“当场行政处罚决定书”给予警告。2021 年 4 月 15 日再次到某农贸市场检查时，发现该情况仍未整改。

当事人上述行为违反了《食用农产品市场销售质量安全监督管理办法》第四十七条的相关规定，官渡区市场监督管理局依法对其作出责令立即停止违法行为、罚款 20000 元的行政处罚决定。

防范建议

市场开办者是市场经营秩序管理的第一责任人，应依法履行维护市场经营秩序和管理职责，市场做到划行归市到位、功能分区合理，建立健全市场管理制度，确保销售和贮存食用农产品的环境、设施、设备符合食用农产品质量安全的要求。

风险 18：集中交易市场开办者销售和贮存食用农产品的环境、设施、设备等不符合有关食用农产品质量安全要求的。

法律规定

《食用农产品市场销售质量安全监督管理办法》第四十七条

法律风险

◎民事法律风险：

无。

◎行政法律风险：

由县级以上食品药品监督管理部门责令改正，给予警告；拒不改正的，处五千元以上三万元以下罚款。

◎刑事法律风险：

无。

防范建议

食用农产品集中交易市场开办者应当采取有效措施，确保市场环境、设施、设备等符合有关食用农产品质量安全要求。

风险19：集中交易市场开办者未按要求建立入场销售者档案，或者未按要求保存和更新销售者档案的。

法律规定

《食用农产品市场销售质量安全监督管理办法》第四十七条

法律风险

◎民事法律风险：

无。

◎行政法律风险：

由县级以上食品药品监督管理部门责令改正，给予警告；拒不改正的，处五千元以上三万元以下罚款。

◎刑事法律风险：

无。

典型案例：未按法定要求履行食用农产品集中交易市场开办者义务案

2021年9月1日至9月3日，哈尔滨市市场监督管理局分别对黑龙江某综合市场管理有限公司、哈尔滨某综合市场有限责任公司开办的集中交易市场监督检查，发现均未按法定要求履行食用农产品集中交易市场开办者义务。经查，两位当事人均存在未组织食品安全知识培训，未建立入场销售者档案，未查验并留存入场销售者的食用农产品产地证明或者购货凭证、合格证明文件，未落实食品安全制度等违法行为。

当事人违反了《食用农产品市场销售质量安全监督管理办法》第九条第二款和第三款、第十一条第一款、第十二条第一款规定。依据《食用农产品市场销售质量安全监督管理办法》第四十七条第一项、第二项、第六项、第八项规定，分别给予当事人罚款10000元的行政处罚。

防范建议

食用农产品集中交易市场开办者应当建立入场销售者档案，如实记录销售者名称或者姓名、社会信用代码或者身份证号码、联系方式、住所、食用农产品主要品种、进货渠道和产地等信息。销售者档案信息保存期限不少于销售者停止销售后6个月。应当对销售者档案及时更新，保证其准确性、真实性和完整性。

风险20：集中交易市场开办者未如实向所在地县级食品药品监督管理部门报告市场基本信息的。

法律规定

《食用农产品市场销售质量安全监督管理办法》第四十七条

法律风险

◎民事法律风险：

无。

◎行政法律风险：

由县级以上食品药品监督管理部门责令改正，给予警告；拒不改正的，处五千元以上三万元以下罚款。

◎刑事法律风险：

无。

防范建议

集中交易市场开办者应当如实向所在地县级食品药品监督管理部门报告市场名称、住所、类型、法定代表人或者负责人姓名、食品安全管理制度、食用农产品主要种类、摊位数量等信息。

风险21：集中交易市场开办者未查验并留存入场销售者的社会信用代码或者身份证复印件、食用农产品产地证明或者购货凭证、合格证明文件的。

法律规定

《食用农产品市场销售质量安全监督管理办法》第四十七条

法律风险

◎民事法律风险：

无。

◎行政法律风险：

由县级以上食品药品监督管理部门责令改正，给予警告；拒不改正的，处五千元以上三万元以下罚款。

◎刑事法律风险：

无。

典型案例：昆明市官渡区某农贸市场允许未依法取得许可的食品经营者进入市场销售食品案

昆明市官渡区某农贸市场于2020年12月6日与王某签订铺面租赁协议，允许其在市场内5栋2号经营烤鸭，并于2021年3月11日开始经营；于2021年3月18日与朱某某签订铺面租赁协议，允许其在市场内2栋11号经营“菌汤包”预包装食品，并于4月12日开始经营。至2021年4月22日被官渡区市场监督管理局查获时止，上述两户经营户均未办理食品经营许可证。

当事人上述行为违反了《食品安全法》第一百三十条、《食用农产品市场销售质量安全监督管理办法》第十二条、第四十七条的规定，官渡区市场监督管理局依法对其作出责令立即停止违法行为、罚款10000元的行政处罚决定。

防范建议

市场开办方是市场管理的第一责任人，应依法履行审查入场食品经营者的社会信用代码、许可证或者身份证复印件，食用农产品产地证明或者购货凭证、合格证明文件。明确其食品安全管理责任，定期对其经营环境和条件进行检查的责任，确保场内食品安全。

风险22：集中交易市场开办者未进行抽样检验或者快速检测，允许无法提供食用农产品产地证明或者购货凭证、合格证明文件的销售者入场销售的。

法律规定

《食用农产品市场销售质量安全监督管理办法》第四十七条

法律风险

◎民事法律风险：

无。

◎行政法律风险：

由县级以上食品药品监督管理部门责令改正，给予警告；拒不改正的，处五千元以上三万元以下罚款。

◎刑事法律风险：

无。

防范建议

销售者无法提供食用农产品产地证明或者购货凭证、合格证明文件的，集中交易市场开办者应当进行抽样检验或者快速检测；抽样检验或者快速检测合格的，方可进入市场销售。

风险23：集中交易市场开办者发现食用农产品不符合食品安全标准等违法行为，未依照集中交易市场管理规定或者与销售者签订的协议处理的。

法律规定

《食用农产品市场销售质量安全监督管理办法》第四十七条

法律风险

◎民事法律风险：

无。

◎行政法律风险：

由县级以上食品药品监督管理部门责令改正，给予警告；拒不改正的，处五千元以上三万元以下罚款。

◎刑事法律风险：

无。

防范建议

食用农产品集中交易市场开办者应当建立食用农产品检查制度，对销售者的销售环境和条件以及食用农产品质量安全状况进行检查。发现存在食用农产品不符合食品安全标准等违法行为的，应当要求销售者立即停止销售，依照集中交易市场管理规定或者与销售者签订的协议进行处理，并向所在地县级市场监督管理部门报告。

风险24：集中交易市场开办者未在醒目位置及时公布食用农产品质量安全管理制度、食品安全管理人员、食用农产品抽样检验结果以及不合格食用农产品处理结果、投诉举报电话等信息的。

法律规定

《食用农产品市场销售质量安全监督管理办法》第四十七条

法律风险

◎民事法律风险：

无。

◎行政法律风险：

由县级以上食品药品监督管理部门责令改正，给予警告；拒不改正的，处五千元以上三万元以下罚款。

◎刑事法律风险：

无。

防范建议

集中交易市场开办者应当在醒目位置及时公布食品安全管理制度、食品安全管理人员、食用农产品抽样检验结果以及不合格食用农产品处理结果、投诉举报电话等信息。

风险25：批发市场开办者未与入场销售者签订食用农产品质量安全协议的。

法律规定

《食用农产品市场销售质量安全监督管理办法》第四十八条

法律风险

◎民事法律风险：

无。

◎行政法律风险：

由县级以上食品药品监督管理部门责令改正，给予警告；拒不改正的，处一万元以上三万元以下罚款。

◎刑事法律风险：

无。

防范建议

批发市场开办者应当与入场销售者签订食用农产品质量安全协议，明确双方食用农产品质量安全权利义务；未签订食用农产品质量安全协议的，不得进入批发市场进行销售。

风险26：批发市场开办者未印制统一格式的食用农产品销售凭证的。

法律规定

《食用农产品市场销售质量安全监督管理办法》第四十八条

法律风险

◎民事法律风险：

无。

◎行政法律风险：

由县级以上食品药品监督管理部门责令改正，给予警告；拒不改正的，处一万元以上三万元以下罚款。

◎刑事法律风险：

无。

防范建议

批发市场开办者应当印制统一格式的销售凭证，载明食用农产品名称、产地、数量、销售日期以及销售者名称、地址、联系方式等项目。

风险27：集贸市场主办者违反《集贸市场计量监督管理办法》第五条第四项和第六项规定，对集市使用的属于强制检定的计量器具登记造册，未向当地市场监督管理部门备案及配合市场监督管理部门做好强制检定工作的；未设置符合要求的公平秤，并确保其持续合规的。

法律规定

《集贸市场计量监督管理办法》第十一条

法律风险

◎民事法律风险：

无。

◎行政法律风险：

责令改正，逾期不改的，处以一千元以下的罚款。

◎刑事法律风险：

无。

防范建议

集贸市场主办者应当对强制检定的计量器具登记造册，并向当地市场监督管理部门备案。应当设置符合要求的公平秤，并确保其持续合规。

风险28：集贸市场主办者违反《集贸市场计量监督管理办法》第五条第五项规定，违规使用国家明令淘汰、限制使用，或未申请检定、超过检定周期或者经检定不合格的计量器具的。

法律规定

《消费者权益保护法》第五十五条

《集贸市场计量监督管理办法》第十一条

法律风险

◎**民事法律风险：**

经营者提供商品或者服务有欺诈行为的，应当按照消费者的要求增加赔偿其受到的损失，增加赔偿的金额为消费者购买商品的价款或者接受服务的费用的三倍；增加赔偿的金额不足五百元的，为五百元。法律另有规定的，依照其规定。经营者明知商品或者服务存在缺陷，仍然向消费者提供，造成消费者或者其他受害人死亡或者健康严重损害的，受害人有权要求经营者依照《消费者权益保护法》第四十九条、第五十一条等法律规定赔偿损失，并有权要求所受损失二倍以下的惩罚性赔偿。

◎**行政法律风险：**

责令停止使用，限期改正，没收淘汰的计量器具，并处以一千元以下的罚款。

◎**刑事法律风险：**

无。

防范建议

集贸市场主办者不得违规使用国家明令淘汰、限制使用，或未申请检定、超过检定周期或者经检定不合格的计量器具。

风险29：集贸市场经营者违反《集贸市场计量监督管理办法》第六条第二项规定，未对配置和使用的计量器具进行维护和管理，拒不配合市场监督管理部门的强制检定的。

法律规定

《集贸市场计量监督管理办法》第十二条

法律风险

◎**民事法律风险：**

无。

◎**行政法律风险：**

责令其停止使用，可并处以一千元以下的罚款。

◎**刑事法律风险：**

无。

防范建议

集贸市场经营者应当定期对计量器具进行维护和管理，接受市场监督管理部门的强制检定。

风险30：集贸市场经营者违反《集贸市场计量监督管理办法》第六条第三项规定，使用不合格计量器具，破坏计量器具准确度或伪造数据，破坏铅签封的。

法律规定

《消费者权益保护法》第五十五条
《集贸市场计量监督管理办法》第十二条

法律风险

◎民事法律风险：

经营者提供商品或者服务有欺诈行为的，应当按照消费者的要求增加赔偿其受到的损失，增加赔偿的金额为消费者购买商品的价款或者接受服务的费用的三倍；增加赔偿的金额不足五百元的，为五百元。法律另有规定的，依照其规定。经营者明知商品或者服务存在缺陷，仍然向消费者提供，造成消费者或者其他受害人死亡或者健康严重损害的，受害人有权要求经营者依照《消费者权益保护法》第四十九条、第五十一条等法律规定赔偿损失，并有权要求所受损失二倍以下的惩罚性赔偿。

◎行政法律风险：

给国家和消费者造成损失的，责令其赔偿损失，没收计量器具和全部违法所得，可并处以二千元以下的罚款；构成犯罪的，移送司法机关追究其刑事责任。

◎刑事法律风险：

无。

防范建议

集贸市场经营者应当使用合格的计量器具，不得破坏计量器具准确度、伪造数据，破坏铅签封。

风险31：集贸市场经营者违反《集贸市场计量监督管理办法》第六条第四项规定，应当使用计量器具测量量值而未使用的。

法律规定

《消费者权益保护法》第五十五条
《集贸市场计量监督管理办法》第十二条

法律风险

◎民事法律风险：

经营者提供商品或者服务有欺诈行为的，应当按照消费者的要求增加赔偿其受到的损失，增加赔偿的金额为消费者购买商品的价款或者接受服务的费用的三倍；增加赔偿的金额不足五百元的，为五百元。法律另有规定的，依照其规定。经营者明知商品或者服务存在缺陷，仍然向消费者提供，造成消费者或者其他受害人死亡或者健康严重损害的，受害人有权要求经营者依照《消费者权益保护法》

第四十九条、第五十一条等法律规定赔偿损失，并有权要求所受损失二倍以下的惩罚性赔偿。

◎行政法律风险：

限期改正；逾期不改的，处以一千元以下罚款。

◎刑事法律风险：

无。

防范建议

集贸市场经营者应当使用计量器具测量量值。

风险32：集贸市场经营者销售商品的结算值与实际值不相符的。

法律规定

《消费者权益保护法》第五十五条

《集贸市场计量监督管理办法》第十二条

法律风险

◎民事法律风险：

经营者提供商品或者服务有欺诈行为的，应当按照消费者的要求增加赔偿其受到的损失，增加赔偿的金额为消费者购买商品的价款或者接受服务的费用的三倍；增加赔偿的金额不足五百元的，为五百元。法律另有规定的，依照其规定。经营者明知商品或者服务存在缺陷，仍然向消费者提供，造成消费者或者其他受害人死亡或者健康严重损害的，受害人有权要求经营者依照《消费者权益保护法》第四十九条、第五十一条等法律规定赔偿损失，并有权要求所受损失二倍以下的惩罚性赔偿。

◎行政法律风险：

按照《商品量计量违法行为处罚规定》第五条、第六条的规定处罚。

◎刑事法律风险：

无。

防范建议

集贸市场经营者销售商品结算应当童叟无欺、公平计量。

风险33：集贸市场经营者违反《集贸市场计量监督管理办法》第六条第六项规定，销售定量包装商品不符合《定量包装商品计量监督管理办法》的规定的。

法律规定

《消费者权益保护法》第五十五条

《集贸市场计量监督管理办法》第十二条

法律风险

◎**民事法律风险：**

经营者提供商品或者服务有欺诈行为的，应当按照消费者的要求增加赔偿其受到的损失，增加赔偿的金额为消费者购买商品的价款或者接受服务的费用的三倍；增加赔偿的金额不足五百元的，为五百元。法律另有规定的，依照其规定。经营者明知商品或者服务存在缺陷，仍然向消费者提供，造成消费者或者其他受害人死亡或者健康严重损害的，受害人有权要求经营者依照《消费者权益保护法》第四十九条、第五十一条等法律规定赔偿损失，并有权要求所受损失二倍以下的惩罚性赔偿。

◎**行政法律风险：**

按照《定量包装商品计量监督管理办法》有关规定处罚。

◎**刑事法律风险：**

无。

防范建议

集贸市场经营者应当建立预包装食品标签合规审查机制及索票索证、进货查验记录制度。

风险34：食用农产品销售者违反《食用农产品市场销售质量安全监督管理办法》第二十四条第二款规定，未按要求配备与销售品种相适应的冷藏、冷冻设施，或者温度、湿度和环境等不符合特殊要求的。

法律规定

《食品安全法》第一百四十八条

《刑法》第一百四十三条

《食用农产品市场销售质量安全监督管理办法》第四十九条、第五十四条

法律风险

◎**民事法律风险：**

生产不符合食品安全标准的食品或者经营明知是不符合食品安全标准的食品，消费者除要求赔偿损失外，还可以向生产者或者经营者要求支付价款十倍或者损失三倍的赔偿金；增加赔偿的金额不足一千元的，为一千元。但是，食品的标签、说明书存在不影响食品安全且不会对消费者造成误导的瑕疵的除外。

◎**行政法律风险：**

由县级以上食品药品监督管理部门责令改正，给予警告；拒不改正的，处五千元以上三万元以下罚款。

销售者履行了《食用农产品市场销售质量安全监督管理办法》规定的食用农产品进货查验等义务，有充分证据证明其不知道所采购的食用农产品不符合食品安全标准，并能如实说明其进货来源的，可以免予处罚，但应当依法没收其不符合食品安全标准的食用农产品。

◎**刑事法律风险：**

涉嫌生产、销售不符合安全标准的食品罪。足以造成严重食物中毒事故或者其他严重食源性疾病的，处三年以下有期徒刑或者拘役，并处罚金；对人体健康造成严重危害或者有其他严重情节的，处三年以上七年以下有期徒刑，并处罚金；后果特别严重的，处七年以上有期徒刑或者无期徒刑，并处罚金或者没收财产。

典型案例：某食品有限公司从事对温度等有特殊要求的食品贮存业务未按规定报备及不符合保证食品安全所需的温度等特殊要求案

2021 年 1 月 21 日，亳州市市场监督管理局执法人员对某食品有限公司进行监督检查时发现，当事人经营的食品冷库从事对温度等有特殊要求的食品贮存业务，未按照规定报备以及不符合保证食品安全所需的温度等特殊要求，执法人员现场下达了“责令改正通知书”，责令当事人于 2021 年 1 月 22 日前到辖区市场监管部门报备，改正冷库温度符合食品安全贮存要求。2021 年 1 月 23 日，检查人员再次对当事人整改情况进行检查，发现当事人没有在“责令改正通知书”要求的期限内去辖区市场监管部门报备，新 1 号食品冷库库房（贮存冷冻肉制品）门口温控显示屏显示为“FFF”，在新 1 号库房后面的机房内，显示温度为-15.4℃，不符合保证食品安全所需的温度、湿度等特殊要求。2021 年 3 月 19 日，执法人员对当事人经营的冷库再次进行了现场检查。上述问题依然未整改。

当事人经营的食品冷库从事对温度、湿度等有特殊要求的食品贮存业务未按照规定向所在地食品安全监督管理部门备案及冷库冷冻温度控制设施不符合保证食品安全所需的温度的行为涉嫌违反了《食品安全法实施条例》第二十四条、第二十五条第三款及《食用农产品市场销售质量安全监督管理办法》第四十九条的规定，依据《食品安全法实施条例》第七十二条的规定，给予当事人罚款 5 万元的行政处罚。

防范建议

食用农产品销售者应当具有与其销售的食用农产品品种、数量相适应的销售设备或者设施。

风险35：食用农产品销售者违反《食用农产品市场销售质量安全监督管理办法》第二十五条第一项规定，销售使用了国家禁止的兽药和剧毒、高毒农药，或者添加食品添加剂以外的化学物质和其他可能危害人体健康的物质的农产品的。

法律规定

《食品安全法》第一百二十三条、第一百四十八条
《刑法》第一百四十四条
《农产品质量安全法》第五十四条
《食用农产品市场销售质量安全监督管理办法》第五十条、第五十四条

法律风险

◎民事法律风险：

生产、销售《农产品质量安全法》第三十三条所列农产品，给消费者造成损害的，依法承担赔偿责任。农产品批发市场中销售的农产品有上述规定情形的，消费者可以向农产品批发市场要求赔偿；属于生产者、销售者责任的，农产品批发市场有权追偿。消费者也可以直接向农产品生产者、销售者要求赔偿。

生产不符合食品安全标准的食品或者经营明知是不符合食品安全标准的食品，消费者除要求赔偿损失外，还可以向生产者或者经营者要求支付价款十倍或者损失三倍的赔偿金；增加赔偿的金额不足一千元的，为一千元。但是，食品的标签、说明书存在不影响食品安全且不会对消费者造成误导的瑕疵的除外。

明知从事上述违法行为，仍为其提供生产经营场所或者其他条件的，使消费者的合法权益受到损害的，应当与食品生产经营者承担连带责任。

◎行政法律风险：

食用农产品销售者违反《食用农产品市场销售质量安全监督管理办法》第二十五条第一项规定，由县级以上食品药品监督管理部门依照《食品安全法》第一百二十三条第一款的规定给予处罚。

《食品安全法》第一百二十三条第一款规定，尚不构成犯罪的，由县级以上人民政府食品安全监督管理部门没收违法所得和违法生产经营的食品，并可以没收用于违法生产经营的工具、设备、原料等物品；违法生产经营的食品货值金额不足一万元的，并处十万元以上十五万元以下罚款；货值金额一万元以上的，并处货值金额十五倍以上三十倍以下罚款；情节严重的，吊销许可证，并可以由公安机关对其直接负责的主管人员和其他直接责任人员处五日以上十五日以下拘留。

销售者履行了《食用农产品市场销售质量安全监督管理办法》规定的食用农产品进货查验等义务，有充分证据证明其不知道所采购的食用农产品不符合食品安全标准，并能如实说明其进货来源的，可以免予处罚，但应当依法没收其不符合食品安全标准的食用农产品。

◎刑事法律风险：

涉嫌生产、销售有毒有害食品罪。处五年以下有期徒刑，并处罚金；对人体健康造成严重危害或者有其他严重情节的，处五年以上十年以下有期徒刑，并处罚金；致人死亡或者有其他特别严重情节的，依照《刑法》第一百四十一条的规定处罚。

典型案例：张某某养殖过程中非法添加违禁药物案

2019 年 10 月，天津市滨海新区农业农村委员会接到线索，对滨海新区新城镇养殖户张某某的养殖场进行调查，并现场随机抽取羊尿样送检，检测发现 9 份尿样中有 7 份检出违禁药物克伦特罗（“瘦肉精”）。为防止涉案活羊被转移替换，执法人员现场看守，对所有活羊进行耳标标记，随后对存栏的 196 头活羊及部分水槽饲养水等进行采样检测，发现 44 个尿样样品、1 个水槽饲养水样品克伦特罗呈阳性。张某的行为违反了《刑法》第一百四十四条的规定。2019 年 12 月，滨海新区农业农村委员会将案件移送公安机关查处。2020 年 7 月，被告人张某某因犯生产、销售有毒、有害食品罪，被判处有期徒刑一年六个月，并处罚金 1 万元，同时张某某被禁止自刑罚执行完毕之日起三年内从事肉类食品的生产、经营活动。

防范建议

食用农产品销售者应当建立进货查验制度。拒绝采购、销售含有国家禁止的兽药和剧毒、高毒农药，或者添加食品添加剂以外的化学物质和其他可能危害人体健康物质的食用农产品。

风险36：食用农产品销售者违反《食用农产品市场销售质量安全监督管理办法》第二十五条第二项规定，销售致病性微生物、农药残留、兽药残留、生物毒素、重金属等污染物质以及其他危害人体健康的物质含量超过食品安全标准限量的农产品的。农产品生产企业、农民专业合作经济组织经营此类农产品的。

法律规定

《食品安全法》第一百二十四条、第一百四十八条

《农产品质量安全法》第五十条

《刑法》第一百四十三条

《食用农产品市场销售质量安全监督管理办法》第五十条、第五十四条

法律风险

◎民事法律风险：

生产不符合食品安全标准的食品或者经营明知是不符合食品安全标准的食品，消费者除要求赔偿损失外，还可以向生产者或者经营者要求支付价款十倍或者损失三倍的赔偿金；增加赔偿的金额不足一千元的，为一千元。但是，食品的标签、说明书存在不影响食品安全且不会对消费者造成误导的瑕疵的除外。

◎行政法律风险：

《食用农产品市场销售质量安全监督管理办法》第五十条规定，食用农产品销售者违反《食用农产品市场销售质量安全监督管理办法》第二十五条第二项规定，由县级以上食品药品监督管理部门依照《食品安全法》第一百二十四条第一款的规定给予处罚。

《食品安全法》第一百二十四条第一款规定，尚不构成犯罪的，由县级以上人民政府食品安全监督管理部门没收违法所得和违法生产经营的食品、食品添加剂，并可以没收用于违法生产经营的工具、设备、原料等物品；违法生产经营的食品、食品添加剂货值金额不足一万元的，并处五万元以上十万元以下罚款；货值金额一万元以上的，并处货值金额十倍以上二十倍以下罚款；情节严重的，吊销许可证。

《农产品质量安全法》第五十条规定，农产品生产企业、农民专业合作经济组织销售的农产品有《农产品质量安全法》第三十三条第一项至第三项或者第五项所列情形之一的，责令停止销售，追回已经销售的农产品，对违法销售的农产品进行无害化处理或者予以监督销毁；没收违法所得，并处二千元以上二万元以下罚款。农产品批发市场中销售的农产品有上述情形的，对违法销售的农产品依照上述规定处理，对农产品销售者依照第一款规定处罚。

销售者履行了《食用农产品市场销售质量安全监督管理办法》规定的食用农产品进货查验等义

务，有充分证据证明其不知道所采购的食用农产品不符合食品安全标准，并能如实说明其进货来源的，可以免予处罚，但应当依法没收其不符合食品安全标准的食用农产品。

◎**刑事法律风险：**

涉嫌生产、销售不符合安全标准的食品罪。足以造成严重食物中毒事故或者其他严重食源性疾病的，处三年以下有期徒刑或者拘役，并处罚金；对人体健康造成严重危害或者有其他严重情节的，处三年以上七年以下有期徒刑，并处罚金；后果特别严重的，处七年以上有期徒刑或者无期徒刑，并处罚金或者没收财产。

典型案例：营山县某种植合作社销售农药残留超标柑橘案

2021 年 9 月，南充市农业农村局组织监督抽查，发现营山县某种植合作社的柑橘水胺硫磷残留超标。经营山县农业农村局调查，当事人承认销售经检测不合格的柑橘，其行为违反了《农产品质量安全法》第三十三条第一款第二项规定。10 月 15 日，营山县农业农村局依据《农产品质量安全法》第五十条规定，对当事人作出没收违法所得 10 元、罚款 2100 元的行政处罚。

典型案例：晋州市某合作社销售兽药残留不符合农产品质量安全标准农产品案

2021 年 4 月 30 日，晋州市农业农村局接到辛集市市场监督管理局线索移送函，称某专业合作社生产的鸡蛋磺胺类（总量）项目不合格，遂立案调查。经查，当事人于 3 月 7 日生产了 67 千克兽药残留不符合农产品质量安全标准的鸡蛋，销售给辛集市某超市 22.15 千克。剩余鸡蛋现已全部销售完毕，违法所得共计 450 元。当事人的行为违反了《农产品质量安全法》第三十三条第一款第二项的规定。依照《农产品质量安全法》第五十条第一款的规定，参照《河北省农业行政处罚自由裁量权基准细则（农产品质量安全部分）》第十三项规定，晋州市农业农村局作出如下决定：没收违法所得 450 元，罚款 11550 元。

防范建议

食用农产品销售者应建立进货查验制度。拒绝采购、销售致病性微生物、农药残留、兽药残留、生物毒素、重金属等污染物质以及其他危害人体健康的物质含量超过食品安全标准限量的农产品。

风险 37：食用农产品销售者违反《食用农产品市场销售质量安全监督管理办法》第二十五条第三项规定，销售超范围、超限量使用食品添加剂的农产品的。

法律规定

《食品安全法》第一百二十四条、第一百四十八条

《刑法》第一百四十三条

《食用农产品市场销售质量安全监督管理办法》第五十条、第五十四条

法律风险

◎民事法律风险：

生产不符合食品安全标准的食品或者经营明知是不符合食品安全标准的食品，消费者除要求赔偿损失外，还可以向生产者或者经营者要求支付价款十倍或者损失三倍的赔偿金；增加赔偿的金额不足一千元的，为一千元。但是，食品的标签、说明书存在不影响食品安全且不会对消费者造成误导的瑕疵的除外。

◎行政法律风险：

食用农产品销售者违反《食用农产品市场销售质量安全监督管理办法》第二十五条第三项规定，由县级以上食品药品监督管理部门依照《食品安全法》第一百二十四条第一款的规定给予处罚。

《食品安全法》第一百二十四条第一款规定，尚不构成犯罪的，由县级以上人民政府食品安全监督管理部门没收违法所得和违法生产经营的食品、食品添加剂，并可以没收用于违法生产经营的工具、设备、原料等物品；违法生产经营的食品、食品添加剂货值金额不足一万元的，并处五万元以上十万元以下罚款；货值金额一万元以上的，并处货值金额十倍以上二十倍以下罚款；情节严重的，吊销许可证。

销售者履行了《食用农产品市场销售质量安全监督管理办法》规定的食用农产品进货查验等义务，有充分证据证明其不知道所采购的食用农产品不符合食品安全标准，并能如实说明其进货来源的，可以免予处罚，但应当依法没收其不符合食品安全标准的食用农产品。

◎刑事法律风险：

涉嫌生产、销售不符合安全标准的食品罪。足以造成严重食物中毒事故或者其他严重食源性疾病的，处三年以下有期徒刑或者拘役，并处罚金；对人体健康造成严重危害或者有其他严重情节的，处三年以上七年以下有期徒刑，并处罚金；后果特别严重的，处七年以上有期徒刑或者无期徒刑，并处罚金或者没收财产。

典型案例：河津市某蔬菜部超范围使用食品添加剂案

2021年2月2日，河津市市场监管执法人员在某农副产品批发市场某蔬菜部检查时，发现其销售的150筐生姜中24筐表面鲜亮，有白色挂霜痕迹，现场还存有焦亚硫酸钠44.2千克及喷雾器2个。执法人员询问时，当事人承认其给生姜上喷洒了焦亚硫酸钠，该行为涉嫌在生姜上超范围喷洒食品添加剂。

2021年2月3日，河津市市场监督管理局委托第三方检测公司对涉案生姜进行抽样检测，并向当事人送达了“检测期间告知书”。2021年2月23日，第三方检测公司出具了检验检测报告单，认定“河津市某蔬菜部送检经营的生姜二氧化硫残留量项目不符合GB 2760—2014《食品安全国家标准 食品添加剂使用标准》要求，检验结论为不合格”。

当事人的行为违反了《食用农产品市场销售质量安全监督管理办法》第二十五条第三项和《食品安全国家标准食品添加剂使用标准》规定，已构成在食用农产品上超范围使用食品添加剂的违法行为。河津市市场监督管理局依据《食用农产品市场销售质量安全监督管理办法》第五十条第二款和《食品安全法》第一百二十四条第一款第三项，对当事人作出行政处罚：没收24筐生姜、焦亚硫酸钠食品添加剂44.2千克、喷雾器2个；没收违法所得456元；罚款55000元。

防范建议

食用农产品销售者应建立进货查验制度。拒绝采购、销售超范围、超限量使用食品添加剂的农产品。

风险38：食用农产品销售者违反《食用农产品市场销售质量安全监督管理办法》第二十五条第四项规定，销售腐败变质、油脂酸败、霉变生虫、污秽不洁、混有异物、掺假掺杂或者感官性状异常的农产品的。

法律规定

《食品安全法》第一百二十四条、第一百四十八条

《刑法》第一百四十三条

《食用农产品市场销售质量安全监督管理办法》第五十条、第五十四条

法律风险

◎民事法律风险：

生产不符合食品安全标准的食品或者经营明知是不符合食品安全标准的食品，消费者除要求赔偿损失外，还可以向生产者或者经营者要求支付价款十倍或者损失三倍的赔偿金；增加赔偿的金额不足一千元的，为一千元。但是，食品的标签、说明书存在不影响食品安全且不会对消费者造成误导的瑕疵的除外。

◎行政法律风险：

食用农产品销售者违反《食用农产品市场销售质量安全监督管理办法》第二十五条第四项规定，由县级以上食品药品监督管理部门依照《食品安全法》第一百二十四条第一款的规定给予处罚。

《食品安全法》第一百二十四条第一款规定，尚不构成犯罪的，由县级以上人民政府食品安全监督管理部门没收违法所得和违法生产经营的食品、食品添加剂，并可以没收用于违法生产经营的工具、设备、原料等物品；违法生产经营的食品、食品添加剂货值金额不足一万元的，并处五万元以上十万元以下罚款；货值金额一万元以上的，并处货值金额十倍以上二十倍以下罚款；情节严重的，吊销许可证。

销售者履行了《食用农产品市场销售质量安全监督管理办法》规定的食用农产品进货查验等义务，有充分证据证明其不知道所采购的食用农产品不符合食品安全标准，并能如实说明其进货来源的，可以免予处罚，但应当依法没收其不符合食品安全标准的食用农产品。

◎刑事法律风险：

涉嫌生产、销售不符合安全标准的食品罪。足以造成严重食物中毒事故或者其他严重食源性疾病的，处三年以下有期徒刑或者拘役，并处罚金；对人体健康造成严重危害或者有其他严重情节的，处三年以上七年以下有期徒刑，并处罚金；后果特别严重的，处七年以上有期徒刑或者无期徒刑，并处罚金或者没收财产。

典型案例：顾客所购食品变质生虫　商家被判十倍赔偿案

2014年，王先生在青岛某公司购买了一批花菇和枸杞，回家食用时，发现部分食品已经严重变质，包装食品内部已经生虫。王先生认为青岛该公司销售食品过程中，违反了国家《食品安全法》《消费者权益保护法》等相关规定，给其人身安全构成严重威胁，对身体健康造成极大损害，于是一纸诉状将其告到青岛市市南区人民法院，要求该公司立即退还购货款1042元，并支付赔偿金10420元。

青岛市市南区人民法院审理后认为，通过王先生提交的发票可以证实在青岛某公司处购买了花菇产品，某公司主张王先生举证的产品并非本公司出售的，应当由自己提供证据证明，但该公司并未提供相应的证据，故对该公司的抗辩事由不予支持。食品的生产者和销售者应当对于食品符合质量标准承担举证责任。通过王先生提交的花菇照片可以看出其中一包花菇内部有若干虫子尸体，而该花菇的保质期为18个月，某公司庭审中亦未提交证据证明该商品符合质量标准，庭审时该产品亦在保质期内，但仍可见若干虫子尸体，青岛市市南区人民法院依据《食品安全法》第一百四十八条的规定，判决青岛某公司退还原告货款1042元，并向原告赔偿10420元。

防范建议

食用农产品销售者应建立进货查验制度。拒绝采购、销售腐败变质、油脂酸败、霉变生虫、污秽不洁、混有异物、掺假掺杂或者感官性状异常的农产品。

风险39：食用农产品销售者违反《食用农产品市场销售质量安全监督管理办法》第二十五条第五项规定，销售病死、毒死或者死因不明的禽、畜、兽、水产动物肉类的。

法律规定

《食品安全法》第一百二十三条、第一百四十八条
《农产品质量安全法》第五十四条
《刑法》第一百四十三条
《食用农产品市场销售质量安全监督管理办法》第五十条、第五十四条

法律风险

◎民事法律风险：

生产、销售《农产品质量安全法》第三十三条所列农产品，给消费者造成损害的，依法承担赔偿责任。农产品批发市场中销售的农产品有上述规定情形的，消费者可以向农产品批发市场要求赔偿；属于生产者、销售者责任的，农产品批发市场有权追偿。消费者也可以直接向农产品生产者、销售者要求赔偿。

生产不符合食品安全标准的食品或者经营明知是不符合食品安全标准的食品，消费者除要求赔偿损失外，还可以向生产者或者经营者要求支付价款十倍或者损失三倍的赔偿金；增加赔偿的金额不足

一千元的，为一千元。但是，食品的标签、说明书存在不影响食品安全且不会对消费者造成误导的瑕疵的除外。

◎**行政法律风险：**

食用农产品销售者违反《食用农产品市场销售质量安全监督管理办法》第二十五条第五项规定，由县级以上食品药品监督管理部门依照《食品安全法》第一百二十三条第一款的规定给予处罚。

《食品安全法》第一百二十三条第一款规定，尚不构成犯罪的，由县级以上人民政府食品安全监督管理部门没收违法所得和违法生产经营的食品，并可以没收用于违法生产经营的工具、设备、原料等物品；违法生产经营的食品货值金额不足一万元的，并处十万元以上十五万元以下罚款；货值金额一万元以上的，并处货值金额十五倍以上三十倍以下罚款；情节严重的，吊销许可证，并可以由公安机关对其直接负责的主管人员和其他直接责任人员处五日以上十五日以下拘留。

销售者履行了《食用农产品市场销售质量安全监督管理办法》规定的食用农产品进货查验等义务，有充分证据证明其不知道所采购的食用农产品不符合食品安全标准，并能如实说明其进货来源的，可以免予处罚，但应当依法没收其不符合食品安全标准的食用农产品。

◎**刑事法律风险：**

涉嫌生产、销售不符合安全标准的食品罪。足以造成严重食物中毒事故或者其他严重食源性疾病的，处三年以下有期徒刑或者拘役，并处罚金；对人体健康造成严重危害或者有其他严重情节的，处三年以上七年以下有期徒刑，并处罚金；后果特别严重的，处七年以上有期徒刑或者无期徒刑，并处罚金或者没收财产。

典型案例：吴某某等三人加工、销售死因不明猪肉案

2020年2月，宁夏石嘴山市农业农村局根据应急办指令，联合公安、市场监管等部门对大武口区星海镇果园村北沙窝组399号进行检查，当事人吴某某承认其加工、销售死因不明猪肉的事实。经查，涉案猪肉、猪脏器和猪骨头等动物产品共550余千克，官方兽医经检验鉴定，认定该批次猪肉产品为“病死或死因不明猪肉”，并出具了“认定结论书”。当事人的行为违反了《刑法》第一百四十三条的规定，依法由行政机关移交公安机关刑事侦查。2020年7月，当事人吴某某等三人因犯生产、销售不符合安全标准的食品罪，分别被判处拘役六个月、四个月、三个月（缓刑四个月），并处罚金6000元、5000元和4000元。

防范建议

食用农产品销售者应建立进货查验制度。不得采购、销售病死、毒死或者死因不明的禽、畜、兽、水产动物肉类。

风险40：食用农产品销售者违反《食用农产品市场销售质量安全监督管理办法》第二十五条第六项规定，销售未按规定进行检疫或者检疫不合格的肉类的。

法律规定

《食品安全法》第一百二十三条、第一百四十八条

《刑法》第一百四十三条

《食用农产品市场销售质量安全监督管理办法》第五十条、第五十四条

法律风险

◎民事法律风险：

生产不符合食品安全标准的食品或者经营明知是不符合食品安全标准的食品，消费者除要求赔偿损失外，还可以向生产者或者经营者要求支付价款十倍或者损失三倍的赔偿金；增加赔偿的金额不足一千元的，为一千元。但是，食品的标签、说明书存在不影响食品安全且不会对消费者造成误导的瑕疵的除外。

◎行政法律风险：

食用农产品销售者违反《食用农产品市场销售质量安全监督管理办法》第二十五条第六项规定，由县级以上食品药品监督管理部门依照《食品安全法》第一百二十三条第一款的规定给予处罚。

《食品安全法》第一百二十三条第一款规定，尚不构成犯罪的，由县级以上人民政府食品安全监督管理部门没收违法所得和违法生产经营的食品，并可以没收用于违法生产经营的工具、设备、原料等物品；违法生产经营的食品货值金额不足一万元的，并处十万元以上十五万元以下罚款；货值金额一万元以上的，并处货值金额十五倍以上三十倍以下罚款；情节严重的，吊销许可证，并可以由公安机关对其直接负责的主管人员和其他直接责任人员处五日以上十五日以下拘留。

销售者履行了《食用农产品市场销售质量安全监督管理办法》规定的食用农产品进货查验等义务，有充分证据证明其不知道所采购的食用农产品不符合食品安全标准，并能如实说明其进货来源的，可以免予处罚，但应当依法没收其不符合食品安全标准的食用农产品。

◎刑事法律风险：

涉嫌生产、销售不符合安全标准的食品罪。足以造成严重食物中毒事故或者其他严重食源性疾病的，处三年以下有期徒刑或者拘役，并处罚金；对人体健康造成严重危害或者有其他严重情节的，处三年以上七年以下有期徒刑，并处罚金；后果特别严重的，处七年以上有期徒刑或者无期徒刑，并处罚金或者没收财产。

典型案例：巩店马庙李某食杂店销售未经检验检疫生猪肉案

2021 年 7 月 2 日，安徽省利辛县市场监督管理局执法人员对巩店马庙李某食杂店进行检查，发现当事人销售有未加盖肉品品质检验合格验讫印章和动物检疫合格验讫印章生猪肉，共 7.3 千克，当事人现场亦无法提供动物检疫合格证明和肉品品质检验合格证明。

经查，当事人从太和县三塔镇李某处购进的该批次无动物检疫合格证明并加盖合格验讫印章和肉品品质检验合格证并加盖合格验讫印章的生猪肉共 11.7 千克，进价 24.0 元/千克，售价 26 元/千克。截至案发，当事人以 45.0 元的价格共售出 1.73 千克猪肉，以 18 元的价格售出 1 千克骨头，自己食用 1.67 千克。执法人员在当事人经营现场查获上述无检疫合格证明并加盖合格验讫印章和肉品品质检验合格证并加盖合格验讫印章的生猪肉 7.3 千克，货值金额共计 189.8 元，违法所得共计 63 元。

当事人销售的无检疫合格证明并加盖合格验讫印章和肉品品质检验合格证并加盖合格验讫印章的生猪肉属于未按规定进行检疫或者检疫不合格的肉类，或者未经检验或者检验不合格的肉类制品，当事人销售该猪肉的行为违反了《食品安全法》第三十四条第一款第八项，依据《食品安全法》第一百二十三条第一款第四项，监管部门决定责令当事人停止违法经营，并对当事人作出罚没 10463 元行政处罚。

防范建议

食用农产品销售者应建立进货查验制度。拒绝采购、销售未按规定进行检疫或者检疫不合格的肉类。

风险 41：食用农产品销售者违反《食用农产品市场销售质量安全监督管理办法》第二十五条第七项规定，销售未按规定进行检验或者检验不合格的肉类。

法律规定

《食品安全法》第一百四十八条

《刑法》第一百四十三条

《食用农产品市场销售质量安全监督管理办法》第五十条、第五十四条

法律风险

◎民事法律风险：

生产不符合食品安全标准的食品或者经营明知是不符合食品安全标准的食品，消费者除要求赔偿损失外，还可以向生产者或者经营者要求支付价款十倍或者损失三倍的赔偿金；增加赔偿的金额不足一千元的，为一千元。但是，食品的标签、说明书存在不影响食品安全且不会对消费者造成误导的瑕疵的除外。

◎行政法律风险：

食用农产品销售者违反《食用农产品市场销售质量安全监督管理办法》第二十五条第七项规定，由县级以上食品药品监督管理部门责令改正，处一万元以上三万元以下罚款。

销售者履行了《食用农产品市场销售质量安全监督管理办法》规定的食用农产品进货查验等义务，有充分证据证明其不知道所采购的食用农产品不符合食品安全标准，并能如实说明其进货来源的，可以免予处罚，但应当依法没收其不符合食品安全标准的食用农产品。

◎刑事法律风险：

涉嫌生产、销售不符合安全标准的食品罪。足以造成严重食物中毒事故或者其他严重食源性疾病的，处三年以下有期徒刑或者拘役，并处罚金；对人体健康造成严重危害或者有其他严重情节的，处三年以上七年以下有期徒刑，并处罚金；后果特别严重的，处七年以上有期徒刑或者无期徒刑，并处罚金或者没收财产。

典型案例：杨某、郭某涉嫌销售未经检验、检疫的肉类制品案

2021年12月11日，南江县市场监督管理局执法人员接群众举报称“其购买了两名外地口音人员到店推销的牛肉，后发现该牛肉为假牛肉（实际是猪肉）”。执法人员随即联合公安机关赶往当事人销售现场进行检查，发现当事人无法提供所售肉类的检验检疫证明。执法人员遂对上述肉类236.2千克实施了扣押，同日立案调查。经查，两名涉嫌销售“假牛肉”的当事人系重庆市人，销售的肉类自巴中西高速收费站附近一流动摊贩处以36.00元/千克购进，随后运至南江县城以46.00元/千克的价格进行销售。

当事人销售未按规定检验检疫肉类的行为，违反了《食品安全法》第三十四条和《食用农产品市场销售质量安全监督管理办法》第二十五条规定，依法应按照《食用农产品市场销售质量安全监督管理办法》第五十条进行处罚：由县级以上食品安全监督管理部门责令改正，处1万元以上3万元以下罚款。

防范建议

食用农产品销售者不得销售未按规定进行检验或者检验不合格的肉类。

风险42：食用农产品销售者违反《食用农产品市场销售质量安全监督管理办法》第二十五条第八项规定，销售的食用农产品使用的保鲜剂、防腐剂等食品添加剂和包装材料等食品相关产品不符合食品安全国家标准的。

法律规定

《食品安全法》第一百二十五条、第一百四十八条

《刑法》第一百四十三条

《食用农产品市场销售质量安全监督管理办法》第五十条、第五十四条

法律风险

◎民事法律风险：

生产不符合食品安全标准的食品或者经营明知是不符合食品安全标准的食品，消费者除要求赔偿损失外，还可以向生产者或者经营者要求支付价款十倍或者损失三倍的赔偿金；增加赔偿的金额不足一千元的，为一千元。但是，食品的标签、说明书存在不影响食品安全且不会对消费者造成误导的瑕疵的除外。

◎行政法律风险：

食用农产品销售者违反《食用农产品市场销售质量安全监督管理办法》第二十五条第八项规定，由县级以上食品药品监督管理部门依照《食品安全法》第一百二十五条第一款的规定给予处罚。

《食品安全法》第一百二十五条第一款规定，由县级以上人民政府食品安全监督管理部门没收违法所得和违法生产经营的食品、食品添加剂，并可以没收用于违法生产经营的工具、设备、原料等物品；违法生产经营的食品、食品添加剂货值金额不足一万元的，并处五千元以上五万元以下罚款；货值金额一万元以上的，并处货值金额五倍以上十倍以下罚款；情节严重的，责令停产停业，直至吊销许可证。

销售者履行了《食用农产品市场销售质量安全监督管理办法》规定的食用农产品进货查验等义务，有充分证据证明其不知道所采购的食用农产品不符合食品安全标准，并能如实说明其进货来源的，可以免予处罚，但应当依法没收其不符合食品安全标准的食用农产品。

◎刑事法律风险：

涉嫌生产、销售不符合安全标准的食品罪。足以造成严重食物中毒事故或者其他严重食源性疾病的，处三年以下有期徒刑或者拘役，并处罚金；对人体健康造成严重危害或者有其他严重情节的，处三年以上七年以下有期徒刑，并处罚金；后果特别严重的，处七年以上有期徒刑或者无期徒刑，并处罚金或者没收财产。

防范建议

食用农产品销售者销售的食用农产品使用的保鲜剂、防腐剂等食品添加剂和包装材料等食品相关产品须符合食品安全国家标准。

风险43：食用农产品销售者违反《食用农产品市场销售质量安全监督管理办法》第二十五条第九项规定，销售的食用农产品被包装材料、容器、运输工具等污染的。

法律规定

《食品安全法》第一百二十五条、第一百四十八条

《刑法》第一百四十三条

《食用农产品市场销售质量安全监督管理办法》第五十条、第五十四条

法律风险

◎民事法律风险：

生产不符合食品安全标准的食品或者经营明知是不符合食品安全标准的食品，消费者除要求赔偿

损失外，还可以向生产者或者经营者要求支付价款十倍或者损失三倍的赔偿金；增加赔偿的金额不足一千元的，为一千元。但是，食品的标签、说明书存在不影响食品安全且不会对消费者造成误导的瑕疵的除外。

◎行政法律风险：

食用农产品销售者违反《食用农产品市场销售质量安全监督管理办法》第二十五条第九项规定，由县级以上食品药品监督管理部门依照《食品安全法》第一百二十五条第一款的规定给予处罚。

《食品安全法》第一百二十五条第一款规定，由县级以上人民政府食品安全监督管理部门没收违法所得和违法生产经营的食品、食品添加剂，并可以没收用于违法生产经营的工具、设备、原料等物品；违法生产经营的食品、食品添加剂货值金额不足一万元的，并处五千元以上五万元以下罚款；货值金额一万元以上的，并处货值金额五倍以上十倍以下罚款；情节严重的，责令停产停业，直至吊销许可证。

销售者履行了《食用农产品市场销售质量安全监督管理办法》规定的食用农产品进货查验等义务，有充分证据证明其不知道所采购的食用农产品不符合食品安全标准，并能如实说明其进货来源的，可以免予处罚，但应当依法没收其不符合食品安全标准的食用农产品。

◎刑事法律风险：

涉嫌生产、销售不符合安全标准的食品罪。足以造成严重食物中毒事故或者其他严重食源性疾病的，处三年以下有期徒刑或者拘役，并处罚金；对人体健康造成严重危害或者有其他严重情节的，处三年以上七年以下有期徒刑，并处罚金；后果特别严重的，处七年以上有期徒刑或者无期徒刑，并处罚金或者没收财产。

防范建议

食用农产品销售者需采取必要的措施，确保销售的食用农产品不被包装材料、容器、运输工具等污染。

风险44：食用农产品销售者违反《食用农产品市场销售质量安全监督管理办法》第二十五条第十项规定，销售标注虚假生产日期、保质期或者超过保质期的农产品的。

法律规定

《食品安全法》第一百二十四条、第一百四十八条

《刑法》第一百四十三条

《食用农产品市场销售质量安全监督管理办法》第五十条、第五十四条

法律风险

◎民事法律风险：

生产不符合食品安全标准的食品或者经营明知是不符合食品安全标准的食品，消费者除要求赔偿损失外，还可以向生产者或者经营者要求支付价款十倍或者损失三倍的赔偿金；增加赔偿的金额不足一千元的，为一千元。但是，食品的标签、说明书存在不影响食品安全且不会对消费者造成误导的瑕疵的除外。

◎行政法律风险：

食用农产品销售者违反《食用农产品市场销售质量安全监督管理办法》第二十五条第十项规定，由县级以上食品药品监督管理部门依照《食品安全法》第一百二十四条第一款的规定给予处罚。

《食品安全法》第一百二十四条第一款规定，尚不构成犯罪的，由县级以上人民政府食品安全监督管理部门没收违法所得和违法生产经营的食品、食品添加剂，并可以没收用于违法生产经营的工具、设备、原料等物品；违法生产经营的食品、食品添加剂货值金额不足一万元的，并处五万元以上十万元以下罚款；货值金额一万元以上的，并处货值金额十倍以上二十倍以下罚款；情节严重的，吊销许可证。

销售者履行了《食用农产品市场销售质量安全监督管理办法》规定的食用农产品进货查验等义务，有充分证据证明其不知道所采购的食用农产品不符合食品安全标准，并能如实说明其进货来源的，可以免予处罚，但应当依法没收其不符合食品安全标准的食用农产品。

◎刑事法律风险：

涉嫌生产、销售不符合安全标准的食品罪。足以造成严重食物中毒事故或者其他严重食源性疾病的，处三年以下有期徒刑或者拘役，并处罚金；对人体健康造成严重危害或者有其他严重情节的，处三年以上七年以下有期徒刑，并处罚金；后果特别严重的，处七年以上有期徒刑或者无期徒刑，并处罚金或者没收财产。

典型案例：汉寿县某餐厅高速公路服务区一店经营超过保质期食用农产品案

2022 年 2 月 22 日，汉寿县市场监督管理局对汉寿县某餐厅高速公路服务区一店进行检查发现，该餐厅后厨操作间冷藏柜中有两箱冻带鱼段，其中一件生产日期为 2020 年 6 月 3 日，另一件生产日期为 2020 年 10 月 5 日。生产厂家：温岭市某水产有限公司；储存条件：-18 摄氏度冷藏；保质期为 12 个月，两件带鱼均已过保质期。当事人的行为涉嫌违反了《食用农产品市场销售质量监督管理办法》第二十五条第十项的规定。

2022 年 3 月 9 日，依据《食用农产品市场销售质量监督管理办法》第五十条第一款、《食品安全法》第一百二十四条第一款的规定，参照《湖南省食品药品监督管理局食品行政处罚裁量权基准（试行）》相关裁量基准，汉寿县市场监督管理局对当事人给予以下行政处罚：没收扣押超过保质期的带鱼 2 件，处罚款 100000 元。

典型案例：某冷冻食品经营户销售标注虚假保质期的食用农产品案

2021 年 1 月 14 日，歙县市场监督管理局执法人员根据举报线索，对某冷冻食品经营户的冷库进行检查，查获标注虚假保质期的冻猪蹄 26 箱，该产品外包装上标注的“保质期：24 个月”与包装箱内合格证上标注的“保质期：12 个月”不一致，上述冻猪蹄货值金额共计 12249 元，违法所得共计 245.2 元。

该冷冻食品经营户销售标注虚假保质期的冻猪蹄的行为违反了《食用农产品市场销售监督管理办法》第二十五条第十项的规定，依据《食用农产品市场销售质量安全监督管理办法》第五十条和《食品安全法》第一百二十四条及自由裁量权有关规定，歙县市场监督管理局依法没收涉案冻猪蹄 26 箱、没收违法所得 245.2 元，并对其作出罚款 2 万元的行政处罚。

防范建议

食用农产品销售者不得销售标注虚假生产日期、保质期或者超过保质期的农产品。

风险45：食用农产品销售者违反《食用农产品市场销售质量安全监督管理办法》第二十五条第十一项规定，销售国家为防病等特殊需要明令禁止销售的食用农产品的。

法律规定

《食品安全法》第一百二十三条、第一百四十八条
《刑法》第一百四十三条
《食用农产品市场销售质量安全监督管理办法》第五十条、第五十四条

法律风险

◎民事法律风险：

生产不符合食品安全标准的食品或者经营明知是不符合食品安全标准的食品，消费者除要求赔偿损失外，还可以向生产者或者经营者要求支付价款十倍或者损失三倍的赔偿金；增加赔偿的金额不足一千元的，为一千元。但是，食品的标签、说明书存在不影响食品安全且不会对消费者造成误导的瑕疵的除外。

◎行政法律风险：

食用农产品销售者违反《食用农产品市场销售质量安全监督管理办法》第二十五条第十一项规定，由县级以上食品药品监督管理部门依照《食品安全法》第一百二十三条第一款的规定给予处罚。

《食品安全法》第一百二十三条第一款规定，尚不构成犯罪的，由县级以上人民政府食品安全监督管理部门没收违法所得和违法生产经营的食品，并可以没收用于违法生产经营的工具、设备、原料等物品；违法生产经营的食品货值金额不足一万元的，并处十万元以上十五万元以下罚款；货值金额一万元以上的，并处货值金额十五倍以上三十倍以下罚款；情节严重的，吊销许可证，并可以由公安机关对其直接负责的主管人员和其他直接责任人员处五日以上十五日以下拘留。

销售者履行了《食用农产品市场销售质量安全监督管理办法》规定的食用农产品进货查验等义务，有充分证据证明其不知道所采购的食用农产品不符合食品安全标准，并能如实说明其进货来源的，可以免予处罚，但应当依法没收其不符合食品安全标准的食用农产品。

◎刑事法律风险：

涉嫌生产、销售不符合安全标准的食品罪。足以造成严重食物中毒事故或者其他严重食源性疾病的，处三年以下有期徒刑或者拘役，并处罚金；对人体健康造成严重危害或者有其他严重情节的，处三年以上七年以下有期徒刑，并处罚金；后果特别严重的，处七年以上有期徒刑或者无期徒刑，并处罚金或者没收财产。

典型案例：长沙市岳麓区某冻货经营部销售未按规定进行检疫、国家为防病等特殊需要明令禁止销售的进口冷链食品案

2020年12月24日，长沙市岳麓区市场监督管理局执法人员在进口冷链食品专项检查中发现，位于辖区内的岳麓区某冻货经营部涉嫌销售未按照规定进行检疫、国家为防病等特殊需要明令禁止销售的进口冷链食品，2020年12月24日予以立案调查。

经查明，当事人经营场所的冻库中存放有预包装猪肚37件，外包装标签仅标示有外文，未见有任何的中文字样，其中标注生产日期为“2020.04.01”的33件，生产日期为2020.04.21的4件，每件重量为12千克，上述总重量为444千克。经委托长沙某翻译有限公司对标签标识翻译，翻译为“猪肚，净重：12千克，原产地：荷兰，生产日期：2020年4月1日”、“猪肚，净重：12千克，原产地：荷兰，生产日期：2020年4月21日”。上述猪肚系当事人通过扫码添加微信昵称为“莫*”处购买，通过约定的时间和地点取货，付款方式为微信转账和微信当面扫码付款。当事人共购进上述进口预包装冷冻猪肚47件，每件净重12千克，总计重量564千克。对外销售价格均为34元/千克，货值金额为19176元。当事人销售上述猪肚违法所得为730元。当事人于岳麓区市场监督管理局执法人员现场检查当日张贴了《召回公告》，对销售出去的猪肚进行召回，截至本案调查终结时，实际召回数量为零。当事人无法提供上述产品的进货票据、入境货物检疫证明、核酸检测报告及消毒证明等相关证明文件以及供货者的身份证明及联系方式。

在发现该批不能溯源的进口冷链食品后，执法人员立即联系专业检测公司对该冻库的环境、物品和直接接触冻货食品的人员进行核酸检测采样，共采样27个样本，核酸检测结果显示为阴性。同时岳麓区市场监督管理局将供货者信息通报给有关部门。

当事人经营原产国为荷兰的进口冷冻猪肚，不能提供相应的进货票据、入境检疫证明、核酸检测报告及消毒证明等相关证明文件的行为违反了《食用农产品市场销售质量安全监督管理办法》第二十五条第六项及第十一项、第二十六条第一款和第二款，以及国务院应对新型冠状病毒肺炎疫情联防联控机制综合组于2020年11月8日印发的《关于印发进口冷链食品预防性全面消毒工作方案的通知》（联防联控机制综发〔2020〕255号）的规定及《食品安全法》第五十三条第一款的规定，属于未履行进货查验义务的行为及销售未按规定进行检疫、国家为防病等特殊需要明令禁止经营的食用农产品的行为。

当事人未履行进货查验义务的行为，依据《食用农产品市场销售质量安全监督管理办法》第四十六条及《食品安全法》第一百二十六条第一款第三项的规定，岳麓区市场监督管理局决定责令当事人改正违法行为并给予警告的处罚。当事人销售未按规定进行检疫、国家为防病等特殊需要明令禁止经营的食用农产品，应依据《食用农产品市场销售质量安全监督管理办法》第五十条及《食品安全法》第一百二十三条第一款第四项及第五项进行处罚。2021年1月18日，岳麓区市场监督管理局决定依法对当事人给予没收库存冻猪肚444千克、没收违法所得730元、罚款290000元的处罚。

防范建议

食用农产品销售者应建立进货查验制度。拒绝采购、销售国家为防病等特殊需要明令禁止销售的食用农产品。

风险46：食用农产品销售者违反《食用农产品市场销售质量安全监督管理办法》第二十五条第十二项规定，销售标注虚假的食用农产品产地、生产者名称、生产者地址，标注伪造、冒用的认证标志等质量标志的食用农产品的。

法律规定

《消费者权益保护法》第五十五条

《刑法》第一百四十条

《食用农产品市场销售质量安全监督管理办法》第五十条、第五十四条

法律风险

◎民事法律风险：

经营者提供商品或者服务有欺诈行为的，应当按照消费者的要求增加赔偿其受到的损失，增加赔偿的金额为消费者购买商品的价款或者接受服务的费用的三倍；增加赔偿的金额不足五百元的，为五百元。法律另有规定的，依照其规定。

经营者明知商品或者服务存在缺陷，仍然向消费者提供，造成消费者或者其他受害人死亡或者健康严重损害的，受害人有权要求经营者依照《消费者权益保护法》第四十九条、第五十一条等法律规定赔偿损失，并有权要求所受损失二倍以下的惩罚性赔偿。

◎行政法律风险：

由县级以上食品药品监督管理部门责令改正，处一万元以上三万元以下罚款。

销售者履行了《食用农产品市场销售质量安全监督管理办法》规定的食用农产品进货查验等义务，有充分证据证明其不知道所采购的食用农产品不符合食品安全标准，并能如实说明其进货来源的，可以免予处罚，但应当依法没收其不符合食品安全标准的食用农产品。

◎刑事法律风险：

涉嫌生产、销售伪劣产品罪。生产者、销售者在产品中掺杂、掺假，以假充真，以次充好或者以不合格产品冒充合格产品，销售金额五万元以上不满二十万元的，处二年以下有期徒刑或者拘役，并处或者单处销售金额百分之五十以上二倍以下罚金；销售金额二十万元以上不满五十万元的，处二年以上七年以下有期徒刑，并处销售金额百分之五十以上二倍以下罚金；销售金额五十万元以上不满二百万元的，处七年以上有期徒刑，并处销售金额百分之五十以上二倍以下罚金；销售金额二百万元以上的，处十五年有期徒刑或者无期徒刑，并处销售金额百分之五十以上二倍以下罚金或者没收财产。

典型案例：山东某百货有限公司销售伪造产地的“阳光玫瑰葡萄”案

2021 年 9 月 24 日，招远市市场监督管理局执法人员根据举报，依法对山东某百货股份有限公司进行了公开检查，发现该公司涉嫌销售标注虚假产地的“阳光玫瑰葡萄”。经招远市市场监督管理局立案调查，当事人的行为违反了《食用农产品市场销售质量安全监督管理办法》第二十五条第十二项的规定，招远市市场监督管理局依据《食用农产品市场销售质量安全监督管理办法》第五十条第三款，给予当事人罚款的行政处罚。

典型案例：某超市冒用农产品质量标志违法案

博尔塔拉蒙古自治州农业局接到群众举报，反映某超市销售冒用绿色食品标志的鸡蛋，并提供了手机图片证明资料。博尔塔拉蒙古自治州农业局农产品质量安全工作办公室联合博乐市执法大队、“三品一标”办公室对被举报的超市开展检查，经检查确认举报内容属实，当场制作了现场检查记录，对超市下达“责令整改通知书”，要求超市立即下架该产品，停止销售，并向超市负责人及食品专柜销售人员讲解了如何识别农产品质量标志，发放了“三品一标”知识宣传资料。

随后，博乐市执法大队对涉嫌冒用绿色食品标志的博乐市某生产经营公司违法行为进行立案调查，经调查认定其冒用农产品质量标志违法行为，事实清楚、证据确凿。当事人违反了《食用农产品市场销售质量安全监督管理办法》第二十五条第十二项的规定，鉴于当事人情节轻微，积极整改，对当事人酌情减轻处罚，责令其改正冒用农产品质量标志行为，并对其违法行为给予罚款 2000 元的处罚。

防范建议

食用农产品销售者不得销售标注虚假的食用农产品产地、生产者名称、生产者地址，标注伪造、冒用的认证标志等质量标志的食用农产品。

风险 47：食用农产品销售者违反《食用农产品市场销售质量安全监督管理办法》第二十八条第一款规定，未按要求选择贮存服务提供者的。

法律规定

《食用农产品市场销售质量安全监督管理办法》第五十一条

法律风险

◎民事法律风险：

无。

◎行政法律风险：

由县级以上食品药品监督管理部门责令改正，给予警告；拒不改正的，处五千元以上三万元以下罚款。

◎**刑事法律风险：**

无。

防范建议

销售者租赁仓库的，应当选择能够保障食用农产品质量安全的食用农产品贮存服务提供者。

风险48：食用农产品贮存服务提供者违反《食用农产品市场销售质量安全监督管理办法》第二十八条第二款，未履行食用农产品贮存相关义务的。

法律规定

《食用农产品市场销售质量安全监督管理办法》第二十八条、第五十一条

法律风险

◎**民事法律风险：**

无。

◎**行政法律风险：**

由县级以上食品药品监督管理部门责令改正，给予警告；拒不改正的，处五千元以上三万元以下罚款。

◎**刑事法律风险：**

无。

防范建议

食用农产品贮存服务提供者应当履行《食用农产品市场销售质量安全监督管理办法》第二十八条规定的义务。

贮存服务提供者应当按照食用农产品质量安全的要求贮存食用农产品，履行下列义务。

1. 如实向所在地县级食品药品监督管理部门报告其名称、地址、法定代表人或者负责人姓名、社会信用代码或者身份证号码、联系方式以及所提供服务的销售者名称、贮存的食用农产品品种、数量等信息。

2. 查验所提供服务的销售者的营业执照或者身份证明和食用农产品产地或者来源证明、合格证明文件，并建立进出货台账，记录食用农产品名称、产地、贮存日期、出货日期、销售者名称或者姓名、联系方式等。进出货台账和相关证明材料保存期限不得少于6个月。

3. 保证贮存食用农产品的容器、工具和设备安全无害，保持清洁，防止污染，保证食用农产品质量安全所需的温度、湿度和环境等特殊要求，不得将食用农产品与有毒、有害物品一同贮存。

4. 贮存肉类冻品应当查验并留存检疫合格证明、肉类检验合格证明等证明文件。

5. 贮存进口食用农产品，应当查验并记录出入境检验检疫部门出具的入境货物检验检疫证明等证明文件。

6. 定期检查库存食用农产品，发现销售者有违法行为的，应当及时制止并立即报告所在地县级食

品药品监督管理部门。

7. 法律、法规规定的其他义务。

风险49：食用农产品销售者违反《食用农产品市场销售质量安全监督管理办法》第三十二条规定，未依法进行包装或标注相关信息的。

法律规定

《消费者权益保护法》第五十五条

《食用农产品市场销售质量安全监督管理办法》第五十二条、第五十四条

法律风险

◎民事法律风险：

经营者提供商品或者服务有欺诈行为的，应当按照消费者的要求增加赔偿其受到的损失，增加赔偿的金额为消费者购买商品的价款或者接受服务的费用的三倍；增加赔偿的金额不足五百元的，为五百元。法律另有规定的，依照其规定。

◎行政法律风险：

由县级以上食品药品监督管理部门责令改正，给予警告；拒不改正的，处五千元以上三万元以下罚款。

销售者履行了《食用农产品市场销售质量安全监督管理办法》规定的食用农产品进货查验等义务，有充分证据证明其不知道所采购的食用农产品不符合食品安全标准，并能如实说明其进货来源的，可以免予处罚，但应当依法没收其不符合食品安全标准的食用农产品。

◎刑事法律风险：

无。

防范建议

食用农产品销售者应当建立食用农产品包装标签合规审查机制。销售按照规定应当包装或者附加标签的食用农产品，在包装或者附加标签后方可销售。包装或者标签上应当按照规定标注食用农产品名称、产地、生产者、生产日期等内容；对保质期有要求的，应当标注保质期；保质期与贮藏条件有关的，应当予以标明；有分级标准或者使用食品添加剂的，应当标明产品质量等级或者食品添加剂名称。食用农产品标签所用文字应当使用规范的中文，标注的内容应当清楚、明显，不得含有虚假、错误或者其他误导性内容。

风险50：食用农产品销售者违反《食用农产品市场销售质量安全监督管理办法》第三十三条规定，未依法对无公害农产品、绿色食品、有机农产品等认证食用农产品进行包装或标注有关信息的。

法律规定

《消费者权益保护法》第五十五条

《食用农产品市场销售质量安全监督管理办法》第五十二条、第五十四条

法律风险

◎民事法律风险：

经营者提供商品或者服务有欺诈行为的，应当按照消费者的要求增加赔偿其受到的损失，增加赔偿的金额为消费者购买商品的价款或者接受服务的费用的三倍；增加赔偿的金额不足五百元的，为五百元。法律另有规定的，依照其规定。

◎行政法律风险：

由县级以上食品药品监督管理部门责令改正，给予警告；拒不改正的，处五千元以上三万元以下罚款。

销售者履行了《食用农产品市场销售质量安全监督管理办法》规定的食用农产品进货查验等义务，有充分证据证明其不知道所采购的食用农产品不符合食品安全标准，并能如实说明其进货来源的，可以免予处罚，但应当依法没收其不符合食品安全标准的食用农产品。

◎刑事法律风险：

无。

防范建议

销售获得无公害农产品、绿色食品、有机农产品等认证的食用农产品以及省级以上农业行政部门规定的其他需要包装销售的食用农产品应当包装，并标注相应标志和发证机构，鲜活畜、禽、水产品等除外。

风险51：食用农产品销售者违反《食用农产品市场销售质量安全监督管理办法》第三十四条第一款规定，销售未包装的食用农产品未按要求公布食用农产品相关信息的。

法律规定

《消费者权益保护法》第五十五条

《食用农产品市场销售质量安全监督管理办法》第三十五条、第五十三条、第五十四条

法律风险

◎民事法律风险：

经营者提供商品或者服务有欺诈行为的，应当按照消费者的要求增加赔偿其受到的损失，增加赔偿的金额为消费者购买商品的价款或者接受服务的费用的三倍；增加赔偿的金额不足五百元的，为五百元。法律另有规定的，依照其规定。

◎行政法律风险：

由县级以上食品药品监督管理部门责令改正，给予警告；拒不改正的，处五千元以上一万元以下罚款。

销售者履行了《食用农产品市场销售质量安全监督管理办法》规定的食用农产品进货查验等义务，有充分证据证明其不知道所采购的食用农产品不符合食品安全标准，并能如实说明其进货来源的，

可以免予处罚，但应当依法没收其不符合食品安全标准的食用农产品。

◎**刑事法律风险：**

无。

防范建议

食用农产品销售者销售未包装的食用农产品，应当在摊位（柜台）明显位置如实公布食用农产品名称、产地、生产者或者销售者名称或者姓名等信息。

风险52：食用农产品销售者违反《食用农产品市场销售质量安全监督管理办法》第三十五条规定，未依法对进口食用农产品进行包装或标注有关信息的。

法律规定

《消费者权益保护法》第五十五条

《食品安全法》第一百二十五条

《食用农产品市场销售质量安全监督管理办法》第五十二条、第五十四条

法律风险

◎**民事法律风险：**

经营者提供商品或者服务有欺诈行为的，应当按照消费者的要求增加赔偿其受到的损失，增加赔偿的金额为消费者购买商品的价款或者接受服务的费用的三倍；增加赔偿的金额不足五百元的，为五百元。法律另有规定的，依照其规定。

◎**行政法律风险：**

食用农产品销售者违反《食用农产品市场销售质量安全监督管理办法》第三十五条规定，未依法对进口食用农产品进行包装或标注有关信息的。由县级以上食品药品监督管理部门责令改正，给予警告；拒不改正的，处五千元以上三万元以下罚款。

销售者履行了《食用农产品市场销售质量安全监督管理办法》规定的食用农产品进货查验等义务，有充分证据证明其不知道所采购的食用农产品不符合食品安全标准，并能如实说明其进货来源的，可以免予处罚，但应当依法没收其不符合食品安全标准的食用农产品。

生产经营无标签的预包装食品、食品添加剂或者标签、说明书不符合《食品安全法》规定的食品。由县级以上人民政府食品安全监督管理部门没收违法所得和违法生产经营的食品、食品添加剂，并可以没收用于违法生产经营的工具、设备、原料等物品；违法生产经营的食品、食品添加剂货值金额不足一万元的，并处五千元以上五万元以下罚款；货值金额一万元以上的，并处货值金额五倍以上十倍以下罚款；情节严重的，责令停产停业，直至吊销许可证。

◎**刑事法律风险：**

无。

典型案例：天津市西青区某某食用农产品经营店经营标签不符合规定的食品案

2022 年 3 月 15 日，天津市西青区市场监督管理局执法人员对位于天津市西青区王稳庄商业街的天津市西青区某某食用农产品经营店进行检查。现场发现在其存放待销售食品的冰柜里有无中文标签的食品，该局依据《食品安全法》第一百一十条第一款第四项的规定，对当事人经营的无中文标签的食品予以扣押。该局于 2022 年 3 月 24 日予以立案调查。

依据《食品安全法》第一百二十五条第一款第二项的规定，鉴于其用于违法经营的货架、收银台等工具、设备还用于开展其他商品经营活动，故不予没收，作出行政处罚如下：没收无中文标识的食品 7 袋，处罚款 5000 元。

防范建议

进口食用农产品销售者应当确保其包装或者标签符合我国法律、行政法规的规定和食品安全国家标准的要求，并载明原产地，境内代理商的名称、地址、联系方式。

风险 53：无公害农产品产地被污染或者产地环境达不到标准要求的。

法律规定

《食品安全法》第一百四十八条

《刑法》第一百四十三条

《无公害农产品管理办法》第三十六条

法律风险

◎民事法律风险：

生产不符合食品安全标准的食品或者经营明知是不符合食品安全标准的食品，消费者除要求赔偿损失外，还可以向生产者或者经营者要求支付价款十倍或者损失三倍的赔偿金；增加赔偿的金额不足一千元的，为一千元。但是，食品的标签、说明书存在不影响食品安全且不会对消费者造成误导的瑕疵的除外。

◎行政法律风险：

由省级农业行政主管部门予以警告，并责令限期改正；逾期未改正的，撤销其无公害农产品产地认定证书。

◎刑事法律风险：

涉嫌生产、销售不符合安全标准的食品罪。足以造成严重食物中毒事故或者其他严重食源性疾病的，处三年以下有期徒刑或者拘役，并处罚金；对人体健康造成严重危害或者有其他严重情节的，处三年以上七年以下有期徒刑，并处罚金；后果特别严重的，处七年以上有期徒刑或者无期徒刑，并处罚金或者没收财产。

典型案例：重庆某电子商务有限公司“无公害农产品证书”被撤销案

重庆市农业农村委员会在2020年重庆市“三品一标”农产品质量安全监督抽查中，发现重庆某电子商务有限公司生产的无公害花生样品镉超标。根据无公害农产品质量安全有关标准，确定上述产品产地环境不达标。按照《无公害农产品管理办法》第三十六条等规定，重庆市农业农村委员会决定停止重庆某电子商务有限公司生产的花生产品使用无公害农产品标志并撤销该产品“无公害农产品证书”，责令其停止在上述产品包装及广告宣传上使用无公害农产品标志。

防范建议

无公害农产品生产者应保持产地不被污染或者产地环境持续符合标准要求。

风险54：无公害农产品产地使用的农业投入品不符合无公害农产品相关标准要求的。

法律规定

《食品安全法》第一百四十八条
《刑法》第一百四十三条
《无公害农产品管理办法》第三十六条

法律风险

◎民事法律风险：

生产不符合食品安全标准的食品或者经营明知是不符合食品安全标准的食品，消费者除要求赔偿损失外，还可以向生产者或者经营者要求支付价款十倍或者损失三倍的赔偿金；增加赔偿的金额不足一千元的，为一千元。但是，食品的标签、说明书存在不影响食品安全且不会对消费者造成误导的瑕疵的除外。

◎行政法律风险：

由省级农业行政主管部门予以警告，并责令限期改正；逾期未改正的，撤销其无公害农产品产地认定证书。

◎刑事法律风险：

涉嫌生产、销售不符合安全标准的食品罪。足以造成严重食物中毒事故或者其他严重食源性疾病的，处三年以下有期徒刑或者拘役，并处罚金；对人体健康造成严重危害或者有其他严重情节的，处三年以上七年以下有期徒刑，并处罚金；后果特别严重的，处七年以上有期徒刑或者无期徒刑，并处罚金或者没收财产。

防范建议

无公害农产品生产者应确保产地使用的农业投入品符合无公害农产品相关标准要求。

风险55：获得无公害农产品产地认定证书的单位或者个人擅自扩大无公害农产品产地范围的。

法律规定

《无公害农产品管理办法》第三十六条

法律风险

◎民事法律风险：

无。

◎行政法律风险：

由省级农业行政主管部门予以警告，并责令限期改正；逾期未改正的，撤销其无公害农产品产地认定证书。

◎刑事法律风险：

无。

防范建议

获得无公害农产品产地认定证书的单位或者个人不得擅自扩大无公害农产品产地范围。

风险56：违反《无公害农产品管理办法》第三十五条规定，伪造、冒用、转让、买卖无公害农产品产地认定证书、产品认证证书和标志的。

法律规定

《消费者权益保护法》第五十五条

《农产品质量安全法》第五十一条

《刑法》第二百八十条

《无公害农产品管理办法》第三十七条

法律风险

◎民事法律风险：

经营者提供商品或者服务有欺诈行为的，应当按照消费者的要求增加赔偿其受到的损失，增加赔偿的金额为消费者购买商品的价款或者接受服务的费用的三倍；增加赔偿的金额不足五百元的，为五百元。法律另有规定的，依照其规定。

◎行政法律风险：

违反《无公害农产品管理办法》第三十五条规定，伪造、冒用、转让、买卖无公害农产品产地认定证书、产品认证证书和标志的，由县级以上农业行政主管部门和各地质量监督检验检疫部门根据各自的职责分工责令其停止，并可处以违法所得一倍以上三倍以下的罚款，但最高罚款不得超过三万元；没有违法所得的，可以处一万元以下的罚款。

违反《农产品质量安全法》第三十二条规定，冒用农产品质量标志的，责令改正，没收违法所得，并处二千元以上二万元以下罚款。

◎刑事法律风险：

涉嫌伪造、变造、买卖国家机关公文、证件、印章罪。伪造、变造、买卖或者盗窃、抢夺、毁灭国家机关的公文、证件、印章的，处三年以下有期徒刑、拘役、管制或者剥夺政治权利，并处罚金；情节严重的，处三年以上十年以下有期徒刑，并处罚金。

典型案例：玉溪市江川区某实业有限公司冒用无公害农产品标志案

2019年5月17日，玉溪市江川区绿色食品管理办公室执法人员在对玉溪市江川区某实业有限公司例行检查时发现，该公司蛋鸡养殖场鸡舍内存放印有无公害农产品标志的鸡蛋包装纸箱1960只。据执法人员了解，该种包装纸箱已使用并销售过，但当事人并没有获得过“无公害农产品认证证书”，当事人的行为已涉嫌冒用无公害农产品标志。

当日，行政执法机关对当事人的涉嫌冒用无公害农产品标志行为立案调查。随后执法人员制作了现场检查笔录，提取了相关书证。2019年5月18日，行政执法机关对当事人法人赵某进行了询问调查，确认当事人并未取得“无公害农产品认证证书”，无公害农产品包装纸箱是委托王某印制的，共印制了3000只，已使用的纸箱其中一部分用于装鸡蛋卖给了昆明经销商冯某，一部分用于装农产品送给了亲朋好友，一部分用于装破损鸡蛋零售。

经查明，当事人生产的鸡蛋产品，没有经过无公害农产品认证，无“无公害农产品认证证书”。当事人2018年10月份销售给冯某的“无公害农产品鸡蛋”100件的违法行为，当事人与冯某均予以认可。由于当事人与冯某均未能提供有效的购销台账及收付款凭证，其100件“无公害农产品鸡蛋”违法所得无法查证。当事人于2019年4月25日销售给江川某超市“无公害农产品鸡蛋”10件（360只/件），销售价格210元/件，违法所得2100元。

当事人冒用无公害农产品标志的行为，违反了《农产品质量安全法》第三十二条第二款“禁止冒用前款规定的农产品质量标志”规定，违法事实清楚，证据确凿充分，应予认定。2019年7月31日，行政执法机关向当事人直接送达了“行政处罚事先告知书”与“责令改正通知书”，告知了当事人拟作出行政处罚的事实、理由和依据，以及告知当事人可在收到“行政处罚事先告知书”之日起三日内依法享有陈述和申辩的权利。当事人在规定时间内未提出陈述和申辩，主动放弃了上述权利。

依照《农产品质量安全法》第五十一条规定，行政执法机关对当事人作出如下行政处罚决定：没收违法所得2100元整，并处罚款14000元整。罚没款共计16100元整。

防范建议

任何单位和个人不得伪造、冒用、转让、买卖无公害农产品产地认定证书、产品认证证书和标志。

风险57：获得无公害农产品认证并加贴标志的产品，经检查、检测、鉴定，不符合无公害农产品质量标准要求的。

法律规定

《消费者权益保护法》第五十五条

《刑法》第一百四十条

《无公害农产品管理办法》第三十八条

法律风险

◎民事法律风险：

经营者提供商品或者服务有欺诈行为的，应当按照消费者的要求增加赔偿其受到的损失，增加赔偿的金额为消费者购买商品的价款或者接受服务的费用的三倍；增加赔偿的金额不足五百元的，为五百元。法律另有规定的，依照其规定。

◎行政法律风险：

由县级以上农业行政主管部门或者各地质量监督检验检疫部门责令停止使用无公害农产品标志，由认证机构暂停或者撤销认证证书。

◎刑事法律风险：

涉嫌生产、销售伪劣产品罪。生产者、销售者以不合格产品冒充合格产品，销售金额五万元以上不满二十万元的，处二年以下有期徒刑或者拘役，并处或者单处销售金额百分之五十以上二倍以下罚金；销售金额二十万元以上不满五十万元的，处二年以上七年以下有期徒刑，并处销售金额百分之五十以上二倍以下罚金；销售金额五十万元以上不满二百万元的，处七年以上有期徒刑，并处销售金额百分之五十以上二倍以下罚金；销售金额二百万元以上的，处十五年有期徒刑或者无期徒刑，并处销售金额百分之五十以上二倍以下罚金或者没收财产。

防范建议

获得无公害农产品认证并加贴标志的产品，经检查、检测、鉴定，不符合无公害农产品质量标准要求的，应当立即停止使用相关标志。

网络食品销售

风险58：网络食品交易第三方平台提供者未对入网食品经营者进行实名登记、审查许可证，或者未履行报告、停止提供网络交易平台服务等义务的。

法律规定

《食品安全法》第一百三十一条

法律风险

◎民事法律风险：

使消费者的合法权益受到损害的，应当与食品经营者承担连带责任。

消费者通过网络食品交易第三方平台购买食品，其合法权益受到损害的，可以向入网食品经营者或者食品生产者要求赔偿。网络食品交易第三方平台提供者不能提供入网食品经营者的真实名称、地址和有效联系方式的，由网络食品交易第三方平台提供者赔偿。网络食品交易第三方平台提供者赔偿后，有权向入网食品经营者或者食品生产者追偿。网络食品交易第三方平台提供者作出更有利于消费者承诺的，应当履行其承诺。

◎行政法律风险：

由县级以上人民政府食品安全监督管理部门责令改正，没收违法所得，并处五万元以上二十万元以下罚款；造成严重后果的，责令停业，直至由原发证部门吊销许可证。

◎刑事法律风险：

无。

典型案例：知名外卖平台未对入网食品经营者进行实名登记案

2020年5月25日，某外卖电商平台运营主体上海某某信息科技有限公司作为网络食品交易第三方平台提供者，未对入网食品经营者进行实名登记、审查许可证或者未履行报告、停止提供网络交易平台服务等义务，上海市普陀区市场监督管理局依据《食品安全法》第一百三十一条的规定，对当事人罚款20万元，责令改正。

防范建议

网络食品交易第三方平台提供者应对入网食品经营者履行审查登记义务，进行实名登记、审查许可证。如发现入网食品经营者违法经营，应及时向市场监管部门报告并停止提供网络交易平台服务。

风险59：违反《网络食品安全违法行为查处办法》第四条、第十一条、第十二条规定，网络食品交易第三方平台提供者、入网食品生产经营者提供虚假信息的。

法律规定

《消费者权益保护法》第五十五条

《网络食品安全违法行为查处办法》第四十三条

法律风险

◎民事法律风险：

经营者提供商品或者服务有欺诈行为的，应当按照消费者的要求增加赔偿其受到的损失，增加赔偿的金额为消费者购买商品的价款或者接受服务的费用的三倍；增加赔偿的金额不足五百元的，为五百元。法律另有规定的，依照其规定。

◎行政法律风险：

由县级以上地方市场监督管理部门责令改正，处一万元以上三万元以下罚款。

◎刑事法律风险：

无。

防范建议

网络食品交易第三方平台提供者、入网食品生产经营者不得提供虚假信息。

风险60：违反《网络食品安全违法行为查处办法》第八条规定，网络食品交易第三方平台提供者和通过自建网站交易的食品生产经营者未履行相应备案义务的。

法律规定

《网络食品安全违法行为查处办法》第二十九条

法律风险

◎民事法律风险：

无。

◎行政法律风险：

由县级以上地方市场监督管理部门责令改正，给予警告；拒不改正的，处五千元以上三万元以下罚款。

◎刑事法律风险：

无。

防范建议

网络食品交易第三方平台提供者应当在通信主管部门批准后30个工作日内，向所在地省级市场监督管理部门备案，取得备案号。

通过自建网站交易的食品生产经营者应当在通信主管部门批准后30个工作日内，向所在地市、县级市场监督管理部门备案，取得备案号。

风险61：违反《网络食品安全违法行为查处办法》第九条规定，网络食品交易第三方平台提供者和通过自建网站交易的食品生产经营者不具备数据备份、故障恢复等技术条件，不能保障网络食品交易数据和资料的可靠性与安全性的。

法律规定

《网络食品安全违法行为查处办法》第三十条

法律风险

◎民事法律风险：

无。

◎行政法律风险：

由县级以上地方市场监督管理部门责令改正，给予警告；拒不改正的，处三万元罚款。

◎刑事法律风险：

无。

防范建议

网络食品交易第三方平台提供者和通过自建网站交易的食品生产经营者应当具备数据备份、故障恢复等技术条件，保障网络食品交易数据和资料的可靠性与安全性。

风险62：违反《网络食品安全违法行为查处办法》第十条规定，网络食品交易第三方平台提供者未按要求建立入网食品生产经营者审查登记、食品安全自查、食品安全违法行为制止及报告、严重违法行为平台服务停止、食品安全投诉举报处理等制度的或者未公开以上制度的。

法律规定

《食品安全法》第一百三十一条

《网络食品安全违法行为查处办法》第三十一条

法律风险

◎民事法律风险：

使消费者的合法权益受到损害的，应当与食品经营者承担连带责任。

消费者通过网络食品交易第三方平台购买食品，其合法权益受到损害的，可以向入网食品经营者或者食品生产者要求赔偿。网络食品交易第三方平台提供者不能提供入网食品经营者的真实名称、地址和有效联系方式的，由网络食品交易第三方平台提供者赔偿。网络食品交易第三方平台提供者赔偿后，有权向入网食品经营者或者食品生产者追偿。网络食品交易第三方平台提供者作出更有利于消费者承诺的，应当履行其承诺。

◎行政法律风险：

由县级以上地方市场监督管理部门责令改正，给予警告；拒不改正的，处五千元以上三万元以下罚款。

网络食品交易第三方平台提供者未对入网食品经营者进行实名登记、审查许可证，或者未履行报告、停止提供网络交易平台服务等义务的，由县级以上人民政府食品安全监督管理部门责令改正，没收违法所得，并处五万元以上二十万元以下罚款；造成严重后果的，责令停业，直至由原发证部门吊销许可证。

◎刑事法律风险：

无。

防范建议

网络食品交易第三方平台提供者应建立入网食品生产经营者审查登记、食品安全自查、食品安全违法行为制止及报告、严重违法行为平台服务停止、食品安全投诉举报处理等制度，并在平台上进行公开。

风险63：违反《网络食品安全违法行为查处办法》第十一条规定，网络食品交易第三方平台提供者未对入网食品生产经营者的相关材料及信息进行审查登记、如实记录并更新的。

法律规定

《食品安全法》第一百三十一条

《网络食品安全违法行为查处办法》第三十二条

法律风险

◎民事法律风险：

使消费者的合法权益受到损害的，应当与食品经营者承担连带责任。

消费者通过网络食品交易第三方平台购买食品，其合法权益受到损害的，可以向入网食品经营者或者食品生产者要求赔偿。网络食品交易第三方平台提供者不能提供入网食品经营者的真实名称、地址和有效联系方式的，由网络食品交易第三方平台提供者赔偿。网络食品交易第三方平台提供者赔偿后，有权向入网食品经营者或者食品生产者追偿。网络食品交易第三方平台提供者作出更有利于消费者承诺的，应当履行其承诺。

◎**行政法律风险：**

违反《网络食品安全违法行为查处办法》第十一条规定，由县级以上地方市场监督管理部门依照《食品安全法》第一百三十一条的规定处罚。

《食品安全法》第一百三十一条规定，由县级以上人民政府食品安全监督管理部门责令改正，没收违法所得，并处五万元以上二十万元以下罚款；造成严重后果的，责令停业，直至由原发证部门吊销许可证。

◎**刑事法律风险：**

无。

典型案例：某科技公司重庆分公司未履行入网食品经营者主体资质审核义务案

2021 年 1 月，重庆市市场监督管理局综合执法总队接举报，称某科技公司重庆分公司未履行法定证照审核义务。

经查，当事人未对入驻其平台的商户进行相关资质材料及信息的审查登记，导致了某炒粉王（上线期间：2019 年 11 月至 2021 年 2 月）在无食品经营许可证的情况下，入驻平台提供餐饮外卖服务，直至 2020 年 7 月 28 日；某火锅鸡（上线期间：2020 年 7 月至同年 11 月）经营期间，在平台上公示的主体信息中营业执照主体和食品经营许可证主体不一致。

当事人上述行为违反了《网络食品安全违法行为查处办法》第十一条第一款规定，构成了未依法审查入网食品经营者食品经营许可证、营业执照的违法行为。

2021 年 8 月，重庆市市场监督管理局根据《网络食品安全违法行为查处办法》第三十二条第一款、《食品安全法》第一百三十一条第一款规定，责令当事人改正违法行为，没收违法所得 3374.33 元，并处罚款 95000 元。

防范建议

网络食品交易第三方平台提供者应当对入网食品生产经营者食品生产经营许可证、入网食品添加剂生产企业生产许可证等材料进行审查，如实记录并及时更新。

网络食品交易第三方平台提供者应当对入网食用农产品生产经营者营业执照、入网食品添加剂经营者营业执照以及入网交易食用农产品的个人的身份证号码、住址、联系方式等信息进行登记，如实记录并及时更新。

风险 64：违反《网络食品安全违法行为查处办法》第十二条规定，网络食品交易第三方平台提供者未建立入网食品生产经营者档案、记录入网食品生产经营者相关信息的。

法律规定

《网络食品安全违法行为查处办法》第三十三条

法律风险

◎民事法律风险：

无。

◎行政法律风险：

由县级以上地方市场监督管理部门责令改正，给予警告；拒不改正的，处五千元以上三万元以下罚款。

◎刑事法律风险：

无。

防范建议

网络食品交易第三方平台提供者应当建立入网食品生产经营者档案，记录入网食品生产经营者的基本情况、食品安全管理人员等信息。

风险65：违反《网络食品安全违法行为查处办法》第十三条规定，网络食品交易第三方平台提供者未按要求记录、保存食品交易信息的。

法律规定

《网络食品安全违法行为查处办法》第三十四条

法律风险

◎民事法律风险：

无。

◎行政法律风险：

由县级以上地方市场监督管理部门责令改正，给予警告；拒不改正的，处五千元以上三万元以下罚款。

◎刑事法律风险：

无。

防范建议

网络食品交易第三方平台提供者和通过自建网站交易食品的生产经营者应当记录、保存食品交易信息，保存时间不得少于产品保质期满后6个月；没有明确保质期的，保存时间不得少于2年。

风险66：违反《网络食品安全违法行为查处办法》第十四条规定，网络食品交易第三方平台提供者未设置专门的网络食品安全管理机构或者指定专职食品安全管理人员对平台上的食品安全经营行为及信息进行检查的。

法律规定

《网络食品安全违法行为查处办法》第三十五条

法律风险

◎民事法律风险：

无。

◎行政法律风险：

由县级以上地方市场监督管理部门责令改正，给予警告；拒不改正的，处五千元以上三万元以下罚款。

◎刑事法律风险：

无。

防范建议

网络食品交易第三方平台提供者应当设置专门的网络食品安全管理机构或者指定专职食品安全管理人员，对平台上的食品安全经营行为及信息进行检查。

网络食品交易第三方平台提供者应当设置专门的网络食品安全管理机构或者指定专职食品安全管理人员，对平台上的食品经营行为及信息进行检查。发现存在食品安全违法行为的，应当及时制止，并向所在地县级市场监督管理部门报告。

风险67：违反《网络食品安全违法行为查处办法》第十五条规定，网络食品交易第三方平台提供者发现入网食品生产经营者有严重违法行为未停止提供网络交易平台服务的。

法律规定

《食品安全法》第一百三十一条

《网络食品安全违法行为查处办法》第三十六条

法律风险

◎民事法律风险：

使消费者的合法权益受到损害的，应当与食品经营者承担连带责任。

消费者通过网络食品交易第三方平台购买食品，其合法权益受到损害的，可以向入网食品经营者或者食品生产者要求赔偿。网络食品交易第三方平台提供者不能提供入网食品经营者的真实名称、地址和有效联系方式的，由网络食品交易第三方平台提供者赔偿。网络食品交易第三方平台提供者赔偿后，有权向入网食品经营者或者食品生产者追偿。网络食品交易第三方平台提供者作出更有利于消费者承诺的，应当履行其承诺。

◎行政法律风险：

违反《网络食品安全违法行为查处办法》第十五条规定，由县级以上地方市场监督管理部门依照《食品安全法》第一百三十一条的规定处罚。

《食品安全法》第一百三十一条规定，网络食品交易第三方平台提供者未对入网食品经营者进行实名登记、审查许可证，或者未履行报告、停止提供网络交易平台服务等义务的，由县级以上人民政府食品安全监督管理部门责令改正，没收违法所得，并处五万元以上二十万元以下罚款；造成严重后果的，责令停业，直至由原发证部门吊销许可证。

◎刑事法律风险：

无。

防范建议

网络食品交易第三方平台提供者发现入网食品生产经营者有严重违法行为，应当停止提供网络交易平台服务。

风险68：违反《网络食品安全违法行为查处办法》第十六条规定，入网食品生产经营者未依法取得食品生产经营许可的，或者入网食品生产者超过许可的类别范围销售食品、入网食品经营者超过许可的经营项目范围从事食品经营的。

法律规定

《食品安全法》第一百二十二条

《网络食品安全违法行为查处办法》第三十八条

《网络餐饮服务食品安全监督管理办法》第二十七条

法律风险

◎民事法律风险：

无。

◎行政法律风险：

违反《网络食品安全违法行为查处办法》第十六条及《网络餐饮服务食品安全监督管理办法》第二十七条的规定，依照《食品安全法》第一百二十二条的规定处罚。

《食品安全法》第一百二十二条规定，由县级以上人民政府食品安全监督管理部门没收违法所得和违法生产经营的食品、食品添加剂以及用于违法生产经营的工具、设备、原料等物品；违法生产经营的食品、食品添加剂货值金额不足一万元的，并处五万元以上十万元以下罚款；货值金额一万元以上的，并处货值金额十倍以上二十倍以下罚款。

◎**刑事法律风险：**

无。

典型案例：天津市和平区某日本料理店超范围经营食品案

2021 年 10 月 14 日，天津市和平区市场监督管理局执法人员检查当事人的食品经营许可证时发现经营项目仅为预包装食品销售（不含冷藏冷冻食品），现场在当事人经营场所内发现当事人在网络外卖平台上销售菜品的外卖单，经当事人确认，外卖单上显示的菜品全部为非预包装食品。本案于 2021 年 10 月 19 日经批准予以立案，未采取行政强制措施。

经查，当事人于 2021 年 9 月 1 至 2021 年 9 月 30 日期间在网络外卖平台上销售非预包装食品，当事人在网络外卖平台上销售的食品种类超出了其已取得的食品经营许可证中规定的经营项目范围。本案的货值金额为 1348 元，违法所得为 1348 元。

当事人上述行为违反了《网络食品安全违法行为查处办法》第十六条及《网络餐饮服务食品安全监督管理办法》第四条的规定。依据《网络餐饮服务食品安全监督管理办法》第二十七条、《食品安全法》第一百二十二条第一款的规定，进行行政处罚。

当事人积极配合行政机关检查，如实提供相关资料，主动减轻危害后果，符合《行政处罚法》第三十二条第一项“当事人有下列情形之一的，应当依法从轻或者减轻行政处罚：（一）主动消除或者减轻违法行为危害后果的”规定，予以减轻处罚。

综上，天津市和平区市场监督管理局决定对当事人处罚如下：罚款 20000 元；没收违法所得 1348 元，罚没款合计 21348 元。

防范建议

入网食品生产经营者应当依法取得许可，入网食品生产者应当按照许可的类别范围销售食品，入网食品经营者应当按照许可的经营项目范围从事食品经营。法律、法规规定不需要取得食品生产经营许可的除外。

取得食品生产许可的食品生产者，通过网络销售其生产的食品，不需要取得食品经营许可。取得食品经营许可的食品经营者通过网络销售其制作加工的食品，不需要取得食品生产许可。

风险 69：违反《网络食品安全违法行为查处办法》第十七条第一项规定，入网食品生产经营者在网上刊载的食品名称、成分或者配料表、产地、保质期、贮存条件，生产者名称、地址等信息与食品标签或者标识不一致的。

法律规定

《消费者权益保护法》第五十五条

《网络食品安全违法行为查处办法》第三十九条

法律风险

◎民事法律风险：

经营者提供商品或者服务有欺诈行为的，应当按照消费者的要求增加赔偿其受到的损失，增加赔偿的金额为消费者购买商品的价款或者接受服务的费用的三倍；增加赔偿的金额不足五百元的，为五百元。法律另有规定的，依照其规定。

◎行政法律风险：

由县级以上地方市场监督管理部门责令改正，给予警告；拒不改正的，处五千元以上三万元以下罚款。

◎刑事法律风险：

无。

防范建议

入网食品生产经营者在网上刊载的食品名称、成分或者配料表、产地、保质期、贮存条件，生产者名称、地址等信息与食品标签或者标识应保持一致。

风险70：违反《网络食品安全违法行为查处办法》第十七条第二项规定，入网食品生产经营者在网上刊载的非保健食品信息明示或者暗示具有保健功能的。

法律规定

《消费者权益保护法》第五十五条

《网络食品安全违法行为查处办法》第三十九条

法律风险

◎民事法律风险：

经营者提供商品或者服务有欺诈行为的，应当按照消费者的要求增加赔偿其受到的损失，增加赔偿的金额为消费者购买商品的价款或者接受服务的费用的三倍；增加赔偿的金额不足五百元的，为五百元。法律另有规定的，依照其规定。

◎行政法律风险：

由县级以上地方市场监督管理部门责令改正，给予警告；拒不改正的，处五千元以上三万元以下罚款。

◎刑事法律风险：

无。

典型案例：永嘉县某农产品商行违法宣传保健食品功能案

永嘉县市场监督管理局执法人员接到消费者投诉举报，投诉永嘉县某农产品商行销售的破壁灵芝孢子粉在商品标题及详情中宣传疾病预防、治疗功效，并提供了相关材料。经查明，当事人委托温州某网络科技有限公司制作“某滋补珍品”微信小程序，在微信小程序发布含有“治疗失眠、养肝解酒”“吃这款会有改善，而且提高免疫力、预防癌症”等广告内容，宣传保健食品破壁灵芝孢子粉。当事人现已在其经营的微信小程序里下架了这款产品，并已删除上述广告。当事人发布的广告违反了《广告法》第九条、第十八条及《网络食品安全违法行为查处办法》第三十九条规定。永嘉县市场监督管理局依法对当事人处以罚款5000元。

防范建议

入网食品生产经营者不得在网上宣称非保健食品明示或者暗示具有保健功能。

风险71：违反《网络食品安全违法行为查处办法》第十七条第二项规定，入网食品生产经营者在网上刊载的保健食品的注册证书或者备案凭证等信息与注册或者备案信息不一致的。

法律规定

《消费者权益保护法》第五十五条

《网络食品安全违法行为查处办法》第三十九条

法律风险

◎民事法律风险：

经营者提供商品或者服务有欺诈行为的，应当按照消费者的要求增加赔偿其受到的损失，增加赔偿的金额为消费者购买商品的价款或者接受服务的费用的三倍；增加赔偿的金额不足五百元的，为五百元。法律另有规定的，依照其规定。

◎行政法律风险：

由县级以上地方市场监督管理部门责令改正，给予警告；拒不改正的，处五千元以上三万元以下罚款。

◎刑事法律风险：

无。

防范建议

入网食品生产经营者在网上刊载的保健食品的注册证书或者备案凭证等信息与注册或者备案信息应当保持一致。

风险72：违反《网络食品安全违法行为查处办法》第十七条第三项规定，入网食品生产经营者在网上刊载的婴幼儿配方乳粉产品信息明示或者暗示具有益智、增加抵抗力、提高免疫力、保护肠道等功能或者保健作用的。

法律规定

《消费者权益保护法》第五十五条
《网络食品安全违法行为查处办法》第三十九条

法律风险

◎民事法律风险：

经营者提供商品或者服务有欺诈行为的，应当按照消费者的要求增加赔偿其受到的损失，增加赔偿的金额为消费者购买商品的价款或者接受服务的费用的三倍；增加赔偿的金额不足五百元的，为五百元。法律另有规定的，依照其规定。

◎行政法律风险：

由县级以上地方市场监督管理部门责令改正，给予警告；拒不改正的，处五千元以上三万元以下罚款。

◎刑事法律风险：

无。

防范建议

入网食品生产经营者不得在婴幼儿配方乳粉产品的广告信息中明示或者暗示具有益智、增加抵抗力、提高免疫力、保护肠道等功能或者保健作用。

风险73：违反《网络食品安全违法行为查处办法》第十七条第四项规定，对在贮存、运输、食用等方面有特殊要求的食品，入网食品生产经营者未在网上刊载的食品信息中予以说明和提示作用的。

法律规定

《消费者权益保护法》第五十五条
《网络食品安全违法行为查处办法》第三十九条

法律风险

◎民事法律风险：

经营者提供商品或者服务有欺诈行为的，应当按照消费者的要求增加赔偿其受到的损失，增加赔偿的金额为消费者购买商品的价款或者接受服务的费用的三倍；增加赔偿的金额不足五百元的，为五百元。法律另有规定的，依照其规定。

◎行政法律风险：

由县级以上地方市场监督管理部门责令改正，给予警告；拒不改正的，处五千元以上三万元以下罚款。

◎刑事法律风险：

无。

防范建议

对在贮存、运输、食用等方面有特殊要求的食品，入网食品生产经营者应当在网上刊载的食品信息中予以说明和提示作用。

风险74：违反《网络食品安全违法行为查处办法》第十八条规定，入网食品生产经营者未按要求进行信息公示的。

法律规定

《网络食品安全违法行为查处办法》第四十条

法律风险

◎民事法律风险：

无。

◎行政法律风险：

由县级以上地方市场监督管理部门责令改正，给予警告；拒不改正的，处五千元以上三万元以下罚款。

◎刑事法律风险：

无。

防范建议

入网食品生产经营者应当在其经营活动主页面显著位置公示其营业执照、食品生产经营许可证、餐饮服务食品安全监督量化分级管理信息。相关信息应当画面清晰，容易辨识。

风险75：违反《网络食品安全违法行为查处办法》第十九条第一款规定，食品生产经营者未按要求公示特殊食品相关信息的。

法律规定

《网络食品安全违法行为查处办法》第四十一条

法律风险

◎民事法律风险：

无。

◎行政法律风险：

由县级以上地方市场监督管理部门责令改正，给予警告；拒不改正的，处五千元以上三万元以下罚款。

◎刑事法律风险：

无。

防范建议

入网销售保健食品、特殊医学用途配方食品、婴幼儿配方乳粉的食品生产经营者，应当公示营业执照、食品生产经营许可证、产品注册证书或者备案凭证、广告审查批准文号，并链接至市场监督管理部门网站对应的数据查询页面。保健食品应当显著标明“本品不能代替药物”。

风险76：违反《网络食品安全违法行为查处办法》第十九条第二款规定，食品生产经营者通过网络销售特定全营养配方食品的。

法律规定

《网络食品安全违法行为查处办法》第四十一条

法律风险

◎民事法律风险：

无。

◎行政法律风险：

由县级以上地方市场监督管理部门处3万元罚款。

◎刑事法律风险：

无。

防范建议

不得通过网络销售特定全营养配方食品。

风险77：违反《网络食品安全违法行为查处办法》第二十条规定，入网食品生产经营者未按要求采取保证食品安全的贮存、运输措施，或者委托不具备相应贮存、运输能力的企业从事贮存、配送的。

法律规定

《食品安全法》第一百三十二条、一百四十八条

《网络食品安全违法行为查处办法》第四十二条

法律风险

◎民事法律风险：

生产不符合食品安全标准的食品或者经营明知是不符合食品安全标准的食品，消费者除要求赔偿损失外，还可以向生产者或者经营者要求支付价款十倍或者损失三倍的赔偿金；增加赔偿的金额不足一千元的，为一千元。但是，食品的标签、说明书存在不影响食品安全且不会对消费者造成误导的瑕疵的除外。

◎行政法律风险：

违反《网络食品安全违法行为查处办法》第二十条规定，由县级以上地方市场监督管理部门依照《食品安全法》第一百三十二条的规定处罚。

《食品安全法》第一百三十二条规定，由县级以上人民政府食品安全监督管理等部门按照各自职责分工责令改正，给予警告；拒不改正的，责令停产停业，并处一万元以上五万元以下罚款；情节严重的，吊销许可证。

◎刑事法律风险：

无。

防范建议

入网食品生产经营者应当采取保证食品安全的贮存、运输措施，委托具备相应贮存、运输能力的企业从事贮存、配送。

风险78：违反《网络食品安全违法行为查处办法》第三十七条规定，网络食品交易第三方平台提供者未履行相关义务，导致发生严重后果的。

法律规定

《食品安全法》第一百三十一条

《网络食品安全违法行为查处办法》第三十七条

法律风险

◎民事法律风险：

使消费者的合法权益受到损害的，应当与食品经营者承担连带责任。

消费者通过网络食品交易第三方平台购买食品，其合法权益受到损害的，可以向入网食品经营者或者食品生产者要求赔偿。网络食品交易第三方平台提供者不能提供入网食品经营者的真实名称、地址和有效联系方式的，由网络食品交易第三方平台提供者赔偿。网络食品交易第三方平台提供者赔偿后，有权向入网食品经营者或者食品生产者追偿。网络食品交易第三方平台提供者作出更有利于消费者承诺的，应当履行其承诺。

◎行政法律风险：

违反《网络食品安全违法行为查处办法》第三十七条规定，由县级以上地方市场监督管理部门依照《食品安全法》第一百三十一条的规定责令停业，并将相关情况移送通信主管部门处理。

《食品安全法》第一百三十一条规定，网络食品交易第三方平台提供者未对入网食品经营者进行实名登记、审查许可证，或者未履行报告、停止提供网络交易平台服务等义务的，由县级以上人民政府食品安全监督管理部门责令改正，没收违法所得，并处五万元以上二十万元以下罚款；造成严重后果的，责令停业，直至由原发证部门吊销许可证。

◎刑事法律风险：

无。

防范建议

网络食品交易第三方平台提供者应主动履行平台义务，避免发生以下严重后果：

1. 致人死亡或者造成严重人身伤害的；
2. 发生较大级别以上食品安全事故的；
3. 发生较为严重的食源性疾病的；
4. 侵犯消费者合法权益，造成严重不良社会影响的；
5. 引发其他的严重后果的。

风险79：网络交易平台经营者违反《网络交易监督管理办法》第十条规定，拒不为入驻的平台内经营者出具网络经营场所相关材料的。

法律规定

《网络交易监督管理办法》第四十条

法律风险

◎民事法律风险：

无。

◎行政法律风险：

由市场监督管理部门责令限期改正；逾期不改正的，处一万元以上三万元以下罚款。

◎刑事法律风险：

无。

防范建议

网络交易平台应当为平台内经营者出具符合登记机关要求的网络经营场所相关材料。

风险80：网络交易经营者违反《网络交易监督管理办法》第十一条规定，销售的商品或者提供的服务不符合保障人身、财产安全的要求和环境保护要求，销售或者提供法律、行政法规禁止交易，损害国家利益和社会公共利益，违背公序良俗的商品或者服务的。

法律规定

《消费者权益保护法》第四十九条
《食品安全法》第一百四十八条
《刑法》第一百四十条、第一百四十三条
《网络交易监督管理办法》第四十一条、第五十二条

法律风险

◎民事法律风险：

经营者提供商品或者服务，造成消费者或者其他受害人人身伤害的，应当赔偿医疗费、护理费、交通费等为治疗和康复支出的合理费用，以及因误工减少的收入。造成残疾的，还应当赔偿残疾生活辅助具费和残疾赔偿金。造成死亡的，还应当赔偿丧葬费和死亡赔偿金。

生产不符合食品安全标准的食品或者经营明知是不符合食品安全标准的食品，消费者除要求赔偿损失外，还可以向生产者或者经营者要求支付价款十倍或者损失三倍的赔偿金；增加赔偿的金额不足一千元的，为一千元。但是，食品的标签、说明书存在不影响食品安全且不会对消费者造成误导的瑕疵的除外。

网络交易平台经营者知道或者应当知道平台内经营者销售的商品或者提供的服务不符合保障人身、财产安全的要求，或者有其他侵害消费者合法权益行为，未采取必要措施的，依法与该平台内经营者承担连带责任。对关系消费者生命健康的商品或者服务，网络交易平台经营者对平台内经营者的资质资格未尽到审核义务，或者对消费者未尽到安全保障义务，造成消费者损害的，依法承担相应的责任。

◎行政法律风险：

由市场监督管理部门依职责责令限期改正，可以处五千元以上三万元以下罚款。

◎刑事法律风险：

涉嫌生产、销售不符合安全标准的食品罪。足以造成严重食物中毒事故或者其他严重食源性疾病的，处三年以下有期徒刑或者拘役，并处罚金；对人体健康造成严重危害或者有其他严重情节的，处三年以上七年以下有期徒刑，并处罚金；后果特别严重的，处七年以上有期徒刑或者无期徒刑，并处罚金或者没收财产。

涉嫌生产、销售伪劣产品罪。生产者、销售者以不合格产品冒充合格产品，销售金额五万元以上不满二十万元的，处二年以下有期徒刑或者拘役，并处或者单处销售金额百分之五十以上二倍以下罚金；销售金额二十万元以上不满五十万元的，处二年以上七年以下有期徒刑，并处销售金额百分之五

十以上二倍以下罚金；销售金额五十万元以上不满二百万元的，处七年以上有期徒刑，并处销售金额百分之五十以上二倍以下罚金；销售金额二百万元以上的，处十五年有期徒刑或者无期徒刑，并处销售金额百分之五十以上二倍以下罚金或者没收财产。

典型案例：赵某犯生产、销售伪劣产品罪及销售假冒注册商标的商品罪案

自2018年8月，被告人赵某将购进的大量食用调和油分装成桶后，冒充花生油通过网络销往全国多地。其中，从2019年1月至2019年8月，赵某通过某平台多个网店销售伪劣花生油，金额达162万余元。

2017年10月至2019年6月，被告人赵某明知李某刚（另案处理）销售的“某某某”膏贴、“某某”膏贴系假冒注册商标的商品，为获取非法利益，通过网络，以支付宝、微信支付等方式，多次从李某刚处购买或让李某刚代发假冒“某某某”膏贴和“某某”膏贴，金额为17万余元。后被告人赵某与其妻子陈某（另案处理）通过网络，将假冒“某某某”膏贴和“某某”膏贴销往全国多地。

依照《刑法》第一百四十条、第二百一十四条的有关规定，人民法院经审理判决如下：被告人赵某犯生产、销售伪劣产品罪，判处有期徒刑十二年，并处罚金一百五十万元；犯销售假冒注册商标的商品罪，判处有期徒刑一年六个月，并处罚金二十万元，数罪并罚，决定执行有期徒刑十三年，并处罚金一百七十万元。

防范建议

入网食品经营者销售的商品或者提供的服务应当符合保障人身、财产安全的要求和环境保护要求。不得销售或者提供法律、行政法规禁止交易，损害国家利益和社会公共利益，违背公序良俗的商品或者服务。

风险81：网络交易经营者、电子商务平台经营者违反《网络交易监督管理办法》第十二条，《电子商务法》[①]第七十六条、第八十一条规定，未履行法定信息公示义务的。

法律规定

《网络交易监督管理办法》第四十二条
《电子商务法》第七十六条、第八十一条

法律风险

◎民事法律风险：

无。

◎行政法律风险：

网络交易经营者违反《网络交易监督管理办法》第十二条规定，对电子商务经营者，由市场监督

① 全称为《中华人民共和国电子商务法》，以下使用简称《电子商务法》。

管理部门责令限期改正，可以处一万元以下的罚款。

电子商务经营者违反《电子商务法》第七十六条规定情形之一的，由市场监督管理部门责令限期改正，可以处一万元以下的罚款，对其中的电子商务平台经营者，依照《电子商务法》第八十一条第一款的规定处罚。

《电子商务法》第八十一条规定，电子商务平台经营者违反本法第八十一条规定的情形之一的，由市场监督管理部门责令限期改正，可以处二万元以上十万元以下的罚款；情节严重的，处十万元以上五十万元以下的罚款。

◎刑事法律风险：

无。

典型案例：淮北团购电商平台未公示经营资质案

2019年1月2日，淮北市工商局执法人员在进行网络定向监测时发现，在某团购平台上，大量淮北市本地餐饮商户的主页面没有公示营业执照信息、餐饮许可信息。经调查，该平台早已将餐饮商户的营业执照录入端口分发给了当事人，要求当事人负责录入和维护线上商户的营业执照等信息，并承担不录入所产生的法律后果。截至案发，当事人没有按照法律规定及时录入和维护上述信息，导致大量淮北本地商户经营的主页面没能公示经营资质信息。

根据《电子商务法》第七十六条的规定，电子商务经营者应当在经营主页面显著位置公示营业执照等信息，电子商务平台应当对未公示行为采取必要措施。某团购平台淮北代理公司的行为违反了《电子商务法》的规定，构成了没有采取必要措施确保平台内的商户公示主体资质信息的行为。对此，市场监管部门依据《电子商务法》第七十六条的规定对当事人作出处罚。

防范建议

网络交易经营者、电子商务平台经营者应当严格遵守《网络交易监督管理办法》第十二条、《电子商务法》第七十六条、第八十一条规定（如下所示），履行法定信息公示义务。

一、《网络交易监督管理办法》第十二条

网络交易经营者应当在其网站首页或者从事经营活动的主页面显著位置，持续公示经营者主体信息或者该信息的链接标识。鼓励网络交易经营者链接到国家市场监督管理总局电子营业执照亮照系统，公示其营业执照信息。

已经办理市场主体登记的网络交易经营者应当如实公示下列营业执照信息以及与其经营业务有关的行政许可等信息，或者该信息的链接标识：

（一）企业应当公示其营业执照登载的统一社会信用代码、名称、企业类型、法定代表人（负责人）、住所、注册资本（出资额）等信息；

（二）个体工商户应当公示其营业执照登载的统一社会信用代码、名称、经营者姓名、经营场所、组成形式等信息；

（三）农民专业合作社、农民专业合作社联合社应当公示其营业执照登载的统一社会信用代码、名称、法定代表人、住所、成员出资总额等信息。

依照《电子商务法》第十条规定不需要进行登记的经营者应当根据自身实际经营活动类型，如实公示以下自我声明以及实际经营地址、联系方式等信息，或者该信息的链接标识：

（一）“个人销售自产农副产品，依法不需要办理市场主体登记”；

（二）“个人销售家庭手工业产品，依法不需要办理市场主体登记”；

（三）“个人利用自己的技能从事依法无须取得许可的便民劳务活动，依法不需要办理市场主体登记”；

（四）“个人从事零星小额交易活动，依法不需要办理市场主体登记”。

网络交易经营者公示的信息发生变更的，应当在十个工作日内完成更新公示。

二、《电子商务法》第七十六条

电子商务经营者违反本法规定，有下列行为之一的，由市场监督管理部门责令限期改正，可以处一万元以下的罚款，对其中的电子商务平台经营者，依照本法第八十一条第一款的规定处罚：

（一）未在首页显著位置公示营业执照信息、行政许可信息、属于不需要办理市场主体登记情形等信息，或者上述信息的链接标识的；

（二）未在首页显著位置持续公示终止电子商务的有关信息的；

（三）未明示用户信息查询、更正、删除以及用户注销的方式、程序，或者对用户信息查询、更正、删除以及用户注销设置不合理条件的。

电子商务平台经营者对违反上述规定的平台内经营者未采取必要措施的，由市场监督管理部门责令限期改正，可以处二万元以上十万元以下的罚款。

三、《电子商务法》第八十一条

电子商务平台经营者违反本法规定，有下列行为之一的，由市场监督管理部门责令限期改正，可以处二万元以上十万元以下的罚款；情节严重的，处十万元以上五十万元以下的罚款：

（一）未在首页显著位置持续公示平台服务协议、交易规则信息或者上述信息的链接标识的；

（二）修改交易规则未在首页显著位置公开征求意见，未按照规定的时间提前公示修改内容，或者阻止平台内经营者退出的；

（三）未以显著方式区分标记自营业务和平台内经营者开展的业务的；

（四）未为消费者提供对平台内销售的商品或者提供的服务进行评价的途径，或者擅自删除消费者的评价的。

电子商务平台经营者违反本法第四十条规定，对竞价排名的商品或者服务未显著标明“广告”的，依照《广告法》的规定处罚。

风险82：网络交易经营者违反《网络交易监督管理办法》第十三条规定，违规收集、使用消费者个人信息的。

法律规定

《刑法》第二百五十三条

《网络交易监督管理办法》第四十一条

法律风险

◎民事法律风险：

侵犯个人信息权益，造成权利人损害的，应承担侵权责任。

◎行政法律风险：

由市场监督管理部门依职责责令限期改正，可以处五千元以上三万元以下罚款。

◎**刑事法律风险：**

涉嫌侵犯公民个人信息罪。违反国家有关规定，向他人出售或者提供公民个人信息，情节严重的，处三年以下有期徒刑或者拘役，并处或者单处罚金；情节特别严重的，处三年以上七年以下有期徒刑，并处罚金。窃取或者以其他方法非法获取公民个人信息的，依照上述规定处罚。

违反国家有关规定，将在履行职责或者提供服务过程中获得的公民个人信息，出售或者提供给他人的，依照上述规定从重处罚。

典型案例：出售网店侵犯公民个人信息涉事三人获刑案

2016 年 1 月至 2017 年 5 月，宋某娟、黄某将已经开设好的淘宝店铺，包含公民个人身份信息、支付宝账号、支付宝账号密码和绑定的银行卡等信息出售给邓某明。为谋取利益，邓某明在网络上搜寻卖家，将上述整套公民个人信息有偿出售。2017 年 7 月，公安民警分别将邓某明、宋某娟、黄某抓获，从三人住处缴获作案用的电脑、手机一批。经检查提取，从邓某明的电脑中提取了 5096 组公民个人信息，从黄某的电脑中提取了 715 组公民个人信息，从宋某娟的电脑中提取了 1312 组公民个人信息。其中，宋某娟非法获利约 2 万元，黄某非法获利约 1 万元。

法院认为，宋某娟、黄某以营利为目的向邓某明出售包含注册人手机号码、QQ 号码、做单所在城市、身份证号码、真实姓名、淘宝账号及登录密码、支付宝账号及登录和交易密码、支付宝绑定银行卡卡号、店铺申请时间等公民个人信息的淘宝店铺，邓某明又转售牟利，均已违反国家有关规定，获取、出售公民个人信息，情节严重，其行为已构成侵犯公民个人信息罪。人民法院依据《刑法》第二百五十三条的规定，分别判处三人 11 个月至 1 年不等的有期徒刑，并处罚金 1 万元至 3 万元不等。

防范建议

网络交易经营者收集、使用消费者个人信息，应当遵循合法、正当、必要的原则，明示收集、使用信息的目的、方式和范围，并经消费者同意。网络交易经营者收集、使用消费者个人信息，应当公开其收集、使用规则，不得违反法律、法规的规定和双方的约定收集、使用信息。

网络交易经营者不得采用一次概括授权、默认授权、与其他授权捆绑、停止安装使用等方式，强迫或者变相强迫消费者同意收集、使用与经营活动无直接关系的信息。收集、使用个人生物特征、医疗健康、金融账户、个人行踪等敏感信息的，应当逐项取得消费者同意。

网络交易经营者及其工作人员应当对收集的个人信息严格保密，除依法配合监管执法活动外，未经被收集者授权同意，不得向包括关联方在内的任何第三方提供。

风险 83：网络交易经营者违反《网络交易监督管理办法》第十四条规定，实施扰乱市场竞争秩序，损害其他经营者或者消费者合法权益的不正当竞争行为的。

法律规定

《消费者权益保护法》第五十五条

《反不正当竞争法》第十七条、第十八条、第二十条、第二十三条
《刑法》第二百二十一条
《网络交易监督管理办法》第四十三条

法律风险

◎民事法律风险：

经营者违反《反不正当竞争法》规定，给他人造成损害的，应当依法承担民事责任。

因不正当竞争行为受到损害的经营者的赔偿数额，按照其因被侵权所受到的实际损失确定；实际损失难以计算的，按照侵权人因侵权所获得的利益确定。经营者恶意实施侵犯商业秘密行为，情节严重的，可以在按照上述方法确定数额的一倍以上五倍以下确定赔偿数额。赔偿数额还应当包括经营者为制止侵权行为所支付的合理开支。

经营者提供商品或者服务有欺诈行为的，应当按照消费者的要求增加赔偿其受到的损失，增加赔偿的金额为消费者购买商品的价款或者接受服务的费用的三倍；增加赔偿的金额不足五百元的，为五百元。

◎行政法律风险：

网络交易经营者违反《网络交易监督管理办法》第十四条规定，依照《反不正当竞争法》的相关规定进行处罚。

（虚假宣传）经营者违反《反不正当竞争法》第八条规定对其商品作虚假或者引人误解的商业宣传，或者通过组织虚假交易等方式帮助其他经营者进行虚假或者引人误解的商业宣传的，由监督检查部门责令停止违法行为，处二十万元以上一百万元以下的罚款；情节严重的，处一百万元以上二百万元以下的罚款，可以吊销营业执照。

（混淆行为）经营者违反《反不正当竞争法》第六条规定实施混淆行为的，由监督检查部门责令停止违法行为，没收违法商品。违法经营额五万元以上的，可以并处违法经营额五倍以下的罚款；没有违法经营额或者违法经营额不足五万元的，可以并处二十五万元以下的罚款。情节严重的，吊销营业执照。经营者登记的企业名称违反《反不正当竞争法》第六条规定的，应当及时办理名称变更登记；名称变更前，由原企业登记机关以统一社会信用代码代替其名称。

（商业诋毁）经营者违反《反不正当竞争法》第十一条规定损害竞争对手商业信誉、商品声誉的，由监督检查部门责令停止违法行为、消除影响，处十万元以上五十万元以下的罚款；情节严重的，处五十万元以上三百万元以下的罚款。

◎刑事法律风险：

涉嫌损害商业信誉、商品声誉罪。捏造并散布虚伪事实，损害他人的商业信誉、商品声誉，给他人造成重大损失或者有其他严重情节的，处二年以下有期徒刑或者拘役，并处或者单处罚金。

典型案例：某淘宝店铺主黄某空包刷单案

2021 年 12 月，重庆市万州区市场监督管理局接市场监督管理总局下发的相关平台内经营者利用空包网站刷单线索，其中有辖区内某网店店铺主黄某的相关情况。

经查，当事人自 2008 年起开办网店，起先主要销售成衣商品，2016 年网店开始主要售卖红薯粉、红橘等农产品，2020 年 4 月至 11 月，因个人原因，该网店处于空置状态，直至 2020 年 12 月，网店转型售卖 LED 电视至今。2018 年，当事人在“淘某某”网站免费注册为会员并进行充值，2019 年至 2020 年初，当事人数次使用了“淘某某”网站提供的刷单服务，具体操作：

当事人提出申请，网站提供固定发单模板，当事人在模板上进行虚拟的发货交易，快递单号由模板自动生成，当事人只需联系收货方在网上点击签收即可完成一单，而无须寄出空包裹，完成后的快递单号就会出现在当事人淘宝店铺的交易记录中，每单成功后，“淘某某”网站会收取每单8角至2.5元不等的服务费。当事人在此期间经查实的刷单快递单号记录共9条。

当事人的上述行为违反了《反不正当竞争法》第八条第一款的规定，构成了利用虚构交易的方式进行虚假的商业宣传，欺骗、误导消费者的违法行为。

2022年1月，万州区市场监督管理局根据《反不正当竞争法》第二十条的规定，责令当事人停止违法行为，处罚款1000元。

典型案例：酒泉某泉食品有限责任公司与酒泉市某达商贸有限责任公司商业诋毁纠纷案

某泉公司系“杏某源”杏皮茶生产经销商并于2017年12月14日取得“杏某源”商标。2018年6月，该公司发现某达公司法定代表人在其微信朋友圈发送“郑重声明”载明：“经由某某某饮料厂生产的杏某园牌杏皮茶现有非常严重的产品质量问题，我厂要求市场全部撤回，请各店方务必重视，立即联系配货人员，无条件将产品如数退回，如无视此声明出现的任何相关问题，均由店方全部承担，本厂概不负责。同时我厂某某某牌杏皮茶、某某品牌杏皮茶无问题正常使用。”该声明经在微信朋友圈传播对某泉公司的商誉造成不良影响。某泉公司遂向工商部门举报，甘肃省酒泉市肃州区工商局依法作出对某达公司罚款1万元的处罚决定。后某泉公司以诋毁商誉为由提起诉讼，要求某达公司停止侵害、消除影响并赔偿损失。人民法院经审理认为，某达公司法定代表人在明知某泉公司经营“杏某源”牌杏皮茶且自身对“杏某园”三字不享有知识产权权利的情形下，无任何事实依据，自行编造“郑重声明”在其微信朋友圈发布。该声明中的“杏某园”牌杏皮茶与某泉公司享有商标专用权的“杏某源”注册商标仅一字之差，且读音一致，形成高度近似，足以造成公众误解，其行为破坏了公平竞争的市场经营秩序，构成对某泉公司商誉的诋毁。依据《反不正当竞争法》第十七条的规定，判决某达公司在原微信朋友圈范围内消除影响并赔偿某泉公司经济损失。

防范建议

网络交易经营者不得违反《反不正当竞争法》等规定，实施扰乱市场竞争秩序，损害其他经营者或者消费者合法权益的不正当竞争行为。

网络交易经营者不得以下列方式，作虚假或者引人误解的商业宣传，欺骗、误导消费者：

1. 虚构交易、编造用户评价；
2. 采用误导性展示等方式，将好评前置、差评后置，或者不显著区分不同商品或者服务的评价等；
3. 采用谎称现货、虚构预订、虚假抢购等方式进行虚假营销；
4. 虚构点击量、关注度等流量数据，以及虚构点赞、打赏等交易互动数据。

网络交易经营者不得实施混淆行为，引人误认为是他人商品、服务或者与他人存在特定联系。

网络交易经营者不得编造、传播虚假信息或者误导性信息，损害竞争对手的商业信誉、商品声誉。

风险84：网络交易经营者违反《网络交易监督管理办法》第十六条规定，未经消费者同意或者请求，擅自向其发送商业性信息的。

法律规定

《网络交易监督管理办法》第四十一条

法律风险

◎民事法律风险：

无。

◎行政法律风险：

由市场监督管理部门依职责责令限期改正，可以处五千元以上三万元以下罚款。

◎刑事法律风险：

无。

典型案例：北京某某科技有限公司未经用户同意发送商业性信息案

据北京市通信管理局官网2021年4月20日发布的消息，该局对北京某某科技有限公司作出处罚，缘由为“未经用户同意发送商业性短信息”。当事人的行为违反了《网络交易监督管理办法》第十六条的规定。北京市通信管理局依据《网络交易监督管理办法》第四十一条的规定，对当事人处以警告，并处2万元罚款，向社会公告。

防范建议

网络交易经营者未经消费者同意或者请求，不得擅自向其发送商业性信息。

风险85：网络交易经营者违反《网络交易监督管理办法》第十七条规定，以直接捆绑或者提供多种可选项方式向消费者搭售商品或者服务，未以显著方式提醒消费者注意的。

法律规定

《消费者权益保护法》第五十五条

《电子商务法》第七十七条

《网络交易监督管理办法》第四十四条

法律风险

◎**民事法律风险：**

经营者提供商品或者服务有欺诈行为的，应当按照消费者的要求增加赔偿其受到的损失，增加赔偿的金额为消费者购买商品的价款或者接受服务的费用的三倍；增加赔偿的金额不足五百元的，为五百元。

◎**行政法律风险：**

网络交易经营者违反《网络交易监督管理办法》第十七条的，依照《电子商务法》第七十七条的规定进行处罚。

《电子商务法》第七十七条规定，由市场监督管理部门责令限期改正，没收违法所得，可以并处五万元以上二十万元以下的罚款；情节严重的，并处二十万元以上五十万元以下的罚款。

◎**刑事法律风险：**

无。

典型案例：山东某电子科技有限公司网络交易强制捆绑搭售案

2019年8月13日，在开展“2019网剑行动”期间，山东省临沂市罗庄区市场监督管理局发现山东某电子科技有限公司在其天猫店铺“某某官方旗舰店”销售的某爆款商品强制捆绑搭售了4款同类商品，未在店铺详情页醒目位置以显著方式提醒消费者注意其在搭售，同时将其作为默认同意的选项，也没有选项可以取消不购买搭售的商品。经调查，该公司共销售该款商品5000个，违法搭售销售产生违法所得10000元。该公司行为违反了《电子商务法》的规定，构成了违法搭售商品的违法行为。罗庄区市场监督管理局根据《电子商务法》第七十七条的规定，对其作出了责令改正违法行为、没收违法所得10000元、予以罚款50000元的处罚。该案是《电子商务法》实施后山东省查办的首例违法搭售案件。

防范建议

以直接捆绑或者提供多种可选项方式向消费者搭售商品或者服务的，应当以显著方式提醒消费者注意。

风险86：网络交易经营者、网络交易平台经营者违反《网络交易监督管理办法》第二十三条规定，自行终止从事网络交易活动的，未提前三十日在其网站首页或者从事经营活动的主页面显著位置，持续公示终止网络交易活动公告等有关信息，未采取合理、必要、及时的措施保障消费者和相关经营者的合法权益的。

法律规定

《电子商务法》第七十六条、第八十一条

《消费者权益保护法》第五十五条

《网络交易监督管理办法》第四十二条

法律风险

◎民事法律风险：

经营者提供商品或者服务有欺诈行为的，应当按照消费者的要求增加赔偿其受到的损失，增加赔偿的金额为消费者购买商品的价款或者接受服务的费用的三倍；增加赔偿的金额不足五百元的，为五百元。

◎行政法律风险：

网络交易经营者违反《网络交易监督管理办法》第二十三条，未履行法定信息公示义务的，依照《电子商务法》第七十六条的规定进行处罚。对电子商务经营者，由市场监督管理部门责令限期改正，可以处一万元以下的罚款。对其中的网络交易平台经营者，依照《电子商务法》第八十一条第一款的规定进行处罚。对电子商务平台经营者，由市场监督管理部门责令限期改正，可以处二万元以上十万元以下的罚款；情节严重的，处十万元以上五十万元以下的罚款。

◎刑事法律风险：

无。

防范建议

网络交易经营者自行终止从事网络交易活动的，应当提前三十日在其网站首页或者从事经营活动的主页面显著位置，持续公示终止网络交易活动公告等有关信息。

风险87：网络交易经营者违反《网络交易监督管理办法》第十八条规定，采取自动展期、自动续费等方式提供服务的，未在消费者接受服务前和自动展期、自动续费等日期前五日，以显著方式提请消费者注意的。

法律规定

《消费者权益保护法》第五十五条

《网络交易监督管理办法》第四十一条

法律风险

◎民事法律风险：

经营者提供商品或者服务有欺诈行为的，应当按照消费者的要求增加赔偿其受到的损失，增加赔偿的金额为消费者购买商品的价款或者接受服务的费用的三倍；增加赔偿的金额不足五百元的，为五百元。法律另有规定的，依照其规定。

◎行政法律风险：

由市场监督管理部门依职责责令限期改正，可以处五千元以上三万元以下罚款。

◎刑事法律风险：

无。

防范建议

采取自动展期、自动续费等方式提供服务的，应当提前五日以显著方式提请消费者注意。

风险88：通过网络社交、网络直播等网络服务开展网络交易活动的网络交易经营者，未以显著方式展示商品或者服务及其实际经营主体、售后服务等信息，或者上述信息的链接标识的。

法律规定

《消费者权益保护法》第五十五条

《网络交易监督管理办法》第四十五条

法律风险

◎民事法律风险：

经营者提供商品或者服务有欺诈行为的，应当按照消费者的要求增加赔偿其受到的损失，增加赔偿的金额为消费者购买商品的价款或者接受服务的费用的三倍；增加赔偿的金额不足五百元的，为五百元。

◎行政法律风险：

由市场监督管理部门责令限期改正；逾期不改正的，处一万元以下罚款。

◎刑事法律风险：

无。

典型案例：湖州南浔微商未公示证照信息案

2019年1月2日，市场监督管理部门执法人员在日常网络巡查中发现当事人在其微信朋友圈内从事饼干、蛋糕等糕点食品销售，但未公示其营业执照、食品经营许可证等信息。由此，执法人员立即前往当事人所描述的某地址进行现场检查。

经查，当事人在上述地址开设了一家从事糕点类食品制售的店铺，并且能提供合法有效的个体工商户营业执照以及食品经营许可证。不过，自2018年7月起，当事人为了提高知名度，方便开拓市场，吸引消费者，通过微信朋友圈的方式发布了数十条关于店内所制售的饼干、蛋糕、饮料等食品信息，但未在其销售食品的微信朋友圈内公示营业执照、食品经营许可证信息。

市场监督管理部门依法予以立案查处，依据《网络交易监督管理办法》第四十五条的规定，责令当事人改正上述违法行为，并对其处以罚款2000元。当事人在案发后积极配合调查，已及时在微信朋友圈的显著位置公示了营业执照和食品经营许可证信息。

防范建议

通过微信、直播等网络服务开展网络交易活动的网络交易经营者，应当以显著方式展示商品或者服务及其实际经营主体、售后服务等信息，或者上述信息的链接标识。

风险89：网络直播服务提供者对网络交易活动的直播视频保存时间不符合规定的。

法律规定

《网络交易监督管理办法》第四十五条

法律风险

◎民事法律风险：

无。

◎行政法律风险：

由市场监督管理部门责令限期改正；逾期不改正的，处一万元以下罚款。

◎刑事法律风险：

无。

防范建议

网络直播服务提供者对网络交易活动的直播视频保存时间自直播结束之日起不少于三年。

风险90：网络交易经营者未按照国家市场监督管理总局及其授权的省级市场监督管理部门的要求，提供特定时段、特定品类、特定区域的商品或者服务的价格、销量、销售额等数据信息的。

法律规定

《网络交易监督管理办法》第四十六条

法律风险

◎民事法律风险：

无。

◎行政法律风险：

由市场监督管理部门责令限期改正；逾期不改正的，处五千元以上三万元以下罚款。

◎刑事法律风险：

无。

防范建议

网络交易经营者应当按照市场监督管理部门的要求，积极配合，提供特定时段、特定品类、特定区域的商品或者服务的价格、销量、销售额等数据信息。

风险91：网络交易平台经营者违反《网络交易监督管理办法》第二十四条第一款规定，未履行法定核验、登记义务的。

法律规定

《网络交易监督管理办法》第四十七条、第五十二条

《电子商务法》第八十条

《食品安全法》第一百三十一条

法律风险

◎民事法律风险：

网络交易平台经营者知道或者应当知道平台内经营者销售的商品或者提供的服务不符合保障人身、财产安全的要求，或者有其他侵害消费者合法权益行为，未采取必要措施的，依法与该平台内经营者承担连带责任。

对关系消费者生命健康的商品或者服务，网络交易平台经营者对平台内经营者的资质资格未尽到审核义务，或者对消费者未尽到安全保障义务，造成消费者损害的，依法承担相应的责任。

◎行政法律风险：

网络交易平台经营者违反《网络交易监督管理办法》第二十四条第一款规定，依照《电子商务法》第八十条的规定进行处罚。《电子商务法》第八十条规定，由有关主管部门责令限期改正；逾期不改正的，处二万元以上十万元以下的罚款；情节严重的，责令停业整顿，并处十万元以上五十万元以下的罚款。

《食品安全法》第一百三十一条规定，网络食品交易第三方平台提供者未对入网食品经营者进行实名登记、审查许可证，或者未履行报告、停止提供网络交易平台服务等义务的，由县级以上人民政府食品安全监督管理部门责令改正，没收违法所得，并处五万元以上二十万元以下罚款；造成严重后果的，责令停业，直至由原发证部门吊销许可证；使消费者的合法权益受到损害的，应当与食品经营者承担连带责任。

◎刑事法律风险：

无。

典型案例：重庆市大足区某平台服务代理公司未履行网络交易平台法定义务案

2019年11月25日，重庆市大足区市场监督管理局对某外卖平台App进行日常检查发现存在未办理食品经营许可证的入驻商家。

经查，2019年10月以来，共有11户商家入驻此外卖平台，而当事人作为该外卖平台大足区代理商，并未审查入驻商家许可证，便审批上线并允许其开展经营活动。当事人未履行网络食品交易第三方平台提供者应当履行的审查义务，其行为违反了《食品安全法》第六十二条第一款的规定。

2020年8月，大足区市场监督管理局依据《食品安全法》第一百三十一条第一款的规定，作出没收违法所得7436元、罚款55000元的行政处罚。

防范建议

网络交易平台经营者应当要求申请进入平台销售商品或者提供服务的经营者提交其身份、地址、联系方式、行政许可等真实信息，进行核验、登记，建立登记档案，并至少每六个月核验更新一次。

风险92：网络交易平台经营者违反《网络交易监督管理办法》第二十五条第二款规定，未履行法定报送信息义务的。

法律规定

《电子商务法》第八十条

《网络交易监督管理办法》第四十七条、第五十二条

法律风险

◎**民事法律风险：**

网络交易平台经营者知道或者应当知道平台内经营者销售的商品或者提供的服务不符合保障人身、财产安全的要求，或者有其他侵害消费者合法权益行为，未采取必要措施的，依法与该平台内经营者承担连带责任。

对关系消费者生命健康的商品或者服务，网络交易平台经营者对平台内经营者的资质资格未尽到审核义务，或者对消费者未尽到安全保障义务，造成消费者损害的，依法承担相应的责任。

◎**行政法律风险：**

网络交易平台经营者违反《网络交易监督管理办法》第二十五条第二款规定，依照《电子商务法》第八十条的规定进行处罚。

《电子商务法》第八十条规定，由有关主管部门责令限期改正；逾期不改正的，处二万元以上十万元以下的罚款；情节严重的，责令停业整顿，并处十万元以上五十万元以下的罚款。

◎**刑事法律风险：**

无。

防范建议

网络交易平台经营者应当依照法律、行政法规的规定，向市场监督管理部门报送有关信息，分别于每年1月和7月向住所地省级市场监督管理部门报送平台内经营者的下列身份信息：

1. 已办理市场主体登记的平台内经营者的名称（姓名）、统一社会信用代码、实际经营地址、联

系方式、网店名称以及网址链接等信息；

2. 未办理市场主体登记的平台内经营者的姓名、身份证件号码、实际经营地址、联系方式、网店名称以及网址链接、属于依法不需要办理市场主体登记的具体情形的自我声明等信息；其中，对年交易额累计超过10万元的平台内经营者进行特别标示。

风险93：网络交易平台经营者违反《网络交易监督管理办法》第二十七条规定，未以显著方式区分标记已办理市场主体登记的经营者和未办理市场主体登记的经营者的。

法律规定

《网络交易监督管理办法》第四十八条、第五十二条

法律风险

◎民事法律风险：

网络交易平台经营者知道或者应当知道平台内经营者销售的商品或者提供的服务不符合保障人身、财产安全的要求，或者有其他侵害消费者合法权益行为，未采取必要措施的，依法与该平台内经营者承担连带责任。

对关系消费者生命健康的商品或者服务，网络交易平台经营者对平台内经营者的资质资格未尽到审核义务，或者对消费者未尽到安全保障义务，造成消费者损害的，依法承担相应的责任。

◎行政法律风险：

由市场监督管理部门责令限期改正；逾期不改正的，处一万元以上三万元以下罚款。

◎刑事法律风险：

无。

防范建议

网络交易平台经营者应当以显著方式区分标记已办理市场主体登记的经营者和未办理市场主体登记的经营者。

风险94：网络交易平台经营者违反《网络交易监督管理办法》第二十八条规定，修改平台服务协议和交易规则后，未按规定保存修改后的历史版本的。

法律规定

《网络交易监督管理办法》第四十八条

法律风险

◎民事法律风险：

无。

◎行政法律风险：

由市场监督管理部门责令限期改正；逾期不改正的，处一万元以上三万元以下罚款。

◎刑事法律风险：

无。

防范建议

网络交易平台经营者修改平台服务协议和交易规则后，应按规定保存修改后的历史版本。

风险95：网络交易平台经营者违反《网络交易监督管理办法》第二十九条规定，未对平台内经营者及其发布的商品或者服务信息建立检查监控制度的。

法律规定

《网络交易监督管理办法》第四十九条、第五十二条

法律风险

◎民事法律风险：

网络交易平台经营者知道或者应当知道平台内经营者销售的商品或者提供的服务不符合保障人身、财产安全的要求，或者有其他侵害消费者合法权益行为，未采取必要措施的，依法与该平台内经营者承担连带责任。

对关系消费者生命健康的商品或者服务，网络交易平台经营者对平台内经营者的资质资格未尽到审核义务，或者对消费者未尽到安全保障义务，造成消费者损害的，依法承担相应的责任。

◎行政法律风险：

法律、行政法规有规定的，依照其规定；法律、行政法规没有规定的，由市场监督管理部门依职责责令限期改正，可以处一万元以上三万元以下罚款。

◎刑事法律风险：

无。

防范建议

网络交易平台经营者应当对平台内经营者及其发布的商品或者服务信息建立检查监控制度。网络交易平台经营者发现平台内的商品或者服务信息有违反市场监督管理法律、法规、规章，损害国家利益和社会公共利益，违背公序良俗的，应当依法采取必要的处置措施，保存有关记录，并向平台住所地县级以上市场监督管理部门报告。

风险96：网络交易平台经营者违反《网络交易监督管理办法》第三十条规定，未按规定对平台内经营者采取警示、暂停或者终止服务等处理措施进行公示的。

法律规定

《网络交易监督管理办法》第四十八条、第五十二条

法律风险

◎民事法律风险：

网络交易平台经营者知道或者应当知道平台内经营者销售的商品或者提供的服务不符合保障人身、财产安全的要求，或者有其他侵害消费者合法权益行为，未采取必要措施的，依法与该平台内经营者承担连带责任。

对关系消费者生命健康的商品或者服务，网络交易平台经营者对平台内经营者的资质资格未尽到审核义务，或者对消费者未尽到安全保障义务，造成消费者损害的，依法承担相应的责任。

◎行政法律风险：

由市场监督管理部门责令限期改正；逾期不改正的，处一万元以上三万元以下罚款。

◎刑事法律风险：

无。

防范建议

网络交易平台经营者依据法律、法规、规章的规定或者平台服务协议和交易规则对平台内经营者违法行为采取警示、暂停或者终止服务等处理措施的，应当自决定作出处理措施之日起一个工作日内予以公示，载明平台内经营者的网店名称、违法行为、处理措施等信息。警示、暂停服务等短期处理措施的相关信息应当持续公示至处理措施实施期满之日止。

风险97：网络交易平台经营者违反《网络交易监督管理办法》第三十一条规定，未履行交易信息保存义务的。

法律规定

《电子商务法》第八十条

《网络交易监督管理办法》第四十七条、第五十二条

法律风险

◎民事法律风险：

网络交易平台经营者知道或者应当知道平台内经营者销售的商品或者提供的服务不符合保障人身、财产安全的要求，或者有其他侵害消费者合法权益行为，未采取必要措施的，依法与该平台内经营者承担连带责任。

对关系消费者生命健康的商品或者服务，网络交易平台经营者对平台内经营者的资质资格未尽到审核义务，或者对消费者未尽到安全保障义务，造成消费者损害的，依法承担相应的责任。

◎行政法律风险：

由有关主管部门责令限期改正；逾期不改正的，处二万元以上十万元以下的罚款；情节严重的，责令停业整顿，并处十万元以上五十万元以下的罚款。

◎刑事法律风险：

无。

防范建议

网络交易平台经营者对平台内经营者身份信息的保存时间自其退出平台之日起不少于三年；对商品或者服务信息，支付记录、物流快递、退换货以及售后等交易信息的保存时间自交易完成之日起不少于三年。

风险98：网络交易平台经营者违反《网络交易监督管理办法》第三十二条规定，对平台内经营者在平台内的交易、交易价格以及与其他经营者的交易等进行不合理限制或者附加不合理条件，干涉平台内经营者的自主经营的。

法律规定

《电子商务法》第八十二条

《反不正当竞争法》第二十四条

《网络交易监督管理办法》第五十条

法律风险

◎民事法律风险：

经营者违反《反不正当竞争法》规定，给他人造成损害的，应当依法承担民事责任。因不正当竞争行为受到损害的经营者的赔偿数额，按照其因被侵权所受到的实际损失确定；实际损失难以计算的，按照侵权人因侵权所获得的利益确定。经营者恶意实施侵犯商业秘密行为，情节严重的，可以在按照上述方法确定数额的一倍以上五倍以下确定赔偿数额。赔偿数额还应当包括经营者为制止侵权行为所支付的合理开支。

◎行政法律风险：

网络交易平台经营者违反《网络交易监督管理办法》第三十二条的，依照《电子商务法》第八十二条的规定进行处罚。《电子商务法》第八十二条规定，由市场监督管理部门责令限期改正，可以处五万元以上五十万元以下的罚款；情节严重的，处五十万元以上二百万元以下的罚款。

经营者违反《反不正当竞争法》第十二条规定，妨碍、破坏其他经营者合法提供的网络产品或者服务正常运行的，由监督检查部门责令停止违法行为，处十万元以上五十万元以下的罚款；情节严重的，处五十万元以上三百万元以下的罚款。

◎刑事法律风险：

无。

典型案例：重庆市开州区某电子商务公司强制“二选一”案

2019 年初，重庆市开州区市场监督管理局接到举报，称某外卖平台开州区代理商要求商户在某外卖平台和另一外卖平台中进行“二选一”。

经查，当事人在代理开州某外卖平台经营过程中，利用平台优势和餐饮商户对其的依赖性，以“战略合作伙伴政策申请书”的方式，要求入网经营者签订申请书，约定入网商户只在其平台上独家经营，方能享有服务费价格优惠，如商户拒不签订或违反约定，则将采取提高服务费标准、关闭商铺、减小配送范围等措施进行限制，导致多家入网商户被迫放弃使用其他外卖平台。当事人该行为违反《反不正当竞争法》第十二条第二款第二项的规定，构成了利用技术手段通过影响用户选择实施妨碍其他经营者合法提供的网络服务正常运行的行为。

2020 年 3 月，开州区市场监管部门依据《反不正当竞争法》第二十四条的规定，作出罚款 15 万元的行政处罚。

防范建议

网络交易平台经营者不得违反《电子商务法》第三十五条的规定，对平台内经营者在平台内的交易、交易价格以及与其他经营者的交易等进行不合理限制或者附加不合理条件，干涉平台内经营者的自主经营。具体包括：

1. 通过搜索降权、下架商品、限制经营、屏蔽店铺、提高服务收费等方式，禁止或者限制平台内经营者自主选择在多个平台开展经营活动，或者利用不正当手段限制其仅在特定平台开展经营活动；
2. 禁止或者限制平台内经营者自主选择快递物流等交易辅助服务提供者；
3. 其他干涉平台内经营者自主经营的行为。

风险 99：网络交易经营者、网络交易平台经营者对市场监督管理部门依法开展的监管执法活动，拒绝提供有关材料、信息，或者提供虚假材料、信息，或者隐匿、销毁、转移证据，或者有其他拒绝、阻碍监管执法行为的。

法律规定

《网络交易监督管理办法》第五十三条

法律风险

◎民事法律风险：

无。

◎行政法律风险：

法律、行政法规、其他市场监督管理部门规章有规定的，依照其规定；法律、行政法规、其他市场监督管理部门规章没有规定的，由市场监督管理部门责令改正，可以处五千元以上三万元以下罚款。

◎刑事法律风险：

无。

防范建议

网络交易经营者、网络交易平台经营者应当积极配合市场监督管理部门依法开展的监管执法活动，提供有关材料、信息。

食品进出口

风险100：违反《食品安全法》第一百二十九条规定，进口尚无食品安全国家标准的食品，未提交所执行的标准并经国务院卫生行政部门审查，或者进口利用新的食品原料生产的食品或者进口食品添加剂新品种、食品相关产品新品种，未通过安全性评估的。

法律规定

《食品安全法》第一百二十四条、第一百二十九条、第一百四十八条

《刑法》第一百四十三条

法律风险

◎民事法律风险：

生产不符合食品安全标准的食品或者经营明知是不符合食品安全标准的食品，消费者除要求赔偿损失外，还可以向生产者或者经营者要求支付价款十倍或者损失三倍的赔偿金；增加赔偿的金额不足一千元的，为一千元。但是，食品的标签、说明书存在不影响食品安全且不会对消费者造成误导的瑕疵的除外。

◎行政法律风险：

违反《食品安全法》第一百二十九条规定，由出入境检验检疫机构依照《食品安全法》第一百二十四条的规定给予处罚。

《食品安全法》第一百二十四条规定，尚不构成犯罪的，由县级以上人民政府食品安全监督管理部门没收违法所得和违法生产经营的食品、食品添加剂，并可以没收用于违法生产经营的工具、设备、原料等物品；违法生产经营的食品、食品添加剂货值金额不足一万元的，并处五万元以上十万元以下罚款；货值金额一万元以上的，并处货值金额十倍以上二十倍以下罚款；情节严重的，吊销许可证。

◎刑事法律风险：

涉嫌生产、销售不符合安全标准的食品罪。足以造成严重食物中毒事故或者其他严重食源性疾病的，处三年以下有期徒刑或者拘役，并处罚金；对人体健康造成严重危害或者有其他严重情节的，处三年以上七年以下有期徒刑，并处罚金；后果特别严重的，处七年以上有期徒刑或者无期徒刑，并处

罚金或者没收财产。

防范建议

进口尚无食品安全国家标准的食品，应当提交所执行的标准并经国务院卫生行政部门审查，审查通过后方可进口。

进口利用新的食品原料生产的食品或者进口食品添加剂新品种、食品相关产品新品种，应通过安全性评估。

风险101：未遵守《食品安全法》的规定出口食品的。

法律规定

《食品安全法》第一百二十四条、第一百二十九条、第一百四十八条

《刑法》第一百四十三条

法律风险

◎民事法律风险：

生产不符合食品安全标准的食品或者经营明知是不符合食品安全标准的食品，消费者除要求赔偿损失外，还可以向生产者或者经营者要求支付价款十倍或者损失三倍的赔偿金；增加赔偿的金额不足一千元的，为一千元。但是，食品的标签、说明书存在不影响食品安全且不会对消费者造成误导的瑕疵的除外。

◎行政法律风险：

违反《食品安全法》第一百二十九条规定，由出入境检验检疫机构依照《食品安全法》第一百二十四条的规定给予处罚。

《食品安全法》第一百二十四条规定，尚不构成犯罪的，由县级以上人民政府食品安全监督管理部门没收违法所得和违法生产经营的食品、食品添加剂，并可以没收用于违法生产经营的工具、设备、原料等物品；违法生产经营的食品、食品添加剂货值金额不足一万元的，并处五万元以上十万元以下罚款；货值金额一万元以上的，并处货值金额十倍以上二十倍以下罚款；情节严重的，吊销许可证。

◎刑事法律风险：

涉嫌生产、销售不符合安全标准的食品罪。足以造成严重食物中毒事故或者其他严重食源性疾病的，处三年以下有期徒刑或者拘役，并处罚金；对人体健康造成严重危害或者有其他严重情节的，处三年以上七年以下有期徒刑，并处罚金；后果特别严重的，处七年以上有期徒刑或者无期徒刑，并处罚金或者没收财产。

防范建议

食品出口商应当按照国家有关法律、法规的规定出口食品。

风险102：提供虚假材料，进口不符合我国食品安全国家标准的食品、食品添加剂、食品相关产品的。

法律规定

《食品安全法》第一百二十四条、第一百二十九条、第一百四十八条
《消费者权益保护法》第五十五条
《刑法》第一百四十条、第一百四十三条

法律风险

◎民事法律风险：

经营者提供商品或者服务有欺诈行为的，应当按照消费者的要求增加赔偿其受到的损失，增加赔偿的金额为消费者购买商品的价款或者接受服务的费用的三倍；增加赔偿的金额不足五百元的，为五百元。法律另有规定的，依照其规定。经营者明知商品或者服务存在缺陷，仍然向消费者提供，造成消费者或者其他受害人死亡或者健康严重损害的，受害人有权要求经营者依照《消费者权益保护法》第四十九条、第五十一条等法律规定赔偿损失，并有权要求所受损失二倍以下的惩罚性赔偿。

生产不符合食品安全标准的食品或者经营明知是不符合食品安全标准的食品，消费者除要求赔偿损失外，还可以向生产者或者经营者要求支付价款十倍或者损失三倍的赔偿金；增加赔偿的金额不足一千元的，为一千元。但是，食品的标签、说明书存在不影响食品安全且不会对消费者造成误导的瑕疵的除外。

◎行政法律风险：

违反《食品安全法》第一百二十九条规定，由出入境检验检疫机构依照《食品安全法》第一百二十四条的规定给予处罚。

《食品安全法》第一百二十四条规定，尚不构成犯罪的，由县级以上人民政府食品安全监督管理部门没收违法所得和违法生产经营的食品、食品添加剂，并可以没收用于违法生产经营的工具、设备、原料等物品；违法生产经营的食品、食品添加剂货值金额不足一万元的，并处五万元以上十万元以下罚款；货值金额一万元以上的，并处货值金额十倍以上二十倍以下罚款；情节严重的，吊销许可证。

◎刑事法律风险：

涉嫌生产、销售不符合安全标准的食品罪。足以造成严重食物中毒事故或者其他严重食源性疾病的，处三年以下有期徒刑或者拘役，并处罚金；对人体健康造成严重危害或者有其他严重情节的，处三年以上七年以下有期徒刑，并处罚金；后果特别严重的，处七年以上有期徒刑或者无期徒刑，并处罚金或者没收财产。

涉嫌生产、销售伪劣产品罪。生产者、销售者以不合格产品冒充合格产品，销售金额五万元以上不满二十万元的，处二年以下有期徒刑或者拘役，并处或者单处销售金额百分之五十以上二倍以下罚金；销售金额二十万元以上不满五十万元的，处二年以上七年以下有期徒刑，并处销售金额百分之五十以上二倍以下罚金；销售金额五十万元以上不满二百万元的，处七年以上有期徒刑，并处销售金额百分之五十以上二倍以下罚金；销售金额二百万元以上的，处十五年有期徒刑或者无期徒刑，并处销售金额百分之五十以上二倍以下罚金或者没收财产。

防范建议

进口食品经营者应当向监管部门提交真实材料，经审查符合我国食品安全国家标准的食品、食品添加剂、食品相关产品，方可进口。

风险103：进口商在有关主管部门责令其依照《食品安全法》规定召回进口的食品后，仍拒不召回的。

法律规定

《食品安全法》第一百二十四条、第一百二十九条、第一百四十八条

《刑法》第一百四十三条

法律风险

◎民事法律风险：

生产不符合食品安全标准的食品或者经营明知是不符合食品安全标准的食品，消费者除要求赔偿损失外，还可以向生产者或者经营者要求支付价款十倍或者损失三倍的赔偿金；增加赔偿的金额不足一千元的，为一千元。但是，食品的标签、说明书存在不影响食品安全且不会对消费者造成误导的瑕疵的除外。

◎行政法律风险：

违反《食品安全法》第一百二十九条规定，由出入境检验检疫机构依照《食品安全法》第一百二十四条的规定给予处罚。

《食品安全法》第一百二十四条规定，尚不构成犯罪的，由县级以上人民政府食品安全监督管理部门没收违法所得和违法生产经营的食品、食品添加剂，并可以没收用于违法生产经营的工具、设备、原料等物品；违法生产经营的食品、食品添加剂货值金额不足一万元的，并处五万元以上十万元以下罚款；货值金额一万元以上的，并处货值金额十倍以上二十倍以下罚款；情节严重的，吊销许可证。

◎刑事法律风险：

涉嫌生产、销售不符合安全标准的食品罪。足以造成严重食物中毒事故或者其他严重食源性疾病的，处三年以下有期徒刑或者拘役，并处罚金；对人体健康造成严重危害或者有其他严重情节的，处三年以上七年以下有期徒刑，并处罚金；后果特别严重的，处七年以上有期徒刑或者无期徒刑，并处罚金或者没收财产。

防范建议

进口商在接到有关主管部门责令召回进口食品的指令后，应当立即召回。

风险104：未建立并遵守食品、食品添加剂进口和销售记录制度、境外出口商或者生产企业审核制度的。

法律规定

《食品安全法》第一百二十六条、第一百二十九条

法律风险

◎民事法律风险：

无。

◎行政法律风险：

违反《食品安全法》规定，进口商未建立并遵守食品、食品添加剂进口和销售记录制度、境外出口商或者生产企业审核制度的，由出入境检验检疫机构依照《食品安全法》第一百二十六条的规定给予处罚。

《食品安全法》第一百二十六条规定，由县级以上人民政府食品安全监督管理部门责令改正，给予警告；拒不改正的，处五千元以上五万元以下罚款；情节严重的，责令停产停业，直至吊销许可证。

◎刑事法律风险：

无。

防范建议

进口食品经营者应建立并遵守食品、食品添加剂进口和销售记录制度、境外出口商或者生产企业审核制度。

风险105：进口不符合强制性标准的产品的。

法律规定

《食品安全法》第一百四十八条

《刑法》第一百四十三条

《中华人民共和国标准化法实施条例》第三十三条

法律风险

◎民事法律风险：

生产不符合食品安全标准的食品或者经营明知是不符合食品安全标准的食品，消费者除要求赔偿损失外，还可以向生产者或者经营者要求支付价款十倍或者损失三倍的赔偿金；增加赔偿的金额不足一千元的，为一千元。但是，食品的标签、说明书存在不影响食品安全且不会对消费者造成误导的瑕疵的除外。

◎行政法律风险：

应当封存并没收该产品，监督销毁或作必要技术处理；处以进口产品货值金额百分之二十至百分

之五十的罚款；对有关责任者给予行政处分，并可处以五千元以下罚款。

◎刑事法律风险：

涉嫌生产、销售不符合安全标准的食品罪。足以造成严重食物中毒事故或者其他严重食源性疾病的，处三年以下有期徒刑或者拘役，并处罚金；对人体健康造成严重危害或者有其他严重情节的，处三年以上七年以下有期徒刑，并处罚金；后果特别严重的，处七年以上有期徒刑或者无期徒刑，并处罚金或者没收财产。

防范建议

进口食品经营者应当建立健全进货查验制度，不得进口不符合强制性标准的产品。

风险106：违反《进出口商品检验法》规定，将必须经商检机构检验的进口商品未报经检验而擅自销售或者使用的，或者将必须经商检机构检验的出口商品未报经检验合格而擅自出口的。

法律规定

《进出口商品检验法》第三十二条

《食品安全法》第一百二十三条、第一百四十八条

《刑法》第二百三十条

法律风险

◎民事法律风险：

生产不符合食品安全标准的食品或者经营明知是不符合食品安全标准的食品，消费者除要求赔偿损失外，还可以向生产者或者经营者要求支付价款十倍或者损失三倍的赔偿金；增加赔偿的金额不足一千元的，为一千元。但是，食品的标签、说明书存在不影响食品安全且不会对消费者造成误导的瑕疵的除外。

◎行政法律风险：

违反《进出口商品检验法》规定，将必须经商检机构检验的进口商品未报经检验而擅自销售或者使用的，或者将必须经商检机构检验的出口商品未报经检验合格而擅自出口的，由商检机构没收违法所得，并处货值金额百分之五以上百分之二十以下的罚款。

经营未按规定进行检疫或者检疫不合格的肉类，或者生产经营未经检验或者检验不合格的肉类制品，尚不构成犯罪的，由县级以上人民政府食品安全监督管理部门没收违法所得和违法生产经营的食品，并可以没收用于违法生产经营的工具、设备、原料等物品；违法生产经营的食品货值金额不足一万元的，并处十万元以上十五万元以下罚款；货值金额一万元以上的，并处货值金额十五倍以上三十倍以下罚款；情节严重的，吊销许可证，并可以由公安机关对其直接负责的主管人员和其他直接责任人员处五日以上十五日以下拘留。

◎刑事法律风险：

涉嫌逃避商品检验罪。违反《进出口商品检验法》的规定，逃避商品检验，将必须经商检机构检验的进口商品未报经检验而擅自销售、使用，或者将必须经商检机构检验的出口商品未报经检验合格而擅自出口，情节严重的，处三年以下有期徒刑或者拘役，并处或者单处罚金。

典型案例：王某、黄某某经营未经检验检疫进口冻品系列案

2021 年 6 月 17 日，江苏省无锡市市场监督管理局依法对王某、黄某某经营未经检验检疫进口肉类的违法行为作出没收涉案进口肉类 188.2 吨、罚款 365.6 万元的行政处罚。2020 年 12 月 23 日，无锡市市场监督管理局执法人员在进口冷链食品执法检查中，发现一箱未在我国“进口肉类境外生产企业注册名单”内的国外企业生产的进口鹅掌。执法人员核实确认上述进口鹅掌供货企业信息后，从支付宝转账记录、微信朋友圈信息、物流运输单据等细节入手，多维度查访涉案冻品供货渠道，在流通销售、仓存储运环节连续查获王某、黄某某经营无法提供检验检疫合格证明的进口冷冻肉类食品 188.2 吨，货值 181.9 万元。当事人的行为违反了《食品安全法》第三十四条第八项的规定，无锡市市场监督管理局依据《食品安全法》第一百二十三条的规定对当事人作出行政处罚。

防范建议

进出口食品必须经出入境机关检验合格，否则不得进出口。

风险 107：进口或者出口属于掺杂掺假、以假充真、以次充好的商品或者以不合格进出口商品冒充合格进出口商品的。

法律规定

《食品安全法》第一百四十八条
《消费者权益保护法》第五十五条
《刑法》第一百四十条
《进出口商品检验法》第三十三条

法律风险

◎民事法律风险：

经营者提供商品或者服务有欺诈行为的，应当按照消费者的要求增加赔偿其受到的损失，增加赔偿的金额为消费者购买商品的价款或者接受服务的费用的三倍；增加赔偿的金额不足五百元的，为五百元。

生产不符合食品安全标准的食品或者经营明知是不符合食品安全标准的食品，消费者除要求赔偿损失外，还可以向生产者或者经营者要求支付价款十倍或者损失三倍的赔偿金；增加赔偿的金额不足一千元的，为一千元。但是，食品的标签、说明书存在不影响食品安全且不会对消费者造成误导的瑕疵的除外。

◎行政法律风险：

由商检机构责令停止进口或者出口，没收违法所得，并处货值金额百分之五十以上三倍以下的罚款。

◎**刑事法律风险：**

涉嫌生产、销售伪劣产品罪。生产者、销售者在产品中掺杂、掺假，以假充真，以次充好或者以不合格产品冒充合格产品，销售金额五万元以上不满二十万元的，处二年以下有期徒刑或者拘役，并处或者单处销售金额百分之五十以上二倍以下罚金；销售金额二十万元以上不满五十万元的，处二年以上七年以下有期徒刑，并处销售金额百分之五十以上二倍以下罚金；销售金额五十万元以上不满二百万元的，处七年以上有期徒刑，并处销售金额百分之五十以上二倍以下罚金；销售金额二百万元以上的，处十五年有期徒刑或者无期徒刑，并处销售金额百分之五十以上二倍以下罚金或者没收财产。

防范建议

进口或者出口食品不得掺杂掺假、以假充真、以次充好，不得以不合格进出口商品冒充合格进出口商品。

风险108：伪造、变造、买卖或者盗窃商检单证、印章、标志、封识、质量认证标志的。

法律规定

《消费者权益保护法》第五十五条
《刑法》第二百八十条
《进出口商品检验法》第三十四条

法律风险

◎**民事法律风险：**

经营者提供商品或者服务有欺诈行为的，应当按照消费者的要求增加赔偿其受到的损失，增加赔偿的金额为消费者购买商品的价款或者接受服务的费用的三倍；增加赔偿的金额不足五百元的，为五百元。

◎**行政法律风险：**

尚不够刑事处罚的，由商检机构、认证认可监督管理部门依据各自职责责令改正，没收违法所得，并处货值金额等值以下的罚款。

◎**刑事法律风险：**

涉嫌伪造、变造、买卖国家机关公文、证件、印章罪。伪造、变造、买卖或者盗窃、抢夺、毁灭国家机关的公文、证件、印章的，处三年以下有期徒刑、拘役、管制或者剥夺政治权利，并处罚金；情节严重的，处三年以上十年以下有期徒刑，并处罚金。

典型案例：南通市经济技术开发区某食品经营部使用伪造入关报关单和入境货物检验检疫证明案

2021年1月3日，南通市经济技术开发区市场监督管理局根据群众举报对南通经济技术开发区某食品经营部进行检查。发现当事人销售进口的某品牌葡萄味果冻和某品牌气泡苏打糖，产地为日本的群马县和福岛县；该货系当事人于2020年10月10日从无锡市梁溪区某食品商行购进。当事人提供了入关报关单和入境货物检验检疫证明，后经海关协查，当事人提供的入关报关单和入境货物检验检疫证明系伪造。

当事人的行为涉嫌违反了《进出口商品检验法》第三十四条和《关于进一步加强从日本进口食品农产品检验检疫监管的公告》（原国家质检总局公告2011年第44号）的规定，开发区市场监督管理局已于当日立案调查，同时将案件线索通报了南通海关和无锡市梁溪区市场监督管理局。

防范建议

进出口食品经营者不得伪造、变造、买卖或者盗窃商检单证、印章、标志、封识、质量认证标志。

风险109：违反《进出口商品检验法实施条例》第四十三条规定，擅自出口未报检[①]或者未经检验的属于法定检验的出口商品，或者擅自出口应当申请出口验证而未申请的出口商品的。

法律规定

《食品安全法》第一百四十八条

《刑法》第二百三十条

《进出口商品检验法实施条例》第四十三条

法律风险

◎民事法律风险：

生产不符合食品安全标准的食品或者经营明知是不符合食品安全标准的食品，消费者除要求赔偿损失外，还可以向生产者或者经营者要求支付价款十倍或者损失三倍的赔偿金；增加赔偿的金额不足一千元的，为一千元。但是，食品的标签、说明书存在不影响食品安全且不会对消费者造成误导的瑕疵的除外。

① 自2018年4月20日起，出入境检验检疫管理职责和队伍划入海关总署。原报关和原报检统一应表述为申报，因此处“报检”为法律中的原文表述，不做修改，下同。

◎行政法律风险：

由出入境检验检疫机构没收违法所得，并处商品货值金额5%以上20%以下罚款。

◎刑事法律风险：

涉嫌逃避商检罪。违反《进出口商品检验法》的规定，逃避商品检验，将必须经商检机构检验的进口商品未报经检验而擅自销售、使用，或者将必须经商检机构检验的出口商品未报经检验合格而擅自出口，情节严重的，处三年以下有期徒刑或者拘役，并处或者单处罚金。

典型案例：福州某某贸易有限公司出口食品未申报案

2020年7月24日，当事人向海关申报出口一批涤棉布。经调查，该批商品中有2种商品未申报，均属于法定检验的出口商品，具体如下：1. 某某牌营养快线（草莓口味）60箱，规格为500 mL×15瓶/箱，每箱84元，货值为5040元；2. “某某牌麻辣嫩牛自煮火锅套35箱，规格为435克×18个/箱，每箱594元，货值为20790元。当事人擅自出口未申报的属于法定检验的上述2种商品，违反了《进出口商品检验法实施条例》第二十四条第一款的规定，构成擅自出口未报检的属于法定检验的出口商品。上述2种商品总货值为25830元。

根据《进出口商品检验法实施条例》第四十三条的规定，执法机关对当事人可处涉案商品总货值10%的罚款，计2583元。

防范建议

食品出口商不得擅自出口未报检或者未经检验的属于法定检验的出口商品，或者擅自出口应当申请出口验证而未申请的出口商品。

风险110：违反《进出口商品检验法实施条例》第四十四条规定，销售、使用经法定检验、抽查检验或者验证不合格的进口商品，或者出口经法定检验、抽查检验或者验证不合格的商品的。

法律规定

《食品安全法》第一百四十八条

《刑法》第一百四十三条

《进出口商品检验法实施条例》第四十四条

法律风险

◎民事法律风险：

生产不符合食品安全标准的食品或者经营明知是不符合食品安全标准的食品，消费者除要求赔偿损失外，还可以向生产者或者经营者要求支付价款十倍或者损失三倍的赔偿金；增加赔偿的金额不足一千元的，为一千元。但是，食品的标签、说明书存在不影响食品安全且不会对消费者造成误导的瑕疵的除外。

◎**行政法律风险：**

由出入境检验检疫机构责令停止销售、使用或者出口，没收违法所得和违法销售、使用或者出口的商品，并处违法销售、使用或者出口的商品货值金额等值以上三倍以下罚款。

◎**刑事法律风险：**

涉嫌生产、销售不符合安全标准的食品罪。足以造成严重食物中毒事故或者其他严重食源性疾病的，处三年以下有期徒刑或者拘役，并处罚金；对人体健康造成严重危害或者有其他严重情节的，处三年以上七年以下有期徒刑，并处罚金；后果特别严重的，处七年以上有期徒刑或者无期徒刑，并处罚金或者没收财产。

典型案例：天津市原出入境检验检疫局通报两类进口食品不合格案

天津市原出入境检验检疫局工作人员分别在对美国进口的某品牌纯净饮用水和来自德国的某品牌果汁进行标签检验时，发现纯净水的配料表中含有非法添加剂柠檬酸钙，进口果汁的原文标签的配料中添加了糖精钠、泛酸、维生素A、维生素B_1。根据我国食品添加剂和营养强化剂使用标准的规定，上述添加剂不允许添加在包装饮用水和果汁产品中，属于超范围使用食品添加剂，不符合我国食品安全国家标准要求，经判定为不合格产品，并予以退运或销毁处理。

另一案例是在查验过程中发现检疫性有害生物。天津市原出入境检验检疫局工作人员在对来自菲律宾两批次菠萝、一批次香蕉进行现场查验时，发现粉蚧。经天津市原出入境检验检疫局实验室检测鉴定，为检疫性有害生物新菠萝灰粉蚧。这些有害生物在菲律宾等热带地区分布较广，同样适宜在我国东南沿海的亚热带地区生存，一旦传播入境，将会对我国水果、蔬菜、花卉等植物造成严重危害。这三批不合格水果共计50多吨，天津市原出入境检验检疫局均依法对这些货物实施了除害和销毁处理。

防范建议

经法定检验、抽查检验或者验证不合格的进口、出口商品，不得销售、使用。

风险111：违反《进出口商品检验法实施条例》第四十五条第一款规定，进出口商品的收货人、发货人、代理报检企业或者出入境快件运营企业、报检人员不如实提供进出口商品的真实情况，取得出入境检验检疫机构的有关证单，或者对法定检验的进出口商品不予报检，逃避进出口商品检验的。

法律规定

《食品安全法》第一百四十八条
《刑法》第二百三十条
《进出口商品检验法实施条例》第四十五条

法律风险

◎**民事法律风险：**

生产不符合食品安全标准的食品或者经营明知是不符合食品安全标准的食品，消费者除要求赔偿损失外，还可以向生产者或者经营者要求支付价款十倍或者损失三倍的赔偿金；增加赔偿的金额不足一千元的，为一千元。但是，食品的标签、说明书存在不影响食品安全且不会对消费者造成误导的瑕疵的除外。

◎**行政法律风险：**

由出入境检验检疫机构没收违法所得，并处商品货值金额5%以上20%以下罚款。

◎**刑事法律风险：**

涉嫌逃避商检罪。违反《进出口商品检验法》的规定，逃避商品检验，将必须经商检机构检验的进口商品未报经检验而擅自销售、使用，或者将必须经商检机构检验的出口商品未报经检验合格而擅自出口，情节严重的，处三年以下有期徒刑或者拘役，并处或者单处罚金。

典型案例：厦门某企业进口冷冻果汁未申报案

2021年9月上旬，根据厦门市进口冷链食品疫情防控办公室通报的线索，集美区市场监督管理局执法人员对位于集美区某工业园内的某企业进行检查。经查，该企业共采购1000箱进口冷冻柠檬果汁，从厦门东渡口岸入关。按照厦门市关于进一步加强进口冷链食品疫情管控工作的公告等疫情防控相关要求，未取得核酸检测阴性证明和消毒证明的进口冷链食品，应进入集中监管仓进行核酸检测和集中消毒，待取得“入厦通行码”后方可进入厦门市流转。但当事人却嫌麻烦，未按规定申报进仓，擅自将未经核酸检测和消毒的货物拉回公司仓库冻库存储，并将其中80箱柠檬汁发往同安一物流公司仓库。

案件调查过程中，执法人员仔细追溯相关货品流向，责令当事人对货品进行封存，并委托第三方消杀公司对所有货品进行消杀；待消杀完成后，再装车运往湖里万翔集中监管仓进行核酸检测和全面消杀。相关货品经核酸检测结果均为阴性。

此外，执法人员还发现该企业存在冒用他人厂名、厂址、产地等其他违法违规行为。最终，依据《进出口商品检验法实施条例》第四十五条等规定，集美区市场监督管理局依法对当事人累计处罚款17.5万元。

防范建议

进出口商品的收货人、发货人、代理报检企业或者出入境快件运营企业、报检人员应当如实提供进出口商品的真实情况，依法报检。

风险112：违反《进出口商品检验法实施条例》第四十五条第二款规定，进出口商品的收货人或者发货人委托代理报检企业、出入境快件运营企业办理报检手续，未按照规定向代理报检企业、出入境快件运营企业提供所委托报检事项的真实情况，取得出入境检验检疫机构的有关证单的。

法律规定

《进出口商品检验法实施条例》第四十五条

法律风险

◎民事法律风险：

无。

◎行政法律风险：

由出入境检验检疫机构对委托人没收违法所得，并处商品货值金额5%以上20%以下罚款。

◎刑事法律风险：

无。

防范建议

进出口商品的收货人或者发货人委托代理报检企业、出入境快件运营企业办理报检手续，应当按照规定向代理报检企业、出入境快件运营企业提供所委托报检事项的真实情况。

风险113：违反《进出口商品检验法实施条例》第四十五条第三款规定，代理报检企业、出入境快件运营企业、报检人员对委托人所提供情况的真实性未进行合理审查或者因工作疏忽，导致骗取出入境检验检疫机构有关证单的结果的。

法律规定

《进出口商品检验法实施条例》第四十五条

法律风险

◎民事法律风险：

无。

◎行政法律风险：

由出入境检验检疫机构对代理报检企业、出入境快件运营企业处二万元以上二十万元以下罚款。

◎刑事法律风险：

无。

防范建议

代理报检企业、出入境快件运营企业、报检人员对委托人所提供情况的真实性应进行合理审查。

风险 114：违反《进出口商品检验法实施条例》第四十六条规定，伪造、变造、买卖或者盗窃检验证单、印章、标志、封识、货物通关单或者使用伪造、变造的检验证单、印章、标志、封识、货物通关单的。

法律规定

《刑法》第二百八十条

《进出口商品检验法实施条例》第四十六条

法律风险

◎民事法律风险：

无。

◎行政法律风险：

尚不够刑事处罚的，由出入境检验检疫机构责令改正，没收违法所得，并处商品货值金额等值以下罚款。

◎刑事法律风险：

涉嫌伪造、变造、买卖国家机关公文、证件、印章罪。伪造、变造、买卖或者盗窃、抢夺、毁灭国家机关的公文、证件、印章的，处三年以下有期徒刑、拘役、管制或者剥夺政治权利，并处罚金；情节严重的，处三年以上十年以下有期徒刑，并处罚金。

典型案例：某公司使用伪造的印章和证单案

2010 年 12 月，某市 A 公司接受该市 B 进出口贸易有限公司的委托进口一批货物。该票货物向某市检验检疫局（以下简称某市局）申报后，货物运至集中查验场地验货，验货后 A 公司提取货物，按照规定，该票货物的提货单需加盖某市局放行章方可放行，某市 A 公司经办人张某为加快办理，私自找到一个王姓、自称能代办通关手续的人为此票货物加盖了检验检疫放行章。后来张某拿到加盖完毕的提货单至码头堆场提货时，被要求到某市局签字确认，经执法人员对比发现提货单上的放行章与实际印章印模有明显差别，经仔细比对确定系伪造。

根据《进出口商品检验法实施条例》第四十六条的规定，某市局对当事人予以罚款 6 万余元的行政处罚；同时，某市局将伪造检验检疫机关印章的线索报相关公安机关，进行刑事立案侦查。

防范建议

任何人不得伪造、变造、买卖或者盗窃检验证单、印章、标志、封识、货物通关单或者使用伪造、变造的检验证单、印章、标志、封识、货物通关单。

风险115：擅自调换出入境检验检疫机构抽取的样品或者出入境检验检疫机构检验合格的进出口商品的。

法律规定

《进出口商品检验法实施条例》第四十七条

法律风险

◎民事法律风险：

无。

◎行政法律风险：

由出入境检验检疫机构责令改正，给予警告；情节严重的，并处商品货值金额10%以上50%以下罚款。

◎刑事法律风险：

无。

防范建议

进出口食品经营者不得擅自调换出入境检验检疫机构抽取的样品或者出入境检验检疫机构检验合格的进出口商品。

风险116：进口或者出口国家实行卫生注册登记管理而未获得卫生注册登记的生产企业生产的食品的。

法律规定

《进出口商品检验法实施条例》第四十八条

法律风险

◎民事法律风险：

无。

◎行政法律风险：

由出入境检验检疫机构责令停止进口或者出口，没收违法所得，并处商品货值金额10%以上50%以下罚款。

◎**刑事法律风险：**
无。

防范建议

进出口食品经营者应当进口或者出口国家实行卫生注册登记管理的生产企业生产的食品。

风险117：已获得卫生注册登记的进出口食品生产企业，经检查不符合规定要求的。

法律规定

《进出口商品检验法实施条例》第四十八条

法律风险

◎**民事法律风险：**
无。
◎**行政法律风险：**
由国家质检总局或者出入境检验检疫机构责令限期整改；整改仍未达到规定要求或者有其他违法行为，情节严重的，吊销其卫生注册登记证书。
◎**刑事法律风险：**
无。

防范建议

已获得卫生注册登记的进出口食品生产企业，应当采取有效措施，保持生产条件符合要求。

风险118：提供或者使用未经出入境检验检疫机构鉴定的出口危险货物包装容器的。

法律规定

《消费者权益保护法》第四十九条
《刑法》第二百三十条
《进出口商品检验法实施条例》第五十条

法律风险

◎**民事法律风险：**
经营者提供商品或者服务，造成消费者或者其他受害人人身伤害的，应当赔偿医疗费、护理费、交通费等为治疗和康复支出的合理费用，以及因误工减少的收入。造成残疾的，还应当赔偿残疾生活辅助具费和残疾赔偿金。造成死亡的，还应当赔偿丧葬费和死亡赔偿金。

◎**行政法律风险：**

由出入境检验检疫机构处十万元以下罚款。

◎**刑事法律风险：**

涉嫌逃避商检罪。违反《进出口商品检验法》的规定，逃避商品检验，将必须经商检机构检验的进口商品未报经检验而擅自销售、使用，或者将必须经商检机构检验的出口商品未报经检验合格而擅自出口，情节严重的，处三年以下有期徒刑或者拘役，并处或者单处罚金。

防范建议

任何人不得提供或者使用未经出入境检验检疫机构鉴定的出口危险货物包装容器。

风险119：提供或者使用经出入境检验检疫机构鉴定不合格的包装容器装运出口危险货物的。

法律规定

《消费者权益保护法》第四十九条

《刑法》第一百三十六条、第二百三十条

《进出口商品检验法实施条例》第五十条

法律风险

◎**民事法律风险：**

经营者提供商品或者服务，造成消费者或者其他受害人人身伤害的，应当赔偿医疗费、护理费、交通费等为治疗和康复支出的合理费用，以及因误工减少的收入。造成残疾的，还应当赔偿残疾生活辅助具费和残疾赔偿金。造成死亡的，还应当赔偿丧葬费和死亡赔偿金。

◎**行政法律风险：**

由出入境检验检疫机构处二十万元以下罚款。

◎**刑事法律风险：**

涉嫌逃避商检罪。违反《进出口商品检验法》的规定，逃避商品检验，将必须经商检机构检验的进口商品未报经检验而擅自销售、使用，或者将必须经商检机构检验的出口商品未报经检验合格而擅自出口，情节严重的，处三年以下有期徒刑或者拘役，并处或者单处罚金。

涉嫌危险物品肇事罪。违反爆炸性、易燃性、放射性、毒害性、腐蚀性物品的管理规定，在生产、储存、运输、使用中发生重大事故，造成严重后果的，处三年以下有期徒刑或者拘役；后果特别严重的，处三年以上七年以下有期徒刑。

防范建议

任何人不得提供或者使用经出入境检验检疫机构鉴定不合格的包装容器装运出口危险货物。

风险120：提供或者使用未经出入境检验检疫机构适载检验的集装箱、船舱、飞机、车辆等运载工具装运易腐烂变质食品、冷冻品出口的。

法律规定

《食品安全法》第一百四十八条
《刑法》第一百四十三条、第二百三十条
《进出口商品检验法实施条例》第五十一条

法律风险

◎民事法律风险：

生产不符合食品安全标准的食品或者经营明知是不符合食品安全标准的食品，消费者除要求赔偿损失外，还可以向生产者或者经营者要求支付价款十倍或者损失三倍的赔偿金；增加赔偿的金额不足一千元的，为一千元。但是，食品的标签、说明书存在不影响食品安全且不会对消费者造成误导的瑕疵的除外。

◎行政法律风险：

由出入境检验检疫机构处十万元以下罚款。

◎刑事法律风险：

涉嫌生产、销售不符合安全标准的食品罪。足以造成严重食物中毒事故或者其他严重食源性疾病的，处三年以下有期徒刑或者拘役，并处罚金；对人体健康造成严重危害或者有其他严重情节的，处三年以上七年以下有期徒刑，并处罚金；后果特别严重的，处七年以上有期徒刑或者无期徒刑，并处罚金或者没收财产。

涉嫌逃避商检罪。违反《进出口商品检验法》的规定，逃避商品检验，将必须经商检机构检验的进口商品未报经检验而擅自销售、使用，或者将必须经商检机构检验的出口商品未报经检验合格而擅自出口，情节严重的，处三年以下有期徒刑或者拘役，并处或者单处罚金。

防范建议

进出口食品经营者不得提供或者使用未经出入境检验检疫机构适载检验的集装箱、船舱、飞机、车辆等运载工具装运易腐烂变质食品、冷冻品出口。

风险121：提供或者使用经出入境检验检疫机构检验不合格的集装箱、船舱、飞机、车辆等运载工具装运易腐烂变质食品、冷冻品出口的。

法律规定

《食品安全法》第一百四十八条
《刑法》第一百四十三条、第三百三十七条

《进出口商品检验法实施条例》第五十一条

法律风险

◎民事法律风险：

生产不符合食品安全标准的食品或者经营明知是不符合食品安全标准的食品，消费者除要求赔偿损失外，还可以向生产者或者经营者要求支付价款十倍或者损失三倍的赔偿金；增加赔偿的金额不足一千元的，为一千元。但是，食品的标签、说明书存在不影响食品安全且不会对消费者造成误导的瑕疵的除外。

◎行政法律风险：

由出入境检验检疫机构处二十万元以下罚款。

◎刑事法律风险：

涉嫌生产、销售不符合安全标准的食品罪。足以造成严重食物中毒事故或者其他严重食源性疾病的，处三年以下有期徒刑或者拘役，并处罚金；对人体健康造成严重危害或者有其他严重情节的，处三年以上七年以下有期徒刑，并处罚金；后果特别严重的，处七年以上有期徒刑或者无期徒刑，并处罚金或者没收财产。

涉嫌妨害动植物防疫、检疫罪。违反有关动植物防疫、检疫的国家规定，引起重大动植物疫情的，或者有引起重大动植物疫情危险，情节严重的，处三年以下有期徒刑或者拘役，并处或者单处罚金。

单位犯上述罪的，对单位判处罚金，并对其直接负责的主管人员和其他直接责任人员，依照上述规定处罚。

防范建议

进出口食品经营者不得提供或者使用经出入境检验检疫机构检验不合格的集装箱、船舱、飞机、车辆等运载工具装运易腐烂变质食品、冷冻品出口。

风险122：擅自调换、损毁出入境检验检疫机构加施的商检标志、封识的。

法律规定

《进出口商品检验法实施条例》第五十二条

法律风险

◎民事法律风险：

无。

◎行政法律风险：

由出入境检验检疫机构处5万元以下罚款。

◎刑事法律风险：

无。

防范建议

进出口食品经营者不得擅自调换、损毁出入境检验检疫机构加施的商检标志、封识。

风险123：违反《进出境动植物检疫法实施条例》规定，未报检或者未依法办理检疫审批手续或者未按检疫审批的规定执行的。

法律规定

《食品安全法》第一百四十八条
《刑法》第二百三十条
《进出境动植物检疫法实施条例》第五十九条

法律风险

◎民事法律风险：

生产不符合食品安全标准的食品或者经营明知是不符合食品安全标准的食品，消费者除要求赔偿损失外，还可以向生产者或者经营者要求支付价款十倍或者损失三倍的赔偿金；增加赔偿的金额不足一千元的，为一千元。但是，食品的标签、说明书存在不影响食品安全且不会对消费者造成误导的瑕疵的除外。

◎行政法律风险：

由口岸动植物检疫机关处五千元以下的罚款。

◎刑事法律风险：

涉嫌逃避商检罪。违反《进出口商品检验法》的规定，逃避商品检验，将必须经商检机构检验的进口商品未报经检验而擅自销售、使用，或者将必须经商检机构检验的出口商品未报经检验合格而擅自出口，情节严重的，处三年以下有期徒刑或者拘役，并处或者单处罚金。

防范建议

进出口动植物的，应当依法报检并按检疫审批的规定执行。

风险124：违反《进出境动植物检疫法实施条例》规定，报检的动植物、动植物产品和其他检疫物与实际不符的。

法律规定

《消费者权益保护法》第五十五条
《食品安全法》第一百四十八条
《刑法》第三百三十七条
《进出境动植物检疫法实施条例》第五十九条

法律风险

◎民事法律风险：

经营者提供商品或者服务有欺诈行为的，应当按照消费者的要求增加赔偿其受到的损失，增加赔偿的金额为消费者购买商品的价款或者接受服务的费用的三倍；增加赔偿的金额不足五百元的，为五百元。法律另有规定的，依照其规定。

生产不符合食品安全标准的食品或者经营明知是不符合食品安全标准的食品，消费者除要求赔偿损失外，还可以向生产者或者经营者要求支付价款十倍或者损失三倍的赔偿金；增加赔偿的金额不足一千元的，为一千元。但是，食品的标签、说明书存在不影响食品安全且不会对消费者造成误导的瑕疵的除外。

◎行政法律风险：

由口岸动植物检疫机关处五千元以下的罚款。已取得检疫单证的，予以吊销。

◎刑事法律风险：

涉嫌妨害动植物防疫、检疫罪。违反有关动植物防疫、检疫的国家规定，引起重大动植物疫情的，或者有引起重大动植物疫情危险，情节严重的，处三年以下有期徒刑或者拘役，并处或者单处罚金。

单位犯上述罪的，对单位判处罚金，并对其直接负责的主管人员和其他直接责任人员，依照上述的规定处罚。

防范建议

进出口动植物的，报检的动植物、动植物产品和其他检疫物应与实际相符。

风险125：未经口岸动植物检疫机关许可擅自将进境、过境动植物、动植物产品和其他检疫物卸离运输工具或者运递的。

法律规定

《消费者权益保护法》第四十九条

《刑法》第三百三十七条

《进出境动植物检疫法实施条例》第六十条

法律风险

◎民事法律风险：

经营者提供商品或者服务，造成消费者或者其他受害人人身伤害的，应当赔偿医疗费、护理费、交通费等为治疗和康复支出的合理费用，以及因误工减少的收入。造成残疾的，还应当赔偿残疾生活辅助具费和残疾赔偿金。造成死亡的，还应当赔偿丧葬费和死亡赔偿金。

◎行政法律风险：

由口岸动植物检疫机关处三千元以上三万元以下的罚款。

◎刑事法律风险：

涉嫌妨害动植物防疫、检疫罪。违反有关动植物防疫、检疫的国家规定，引起重大动植物疫情的，或者有引起重大动植物疫情危险，情节严重的，处三年以下有期徒刑或者拘役，并处或者单处罚金。

单位犯上述罪的，对单位判处罚金，并对其直接负责的主管人员和其他直接责任人员，依照上述规定处罚。

典型案例：某航空股份有限公司未经海关许可擅自将进境种猪卸离运输工具违规案

2021 年 6 月 29 日，某航空公司（以下简称某公司）货运包机瓦特里—南宁航班承载法国种猪 563 头到达南宁国际机场。南宁吴圩机场海关关员接到新一代查验系统布控指令到达停机坪现场后，发现某公司未经海关许可，擅自开启货舱门，将部分种猪已卸离运输工具并装载到转运车上。经调查，该公司员工在未接到南宁吴圩机场海关开启飞机货舱门的通知情况下，考虑到机坪高温需确保种猪成活，擅自将种猪卸下飞机。某公司的上述行为，违反了《进出境动植物检疫法》第十四条第一款“输入动植物、动植物产品和其他检疫物，应当在进境口岸实施检疫。未经口岸动植物检疫机关同意，不得卸离运输工具”的规定。依据《进出境动植物检疫法实施条例》第六十条的规定，对当事人某航空股份有限公司被罚款 4000 元。

防范建议

未经口岸动植物检疫机关许可，不得擅自将进境、过境动植物、动植物产品和其他检疫物卸离运输工具或者运递。

风险 126：擅自调离或者处理在口岸动植物检疫机关指定的隔离场所中隔离检疫的动植物的。

法律规定

《消费者权益保护法》第四十九条

《刑法》第三百三十七条

《进出境动植物检疫法实施条例》第六十条

法律风险

◎民事法律风险：

经营者提供商品或者服务，造成消费者或者其他受害人人身伤害的，应当赔偿医疗费、护理费、交通费等为治疗和康复支出的合理费用，以及因误工减少的收入。造成残疾的，还应当赔偿残疾生活辅助具费和残疾赔偿金。造成死亡的，还应当赔偿丧葬费和死亡赔偿金。

◎行政法律风险：

由口岸动植物检疫机关处三千元以上三万元以下的罚款。

◎刑事法律风险：

涉嫌妨害动植物防疫、检疫罪。违反有关动植物防疫、检疫的国家规定，引起重大动植物疫情的，或者有引起重大动植物疫情危险，情节严重的，处三年以下有期徒刑或者拘役，并处或者单处罚金。

单位犯上述罪的，对单位判处罚金，并对其直接负责的主管人员和其他直接责任人员，依照上述规定处罚。

典型案例：厦门某进出口有限公司擅自调离在海关指定的隔离场所中隔离检疫的进境水生动物案

当事人于2021年4月30日申报进口一批“活双色鳗鲡鱼苗”：（一）未经海关同意擅自将鱼苗转移到监控范围之外和擅自处理死亡鱼苗的行为，违反《进出境动植物检疫法》第三十九条第三项、《进出境动植物检疫法实施条例》第六十条第二项、《进境水生动物检验检疫监督管理办法》第四十九条第二项规定，构成擅自调离或者处理在海关指定的隔离场所中隔离检疫的进境水生动物；（二）申报进境的“活双色鳗鲡苗”，部分实际为“花鳗鲡”的行为，违反《进出境动植物检疫法》第四十条、《进出境动植物检疫法实施条例》第五十九条第一款第二项、《进境水生动物检验检疫监督管理办法》第四十八条第二项规定，构成申报的进境水生动物与实际不符。

以上行为有查问笔录，某公司分别于5月11日和20日、6月3日提交的书面情况说明，报关单、营业执照、报关单位注册登记证书、进出境动物指定隔离检疫场使用证等复印件，厦门海关技术中心检验报告、厦门海关技术中心理货报告，集同海关关于在隔离检疫监管中发现厦门某进出口有限公司涉嫌违规情事的情况说明等材料为证。

当事人擅自调离和处理在海关指定的隔离场所中隔离检疫的进境水生动物，根据《进出境动植物检疫法实施条例》第六十条第二项、《进境水生动物检验检疫监督管理办法》第四十九条第二项规定，决定对当事人处以罚款1.65万元。

当事人报检的进境水生动物与实际不符，根据《进出境动植物检疫法实施条例》第五十九条第一款第二项、《进境水生动物检验检疫监督管理办法》第四十八条第二项规定，决定对当事人处以罚款3500元。

综上所述，合并两项处罚，对当事人作出如下行政处罚：罚款2万元。

防范建议

未经口岸动植物检疫机关允许，不得擅自调离或者处理在口岸动植物检疫机关指定的隔离场所中隔离检疫的动植物。

风险127：擅自开拆过境动植物、动植物产品和其他检疫的包装，或者擅自开拆、损毁动植物检疫封识或者标志的。

法律规定

《刑法》第三百三十七条

《进出境动植物检疫法实施条例》第六十条

法律风险

◎民事法律风险：

无。

◎行政法律风险：

由口岸动植物检疫机关处三千元以上三万元以下的罚款。

◎刑事法律风险：

涉嫌妨害动植物防疫、检疫罪。违反有关动植物防疫、检疫的国家规定，引起重大动植物疫情的，或者有引起重大动植物疫情危险，情节严重的，处三年以下有期徒刑或者拘役，并处或者单处罚金。

单位犯上述罪的，对单位判处罚金，并对其直接负责的主管人员和其他直接责任人员，依照上述规定处罚。

防范建议

进出口动植物的，不得擅自开拆过境动植物、动植物产品和其他检疫的包装，或者擅自开拆、损毁动植物检疫封识或者标志。

风险128：擅自抛弃过境动物的尸体、排泄物、铺垫材料或者其他废弃物，或者未按规定处理运输工具上的泔水、动植物性废弃物的。

法律规定

《刑法》第三百三十七条

《进出境动植物检疫法实施条例》第六十条

法律风险

◎民事法律风险：

无。

◎行政法律风险：

由口岸动植物检疫机关处三千元以上三万元以下的罚款。

◎刑事法律风险：

涉嫌妨害动植物防疫、检疫罪。违反有关动植物防疫、检疫的国家规定，引起重大动植物疫情的，或者有引起重大动植物疫情危险，情节严重的，处三年以下有期徒刑或者拘役，并处或者单处罚金。

单位犯上述罪的，对单位判处罚金，并对其直接负责的主管人员和其他直接责任人员，依照上述规定处罚。

防范建议

进出口动植物的，不得擅自抛弃过境动物的尸体、排泄物、铺垫材料或者其他废弃物，或者未按规定处理运输工具上的泔水、动植物性废弃物。

风险129：进境粮食有《进出境粮食检验检疫监督管理办法》第十七条所列情形，拒不做有效的检疫处理的。

法律规定

《消费者权益保护法》第四十九条
《食品安全法》第一百四十八条
《刑法》第一百四十三条、第三百三十七条
《进出境粮食检验检疫监督管理办法》第五十五条

法律风险

◎民事法律风险：

经营者提供商品或者服务，造成消费者或者其他受害人人身伤害的，应当赔偿医疗费、护理费、交通费等为治疗和康复支出的合理费用，以及因误工减少的收入。造成残疾的，还应当赔偿残疾生活辅助具费和残疾赔偿金。造成死亡的，还应当赔偿丧葬费和死亡赔偿金。

生产不符合食品安全标准的食品或者经营明知是不符合食品安全标准的食品，消费者除要求赔偿损失外，还可以向生产者或者经营者要求支付价款十倍或者损失三倍的赔偿金；增加赔偿的金额不足一千元的，为一千元。但是，食品的标签、说明书存在不影响食品安全且不会对消费者造成误导的瑕疵的除外。

◎行政法律风险：

由检验检疫部门处三千元以上一万元以下罚款。

◎刑事法律风险：

涉嫌生产、销售不符合安全标准的食品罪。足以造成严重食物中毒事故或者其他严重食源性疾病的，处三年以下有期徒刑或者拘役，并处罚金；对人体健康造成严重危害或者有其他严重情节的，处三年以上七年以下有期徒刑，并处罚金；后果特别严重的，处七年以上有期徒刑或者无期徒刑，并处罚金或者没收财产。

涉嫌妨害动植物防疫、检疫罪。违反有关动植物防疫、检疫的国家规定，引起重大动植物疫情的，或者有引起重大动植物疫情危险，情节严重的，处三年以下有期徒刑或者拘役，并处或者单处罚金。

单位犯上述罪的，对单位判处罚金，并对其直接负责的主管人员和其他直接责任人员，依照上述规定处罚。

防范建议

进境粮食有下列情形之一的，应当在检验检疫部门监督下，在口岸锚地、港口或者指定的检疫监管场所实施熏蒸、消毒或者其他除害处理：

1. 发现检疫性有害生物或者其他具有检疫风险的活体有害昆虫，且可能造成扩散的；
2. 发现种衣剂污染、熏蒸剂污染、有毒杂草籽超标等安全卫生问题，且有有效技术处理措施的；
3. 其他原因造成粮食质量安全受到危害的。

风险130：违反《进出境粮食检验检疫监督管理办法》第四十一条规定，进出境粮食收发货人及生产、加工、存放、运输企业未建立生产经营档案并做好记录的。

法律规定

《进出境粮食检验检疫监督管理办法》第四十七条

法律风险

◎民事法律风险：

无。

◎行政法律风险：

由检验检疫部门责令改正，给予警告；拒不改正的，处三千元以上一万元以下罚款。

◎刑事法律风险：

无。

防范建议

从事进出境粮食的收发货人及生产、加工、存放、运输企业应当建立相应的粮食进出境、接卸、运输、存放、加工、下脚料处理、发运流向等生产经营档案，做好质量追溯和安全防控等详细记录，记录至少保存两年。

风险131：违反《进出境粮食检验检疫监督管理办法》第四十四条规定，未报检的。

法律规定

《食品安全法》第一百四十八条

《刑法》第二百三十条

《进出境粮食检验检疫监督管理办法》第四十四条

法律风险

◎民事法律风险：

生产不符合食品安全标准的食品或者经营明知是不符合食品安全标准的食品，消费者除要求赔偿损失外，还可以向生产者或者经营者要求支付价款十倍或者损失三倍的赔偿金；增加赔偿的金额不足一千元的，为一千元。但是，食品的标签、说明书存在不影响食品安全且不会对消费者造成误导的瑕疵的除外。

◎行政法律风险：

由检验检疫部门按照《进出境动植物检疫法实施条例》规定处五千元以下罚款。

◎**刑事法律风险：**

涉嫌逃避商检罪。违反《进出口商品检验法》的规定，逃避商品检验，将必须经商检机构检验的进口商品未报经检验而擅自销售、使用，或者将必须经商检机构检验的出口商品未报经检验合格而擅自出口，情节严重的，处三年以下有期徒刑或者拘役，并处或者单处罚金。

防范建议

粮食进出口，须向海关部门报检。

风险132：违反《进出境粮食检验检疫监督管理办法》第四十四条规定，报检的粮食与实际不符的。

法律规定

《食品安全法》第一百四十八条
《消费者权益保护法》第五十五条
《刑法》第一百四十三条
《进出境粮食检验检疫监督管理办法》第四十四条

法律风险

◎**民事法律风险：**

经营者提供商品或者服务有欺诈行为的，应当按照消费者的要求增加赔偿其受到的损失，增加赔偿的金额为消费者购买商品的价款或者接受服务的费用的三倍；增加赔偿的金额不足五百元的，为五百元。法律另有规定的，依照其规定。

生产不符合食品安全标准的食品或者经营明知是不符合食品安全标准的食品，消费者除要求赔偿损失外，还可以向生产者或者经营者要求支付价款十倍或者损失三倍的赔偿金；增加赔偿的金额不足一千元的，为一千元。但是，食品的标签、说明书存在不影响食品安全且不会对消费者造成误导的瑕疵的除外。

◎**行政法律风险：**

由检验检疫部门按照《进出境动植物检疫法实施条例》第五十九条规定处五千元以下罚款。已取得检疫单证的，予以吊销。

◎**刑事法律风险：**

涉嫌生产、销售不符合安全标准的食品罪。足以造成严重食物中毒事故或者其他严重食源性疾病的，处三年以下有期徒刑或者拘役，并处罚金；对人体健康造成严重危害或者有其他严重情节的，处三年以上七年以下有期徒刑，并处罚金；后果特别严重的，处七年以上有期徒刑或者无期徒刑，并处罚金或者没收财产。

典型案例：漳州市某贸易有限公司申报粮食与实际不符案

当事人于2020年5月21日申报进口大麦一批，原申报第一项商品品名为珍珠薏米，启运地：荷兰，目的国：中国，数量47吨，货物价值：29610美元。经监管部门查验核实，发现第一项商品名称为大麦，根据《准予进口粮食和植物源性饲料种类及输出国家地区名录》认定原产于荷兰的大麦不属于准入范围。当事人申报粮食与实际不符。根据《进出境粮食检验检疫监督管理办法》第四十四条的规定，监管部门对当事人漳州市某贸易有限公司处以罚款3000元。

防范建议

粮食进出口，向海关部门报检的粮食应当与实际相符。

风险133：违反《进出境粮食检验检疫监督管理办法》第四十五条规定，进境粮食未依法办理检疫审批手续或者未按照检疫审批规定执行的。

法律规定

《食品安全法》第一百四十八条

《消费者权益保护法》第五十五条

《刑法》第二百三十条

《进出境粮食检验检疫监督管理办法》第四十五条

法律风险

◎民事法律风险：

经营者提供商品或者服务有欺诈行为的，应当按照消费者的要求增加赔偿其受到的损失，增加赔偿的金额为消费者购买商品的价款或者接受服务的费用的三倍；增加赔偿的金额不足五百元的，为五百元。法律另有规定的，依照其规定。

生产不符合食品安全标准的食品或者经营明知是不符合食品安全标准的食品，消费者除要求赔偿损失外，还可以向生产者或者经营者要求支付价款十倍或者损失三倍的赔偿金；增加赔偿的金额不足一千元的，为一千元。但是，食品的标签、说明书存在不影响食品安全且不会对消费者造成误导的瑕疵的除外。

◎行政法律风险：

由检验检疫部门按照《进出境动植物检疫法实施条例》规定处五千元以下罚款。

◎刑事法律风险：

涉嫌逃避商检罪。违反《进出口商品检验法》的规定，逃避商品检验，将必须经商检机构检验的进口商品未报经检验而擅自销售、使用，或者将必须经商检机构检验的出口商品未报经检验合格而擅自出口，情节严重的，处三年以下有期徒刑或者拘役，并处或者单处罚金。

防范建议

进境粮食须依法办理检疫审批手续，并按照检疫审批规定执行。

风险134：违反《进出境粮食检验检疫监督管理办法》第四十六条规定，擅自销售、使用未报检或者未经检验的列入必须实施检验的进出口商品目录的进出境粮食的。

法律规定

《食品安全法》第一百四十八条
《消费者权益保护法》第五十五条
《刑法》第一百四十三条
《进出境粮食检验检疫监督管理办法》第四十六条

法律风险

◎民事法律风险：

经营者提供商品或者服务有欺诈行为的，应当按照消费者的要求增加赔偿其受到的损失，增加赔偿的金额为消费者购买商品的价款或者接受服务的费用的三倍；增加赔偿的金额不足五百元的，为五百元。法律另有规定的，依照其规定。

生产不符合食品安全标准的食品或者经营明知是不符合食品安全标准的食品，消费者除要求赔偿损失外，还可以向生产者或者经营者要求支付价款十倍或者损失三倍的赔偿金；增加赔偿的金额不足一千元的，为一千元。但是，食品的标签、说明书存在不影响食品安全且不会对消费者造成误导的瑕疵的除外。

◎行政法律风险：

由检验检疫部门按照《进出口商品检验法实施条例》规定，没收非法所得，并处商品货值金额5%以上20%以下罚款。

◎刑事法律风险：

涉嫌生产、销售不符合安全标准的食品罪。足以造成严重食物中毒事故或者其他严重食源性疾病的，处三年以下有期徒刑或者拘役，并处罚金；对人体健康造成严重危害或者有其他严重情节的，处三年以上七年以下有期徒刑，并处罚金；后果特别严重的，处七年以上有期徒刑或者无期徒刑，并处罚金或者没收财产。

防范建议

任何人不得擅自销售、使用未报检或者未经检验的列入必须实施检验的进出口商品目录的进出境粮食。

风险135：违反《进出境粮食检验检疫监督管理办法》第四十八条规定，未经检验检疫部门批准，擅自将进境、过境粮食卸离运输工具，擅自将粮食运离指定查验场所的。

法律规定

《刑法》第三百三十七条

《进出境粮食检验检疫监督管理办法》第四十八条

法律风险

◎民事法律风险：

无。

◎行政法律风险：

由检验检疫部门按照《进出境动植物检疫法实施条例》规定，处三千元以上三万元以下罚款。

◎刑事法律风险：

涉嫌妨害动植物防疫、检疫罪。违反有关动植物防疫、检疫的国家规定，引起重大动植物疫情的，或者有引起重大动植物疫情危险，情节严重的，处三年以下有期徒刑或者拘役，并处或者单处罚金。

单位犯上述罪的，对单位判处罚金，并对其直接负责的主管人员和其他直接责任人员，依照上述规定处罚。

防范建议

未经检验检疫部门批准，不得擅自将进境、过境粮食卸离运输工具，擅自将粮食运离指定查验场所。

风险136：违反《进出境粮食检验检疫监督管理办法》第四十八条规定，擅自开拆过境粮食的包装，或者擅自开拆、损毁动植物检疫封识或者标志的。

法律规定

《进出境粮食检验检疫监督管理办法》第四十八条

法律风险

◎民事法律风险：

无。

◎行政法律风险：

由检验检疫部门按照《进出境动植物检疫法实施条例》规定，处三千元以上三万元以下罚款。

◎刑事法律风险：

无。

防范建议

不得擅自开拆过境粮食的包装，或者擅自开拆、损毁动植物检疫封识或者标志。

风险137：违反《进出境粮食检验检疫监督管理办法》第四十九条规定，列入必须实施检验的进出口商品目录的进出境粮食收发货人或者其代理人、报检人员不如实提供进出境粮食真实情况，取得检验检疫部门有关证单，或者不予报检，逃避检验的。

法律规定

《进出境粮食检验检疫监督管理办法》第四十九条

法律风险

◎民事法律风险：

无。

◎行政法律风险：

由检验检疫部门按照《进出口商品检验法实施条例》规定，没收违法所得，并处商品货值金额5%以上20%以下罚款。

◎刑事法律风险：

无。

防范建议

进出境粮食收发货人或者其代理人、报检人员应当如实提供进出境粮食真实情况，取得检验检疫部门有关证单。不得不予报检，逃避检验。

风险138：违反《进出境粮食检验检疫监督管理办法》第五十条规定，伪造、变造、买卖或者盗窃检验证单、印章、标志、封识、货物通关单或者使用伪造、变造的检验证单、印章、标志、封识、货物通关单的。

法律规定

《刑法》第二百八十条

《进出境粮食检验检疫监督管理办法》第五十条

法律风险

◎**民事法律风险：**

无。

◎**行政法律风险：**

尚不够刑事处罚的，由检验检疫部门按照《进出口商品检验法实施条例》规定，责令改正，没收违法所得，并处商品货值金额等值以下罚款。

◎**刑事法律风险：**

涉嫌伪造、变造、买卖国家机关公文、证件、印章罪。伪造、变造、买卖或者盗窃、抢夺、毁灭国家机关的公文、证件、印章的，处三年以下有期徒刑、拘役、管制或者剥夺政治权利，并处罚金；情节严重的，处三年以上十年以下有期徒刑，并处罚金。

防范建议

任何人不得伪造、变造、买卖或者盗窃检验证单、印章、标志、封识、货物通关单或者使用伪造、变造的检验证单、印章、标志、封识、货物通关单。

风险139：违反《进出境粮食检验检疫监督管理办法》第五十一条规定，引起重大动植物疫情的。

法律规定

《消费者权益保护法》第四十九条

《刑法》第三百三十七条

《进出境粮食检验检疫监督管理办法》第五十一条

法律风险

◎**民事法律风险：**

经营者提供商品或者服务，造成消费者或者其他受害人人身伤害的，应当赔偿医疗费、护理费、交通费等为治疗和康复支出的合理费用，以及因误工减少的收入。造成残疾的，还应当赔偿残疾生活辅助具费和残疾赔偿金。造成死亡的，还应当赔偿丧葬费和死亡赔偿金。

◎**行政法律风险：**

尚不构成犯罪或者犯罪情节显著轻微依法不需要判处刑罚的，由检验检疫部门按照《进出境动植物检疫法实施条例》规定，处二万元以上五万元以下的罚款。

◎**刑事法律风险：**

涉嫌妨害动植物防疫、检疫罪。违反有关动植物防疫、检疫的国家规定，引起重大动植物疫情的，或者有引起重大动植物疫情危险，情节严重的，处三年以下有期徒刑或者拘役，并处或者单处罚金。

单位犯上述罪的，对单位判处罚金，并对其直接负责的主管人员和其他直接责任人员，依照上述规定处罚。

防范建议

粮食进出口经营者应当严格遵守海关部门的检验检疫规定，避免因违规引起重大动植物疫情。

风险140：违反《进出境粮食检验检疫监督管理办法》第五十一条规定，伪造、变造动植物检疫单证、印章、标志、封识的。

法律规定

《刑法》第二百八十条

《进出境粮食检验检疫监督管理办法》第五十一条

法律风险

◎民事法律风险：

无。

◎行政法律风险：

尚不构成犯罪或者犯罪情节显著轻微依法不需要判处刑罚的，由检验检疫部门按照《进出境动植物检疫法实施条例》规定，处二万元以上五万元以下的罚款。

◎刑事法律风险：

涉嫌伪造、变造、买卖国家机关公文、证件、印章罪。伪造、变造、买卖或者盗窃、抢夺、毁灭国家机关的公文、证件、印章的，处三年以下有期徒刑、拘役、管制或者剥夺政治权利，并处罚金；情节严重的，处三年以上十年以下有期徒刑，并处罚金。

防范建议

任何人不得伪造、变造动植物检疫单证、印章、标志、封识。

风险141：依照《进出境粮食检验检疫监督管理办法》规定注册登记的生产、加工、存放单位，进出境的粮食经检疫不合格的。

法律规定

《食品安全法》第一百四十八条

《刑法》第一百四十三条

《进出境粮食检验检疫监督管理办法》第五十二条

法律风险

◎民事法律风险：

生产不符合食品安全标准的食品或者经营明知是不符合食品安全标准的食品，消费者除要求赔偿损失外，还可以向生产者或者经营者要求支付价款十倍或者损失三倍的赔偿金；增加赔偿的金额不足

一千元的，为一千元。但是，食品的标签、说明书存在不影响食品安全且不会对消费者造成误导的瑕疵的除外。

◎**行政法律风险：**

除依照《进出境粮食检验检疫监督管理办法》有关规定作退回、销毁或者除害处理外，情节严重的，由检验检疫部门按照《进出境动植物检疫法实施条例》规定，注销注册登记。

◎**刑事法律风险：**

涉嫌生产、销售不符合安全标准的食品罪。足以造成严重食物中毒事故或者其他严重食源性疾病的，处三年以下有期徒刑或者拘役，并处罚金；对人体健康造成严重危害或者有其他严重情节的，处三年以上七年以下有期徒刑，并处罚金；后果特别严重的，处七年以上有期徒刑或者无期徒刑，并处罚金或者没收财产。

典型案例：内蒙古二连浩特口岸四年间共检出不合格进口粮食四千余吨

据内蒙古二连浩特原出入境检验检疫局统计消息，自 2014 年二连浩特口岸获批进口粮食指定口岸以来，进口粮食种类和规模持续稳定增长，截至 2018 年共实现粮食进口 17.2 万吨，共检出不合格进口粮食 4524 吨，其中包括转基因油菜籽 709 吨，检疫性病害 1 种共 3555 吨，检疫性杂草 1 种共 260 吨，二连浩特原出入境检验检疫局依据《进出境粮食检验检疫监督管理办法》第五十二条的规定分别做退运或销毁处理。

防范建议

注册登记的生产、加工、存放单位，应当采取有效措施确保进出境的粮食检疫合格。

风险 142：违反《进出境粮食检验检疫监督管理办法》第五十三条规定，擅自调换检验检疫部门抽取的样品或者检验检疫部门检验合格的进出境粮食的。

法律规定

《进出境粮食检验检疫监督管理办法》第五十三条

法律风险

◎**民事法律风险：**

无。

◎**行政法律风险：**

由检验检疫部门按照《进出口商品检验法实施条例》规定，责令改正，给予警告；情节严重的，并处商品货值金额 10%以上 50%以下罚款。

◎**刑事法律风险：**

无。

防范建议

粮食进出境经营者，不得擅自调换检验检疫部门抽取的样品或者检验检疫部门检验合格的进出境粮食。

风险143：违反《进出境粮食检验检疫监督管理办法》第五十四条规定，提供或者使用未经检验检疫部门适载检验的集装箱、船舱、飞机、车辆等运载工具装运出境粮食的。

法律规定

《进出境粮食检验检疫监督管理办法》第五十四条
《刑法》第一百四十三条、第二百三十条

法律风险

◎民事法律风险：

无。

◎行政法律风险：

由检验检疫部门按照《进出口商品检验法实施条例》规定，处十万元以下罚款。

◎刑事法律风险：

涉嫌生产、销售不符合安全标准的食品罪。足以造成严重食物中毒事故或者其他严重食源性疾病的，处三年以下有期徒刑或者拘役，并处罚金；对人体健康造成严重危害或者有其他严重情节的，处三年以上七年以下有期徒刑，并处罚金；后果特别严重的，处七年以上有期徒刑或者无期徒刑，并处罚金或者没收财产。

涉嫌逃避商检罪。违反《进出口商品检验法》的规定，逃避商品检验，将必须经商检机构检验的进口商品未报经检验而擅自销售、使用，或者将必须经商检机构检验的出口商品未报经检验合格而擅自出口，情节严重的，处三年以下有期徒刑或者拘役，并处或者单处罚金。

防范建议

粮食进出口经营者不得提供或者使用未经检验检疫部门适载检验的集装箱、船舱、飞机、车辆等运载工具装运出境粮食。

风险144：违反《进出境粮食检验检疫监督管理办法》第五十四条规定，提供或者使用经检验检疫部门检验不合格的集装箱、船舱、飞机、车辆等运载工具装运出境粮食的。

法律规定

《进出境粮食检验检疫监督管理办法》第五十四条
《刑法》第一百四十三条、第三百三十七条

法律风险

◎民事法律风险：

无。

◎行政法律风险：

由检验检疫部门按照《进出口商品检验法实施条例》规定，处二十万元以下罚款。

◎刑事法律风险：

涉嫌生产、销售不符合安全标准的食品罪。足以造成严重食物中毒事故或者其他严重食源性疾病的，处三年以下有期徒刑或者拘役，并处罚金；对人体健康造成严重危害或者有其他严重情节的，处三年以上七年以下有期徒刑，并处罚金；后果特别严重的，处七年以上有期徒刑或者无期徒刑，并处罚金或者没收财产。

涉嫌妨害动植物防疫、检疫罪。违反有关动植物防疫、检疫的国家规定，引起重大动植物疫情的，或者有引起重大动植物疫情危险，情节严重的，处三年以下有期徒刑或者拘役，并处或者单处罚金。

单位犯上述罪的，对单位判处罚金，并对其直接负责的主管人员和其他直接责任人员，依照上述规定处罚。

防范建议

粮食进出口经营者不得提供或者使用经检验检疫部门检验不合格的集装箱、船舱、飞机、车辆等运载工具装运出境粮食。

风险145：违反《进出境粮食检验检疫监督管理办法》第五十五条规定，进境粮食存在重大安全质量问题，或者可能会对人体健康或农林牧渔业生产生态安全造成重大损害，没有主动召回的。

法律规定

《消费者权益保护法》第五十五条

《食品安全法》第一百四十八条

《刑法》第一百四十三条

《进出境粮食检验检疫监督管理办法》第五十五条

法律风险

◎民事法律风险：

经营者提供商品或者服务，造成消费者或者其他受害人人身伤害的，应当赔偿医疗费、护理费、交通费等为治疗和康复支出的合理费用，以及因误工减少的收入。造成残疾的，还应当赔偿残疾生活辅助具费和残疾赔偿金。造成死亡的，还应当赔偿丧葬费和死亡赔偿金。

生产不符合食品安全标准的食品或者经营明知是不符合食品安全标准的食品，消费者除要求赔偿损失外，还可以向生产者或者经营者要求支付价款十倍或者损失三倍的赔偿金；增加赔偿的金额不足一千元的，为一千元。但是，食品的标签、说明书存在不影响食品安全且不会对消费者造成误导的瑕疵的除外。

◎行政法律风险：

由检验检疫部门处三千元以上一万元以下罚款。

◎刑事法律风险：

涉嫌生产、销售不符合安全标准的食品罪。足以造成严重食物中毒事故或者其他严重食源性疾病的，处三年以下有期徒刑或者拘役，并处罚金；对人体健康造成严重危害或者有其他严重情节的，处三年以上七年以下有期徒刑，并处罚金；后果特别严重的，处七年以上有期徒刑或者无期徒刑，并处罚金或者没收财产。

防范建议

进境粮食存在重大安全质量问题，或者可能会对人体健康或农林牧渔业生产生态安全造成重大损害的，应当主动召回。

风险146：违反《进出境粮食检验检疫监督管理办法》第五十五条规定，进境粮食召回或者处理情况未向检验检疫部门报告的。

法律规定

《进出境粮食检验检疫监督管理办法》第五十五条

法律风险

◎民事法律风险：

无。

◎行政法律风险：

由检验检疫部门处三千元以上一万元以下罚款。

◎刑事法律风险：

无。

防范建议

进境粮食召回或者处理情况应及时向检验检疫部门报告。

风险147：违反《进出境粮食检验检疫监督管理办法》第五十五条规定，进境粮食未在检验检疫部门指定的查验场所卸货的。

法律规定

《刑法》第三百三十七条

《进出境粮食检验检疫监督管理办法》第五十五条

法律风险

◎**民事法律风险：**

无。

◎**行政法律风险：**

由检验检疫部门处三千元以上一万元以下罚款。

◎**刑事法律风险：**

涉嫌妨害动植物防疫、检疫罪。违反有关动植物防疫、检疫的国家规定，引起重大动植物疫情的，或者有引起重大动植物疫情危险，情节严重的，处三年以下有期徒刑或者拘役，并处或者单处罚金。

单位犯上述罪的，对单位判处罚金，并对其直接负责的主管人员和其他直接责任人员，依照上述规定处罚。

防范建议

进境粮食应当在检验检疫部门指定的查验场所卸货。

风险148：违反《进出境粮食检验检疫监督管理办法》第五十六条规定，进出境粮食未按规定注册登记或者在指定场所生产、加工、存放的。

法律规定

《进出境粮食检验检疫监督管理办法》第五十六条

法律风险

◎**民事法律风险：**

无。

◎**行政法律风险：**

由检验检疫部门处三万元以下罚款。

◎**刑事法律风险：**

无。

防范建议

进出境粮食应当按规定注册登记，在指定场所生产、加工、存放。

风险149：违反《进出境粮食检验检疫监督管理办法》第五十六条规定，买卖、盗窃动植物检疫单证、印章、标识、封识，或者使用伪造、变造的动植物检疫单证、印章、标识、封识的。

法律规定

《刑法》第二百八十条

《进出境粮食检验检疫监督管理办法》第五十六条

法律风险

◎民事法律风险：

无。

◎行政法律风险：

由检验检疫部门处三万元以下罚款。

◎刑事法律风险：

涉嫌伪造、变造、买卖国家机关公文、证件、印章罪。伪造、变造、买卖或者盗窃、抢夺、毁灭国家机关的公文、证件、印章的，处三年以下有期徒刑、拘役、管制或者剥夺政治权利，并处罚金；情节严重的，处三年以上十年以下有期徒刑，并处罚金。

防范建议

任何人不得买卖、盗窃动植物检疫单证、印章、标识、封识，或者使用伪造、变造的动植物检疫单证、印章、标识、封识。

风险150：违反《进出境粮食检验检疫监督管理办法》第五十六条规定，使用伪造、变造的输出国家或者地区官方检疫证明文件的。

法律规定

《刑法》第三百三十七条

《进出境粮食检验检疫监督管理办法》第五十六条

法律风险

◎民事法律风险：

无。

◎行政法律风险：

由检验检疫部门处三万元以下罚款。

◎刑事法律风险：

涉嫌妨害动植物防疫、检疫罪。违反有关动植物防疫、检疫的国家规定，引起重大动植物疫情的，或者有引起重大动植物疫情危险，情节严重的，处三年以下有期徒刑或者拘役，并处或者单处罚金。

单位犯上述罪的，对单位判处罚金，并对其直接负责的主管人员和其他直接责任人员，依照上述规定处罚。

防范建议

进口商不得使用伪造、变造的输出国家或者地区官方检疫证明文件。

风险151：违反《进出境粮食检验检疫监督管理办法》第五十六条规定，拒不接受检验检疫部门检疫监督的。

法律规定

《刑法》第二百三十条、第三百三十七条
《进出境粮食检验检疫监督管理办法》第五十六条

法律风险

◎民事法律风险：

无。

◎行政法律风险：

由检验检疫部门处三万元以下罚款。

◎刑事法律风险：

涉嫌逃避商检罪。违反《进出口商品检验法》的规定，逃避商品检验，将必须经商检机构检验的进口商品未报经检验而擅自销售、使用，或者将必须经商检机构检验的出口商品未报经检验合格而擅自出口，情节严重的，处三年以下有期徒刑或者拘役，并处或者单处罚金。

涉嫌妨害动植物防疫、检疫罪。违反有关动植物防疫、检疫的国家规定，引起重大动植物疫情的，或者有引起重大动植物疫情危险，情节严重的，处三年以下有期徒刑或者拘役，并处或者单处罚金。

单位犯上述罪的，对单位判处罚金，并对其直接负责的主管人员和其他直接责任人员，依照上述规定处罚。

防范建议

食品进出口商应积极配合检验检疫部门的检疫监督。

风险152：食品进口商备案内容发生变更，未按照规定向海关办理变更手续的。

法律规定

《中华人民共和国进出口食品安全管理办法》（以下简称《进出口食品安全管理办法》）第六十八条

法律风险

◎民事法律风险：

无。

◎行政法律风险：

情节严重的，海关处以警告。

◎刑事法律风险：

无。

防范建议

食品进口商备案内容发生变更，应按照规定向海关办理变更手续。

风险153：食品进口商在备案中提供虚假备案信息的。

法律规定

《进出口食品安全管理办法》第六十八条

法律风险

◎民事法律风险：

无。

◎行政法律风险：

海关处一万元以下罚款。

◎刑事法律风险：

无。

防范建议

食品进口商在备案中不得提供虚假备案信息。

风险154：境内进出口食品生产经营者不配合海关进出口食品安全核查工作，拒绝接受询问、提供材料，或者答复内容和提供材料与实际情况不符的。

法律规定

《进出口食品安全管理办法》第六十九条

法律风险

◎民事法律风险：

无。

◎行政法律风险：

海关处以警告或者一万元以下罚款。

◎刑事法律风险：

无。

防范建议

境内进出口食品生产经营者应配合海关进出口食品安全核查工作，如实接受询问、提供材料。

风险155：海关在进口预包装食品监管中，发现进口预包装食品未加贴中文标签或者中文标签不符合法律法规和食品安全国家标准，食品进口商拒不按照海关要求实施销毁、退运或者技术处理的。

法律规定

《食品安全法》第一百四十八条
《进出口食品安全管理办法》第七十条

法律风险

◎民事法律风险：

生产不符合食品安全标准的食品或者经营明知是不符合食品安全标准的食品，消费者除要求赔偿损失外，还可以向生产者或者经营者要求支付价款十倍或者损失三倍的赔偿金；增加赔偿的金额不足一千元的，为一千元。但是，食品的标签、说明书存在不影响食品安全且不会对消费者造成误导的瑕疵的除外。

◎行政法律风险：

海关处以警告或者一万元以下罚款。

◎刑事法律风险：

无。

典型案例：销售进口红酒没有中文标签被判10倍赔偿案

2021年，雷某在重庆石柱某酒庄购买了3瓶红酒，共计4140元。案涉红酒系进口食品，产地为法国，红酒包装上没有中文标签和中文说明书，雷某怀疑自己买到了假酒，随后向重庆市石柱县人民法院提起诉讼，请求判令某酒庄退还货款4140元，并依法支付价款十倍赔偿金41400元，合计45540元。某酒庄在庭审中认可涉案红酒于2016年进口，并提供了检验检疫机构签发的“卫生检验证书”。

石柱县人民法院审理后认为，《食品安全法》第九十二条、九十七条规定，进口的预包装食品、食品添加剂应当有中文标签，依法应当有说明书的，还应当有中文说明。案涉红酒无中文标签，某酒庄亦未提供购货单等证据证明红酒的来源合法和质量合格，违反了前述规定，某酒庄经营不符合食品安全标准的食品。《食品安全法》第一百四十八条第二款规定，消费者除要求赔偿损失外，还可以向生产者或者经营者要求支付价款十倍或者损失三倍的赔偿。遂判决：某酒庄返还雷某红酒购买价款4140元并向其支付赔偿金41400元，雷某退还3瓶红酒。

防范建议

进口预包装食品应加贴中文标签，中文标签的内容应符合法律法规和食品安全国家标准。

风险156：未经海关允许，将进口食品提离海关指定或者认可的场所的。

法律规定

《进出口食品安全管理办法》第七十一条

法律风险

◎民事法律风险：

无。

◎行政法律风险：

海关责令改正，并处一万元以下罚款。

◎刑事法律风险：

无。

防范建议

未经海关允许，不得将进口食品提离海关指定或者认可的场所。

风险157：违反《进出口食品安全管理办法》第七十二条第一、三、四、五项规定，擅自调换经海关监督抽检并已出具证单的出口食品的；出口未获得备案出口食品生产企业生产的食品的；向有注册要求的国家（地区）出口未获得注册出口食品生产企业生产食品的或者出口已获得注册出口食品生产企业生产的注册范围外食品的；出口食品生产企业生产的出口食品未按照规定使用备案种植、养殖场原料的。

法律规定

《食品安全法》第一百二十四条

法律风险

◎民事法律风险：

无。

◎行政法律风险：

违反《进出口食品安全管理办法》第七十二条第一、三、四、五项规定，由海关依照《食品安全法》第一百二十四条的规定给予处罚。

《食品安全法》第一百二十四条规定，尚不构成犯罪的，由县级以上人民政府食品安全监督管理部门没收违法所得和违法生产经营的食品、食品添加剂，并可以没收用于违法生产经营的工具、设备、原料等物品；违法生产经营的食品、食品添加剂货值金额不足一万元的，并处五万元以上十万元以下罚款；货值金额一万元以上的，并处货值金额十倍以上二十倍以下罚款；情节严重的，吊销许可证。

◎**刑事法律风险：**

无。

防范建议

出口食品经营者不得擅自调换经海关监督抽检并已出具证单的出口食品。出口食品应当是获得备案出口食品生产企业生产的食品。向有注册要求的国家（地区）出口的食品，须是获得注册出口食品生产企业生产的食品，且不得是超出注册范围外的食品。出口食品生产企业生产的出口食品应使用备案种植、养殖场的原料。

风险158：违反《进出口食品安全管理办法》第七十二条第二项规定，出口掺杂掺假、以假充真、以次充好的食品或者以不合格出口食品冒充合格出口食品的。

法律规定

《食品安全法》第一百二十四条、第一百四十八条

《刑法》第一百四十条、第一百四十三条

《进出口食品安全管理办法》第七十二条

法律风险

◎**民事法律风险：**

生产不符合食品安全标准的食品或者经营明知是不符合食品安全标准的食品，消费者除要求赔偿损失外，还可以向生产者或者经营者要求支付价款十倍或者损失三倍的赔偿金；增加赔偿的金额不足一千元的，为一千元。但是，食品的标签、说明书存在不影响食品安全且不会对消费者造成误导的瑕疵的除外。

◎**行政法律风险：**

违反《进出口食品安全管理办法》第七十二条第二项规定，由海关依照《食品安全法》第一百二十四条的规定给予处罚。

《食品安全法》第一百二十四条规定，尚不构成犯罪的，由县级以上人民政府食品安全监督管理部门没收违法所得和违法生产经营的食品、食品添加剂，并可以没收用于违法生产经营的工具、设备、原料等物品；违法生产经营的食品、食品添加剂货值金额不足一万元的，并处五万元以上十万元以下罚款；货值金额一万元以上的，并处货值金额十倍以上二十倍以下罚款；情节严重的，吊销许可证。

◎**刑事法律风险：**

涉嫌生产、销售不符合安全标准的食品罪。足以造成严重食物中毒事故或者其他严重食源性疾病的，处三年以下有期徒刑或者拘役，并处罚金；对人体健康造成严重危害或者有其他严重情节的，处三年以上七年以下有期徒刑，并处罚金；后果特别严重的，处七年以上有期徒刑或者无期徒刑，并处罚金或者没收财产。

涉嫌生产、销售伪劣产品罪。生产者、销售者在产品中掺杂、掺假，以假充真，以次充好或者以不合格产品冒充合格产品，销售金额五万元以上不满二十万元的，处二年以下有期徒刑或者拘役，并

处或者单处销售金额百分之五十以上二倍以下罚金；销售金额二十万元以上不满五十万元的，处二年以上七年以下有期徒刑，并处销售金额百分之五十以上二倍以下罚金；销售金额五十万元以上不满二百万元的，处七年以上有期徒刑，并处销售金额百分之五十以上二倍以下罚金；销售金额二百万元以上的，处十五年有期徒刑或者无期徒刑，并处销售金额百分之五十以上二倍以下罚金或者没收财产。

防范建议

出口食品经营者不得出口掺杂掺假、以假充真、以次充好的食品或者以不合格出口食品冒充合格出口食品。

风险159：出口食品生产经营者有《食品安全法》第一百二十三条、第一百二十四条、第一百二十五条、第一百二十六条规定情形，且出口食品不符合进口国家（地区）要求的。

法律规定

《食品安全法》第一百二十四条

《进出口食品安全管理办法》第七十二条

法律风险

◎民事法律风险：

无。

◎行政法律风险：

违反《进出口食品安全管理办法》第七十二条第六项规定，由海关依照《食品安全法》第一百二十四条的规定给予处罚。

《食品安全法》第一百二十四条规定，尚不构成犯罪的，由县级以上人民政府食品安全监督管理部门没收违法所得和违法生产经营的食品、食品添加剂，并可以没收用于违法生产经营的工具、设备、原料等物品；违法生产经营的食品、食品添加剂货值金额不足一万元的，并处五万元以上十万元以下罚款；货值金额一万元以上的，并处货值金额十倍以上二十倍以下罚款；情节严重的，吊销许可证。

◎刑事法律风险：

无。

防范建议

出口食品生产经营者经营的食品不仅应符合我国《食品安全法》的规定，还需符合进口国家（地区）的要求。

食品销售广告

风险160：发布未取得批准文件、广告内容与批准文件不一致的保健食品广告的。

法律规定

《消费者权益保护法》第五十五条
《广告法》第五十六条、第五十八条
《食品安全法》第一百四十条

法律风险

◎民事法律风险：

违反《广告法》规定，发布虚假广告，欺骗、误导消费者，使购买商品或者接受服务的消费者的合法权益受到损害的，由广告主依法承担民事责任。广告经营者、广告发布者不能提供广告主的真实名称、地址和有效联系方式的，消费者可以要求广告经营者、广告发布者先行赔偿。关系消费者生命健康的商品或者服务的虚假广告，造成消费者损害的，其广告经营者、广告发布者、广告代言人应当与广告主承担连带责任。上述规定以外的商品或者服务的虚假广告，造成消费者损害的，其广告经营者、广告发布者、广告代言人，明知或者应知广告虚假仍设计、制作、代理、发布或者作推荐、证明的，应当与广告主承担连带责任。

经营者提供商品或者服务有欺诈行为的，应当按照消费者的要求增加赔偿其受到的损失，增加赔偿的金额为消费者购买商品的价款或者接受服务的费用的三倍；增加赔偿的金额不足五百元的，为五百元。

◎行政法律风险：

违反《广告法》规定，未经审查发布广告的，由市场监督管理部门责令停止发布广告，责令广告主在相应范围内消除影响，处广告费用一倍以上三倍以下的罚款，广告费用无法计算或者明显偏低的，处十万元以上二十万元以下的罚款；情节严重的，处广告费用三倍以上五倍以下的罚款，广告费用无法计算或者明显偏低的，处二十万元以上一百万元以下的罚款，可以吊销营业执照，并由广告审查机关撤销广告审查批准文件、一年内不受理其广告审查申请。

◎刑事法律风险：

无。

典型案例：德州某生物医药有限公司发布未经审查批准保健食品广告案

山东省德州市市场监督管理局公布2022年民生领域“铁拳”行动典型案例（第一批）。其中，涉及德州某生物医药有限公司发布未经审查批准保健食品广告案。德州市市场监督管理局接案件线索，对德州某生物医药有限公司自建网站发布的保健食品广告进行检查，发现该网站发布的广告内容涉及疾病治疗功能，且未经广告审查机关审查批准。其行为违反了《广告法》第五十八条第一款第十四项有关规定，德州市市场监督管理局依法对当事人作出罚款1.2万元的行政处罚。

防范建议

发布保健食品广告应当取得批准文件，且广告内容与批准文件应一致。

风险161：利用会议、讲座、健康咨询等方式对食品进行虚假宣传的。

法律规定

《消费者权益保护法》第五十五条
《广告法》第五十五条、第五十六条
《食品安全法》第一百四十条
《食品安全法实施条例》第七十三条、第七十五条
《刑法》第二百二十二条、第二百六十六条

法律风险

◎民事法律风险：

违反《广告法》第五十六条规定，发布虚假广告，欺骗、误导消费者，使购买商品或者接受服务的消费者的合法权益受到损害的，由广告主依法承担民事责任。广告经营者、广告发布者不能提供广告主的真实名称、地址和有效联系方式的，消费者可以要求广告经营者、广告发布者先行赔偿。关系消费者生命健康的商品或者服务的虚假广告，造成消费者损害的，其广告经营者、广告发布者、广告代言人应当与广告主承担连带责任。

经营者提供商品或者服务有欺诈行为的，应当按照消费者的要求增加赔偿其受到的损失，增加赔偿的金额为消费者购买商品的价款或者接受服务的费用的三倍；增加赔偿的金额不足五百元的，为五百元。

◎行政法律风险：

违反《广告法》第五十五条规定，发布虚假广告的，由市场监督管理部门责令停止发布广告，责令广告主在相应范围内消除影响，处广告费用三倍以上五倍以下的罚款，广告费用无法计算或者明显偏低的，处二十万元以上一百万元以下的罚款；两年内有三次以上违法行为或者有其他严重情节的，处广告费用五倍以上十倍以下的罚款，广告费用无法计算或者明显偏低的，处一百万元以上二百万元以下的罚款，可以吊销营业执照，并由广告审查机关撤销广告审查批准文件、一年内不受理其广告审

查申请。

违反《食品安全法实施条例》第七十三条规定，利用会议、讲座、健康咨询等方式对食品进行虚假宣传的，由县级以上人民政府食品安全监督管理部门责令消除影响，有违法所得的，没收违法所得；情节严重的，依照《食品安全法》第一百四十条第五款的规定进行处罚；属于单位违法的，还应当依照《食品安全法实施条例》第七十五条的规定对单位的法定代表人、主要负责人、直接负责的主管人员和其他直接责任人员给予处罚。

《食品安全法》第一百四十条第五款规定，对食品作虚假宣传且情节严重的，由省级以上人民政府食品安全监督管理部门决定暂停销售该食品，并向社会公布；仍然销售该食品的，由县级以上人民政府食品安全监督管理部门没收违法所得和违法销售的食品，并处二万元以上五万元以下罚款。

《食品安全法实施条例》第七十五条规定，食品生产经营企业等单位有《食品安全法》规定的违法情形，除依照《食品安全法》的规定给予处罚外，有下列情形之一的，对单位的法定代表人、主要负责人、直接负责的主管人员和其他直接责任人员处以其上一年度从本单位取得收入的一倍以上十倍以下罚款：

（一）故意实施违法行为；

（二）违法行为性质恶劣；

（三）违法行为造成严重后果。

◎刑事法律风险：

涉嫌虚假广告罪。广告主、广告经营者、广告发布者违反国家规定，利用广告对商品或者服务作虚假宣传，情节严重的，处二年以下有期徒刑或者拘役，并处或者单处罚金。

涉嫌诈骗罪。诈骗公私财物，数额较大的，处三年以下有期徒刑、拘役或者管制，并处或者单处罚金；数额巨大或者有其他严重情节的，处三年以上十年以下有期徒刑，并处罚金；数额特别巨大或者有其他特别严重情节的，处十年以上有期徒刑或者无期徒刑，并处罚金或者没收财产。《刑法》另有规定的，依照规定。

典型案例：开讲座向老人虚假宣传高价售卖食品、保健品近20万元案

2021年1月26日，绵阳市涪城区市场监督管理局执法人员对涪城区一场所进行监督检查时，发现此处挂有绵阳某公司的牌匾，还有氨糖、沙棘螯合钙、复合酶等预包装食品（保健食品）正待出售。经查，该公司涉嫌未经许可从事食品经营的行为，以及涉嫌利用会议、讲座对食品进行虚假宣传的行为。当天，涪城区市场监督管理局立案调查。

经查明，该公司于2020年12月初开始从事预包装食品和保健食品经营活动。截止到案件调查终结，该公司仍无法提供合法有效的食品经营许可证。该公司经营的氨糖购进价格为160元/盒，销售价格为298元/盒；沙棘螯合钙购进价格为70元/盒，销售价格为138元/盒；复合酶购进价格为750元/套，销售价格为999元/套；中新纳豆购进价格为590元/盒，销售价格为1180元/盒；灵芝孢子油购进价格为510元/盒，销售价格为780元/盒。截止到案发，该公司共销售食品（含保健食品）总金额为196259.5元，现场扣押产品货值金额为7268元，涉案货值金额合计203527.5元，违法所得为54549.5元。

该公司每天开3场会议或健康讲座，每场会议（讲座）有20人左右，案发时约有3000人次参加会议讲座，且全部是老年人。该公司在开讲座时还对老人进行虚假宣传，宣称所卖食品、保健食品具有疾病预防、缓解疾病等功效。

当事人违反了《食品安全法》第一百二十二条、《食品安全法实施条例》第七十三条的规定，构成未经许可经营食品及利用会议、讲座方式对食品进行虚假宣传的违法行为。依据《食品安全法》《食品安全法实施条例》《行政处罚法》等规定，涪城区市场监督管理局对该公司作出了没收违法所得54549.5元、处货值金额10倍的罚款2035275元等处罚。

防范建议

食品经营者不得利用会议、讲座、健康咨询等方式对食品进行虚假宣传。

风险162：违反《药品、医疗器械、保健食品、特殊医学用途配方食品广告审查管理暂行办法》第二条第二款规定，未经审查发布药品、医疗器械、保健食品和特殊医学用途配方食品广告的。

法律规定

《广告法》第五十八条

《药品、医疗器械、保健食品、特殊医学用途配方食品广告审查管理暂行办法》第二十六条、第三十一条

法律风险

◎民事法律风险：

无。

◎行政法律风险：

《药品、医疗器械、保健食品、特殊医学用途配方食品广告审查管理暂行办法》第二十六条规定，未经审查发布药品、医疗器械、保健食品和特殊医学用途配方食品广告的，按照《广告法》第五十八条处罚。

《广告法》第五十八条规定，由市场监督管理部门责令停止发布广告，责令广告主在相应范围内消除影响，处广告费用一倍以上三倍以下的罚款，广告费用无法计算或者明显偏低的，处十万元以上二十万元以下的罚款；情节严重的，处广告费用三倍以上五倍以下的罚款，广告费用无法计算或者明显偏低的，处二十万元以上一百万元以下的罚款，可以吊销营业执照，并由广告审查机关撤销广告审查批准文件、一年内不受理其广告审查申请。

市场监督管理部门作出行政处罚决定后，应当依法通过国家企业信用信息公示系统向社会公示。

◎刑事法律风险：

无。

典型案例：北京市查处四川某健康咨询有限公司未经审查发布保健食品广告案

当事人在某手机端应用程序中发布了“某某牌葛根山药胶囊”以及“某某牌安欣胶囊”两款保健食品广告。“某某牌葛根山药胶囊”入口页含有“多年高血糖，影响正常生活，饭后一个妙招即可改善!”等文字及图片内容，链接页面中含有“高血糖不要怕，某某牌降糖有诀窍，点击了解详情”等文字及图片内容，“点击了解详情”的链接页面中含有“百年老字号，降糖有诀窍，请加某某牌化糖方老师官方微信号”“糖友亲述某某牌帮我战胜糖尿病!”等图片及文字内容，广告费共计22063.49元。“某某牌安欣胶囊”入口页含有“春季，天气开始暖和起来，失眠了该怎么调理?”等文字及图片内容，链接页面中含有“失眠怎么办?点击查看”等文字及图片内容，广告费共计7474.64元。

当事人的上述行为，违反了《广告法》第四十六条的规定，构成未经审查发布保健食品广告的违法行为。依据《广告法》第五十八条第一款第十四项规定，执法机关责令当事人停止发布上述内容违法广告，在相应范围内消除影响，并处以罚款147690.65元。

防范建议

发布药品、医疗器械、保健食品和特殊医学用途配方食品广告，应经市场监管部门审查通过。

风险163：违反《药品、医疗器械、保健食品、特殊医学用途配方食品广告审查管理暂行办法》第十条规定，未显著、清晰表示广告中应当显著标明内容的。

法律规定

《广告法》第五十九条

《消费者权益保护法》第五十五条

《药品、医疗器械、保健食品、特殊医学用途配方食品广告审查管理暂行办法》第二十五条、第三十一条

法律风险

◎**民事法律风险：**

经营者提供商品或者服务有欺诈行为的，应当按照消费者的要求增加赔偿其受到的损失，增加赔偿的金额为消费者购买商品的价款或者接受服务的费用的三倍；增加赔偿的金额不足五百元的，为五百元。

◎**行政法律风险：**

《药品、医疗器械、保健食品、特殊医学用途配方食品广告审查管理暂行办法》第二十五条规定，未显著、清晰表示广告中应当显著标明内容的，按照《广告法》第五十九条处罚。

《广告法》第五十九条规定，由市场监督管理部门责令停止发布广告，对广告主处十万元以下的罚款。

市场监督管理部门作出行政处罚决定后，应当依法通过国家企业信用信息公示系统向社会公示。

◎刑事法律风险：

无。

防范建议

药品、医疗器械、保健食品和特殊医学用途配方食品广告中应当显著标明的内容，其字体和颜色必须清晰可见、易于辨认，在视频广告中应当持续显示。

风险164：违反《药品、医疗器械、保健食品、特殊医学用途配方食品广告审查管理暂行办法》第十一条第一项规定，使用或者变相使用国家机关、国家机关工作人员、军队单位或者军队人员的名义或者形象，或者利用军队装备、设施等发布药品、医疗器械、保健食品和特殊医学用途配方食品广告的。

法律规定

《广告法》第五十七条

《药品、医疗器械、保健食品、特殊医学用途配方食品广告审查管理暂行办法》第二十九条、第三十一条

法律风险

◎民事法律风险：

无。

◎行政法律风险：

违反《药品、医疗器械、保健食品、特殊医学用途配方食品广告审查管理暂行办法》第十一条第一项规定，按照《广告法》第五十七条处罚。

《广告法》第五十七条规定，由市场监督管理部门责令停止发布广告，对广告主处二十万元以上一百万元以下的罚款，情节严重的，并可以吊销营业执照，由广告审查机关撤销广告审查批准文件、一年内不受理其广告审查申请；对广告经营者、广告发布者，由市场监督管理部门没收广告费用，处二十万元以上一百万元以下的罚款，情节严重的，并可以吊销营业执照。

市场监督管理部门作出行政处罚决定后，应当依法通过国家企业信用信息公示系统向社会公示。

◎刑事法律风险：

无。

典型案例：上海某实业有限公司使用国家机关工作人员的名义和形象进行广告宣传案

当事人在未获得医师执业资格或者其他卫生部门认可的行医资质的情况下，通过自设网站首页宣传“某某疗法”的发明人受到党和国家领导人接见，并将领导人照片刊登在网站首页显著位置。同时宣传“某某疗法从根本上铲除由血液循环障碍造成的各种疾病，如高血压、脑血栓、脑梗塞、脑萎缩、脑血管硬化”等内容。

当事人的行为违反了《广告法》第九条第二项和《广告法》第十七条的规定，构成在广告中使用国家机关工作人员的名义和形象以及广告涉及疾病治疗功能且使用医疗用语的行为。市场监管部门综合考量当事人违法情节后，依据《广告法》第五十七条第一项的规定，责令停止发布违法广告，处罚款50万元。

防范建议

不得使用或者变相使用国家机关、国家机关工作人员、军队单位或者军队人员的名义或者形象，或者利用军队装备、设施等发布药品、医疗器械、保健食品和特殊医学用途配方食品广告。

风险165：违反《药品、医疗器械、保健食品、特殊医学用途配方食品广告审查管理暂行办法》第十一条第二项规定，发布药品、医疗器械、保健食品和特殊医学用途配方食品广告使用科研单位、学术机构、行业协会或者专家、学者、医师、药师、临床营养师、患者等的名义或者形象作推荐、证明的。

法律规定

《广告法》第五十五条、第五十八条

《药品、医疗器械、保健食品、特殊医学用途配方食品广告审查管理暂行办法》第二十七条、第三十一条

法律风险

◎民事法律风险：

无。

◎行政法律风险：

违反《药品、医疗器械、保健食品、特殊医学用途配方食品广告审查管理暂行办法》第十一条第二项规定，依照《广告法》第五十八条的规定处罚；构成虚假广告的，依照《广告法》第五十五条的规定处罚。

《广告法》第五十八条规定，由市场监督管理部门责令停止发布广告，责令广告主在相应范围内消除影响，处广告费用一倍以上三倍以下的罚款，广告费用无法计算或者明显偏低的，处十万元以上

二十万元以下的罚款；情节严重的，处广告费用三倍以上五倍以下的罚款，广告费用无法计算或者明显偏低的，处二十万元以上一百万元以下的罚款，可以吊销营业执照，并由广告审查机关撤销广告审查批准文件、一年内不受理其广告审查申请。

《广告法》第五十五条规定，违反《广告法》规定，发布虚假广告的，由市场监督管理部门责令停止发布广告，责令广告主在相应范围内消除影响，处广告费用三倍以上五倍以下的罚款，广告费用无法计算或者明显偏低的，处二十万元以上一百万元以下的罚款；两年内有三次以上违法行为或者有其他严重情节的，处广告费用五倍以上十倍以下的罚款，广告费用无法计算或者明显偏低的，处一百万元以上二百万元以下的罚款，可以吊销营业执照，并由广告审查机关撤销广告审查批准文件、一年内不受理其广告审查申请。

市场监督管理部门作出行政处罚决定后，应当依法通过国家企业信用信息公示系统向社会公示。

◎刑事法律风险：

无。

防范建议

发布药品、医疗器械、保健食品和特殊医学用途配方食品广告，不得使用科研单位、学术机构、行业协会或者专家、学者、医师、药师、临床营养师、患者等的名义或者形象作推荐、证明。

风险166：违反《药品、医疗器械、保健食品、特殊医学用途配方食品广告审查管理暂行办法》第十一条第三项规定，发布药品、医疗器械、保健食品和特殊医学用途配方食品广告违反科学规律，明示或者暗示可以治疗所有疾病、适应所有症状、适应所有人群，或者正常生活和治疗病症所必需等内容的。

法律规定

《消费者权益保护法》第五十五条

《广告法》第五十五条、第五十八条

《药品、医疗器械、保健食品、特殊医学用途配方食品广告审查管理暂行办法》第二十七条、第三十一条

《刑法》第二百二十二条、第二百六十六条

法律风险

◎民事法律风险：

经营者提供商品或者服务有欺诈行为的，应当按照消费者的要求增加赔偿其受到的损失，增加赔偿的金额为消费者购买商品的价款或者接受服务的费用的三倍；增加赔偿的金额不足五百元的，为五百元。法律另有规定的，依照其规定。经营者明知商品或者服务存在缺陷，仍然向消费者提供，造成消费者或者其他受害人死亡或者健康严重损害的，受害人有权要求经营者依照《消费者权益保护法》第四十九条、第五十一条等法律规定赔偿损失，并有权要求所受损失二倍以下的惩罚性赔偿。

◎**行政法律风险：**

违反《药品、医疗器械、保健食品、特殊医学用途配方食品广告审查管理暂行办法》第十一条第三项规定，依照《广告法》第五十八条的规定处罚；构成虚假广告的，依照《广告法》第五十五条的规定处罚。

《广告法》第五十八条规定，由市场监督管理部门责令停止发布广告，责令广告主在相应范围内消除影响，处广告费用一倍以上三倍以下的罚款，广告费用无法计算或者明显偏低的，处十万元以上二十万元以下的罚款；情节严重的，处广告费用三倍以上五倍以下的罚款，广告费用无法计算或者明显偏低的，处二十万元以上一百万元以下的罚款，可以吊销营业执照，并由广告审查机关撤销广告审查批准文件、一年内不受理其广告审查申请。

《广告法》第五十五条规定，违反《广告法》规定，发布虚假广告的，由市场监督管理部门责令停止发布广告，责令广告主在相应范围内消除影响，处广告费用三倍以上五倍以下的罚款，广告费用无法计算或者明显偏低的，处二十万元以上一百万元以下的罚款；两年内有三次以上违法行为或者有其他严重情节的，处广告费用五倍以上十倍以下的罚款，广告费用无法计算或者明显偏低的，处一百万元以上二百万元以下的罚款，可以吊销营业执照，并由广告审查机关撤销广告审查批准文件、一年内不受理其广告审查申请。

市场监督管理部门作出行政处罚决定后，应当依法通过国家企业信用信息公示系统向社会公示。

◎**刑事法律风险：**

涉嫌虚假广告罪。广告主、广告经营者、广告发布者违反国家规定，利用广告对商品或者服务作虚假宣传，情节严重的，处二年以下有期徒刑或者拘役，并处或者单处罚金。

涉嫌诈骗罪。诈骗公私财物，数额较大的，处三年以下有期徒刑、拘役或者管制，并处或者单处罚金；数额巨大或者有其他严重情节的，处三年以上十年以下有期徒刑，并处罚金；数额特别巨大或者有其他特别严重情节的，处十年以上有期徒刑或者无期徒刑，并处罚金或者没收财产。《刑法》另有规定的，依照规定。

典型案例：河北某生物科技有限公司宣称食品具有医疗功效案

当事人河北某生物科技有限公司在河北、山东、天津等五省市通过拉人头、宣称是直销公司和盈利前景，销售的食品等产品能够治疗百病的虚假宣传行为从事传销活动。宣传其销售的主要产品固体饮料“易血通”有“溶脂排毒、活化神经、打通微循环、激活耳部神经、增加脑部供氧、溶栓、活化神经、激活细胞”功效，夸大宣传该产品实际功效，欺骗和误导消费者。利用高回报的奖励制度，引诱会员再度发展其他人员加入。通过网站建立会员系统，形成上下线关系，最终构成金字塔式的网络化的传销布局。截至被市场监督管理机关打击，该传销组织共注册会员编号 20538 个，其中普卡会员 17302 个，VIP 卡会员 3236 个，期数 609 期。会员支付成功金额为：127165193. 10 元。

当事人组织策划传销的行为严重扰乱了正常的市场经济秩序，本案参与人员多，涉及五省市，层级超过三级，具有虚假宣传和欺诈行为。当事人违反了《广告法》第五十八条、《消费者权益保护法》第五十五条及《刑法》的相关规定。执法机关依法没收公司违法所得并处以罚款合计 3765 万余元，涉嫌刑事犯罪部分依法移送公安机关。

防范建议

发布药品、医疗器械、保健食品和特殊医学用途配方食品广告，不得违反科学规律，明示或者暗示可以治疗所有疾病、适应所有症状、适应所有人群，或者正常生活和治疗病症所必需等内容。

风险167：违反《药品、医疗器械、保健食品、特殊医学用途配方食品广告审查管理暂行办法》第十一条第四项规定，发布药品、医疗器械、保健食品和特殊医学用途配方食品广告引起公众对所处健康状况和所患疾病产生不必要的担忧和恐惧，或者使公众误解不使用该产品会患某种疾病或者加重病情的内容的。

法律规定

《消费者权益保护法》第五十五条

《广告法》第五十五条、第五十八条

《药品、医疗器械、保健食品、特殊医学用途配方食品广告审查管理暂行办法》第二十七条、第三十一条

《刑法》第二百二十二条

法律风险

◎民事法律风险：

经营者提供商品或者服务有欺诈行为的，应当按照消费者的要求增加赔偿其受到的损失，增加赔偿的金额为消费者购买商品的价款或者接受服务的费用的三倍；增加赔偿的金额不足五百元的，为五百元。法律另有规定的，依照其规定。

经营者明知商品或者服务存在缺陷，仍然向消费者提供，造成消费者或者其他受害人死亡或者健康严重损害的，受害人有权要求经营者依照《消费者权益保护法》第四十九条、第五十一条等法律规定赔偿损失，并有权要求所受损失二倍以下的惩罚性赔偿。

◎行政法律风险：

违反《药品、医疗器械、保健食品、特殊医学用途配方食品广告审查管理暂行办法》第十一条第四项规定，依照《广告法》第五十八条的规定处罚；构成虚假广告的，依照《广告法》第五十五条的规定处罚。

《广告法》第五十八条规定，由市场监督管理部门责令停止发布广告，责令广告主在相应范围内消除影响，处广告费用一倍以上三倍以下的罚款，广告费用无法计算或者明显偏低的，处十万元以上二十万元以下的罚款；情节严重的，处广告费用三倍以上五倍以下的罚款，广告费用无法计算或者明显偏低的，处二十万元以上一百万元以下的罚款，可以吊销营业执照，并由广告审查机关撤销广告审查批准文件、一年内不受理其广告审查申请。

《广告法》第五十五条规定，违反《广告法》规定，发布虚假广告的，由市场监督管理部门责令停止发布广告，责令广告主在相应范围内消除影响，处广告费用三倍以上五倍以下的罚款，广告费用无法计算或者明显偏低的，处二十万元以上一百万元以下的罚款；两年内有三次以上违法行为或者有

其他严重情节的，处广告费用五倍以上十倍以下的罚款，广告费用无法计算或者明显偏低的，处一百万元以上二百万元以下的罚款，可以吊销营业执照，并由广告审查机关撤销广告审查批准文件、一年内不受理其广告审查申请。

市场监督管理部门作出行政处罚决定后，应当依法通过国家企业信用信息公示系统向社会公示。

◎刑事法律风险：

涉嫌虚假广告罪。广告主、广告经营者、广告发布者违反国家规定，利用广告对商品或者服务作虚假宣传，情节严重的，处二年以下有期徒刑或者拘役，并处或者单处罚金。

典型案例：朱某某对普通食品的功能作引人误解的宣传案

2020 年 12 月 29 日，根据群众举报，舟山市市场监督管理局普陀分局执法人员依法到当事人朱某某所经营的普陀区沈家门街道沿塘路的经营场所进行检查。现场发现若干某品牌食用菌系列产品待售及若干宣传资料，上面记载“各种食用菌分别具有调整机体生理功能、降血脂、降血压、增加心肌收缩力、降血糖”等语句。执法人员先行登记保存了两本宣传书、一册宣传册和两张发货单。

经查明，当事人朱某某自 2019 年年底起在普陀区沈家门街道沿塘路的经营场所出售某品牌食用菌系列产品。该系列产品为普通食品，为推销某品牌食用菌系列产品，朱某某向顾客宣传时用“服用这个食用菌后逐步替代高血压药品”等用语，对产品的功能作治疗某种疾病的暗示与误导，用“提高免疫力”等用语把产品的功能当作保健食品宣传，误导、欺骗消费者。

当事人违反了《广告法》第五十八条的规定，使消费者对涉案产品与疾病治疗产生了误解，很可能导致患者错过医疗期、病情加重。舟山市市场监督管理局普陀分局依法责令当事人改正违法行为，并处罚款 50000 元。

防范建议

发布药品、医疗器械、保健食品和特殊医学用途配方食品广告，不得有引起公众对所处健康状况和所患疾病产生不必要的担忧和恐惧，或者使公众误解不使用该产品会患某种疾病或者加重病情的内容。

风险 168：违反《药品、医疗器械、保健食品、特殊医学用途配方食品广告审查管理暂行办法》第十一条第五项规定，发布药品、医疗器械、保健食品和特殊医学用途配方食品广告含有“安全”“安全无毒副作用”“毒副作用小”；明示或者暗示成分为“天然”，因而安全性有保证等内容的。

法律规定

《消费者权益保护法》第五十五条

《广告法》第五十五条、第五十八条

《药品、医疗器械、保健食品、特殊医学用途配方食品广告审查管理暂行办法》第二十七条、第三十一条

法律风险

◎民事法律风险：

经营者提供商品或者服务有欺诈行为的，应当按照消费者的要求增加赔偿其受到的损失，增加赔偿的金额为消费者购买商品的价款或者接受服务的费用的三倍；增加赔偿的金额不足五百元的，为五百元。法律另有规定的，依照其规定。

经营者明知商品或者服务存在缺陷，仍然向消费者提供，造成消费者或者其他受害人死亡或者健康严重损害的，受害人有权要求经营者依照《消费者权益保护法》第四十九条、第五十一条等法律规定赔偿损失，并有权要求所受损失二倍以下的惩罚性赔偿。

◎行政法律风险：

违反《药品、医疗器械、保健食品、特殊医学用途配方食品广告审查管理暂行办法》第十一条第五项规定，依照《广告法》第五十八条的规定处罚；构成虚假广告的，依照《广告法》第五十五条的规定处罚。

《广告法》第五十八条规定，由市场监督管理部门责令停止发布广告，责令广告主在相应范围内消除影响，处广告费用一倍以上三倍以下的罚款，广告费用无法计算或者明显偏低的，处十万元以上二十万元以下的罚款；情节严重的，处广告费用三倍以上五倍以下的罚款，广告费用无法计算或者明显偏低的，处二十万元以上一百万元以下的罚款，可以吊销营业执照，并由广告审查机关撤销广告审查批准文件、一年内不受理其广告审查申请。

《广告法》第五十五条规定，违反《广告法》规定，发布虚假广告的，由市场监督管理部门责令停止发布广告，责令广告主在相应范围内消除影响，处广告费用三倍以上五倍以下的罚款，广告费用无法计算或者明显偏低的，处二十万元以上一百万元以下的罚款；两年内有三次以上违法行为或者有其他严重情节的，处广告费用五倍以上十倍以下的罚款，广告费用无法计算或者明显偏低的，处一百万元以上二百万元以下的罚款，可以吊销营业执照，并由广告审查机关撤销广告审查批准文件、一年内不受理其广告审查申请。

市场监督管理部门作出行政处罚决定后，应当依法通过国家企业信用信息公示系统向社会公示。

◎刑事法律风险：

无。

典型案例：某某（成都）健康管理有限公司违法广告案

当事人通过天猫网店发布的“锌硒咀嚼片”保健食品广告含有“男士专用、长效备孕、安全放心、无毒无副作用”等内容，违反《广告法》第五十八条及《药品、医疗器械、保健食品、特殊医学用途配方食品广告审查管理暂行办法》第二十七条的规定。2020 年 9 月，成都市成华区市场监督管理局作出行政处罚，罚款 5 万元。

防范建议

发布药品、医疗器械、保健食品和特殊医学用途配方食品广告，不得含有“安全”“安全无毒副作用”“毒副作用小”；明示或者暗示成分为“天然”，因而安全性有保证等内容。

风险169：违反《药品、医疗器械、保健食品、特殊医学用途配方食品广告审查管理暂行办法》第十一条第六项规定，发布药品、医疗器械、保健食品和特殊医学用途配方食品广告含有“热销、抢购、试用”“家庭必备、免费治疗、免费赠送”等诱导性内容，“评比、排序、推荐、指定、选用、获奖”等综合性评价内容，“无效退款、保险公司保险”等保证性内容，怂恿消费者任意、过量使用药品、保健食品和特殊医学用途配方食品的内容的。

法律规定

《消费者权益保护法》第五十五条

《药品、医疗器械、保健食品、特殊医学用途配方食品广告审查管理暂行办法》第二十八条、第三十一条

法律风险

◎民事法律风险：

经营者提供商品或者服务有欺诈行为的，应当按照消费者的要求增加赔偿其受到的损失，增加赔偿的金额为消费者购买商品的价款或者接受服务的费用的三倍；增加赔偿的金额不足五百元的，为五百元。法律另有规定的，依照其规定。

经营者明知商品或者服务存在缺陷，仍然向消费者提供，造成消费者或者其他受害人死亡或者健康严重损害的，受害人有权要求经营者依照《消费者权益保护法》第四十九条、第五十一条等法律规定赔偿损失，并有权要求所受损失二倍以下的惩罚性赔偿。

◎行政法律风险：

违反《药品、医疗器械、保健食品、特殊医学用途配方食品广告审查管理暂行办法》第十一条第六项规定，《广告法》及其他法律法规有规定的，依照相关规定处罚，没有规定的，由县级以上市场监督管理部门责令改正；对负有责任的广告主、广告经营者、广告发布者处以违法所得三倍以下罚款，但最高不超过三万元；没有违法所得的，可处一万元以下罚款。

市场监督管理部门作出行政处罚决定后，应当依法通过国家企业信用信息公示系统向社会公示。

◎刑事法律风险：

无。

防范建议

发布药品、医疗器械、保健食品和特殊医学用途配方食品广告，不得含有“热销、抢购、试用”“家庭必备、免费治疗、免费赠送”等诱导性内容，“评比、排序、推荐、指定、选用、获奖”等综合性评价内容，“无效退款、保险公司保险”等保证性内容，怂恿消费者任意、过量使用药品、保健食品和特殊医学用途配方食品的内容。

风险170：违反《药品、医疗器械、保健食品、特殊医学用途配方食品广告审查管理暂行办法》第十一条第七项规定，发布药品、医疗器械、保健食品和特殊医学用途配方食品广告含有医疗机构的名称、地址、联系方式、诊疗项目、诊疗方法以及有关义诊、医疗咨询电话、开设特约门诊等医疗服务的内容的。

法律规定

《消费者权益保护法》第五十五条

《药品、医疗器械、保健食品、特殊医学用途配方食品广告审查管理暂行办法》第二十八条、第三十一条

法律风险

◎民事法律风险：

经营者提供商品或者服务有欺诈行为的，应当按照消费者的要求增加赔偿其受到的损失，增加赔偿的金额为消费者购买商品的价款或者接受服务的费用的三倍；增加赔偿的金额不足五百元的，为五百元。法律另有规定的，依照其规定。

经营者明知商品或者服务存在缺陷，仍然向消费者提供，造成消费者或者其他受害人死亡或者健康严重损害的，受害人有权要求经营者依照《消费者权益保护法》第四十九条、第五十一条等法律规定赔偿损失，并有权要求所受损失二倍以下的惩罚性赔偿。

◎行政法律风险：

违反《药品、医疗器械、保健食品、特殊医学用途配方食品广告审查管理暂行办法》第十一条第七项规定，《广告法》及其他法律法规有规定的，依照相关规定处罚，没有规定的，由县级以上市场监督管理部门责令改正；对负有责任的广告主、广告经营者、广告发布者处以违法所得三倍以下罚款，但最高不超过三万元；没有违法所得的，可处一万元以下罚款。

市场监督管理部门作出行政处罚决定后，应当依法通过国家企业信用信息公示系统向社会公示。

◎刑事法律风险：

无。

防范建议

发布药品、医疗器械、保健食品和特殊医学用途配方食品广告，不得含有医疗机构的名称、地址、联系方式、诊疗项目、诊疗方法以及有关义诊、医疗咨询电话、开设特约门诊等医疗服务的内容。

风险171：违反《药品、医疗器械、保健食品、特殊医学用途配方食品广告审查管理暂行办法》第十九条规定或者广告批准文号已超过有效期，仍继续发布药品、医疗器械、保健食品和特殊医学用途配方食品广告的。

法律规定

《消费者权益保护法》第五十五条

《广告法》第五十八条

《药品、医疗器械、保健食品、特殊医学用途配方食品广告审查管理暂行办法》第二十六条、第三十一条

法律风险

◎民事法律风险：

经营者提供商品或者服务有欺诈行为的，应当按照消费者的要求增加赔偿其受到的损失，增加赔偿的金额为消费者购买商品的价款或者接受服务的费用的三倍；增加赔偿的金额不足五百元的，为五百元。

◎行政法律风险：

《药品、医疗器械、保健食品、特殊医学用途配方食品广告审查管理暂行办法》第二十六条规定，按照《广告法》第五十八条处罚。

《广告法》第五十八条规定，由市场监督管理部门责令停止发布广告，责令广告主在相应范围内消除影响，处广告费用一倍以上三倍以下的罚款，广告费用无法计算或者明显偏低的，处十万元以上二十万元以下的罚款；情节严重的，处广告费用三倍以上五倍以下的罚款，广告费用无法计算或者明显偏低的，处二十万元以上一百万元以下的罚款，可以吊销营业执照，并由广告审查机关撤销广告审查批准文件、一年内不受理其广告审查申请。

市场监督管理部门作出行政处罚决定后，应当依法通过国家企业信用信息公示系统向社会公示。

◎刑事法律风险：

无。

防范建议

广告主丧失主体资质或已经获得广告批文已超过有效期，不得继续发布药品、医疗器械、保健食品和特殊医学用途配方食品广告。

风险172：违反《药品、医疗器械、保健食品、特殊医学用途配方食品广告审查管理暂行办法》第二十条规定，未按照审查通过的内容发布药品、医疗器械、保健食品和特殊医学用途配方食品广告的。

法律规定

《广告法》第五十八条

《药品、医疗器械、保健食品、特殊医学用途配方食品广告审查管理暂行办法》第二十六条、第三十一条

法律风险

◎民事法律风险：

无。

◎行政法律风险：

《药品、医疗器械、保健食品、特殊医学用途配方食品广告审查管理暂行办法》第二十六条规定，按照《广告法》第五十八条处罚。

《广告法》第五十八条规定，由市场监督管理部门责令停止发布广告，责令广告主在相应范围内消除影响，处广告费用一倍以上三倍以下的罚款，广告费用无法计算或者明显偏低的，处十万元以上二十万元以下的罚款；情节严重的，处广告费用三倍以上五倍以下的罚款，广告费用无法计算或者明显偏低的，处二十万元以上一百万元以下的罚款，可以吊销营业执照，并由广告审查机关撤销广告审查批准文件、一年内不受理其广告审查申请。

市场监督管理部门作出行政处罚决定后，应当依法通过国家企业信用信息公示系统向社会公示。

◎刑事法律风险：

无。

防范建议

发布药品、医疗器械、保健食品和特殊医学用途配方食品广告，应按照审查通过的内容发布，不得擅自进行调整。

风险173：违反《药品、医疗器械、保健食品、特殊医学用途配方食品广告审查管理暂行办法》第二十一条规定，发布法律、行政法规禁止发布的广告内容的。

法律规定

《广告法》第五十七条

《药品、医疗器械、保健食品、特殊医学用途配方食品广告审查管理暂行办法》第二十九条、第

三十一条

法律风险

◎民事法律风险：

无。

◎行政法律风险：

《药品、医疗器械、保健食品、特殊医学用途配方食品广告审查管理暂行办法》第二十九条规定，按照《广告法》第五十七条处罚。

《广告法》第五十七条规定，由市场监督管理部门责令停止发布广告，对广告主处二十万元以上一百万元以下的罚款，情节严重的，并可以吊销营业执照，由广告审查机关撤销广告审查批准文件、一年内不受理其广告审查申请；对广告经营者、广告发布者，由市场监督管理部门没收广告费用，处二十万元以上一百万元以下的罚款，情节严重的，并可以吊销营业执照。

市场监督管理部门作出行政处罚决定后，应当依法通过国家企业信用信息公示系统向社会公示。

◎刑事法律风险：

如果明知广告主发布的广告内容涉嫌犯罪，仍然为其提供帮助的，涉嫌构成相应犯罪的共犯。

典型案例：苏某在朋友圈发售管制精神药品广告被判刑案

2019年夏天，苏某接触到“阿普唑仑”等违禁药品，她认为这是一个“商机”。当年10月，苏某明知阿普唑仑系国家管制的精神药品，仍在微信朋友圈发布售卖广告。10月24日，苏某以415元的价格向吸毒人员鲍某出售阿普唑仑片一盒。11月13日，苏某被公安机关抓获。

人民法院审理认为，被告人苏某违反《广告法》第五十七条、《药品、医疗器械、保健食品、特殊医学用途配方食品广告审查管理暂行办法》第二十九条规定及国家毒品管制法规，明知阿普唑仑是国家管制精神类药品，而发布违禁品广告进行贩卖。其行为已构成贩卖毒品罪，依法应予惩处。根据被告人犯罪的事实、性质、情节和对于社会的危害程度，依照相关法律规定，遂依法判决苏某犯贩卖毒品罪。

根据《刑法》第三百五十七条第一款的规定，“毒品，是指鸦片、海洛因、甲基本丙胺（冰毒）、吗啡、大麻、可卡因以及国家规定管制的其他能够使人形成瘾癖的麻醉药品和精神药品”。阿普唑仑是国家管制的精神药品，向走私、贩卖毒品的犯罪分子或以牟利为目的向吸食、注射毒品的人提供的，构成走私、贩卖毒品罪。同时，《刑法》第三百四十七条第一款规定，走私、贩卖、运输、制造毒品，无论数量多少，都应当追究刑事责任，予以刑事处罚。上述案件中，苏某销售一盒阿普唑仑片，已构成贩卖毒品罪。

防范建议

麻醉药品、精神药品、医疗用毒性药品、放射性药品、药品类易制毒化学品，以及戒毒治疗的药品、医疗器械、军队特需药品、军队医疗机构配制的制剂、医疗机构配制的制剂等法律法规禁止发布广告的物品，不得发布广告进行推销。

风险174：违反《药品、医疗器械、保健食品、特殊医学用途配方食品广告审查管理暂行办法》第二十二条规定，发布特定全营养配方食品、特殊医学用途婴儿配方食品广告的。

法律规定

《广告法》第五十七条

《药品、医疗器械、保健食品、特殊医学用途配方食品广告审查管理暂行办法》第二十九条、第三十一条

法律风险

◎民事法律风险：

无。

◎行政法律风险：

《药品、医疗器械、保健食品、特殊医学用途配方食品广告审查管理暂行办法》第二十九条规定，按照《广告法》第五十七条处罚。

《广告法》第五十七条规定，由市场监督管理部门责令停止发布广告，对广告主处二十万元以上一百万元以下的罚款，情节严重的，并可以吊销营业执照，由广告审查机关撤销广告审查批准文件、一年内不受理其广告审查申请；对广告经营者、广告发布者，由市场监督管理部门没收广告费用，处二十万元以上一百万元以下的罚款，情节严重的，并可以吊销营业执照。

市场监督管理部门作出行政处罚决定后，应当依法通过国家企业信用信息公示系统向社会公示。

◎刑事法律风险：

无。

防范建议

特殊医学用途配方食品中的特定全营养配方食品广告只能在国务院卫生行政部门和国务院药品监督管理部门共同指定的医学、药学专业刊物上发布。

特殊医学用途婴儿配方食品广告不得在大众传播媒介或者公共场所发布。

风险175：违反《药品、医疗器械、保健食品、特殊医学用途配方食品广告审查管理暂行办法》第三十条规定，隐瞒真实情况或者提供虚假材料申请药品、医疗器械、保健食品和特殊医学用途配方食品广告审查的。

法律规定

《广告法》第六十五条

《药品、医疗器械、保健食品、特殊医学用途配方食品广告审查管理暂行办法》第三十条、第三十一条

法律风险

◎民事法律风险：

无。

◎行政法律风险：

《药品、医疗器械、保健食品、特殊医学用途配方食品广告审查管理暂行办法》第三十条规定，按照《广告法》第六十五条处罚。

《广告法》第六十五条规定，伪造、变造或者转让广告审查批准文件的，由市场监督管理部门没收违法所得，并处一万元以上十万元以下的罚款。

市场监督管理部门作出行政处罚决定后，应当依法通过国家企业信用信息公示系统向社会公示。

◎刑事法律风险：

无。

防范建议

申请药品、医疗器械、保健食品和特殊医学用途配方食品广告审查，不得隐瞒真实情况或者提供虚假材料。

风险176：违反《药品、医疗器械、保健食品、特殊医学用途配方食品广告审查管理暂行办法》第三十条规定，以欺骗、贿赂等不正当手段取得药品、医疗器械、保健食品和特殊医学用途配方食品广告批准文号的。

法律规定

《广告法》第六十五条

《药品、医疗器械、保健食品、特殊医学用途配方食品广告审查管理暂行办法》第三十条、第三十一条

《刑法》第三百八十九条、第三百九十条

法律风险

◎民事法律风险：

无。

◎行政法律风险：

《药品、医疗器械、保健食品、特殊医学用途配方食品广告审查管理暂行办法》第三十条规定，按照《广告法》第六十五条处罚。

《广告法》第六十五条规定，伪造、变造或者转让广告审查批准文件的，由市场监督管理部门没收违法所得，并处一万元以上十万元以下的罚款。

市场监督管理部门作出行政处罚决定后，应当依法通过国家企业信用信息公示系统向社会公示。

◎刑事法律风险：

涉嫌行贿罪。为谋取不正当利益，给予国家工作人员以财物的，是行贿罪。在经济往来中，违反

国家规定，给予国家工作人员以财物，数额较大的，或者违反国家规定，给予国家工作人员以各种名义的回扣、手续费的，以行贿论处。

对犯行贿罪的，处五年以下有期徒刑或者拘役，并处罚金；因行贿谋取不正当利益，情节严重的，或者使国家利益遭受重大损失的，处五年以上十年以下有期徒刑，并处罚金；情节特别严重的，或者使国家利益遭受特别重大损失的，处十年以上有期徒刑或者无期徒刑，并处罚金或者没收财产。

防范建议

不得以欺骗、贿赂等不正当手段取得药品、医疗器械、保健食品和特殊医学用途配方食品广告批准文号。

粮食流通

风险177：粮食收购企业未按照规定备案或者提供虚假备案信息的。

法律规定

《粮食流通管理条例》第四十三条、第五十一条

法律风险

◎民事法律风险：

无。

◎行政法律风险：

由粮食和储备行政管理部门责令改正，给予警告；拒不改正的，处2万元以上5万元以下罚款。

从事粮食经营活动的企业有违反《粮食流通管理条例》规定的违法情形且情节严重的，对其法定代表人、主要负责人、直接负责的主管人员和其他直接责任人员处以其上一年度从本企业取得收入的一倍以上十倍以下罚款。

◎刑事法律风险：

无。

防范建议

粮食收购企业应按照规定进行备案，备案时不得提供虚假备案信息。

风险178：粮食收购者有未按照规定告知、公示粮食收购价格或者收购粮食压级压价，垄断或者操纵价格等价格违法行为的。

法律规定

《粮食流通管理条例》第四十四条、第五十一条

《反垄断法》第五十条

法律风险

◎民事法律风险：

从事垄断行为导致他人遭受损失的，承担民事责任。

◎行政法律风险：

由市场监督管理部门依照《中华人民共和国价格法》《中华人民共和国反垄断法》的有关规定予以处罚。

从事粮食经营活动的企业有违反《粮食流通管理条例》规定的违法情形且情节严重的，对其法定代表人、主要负责人、直接负责的主管人员和其他直接责任人员处以其上一年度从本企业取得收入的一倍以上十倍以下罚款。

◎刑事法律风险：

无。

防范建议

粮食收购者应按照规定告知、公示粮食收购价格，不得在收购粮食过程中压级压价，实施垄断或者操纵价格等价格违法行为。

风险179：粮食收购者未执行国家粮食质量标准的，或未及时向售粮者支付售粮款，或未按照规定进行质量安全检验，对不符合食品安全标准的粮食未作为非食用用途单独储存的。

法律规定

《粮食流通管理条例》第四十五条、第五十一条

法律风险

◎民事法律风险：

根据相关协议承担违约责任。

◎行政法律风险：

由粮食和储备行政管理部门责令改正，给予警告，可以并处二十万元以下罚款；情节严重的，并处二十万元以上五十万元以下罚款。

从事粮食经营活动的企业有违反《粮食流通管理条例》规定的违法情形且情节严重的，对其法定

代表人、主要负责人、直接负责的主管人员和其他直接责任人员处以其上一年度从本企业取得收入的一倍以上十倍以下罚款。

◎刑事法律风险：

无。

防范建议

粮食收购者应严格执行国家粮食质量标准，及时向售粮者支付售粮款，按照国家有关规定进行质量安全检验，对不符合食品安全标准的粮食应作为非食用用途单独储存。

风险180：粮食收购者违反《粮食流通管理条例》规定代扣、代缴税费和其他款项的。

法律规定

《粮食流通管理条例》第四十五条、第五十一条

法律风险

◎民事法律风险：

无。

◎行政法律风险：

由粮食和储备行政管理部门责令改正，给予警告，可以并处二十万元以下罚款；情节严重的，并处二十万元以上五十万元以下罚款。

从事粮食经营活动的企业有违反《粮食流通管理条例》规定的违法情形且情节严重的，对其法定代表人、主要负责人、直接负责的主管人员和其他直接责任人员处以其上一年度从本企业取得收入的一倍以上十倍以下罚款。

◎刑事法律风险：

无。

防范建议

粮食收购者应按照《粮食流通管理条例》的规定代扣、代缴税费和其他款项。

风险181：从事粮食收购、销售、储存、加工的粮食经营者以及饲料、工业用粮企业未建立粮食经营台账，或者未按照规定报送粮食基本数据和有关情况的。

法律规定

《粮食流通管理条例》第四十五条、第五十一条

法律风险

◎民事法律风险：

无。

◎行政法律风险：

由粮食和储备行政管理部门责令改正，给予警告，可以并处二十万元以下罚款；情节严重的，并处二十万元以上五十万元以下罚款。

从事粮食经营活动的企业有违反《粮食流通管理条例》规定的违法情形且情节严重的，对其法定代表人、主要负责人、直接负责的主管人员和其他直接责任人员处以其上一年度从本企业取得收入的一倍以上十倍以下罚款。

◎刑事法律风险：

无。

防范建议

从事粮食收购、销售、储存、加工的粮食经营者以及饲料、工业用粮企业应建立粮食经营台账，按照规定报送粮食基本数据和有关情况。

风险182：粮食储存企业未按照规定进行粮食销售出库质量安全检验的。

法律规定

《粮食流通管理条例》第四十五条、第五十一条

法律风险

◎民事法律风险：

根据相关协议承担违约责任。

◎行政法律风险：

由粮食和储备行政管理部门责令改正，给予警告，可以并处二十万元以下罚款；情节严重的，并处二十万元以上五十万元以下罚款。

从事粮食经营活动的企业有违反《粮食流通管理条例》规定的违法情形且情节严重的，对其法定代表人、主要负责人、直接负责的主管人员和其他直接责任人员处以其上一年度从本企业取得收入的一倍以上十倍以下罚款。

◎刑事法律风险：

无。

防范建议

粮食储存企业应按照规定进行粮食销售出库质量安全检验。

风险183：粮食收购者、粮食储存企业未按照《粮食流通管理条例》规定使用仓储设施、运输工具的。

法律规定

《粮食流通管理条例》第四十六条、第五十一条

法律风险

◎民事法律风险：

根据相关协议承担违约责任。

◎行政法律风险：

由粮食和储备行政管理等部门按照职责责令改正，给予警告；被污染的粮食不得非法销售、加工。

从事粮食经营活动的企业有违反《粮食流通管理条例》规定的违法情形且情节严重的，对其法定代表人、主要负责人、直接负责的主管人员和其他直接责任人员处以其上一年度从本企业取得收入的一倍以上十倍以下罚款。

◎刑事法律风险：

无。

防范建议

粮食收购者、粮食储存企业应依规使用仓储设施、运输工具，避免对粮食造成污染。

风险184：违反《粮食流通管理条例》第四十七条第一项至第四项规定，粮食收购者、粮食储存企业将真菌毒素、农药残留、重金属等污染物质以及其他危害人体健康的物质含量超过食品安全标准限量，或霉变或者色泽、气味异常的，或储存期间使用储粮药剂未满安全间隔期的，或被包装材料、容器、运输工具等污染的粮食作为食用用途销售出库的。

法律规定

《食品安全法》第一百四十八条

《粮食流通管理条例》第四十七条、第五十一条

《刑法》第一百四十三条

法律风险

◎民事法律风险：

生产不符合食品安全标准的食品或者经营明知是不符合食品安全标准的食品，消费者除要求赔偿损失外，还可以向生产者或者经营者要求支付价款十倍或者损失三倍的赔偿金；增加赔偿的金额不足

一千元的，为一千元。但是，食品的标签、说明书存在不影响食品安全且不会对消费者造成误导的瑕疵的除外。

◎**行政法律风险：**

由粮食和储备行政管理部门没收违法所得；违法销售出库的粮食货值金额不足一万元的，并处一万元以上五万元以下罚款，货值金额一万元以上的，并处货值金额一倍以上五倍以下罚款。

从事粮食经营活动的企业有违反《粮食流通管理条例》规定的违法情形且情节严重的，对其法定代表人、主要负责人、直接负责的主管人员和其他直接责任人员处以其上一年度从本企业取得收入的一倍以上十倍以下罚款。

◎**刑事法律风险：**

涉嫌生产、销售不符合安全标准的食品罪。足以造成严重食物中毒事故或者其他严重食源性疾病的，处三年以下有期徒刑或者拘役，并处罚金；对人体健康造成严重危害或者有其他严重情节的，处三年以上七年以下有期徒刑，并处罚金；后果特别严重的，处七年以上有期徒刑或者无期徒刑，并处罚金或者没收财产。

防范建议

粮食收购者、粮食储存企业不得将存在下列情形的粮食作为食用用途销售出库：真菌毒素、农药残留、重金属等污染物质以及其他危害人体健康的物质含量超过食品安全标准限量的粮食，或霉变或者色泽、气味异常的粮食，或储存期间使用储粮药剂未满安全间隔期的粮食，或被包装材料、容器、运输工具等污染的粮食。

风险185：从事政策性粮食经营活动的经营者，违反《粮食流通管理条例》第四十九条的规定的。

法律规定

《粮食流通管理条例》第四十九条、第五十一条

法律风险

◎**民事法律风险：**

根据相关协议承担违约责任。

◎**行政法律风险：**

由粮食和储备行政管理部门责令改正，给予警告，没收违法所得，并处五十万元以上二百万元以下罚款；情节严重的，并处二百万元以上五百万元以下罚款。

从事粮食经营活动的企业有违反《粮食流通管理条例》规定的违法情形且情节严重的，对其法定代表人、主要负责人、直接负责的主管人员和其他直接责任人员处以其上一年度从本企业取得收入的一倍以上十倍以下罚款。

◎**刑事法律风险：**

无。

防范建议

从事政策性粮食经营活动的企业，应当牢固树立合规意识，建立健全合规机制，坚决杜绝以下违法行为：

1. 虚报粮食收储数量；
2. 通过以陈顶新、以次充好、低收高转、虚假购销、虚假轮换、违规倒卖等方式，套取粮食价差和财政补贴，骗取信贷资金；
3. 挤占、挪用、克扣财政补贴、信贷资金；
4. 以政策性粮食为债务作担保或者清偿债务；
5. 利用政策性粮食进行除政府委托的政策性任务以外的其他商业经营；
6. 在政策性粮食出库时掺杂使假、以次充好、调换标的物，拒不执行出库指令或者阻挠出库；
7. 购买国家限定用途的政策性粮食，违规倒卖或者不按照规定用途处置；
8. 擅自动用政策性粮食；
9. 其他违反国家政策性粮食经营管理规定的行为。
10. 粮食应急预案启动后，不按照国家要求承担应急任务，不服从国家的统一安排和调度的。

市场促销

风险186：违反《规范促销行为暂行规定》第六条规定，经营者通过商业广告、产品说明、销售推介、实物样品或者通知、声明、店堂告示等方式作出优惠承诺，未履行承诺的。

法律规定

《消费者权益保护法》第五十五条
《规范促销行为暂行规定》第二十四条、第三十条

法律风险

◎民事法律风险：

经营者提供商品或者服务有欺诈行为的，应当按照消费者的要求增加赔偿其受到的损失，增加赔偿的金额为消费者购买商品的价款或者接受服务的费用的三倍；增加赔偿的金额不足五百元的，为五百元。法律另有规定的，依照其规定。经营者明知商品或者服务存在缺陷，仍然向消费者提供，造成消费者或者其他受害人死亡或者健康严重损害的，受害人有权要求经营者依照《消费者权益保护法》第四十九条、第五十一条等法律规定赔偿损失，并有权要求所受损失二倍以下的惩罚性赔偿。

◎行政法律风险：

法律法规有规定的，从其规定；法律法规没有规定的，由县级以上市场监督管理部门责令改正；

可处违法所得三倍以下罚款，但最高不超过三万元；没有违法所得的，可处一万元以下罚款。

市场监督管理部门作出行政处罚决定后，应当依法通过国家企业信用信息公示系统向社会公示。

◎刑事法律风险：

无。

防范建议

经营者通过商业广告、产品说明、销售推介、实物样品或者通知、声明、店堂告示等方式作出优惠承诺的，应当履行承诺。

风险187：违反《规范促销行为暂行规定》第七条规定，未公示促销规则、促销期限以及对消费者不利的限制性条件的。

法律规定

《消费者权益保护法》第五十五条

《规范促销行为暂行规定》第二十五条、第三十条

法律风险

◎民事法律风险：

经营者提供商品或者服务有欺诈行为的，应当按照消费者的要求增加赔偿其受到的损失，增加赔偿的金额为消费者购买商品的价款或者接受服务的费用的三倍；增加赔偿的金额不足五百元的，为五百元。法律另有规定的，依照其规定。经营者明知商品或者服务存在缺陷，仍然向消费者提供，造成消费者或者其他受害人死亡或者健康严重损害的，受害人有权要求经营者依照《消费者权益保护法》第四十九条、第五十一条等法律规定赔偿损失，并有权要求所受损失二倍以下的惩罚性赔偿。

◎行政法律风险：

法律法规有规定的，从其规定；法律法规没有规定的，由县级以上市场监督管理部门责令改正，可以处一万元以下罚款。

市场监督管理部门作出行政处罚决定后，应当依法通过国家企业信用信息公示系统向社会公示。

◎刑事法律风险：

无。

防范建议

经营者在开展促销活动时，促销规则、促销期限以及对消费者不利的限制性条件，应当进行公示。

风险 188：违反《规范促销行为暂行规定》第八条规定，交易场所提供者发现场所内（平台内）经营者在统一组织的促销中出现违法行为的，未依法采取必要处置措施，保存有关信息记录，依法承担相应义务和责任，并协助市场监督管理部门查处违法行为的。

法律规定

《规范促销行为暂行规定》第二十四条、第三十条

法律风险

◎民事法律风险：

无。

◎行政法律风险：

法律法规有规定的，从其规定；法律法规没有规定的，由县级以上市场监督管理部门责令改正；可处违法所得三倍以下罚款，但最高不超过三万元；没有违法所得的，可处一万元以下罚款。

市场监督管理部门作出行政处罚决定后，应当依法通过国家企业信用信息公示系统向社会公示。

◎刑事法律风险：

无。

防范建议

交易场所提供者发现场所内（平台内）经营者在统一组织的促销中出现违法行为的，应当依法采取必要处置措施，保存有关信息记录，承担相应义务和责任，并协助市场监督管理部门查处违法行为。

风险 189：违反《规范促销行为暂行规定》第九条规定，假借促销等名义，通过财物或者其他手段贿赂他人，以谋取交易机会或者竞争优势的。

法律规定

《反不正当竞争法》第十七条、第十九条

《刑法》第一百六十四条、第三百八十九条、第三百九十一条、第三百九十三条

《规范促销行为暂行规定》第二十六条、第三十条

法律风险

◎民事法律风险：

经营者违反《反不正当竞争法》规定，给他人造成损害的，应当依法承担民事责任。因不正当竞争行为受到损害的经营者的赔偿数额，按照其因被侵权所受到的实际损失确定；实际损失难以计算的，

按照侵权人因侵权所获得的利益确定。赔偿数额还应当包括经营者为制止侵权行为所支付的合理开支。

◎**行政法律风险：**

违反《规范促销行为暂行规定》第九条规定，构成商业贿赂的，由市场监督管理部门依据《反不正当竞争法》第十九条的规定进行处罚。《反不正当竞争法》第十九条规定，经营者贿赂他人的，由监督检查部门没收违法所得，处十万元以上三百万元以下的罚款。情节严重的，吊销营业执照。

市场监督管理部门作出行政处罚决定后，应当依法通过国家企业信用信息公示系统向社会公示。

◎**刑事法律风险：**

涉嫌非国家工作人员行贿罪，为谋取不正当利益，给予公司、企业或者其他单位的工作人员以财物，数额较大的，处三年以下有期徒刑或者拘役，并处罚金；数额巨大的，处三年以上十年以下有期徒刑，并处罚金。

涉嫌行贿罪，为谋取不正当利益，给予国家工作人员以财物的，是行贿罪。在经济往来中，违反国家规定，给予国家工作人员以财物，数额较大的，或者违反国家规定，给予国家工作人员以各种名义的回扣、手续费的，以行贿论处。处五年以下有期徒刑或者拘役，并处罚金；因行贿谋取不正当利益，情节严重的，或者使国家利益遭受重大损失的，处五年以上十年以下有期徒刑，并处罚金；情节特别严重的，或者使国家利益遭受特别重大损失的，处十年以上有期徒刑或者无期徒刑，并处罚金或者没收财产。

涉嫌对单位行贿罪，为谋取不正当利益，给予国家机关、国有公司、企业、事业单位、人民团体以财物的，或者在经济往来中，违反国家规定，给予各种名义的回扣、手续费的，处三年以下有期徒刑或者拘役，并处罚金。单位犯该罪的，对单位判处罚金，并对其直接负责的主管人员和其他直接责任人员，依照上述规定处罚。

涉嫌单位行贿罪，单位为谋取不正当利益而行贿，或者违反国家规定，给予国家工作人员以回扣、手续费，情节严重的，对单位判处罚金，并对其直接负责的主管人员和其他直接责任人员，处五年以下有期徒刑或者拘役，并处罚金。

防范建议

经营者不得假借促销等名义，通过财物或者其他手段贿赂他人，以谋取交易机会或者竞争优势。

风险190：违反《规范促销行为暂行规定》第十条规定，经营者在促销活动中提供的奖品或者赠品不符合国家有关规定的。

法律规定

《消费者权益保护法》第四十九条

《食品安全法》第一百四十八条

《规范促销行为暂行规定》第二十四条、第三十条

法律风险

◎**民事法律风险：**

经营者提供商品或者服务，造成消费者或者其他受害人人身伤害的，应当赔偿医疗费、护理费、交通费等为治疗和康复支出的合理费用，以及因误工减少的收入。造成残疾的，还应当赔偿残疾生活

辅助具费和残疾赔偿金。造成死亡的，还应当赔偿丧葬费和死亡赔偿金。

生产不符合食品安全标准的食品或者经营明知是不符合食品安全标准的食品，消费者除要求赔偿损失外，还可以向生产者或者经营者要求支付价款十倍或者损失三倍的赔偿金；增加赔偿的金额不足一千元的，为一千元。但是，食品的标签、说明书存在不影响食品安全且不会对消费者造成误导的瑕疵的除外。

◎行政法律风险：

法律法规有规定的，从其规定；法律法规没有规定的，由县级以上市场监督管理部门责令改正；可处违法所得三倍以下罚款，但最高不超过三万元；没有违法所得的，可处一万元以下罚款。

市场监督管理部门作出行政处罚决定后，应当依法通过国家企业信用信息公示系统向社会公示。

◎刑事法律风险：

无。

典型案例：赠品调味包过期被法院判赔 1000 元案

2021 年 1 月，慈溪的林女士（化名）在某水产公司直营店购买了 2 张海鲜大礼包券，折后价格共 4900 元。春节期间，林女士使用了其中 1 张礼包券，领取了相关产品并食用。同年 4 月，林女士到店领取另一份海鲜大礼包。

回到家后，林女士在整理大礼包时发现里面的精品红膏炝蟹发黑变质，当即检查了其余产品的外包装，所幸这些剩余产品均在保质期内。第二天，林女士拿着变质炝蟹到店换取了价值相当的其他海产品。

几天后，林女士准备烹饪大礼包中的海参时，发现海参的真空包装袋最里层附有 2 包"参鲍调味汁"，生产商为大连某调味食品公司，调味包封口处显示生产日期为 2019 年 12 月 19 日，再仔细一看，包装上标注的保质期为 12 个月，此时已过期了三个多月。

2021 年 6 月，林女士向慈溪市人民法院浒山人民法庭提起诉讼，以该份海鲜大礼包中所有产品均为过期产品为由，要求卖家全额退款并承担价款十倍的赔偿金共计 26950 元。

法院审理认为，根据《食品安全法》第五十四条规定，食品经营者应当按照保证食品安全的要求贮存食品，定期检查库存食品，及时清理变质或是超过保质期的食品。涉案"参鲍调味汁"是被告水产公司出售的海鲜大礼包中海参的附赠产品，在原告林女士领取时已明显过期三个多月，不符合食品安全标准，应承担相应赔偿责任。

至于赔偿金额，因赠品没有实际价格，依据《食品安全法》第一百四十八条规定，法院判决被告水产公司赔偿原告林女士 1000 元。判决后，双方均未提出异议，水产公司按判决支付了 1000 元赔偿。

防范建议

经营者在促销活动中提供的奖品或者赠品应当符合国家有关规定，不得提供不合格赠品。

风险191：违反《规范促销行为暂行规定》第十三条第一款规定，经营者在有奖销售前，未明确公布奖项种类、参与条件、参与方式、开奖时间、开奖方式、奖金金额或者奖品价格、奖品品名、奖品种类、奖品数量或者中奖概率、兑奖时间、兑奖条件、兑奖方式、奖品交付方式、弃奖条件、主办方及其联系方式等信息，单方面变更信息、附加条件、影响兑奖的。

法律规定

《反不正当竞争法》第十七条、第二十二条

《规范促销行为暂行规定》第二十七条、第三十条

法律风险

◎**民事法律风险：**

经营者违反《反不正当竞争法》规定，给他人造成损害的，应当依法承担民事责任。因不正当竞争行为受到损害的经营者的赔偿数额，按照其因被侵权所受到的实际损失确定；实际损失难以计算的，按照侵权人因侵权所获得的利益确定。经营者恶意实施侵犯商业秘密行为，情节严重的，可以在按照上述方法确定数额的一倍以上五倍以下确定赔偿数额。赔偿数额还应当包括经营者为制止侵权行为所支付的合理开支。

◎**行政法律风险：**

违反《规范促销行为暂行规定》第十三条第一款规定，由市场监督管理部门依据《反不正当竞争法》第二十二条的规定进行处罚。《反不正当竞争法》第二十二条规定，经营者违反本法第十条规定进行有奖销售的，由监督检查部门责令停止违法行为，处五万元以上五十万元以下的罚款。

市场监督管理部门作出行政处罚决定后，应当依法通过国家企业信用信息公示系统向社会公示。

◎**刑事法律风险：**

无。

防范建议

经营者在有奖销售前，应当明确公布奖项种类、参与条件、参与方式、开奖时间等信息，不得单方面变更信息、附加条件、影响兑奖。

风险192：违反《规范促销行为暂行规定》第十三条第二款规定，在现场即时开奖的有奖销售活动中，对超过五百元奖项的兑奖情况，未随时公示的。

法律规定

《消费者权益保护法》第五十五条

《规范促销行为暂行规定》第二十八条、第三十条

法律风险

◎民事法律风险：

经营者提供商品或者服务有欺诈行为的，应当按照消费者的要求增加赔偿其受到的损失，增加赔偿的金额为消费者购买商品的价款或者接受服务的费用的三倍；增加赔偿的金额不足五百元的，为五百元。法律另有规定的，依照其规定。经营者明知商品或者服务存在缺陷，仍然向消费者提供，造成消费者或者其他受害人死亡或者健康严重损害的，受害人有权要求经营者依照《消费者权益保护法》第四十九条、第五十一条等法律规定赔偿损失，并有权要求所受损失二倍以下的惩罚性赔偿。

◎行政法律风险：

违反《规范促销行为暂行规定》第十三条第二款规定，由县级以上市场监督管理部门责令改正，可以处一万元以下罚款。

市场监督管理部门作出行政处罚决定后，应当依法通过国家企业信用信息公示系统向社会公示。

◎刑事法律风险：

无。

防范建议

在现场即时开奖的有奖销售活动中，对超过五百元奖项的兑奖情况，应当随时公示。

风险193：违反《规范促销行为暂行规定》第十四条规定，奖品为积分、礼券、兑换券、代金券等形式的，未公布兑换规则、使用范围、有效期限以及其他限制性条件等详细内容；需要向其他经营者兑换的，未公布其他经营者的名称、兑换地点或者兑换途径的。

法律规定

《反不正当竞争法》第十七条、第二十二条

《规范促销行为暂行规定》第二十七条、第三十条

法律风险

◎民事法律风险：

经营者违反《反不正当竞争法》规定，给他人造成损害的，应当依法承担民事责任。因不正当竞争行为受到损害的经营者的赔偿数额，按照其因被侵权所受到的实际损失确定；实际损失难以计算的，按照侵权人因侵权所获得的利益确定。经营者恶意实施侵犯商业秘密行为，情节严重的，可以在按照上述方法确定数额的一倍以上五倍以下确定赔偿数额。赔偿数额还应当包括经营者为制止侵权行为所支付的合理开支。

◎行政法律风险：

违反《规范促销行为暂行规定》第十四条规定，由市场监督管理部门依据《反不正当竞争法》第

二十二条的规定进行处罚。《反不正当竞争法》第二十二条规定，经营者违反本法第十条规定进行有奖销售的，由监督检查部门责令停止违法行为，处五万元以上五十万元以下的罚款。

市场监督管理部门作出行政处罚决定后，应当依法通过国家企业信用信息公示系统向社会公示。

◎刑事法律风险：

无。

防范建议

奖品为积分、礼券、兑换券、代金券等形式的，应当事先公布兑换规则、使用范围、有效期限以及其他限制性条件等详细内容；需要向其他经营者兑换的，应公布其他经营者的名称、兑换地点或者兑换途径。

风险194：违反《规范促销行为暂行规定》第十五条规定，经营者通过谎称有奖的方式进行有奖销售的。

法律规定

《反不正当竞争法》第十七条、第二十二条

《规范促销行为暂行规定》第二十七条、第三十条

法律风险

◎民事法律风险：

经营者违反《反不正当竞争法》规定，给他人造成损害的，应当依法承担民事责任。因不正当竞争行为受到损害的经营者的赔偿数额，按照其因被侵权所受到的实际损失确定；实际损失难以计算的，按照侵权人因侵权所获得的利益确定。经营者恶意实施侵犯商业秘密行为，情节严重的，可以在按照上述方法确定数额的一倍以上五倍以下确定赔偿数额。赔偿数额还应当包括经营者为制止侵权行为所支付的合理开支。

◎行政法律风险：

违反《规范促销行为暂行规定》第十五条规定，由市场监督管理部门依据《反不正当竞争法》第二十二条的规定进行处罚。《反不正当竞争法》第二十二条规定，经营者违反本法第十条规定进行有奖销售的，由监督检查部门责令停止违法行为，处五万元以上五十万元以下的罚款。

市场监督管理部门作出行政处罚决定后，应当依法通过国家企业信用信息公示系统向社会公示。

◎刑事法律风险：

无。

防范建议

经营者应当遵守诚实守信的原则，不得通过谎称有奖的方式进行有奖销售。

风险195：违反《规范促销行为暂行规定》第十六条规定，经营者采用让内部员工、指定单位或者个人中奖等故意让内定人员中奖的欺骗方式进行有奖销售的。

法律规定

《反不正当竞争法》第十七条、第二十二条

《规范促销行为暂行规定》第二十七条、第三十条

法律风险

◎民事法律风险：

经营者违反《反不正当竞争法》规定，给他人造成损害的，应当依法承担民事责任。因不正当竞争行为受到损害的经营者的赔偿数额，按照其因被侵权所受到的实际损失确定；实际损失难以计算的，按照侵权人因侵权所获得的利益确定。经营者恶意实施侵犯商业秘密行为，情节严重的，可以在按照上述方法确定数额的一倍以上五倍以下确定赔偿数额。赔偿数额还应当包括经营者为制止侵权行为所支付的合理开支。

◎行政法律风险：

违反《规范促销行为暂行规定》第十六条规定，由市场监督管理部门依据《反不正当竞争法》第二十二条的规定进行处罚。《反不正当竞争法》第二十二条规定，经营者违反本法第十条规定进行有奖销售的，由监督检查部门责令停止违法行为，处五万元以上五十万元以下的罚款。

市场监督管理部门作出行政处罚决定后，应当依法通过国家企业信用信息公示系统向社会公示。

◎刑事法律风险：

无。

典型案例：东莞市某公司不正当有奖销售案

当事人于2020年11月11日在其经营的天猫网店“德岛旗舰店”举办了两场“双十一”有奖销售活动，分别对在“双十一”当天0点和22点期间下单并完成付款的前30名消费者，以退运费的方式对其进行免单的有奖销售。当事人的工作人员在整理、公示上述两场活动中奖名单时，通过编造虚假中奖者订单信息方式内定了中奖名额，并把中奖产品赠送给熟人。

当事人采用故意让内定人员中奖的欺骗方式进行有奖销售，违反了《反不正当竞争法》第十条第二项的规定，构成不正当有奖销售行为。根据《反不正当竞争法》第二十二条的规定，执法机关责令当事人立即停止违法行为，处罚款5万元。

防范建议

经营者不得采用让内部员工、指定单位或者个人中奖等故意让内定人员中奖的欺骗方式进行有奖销售。

风险196：违反《规范促销行为暂行规定》第十七条规定，经营者采用抽奖式有奖销售最高奖的金额超过五万元的。

法律规定

《反不正当竞争法》第十七条、第二十二条

《规范促销行为暂行规定》第二十七条、第三十条

法律风险

◎民事法律风险：

经营者违反《反不正当竞争法》规定，给他人造成损害的，应当依法承担民事责任。因不正当竞争行为受到损害的经营者的赔偿数额，按照其因被侵权所受到的实际损失确定；实际损失难以计算的，按照侵权人因侵权所获得的利益确定。经营者恶意实施侵犯商业秘密行为，情节严重的，可以在按照上述方法确定数额的一倍以上五倍以下确定赔偿数额。赔偿数额还应当包括经营者为制止侵权行为所支付的合理开支。

◎行政法律风险：

违反《规范促销行为暂行规定》第十七条规定，由市场监督管理部门依据《反不正当竞争法》第二十二条的规定进行处罚。

《反不正当竞争法》第二十二条规定，经营者违反本法第十条规定进行有奖销售的，由监督检查部门责令停止违法行为，处五万元以上五十万元以下的罚款。

市场监督管理部门作出行政处罚决定后，应当依法通过国家企业信用信息公示系统向社会公示。

◎刑事法律风险：

无。

典型案例：高平市某某公司不正当有奖销售案

2021年3月19日，市场监督管理部门接群众举报称高平某商贸城开展的有奖促销活动最高奖项为汽车一辆，价格超过五万元。经查，此次有奖促销活动是由高平市某某公司于2021年3月5日筹划开展，3月15日举行抽奖活动，一等奖为宝骏510汽车一辆。经调查，该汽车实际售价为51700元。

《规范促销行为暂行规定》第十八条规定“经营者以非现金形式的物品或者其他利益作为奖品的，按照同期市场同类商品的价格计算其金额”。以上有奖销售活动最高奖为宝骏510汽车一台，同期市场该车的价格为五万元以上。当事人上述有奖销售行为违反了《反不正当竞争法》第十条第三项的规定，依据《反不正当竞争法》第二十二条的规定，市场监督管理部门对当事人作出185000元的行政处罚。

防范建议

经营者抽奖式有奖销售最高奖的金额不得超过五万元。

风险197：违反《规范促销行为暂行规定》第十九条规定，经营者未建立档案，如实、准确、完整地记录设奖规则、公示信息、兑奖结果、获奖人员等内容并妥善保存的。

法律规定

《规范促销行为暂行规定》第二十八条、第三十条

法律风险

◎民事法律风险：

无。

◎行政法律风险：

违反《规范促销行为暂行规定》第十九条规定，由县级以上市场监督管理部门责令改正，可以处一万元以下罚款。

市场监督管理部门作出行政处罚决定后，应当依法通过国家企业信用信息公示系统向社会公示。

◎刑事法律风险：

无。

防范建议

经营者开展有奖销售活动的，应当建立档案，如实、准确、完整地记录设奖规则、公示信息、兑奖结果、获奖人员等内容并妥善保存两年。

风险198：违反《规范促销行为暂行规定》第二十条规定，经营者开展价格促销活动有附加条件的，未显著标明条件；开展限时减价、折价等价格促销活动的，未显著标明期限的。

法律规定

《消费者权益保护法》第五十五条

《规范促销行为暂行规定》第二十九条

法律风险

◎民事法律风险：

经营者提供商品或者服务有欺诈行为的，应当按照消费者的要求增加赔偿其受到的损失，增加赔偿的金额为消费者购买商品的价款或者接受服务的费用的三倍；增加赔偿的金额不足五百元的，为五百元。法律另有规定的，依照其规定。经营者明知商品或者服务存在缺陷，仍然向消费者提供，造成消费者或者其他受害人死亡或者健康严重损害的，受害人有权要求经营者依照《消费者权益保护法》第四十九条、第五十一条等法律规定赔偿损失，并有权要求所受损失二倍以下的惩罚性赔偿。

◎**行政法律风险：**

违反《规范促销行为暂行规定》第二十条规定，构成价格违法行为的，由市场监督管理部门依据价格监管法律法规进行处罚。

市场监督管理部门作出行政处罚决定后，应当依法通过国家企业信用信息公示系统向社会公示。

◎**刑事法律风险：**

无。

典型案例：某餐饮企业在买卖平台违规限时促销案

北京市西城区市场监督管理局德胜街道市场监管所接到消费者举报，反映某餐饮企业在外卖平台上发布“【限时特惠】车仔面套餐，28.8元，原价38元”的促销信息，但没有注明限时特惠活动的起止日期。举报人称，当事人此举易让普通消费者认为促销活动可能马上结束，从而尽快达成交易，侵犯了消费者的知情权。同时，举报人质疑当事人涉嫌虚标原价、虚假宣传，其行为涉嫌违反《中华人民共和国价格法》《广告法》的相关规定，请求市场监管部门查处。

接报后，执法人员对此展开调查。经查，当事人提供了原价38元的售卖证据，以及外卖平台后台标注限时特惠活动起止日期的数据。市场监管部门最终认定，限时特惠活动的起止日期属于明码标价的要素，当事人的行为违反了《规范促销行为暂行规定》第二十九条、《中华人民共和国价格法》第十三条第一款的规定。鉴于当事人主观恶意小，未造成明显的危害后果，市场监管部门依据《中华人民共和国价格法》第四十二条的规定，对当事人罚款1500元。

防范建议

经营者开展价格促销活动有附加条件的或限时减价、折价的，应当显著标明期限。

风险199：违反《规范促销行为暂行规定》第二十一条规定，经营者折价、减价，未标明或者通过其他方便消费者认知的方式表明折价、减价的基准的。

法律规定

《消费者权益保护法》第五十五条

《规范促销行为暂行规定》第二十九条、第三十条

法律风险

◎**民事法律风险：**

经营者提供商品或者服务有欺诈行为的，应当按照消费者的要求增加赔偿其受到的损失，增加赔偿的金额为消费者购买商品的价款或者接受服务的费用的三倍；增加赔偿的金额不足五百元的，为五百元。法律另有规定的，依照其规定。经营者明知商品或者服务存在缺陷，仍然向消费者提供，造成消费者或者其他受害人死亡或者健康严重损害的，受害人有权要求经营者依照《消费者权益保护法》第四十九条、第五十一条等法律规定赔偿损失，并有权要求所受损失二倍以下的惩罚性赔偿。

◎**行政法律风险：**

构成价格违法行为的，由市场监督管理部门依据价格监管法律法规进行处罚。

市场监督管理部门作出行政处罚决定后，应当依法通过国家企业信用信息公示系统向社会公示。

◎**刑事法律风险：**

无。

防范建议

经营者折价、减价促销活动的，应当表明折价、减价的基准。未标明或者表明基准的，其折价、减价应当以同一经营者在同一经营场所内，在本次促销活动前七日内最低成交价格为基准。如果前七日内没有交易的，折价、减价应当以本次促销活动前最后一次交易价格为基准。

风险200：违反《规范促销行为暂行规定》第二十二条规定，经营者通过积分、礼券、兑换券、代金券等折抵价款的，未以显著方式标明或者通过店堂告示等方式公开折价计算的具体办法的。

法律规定

《消费者权益保护法》第五十五条

《规范促销行为暂行规定》第二十九条、第三十条

法律风险

◎**民事法律风险：**

经营者提供商品或者服务有欺诈行为的，应当按照消费者的要求增加赔偿其受到的损失，增加赔偿的金额为消费者购买商品的价款或者接受服务的费用的三倍；增加赔偿的金额不足五百元的，为五百元。法律另有规定的，依照其规定。经营者明知商品或者服务存在缺陷，仍然向消费者提供，造成消费者或者其他受害人死亡或者健康严重损害的，受害人有权要求经营者依照《消费者权益保护法》第四十九条、第五十一条等法律规定赔偿损失，并有权要求所受损失二倍以下的惩罚性赔偿。

◎**行政法律风险：**

违反《规范促销行为暂行规定》第二十二条规定，构成价格违法行为的，由市场监督管理部门依据价格监管法律法规进行处罚。

市场监督管理部门作出行政处罚决定后，应当依法通过国家企业信用信息公示系统向社会公示。

◎**刑事法律风险：**

无。

典型案例：某饭店违规使用代金券促销案

2018年2月，市民李某在潼川镇建设后街的一家饭店用餐后叠加使用其赠送的代金券抵扣餐费，被商家以一次只能使用一张拒绝，但该代金券上并未明确标注，且标注有“最终解释权归本店所有”，李某认为不合理。

潼川市场监督管理局的工作人员接到这个消费投诉后，前往该饭店调查。经调查，并根据《规范促销行为暂行规定》第二十九条的规定，该代金券印的“最终解释权归本店所有”，未以显著方式标明代金券折价计算的具体办法，属涉嫌侵害消费者权益的行为。潼川市场监督管理局责令该饭店改正违规行为，并处罚款500元。

防范建议

经营者通过积分、礼券、兑换券、代金券等折抵价款的，应当以显著方式公开折价计算的具体办法。

价格违法

风险201：经营者违反《明码标价和禁止价格欺诈规定》第十六条规定，在销售商品或者提供服务时进行价格比较的，标明的被比较价格信息不真实准确的。

法律规定

《明码标价和禁止价格欺诈规定》第二十三条、第二十六条

《消费者权益保护法》第五十五条

法律风险

◎民事法律风险：

经营者提供商品或者服务有欺诈行为的，应当按照消费者的要求增加赔偿其受到的损失，增加赔偿的金额为消费者购买商品的价款或者接受服务的费用的三倍；增加赔偿的金额不足五百元的，为五百元。法律另有规定的，依照其规定。经营者明知商品或者服务存在缺陷，仍然向消费者提供，造成消费者或者其他受害人死亡或者健康严重损害的，受害人有权要求经营者依照《消费者权益保护法》第四十九条、第五十一条等法律规定赔偿损失，并有权要求所受损失二倍以下的惩罚性赔偿。

◎行政法律风险：

由县级以上市场监督管理部门依照《中华人民共和国价格法》《反不正当竞争法》《电子商务法》

《价格违法行为行政处罚规定》等法律、行政法规进行处罚。

经营者违反《明码标价和禁止价格欺诈规定》，但能够主动消除或者减轻危害后果，及时退还消费者或者其他经营者多付价款的，依法从轻或者减轻处罚。

经营者违反《明码标价和禁止价格欺诈规定》，但未实际损害消费者或者其他经营者合法权益，违法行为轻微并及时改正，没有造成危害后果的，依法不予处罚；初次违法且危害后果轻微并及时改正的，可以依法不予处罚。

◎刑事法律风险：

无。

防范建议

经营者销售商品或服务时进行价格比较的，标明的被比较价格信息应当真实准确。

如未标明被比较价格的详细信息的，被比较价格应当不高于该经营者在同一经营场所进行价格比较前七日内的最低成交价格；前七日内没有交易的，应当不高于本次价格比较前最后一次交易价格。

与厂商建议零售价进行价格比较的，应当明确标示被比较价格为厂商建议零售价。厂商建议零售价发生变动时，应当立即更新。

风险202：经营者违反《明码标价和禁止价格欺诈规定》第十七条规定，没有合理理由，在折价、减价前临时显著提高标示价格并作为折价、减价计算基准；采用无依据或者无从比较的价格，作为折价、减价的计算基准或者被比较价格的。

法律规定

《明码标价和禁止价格欺诈规定》第二十三条、第二十六条

《消费者权益保护法》第五十五条

法律风险

◎民事法律风险：

经营者提供商品或者服务有欺诈行为的，应当按照消费者的要求增加赔偿其受到的损失，增加赔偿的金额为消费者购买商品的价款或者接受服务的费用的三倍；增加赔偿的金额不足五百元的，为五百元。法律另有规定的，依照其规定。经营者明知商品或者服务存在缺陷，仍然向消费者提供，造成消费者或者其他受害人死亡或者健康严重损害的，受害人有权要求经营者依照《消费者权益保护法》第四十九条、第五十一条等法律规定赔偿损失，并有权要求所受损失二倍以下的惩罚性赔偿。

◎行政法律风险：

由县级以上市场监督管理部门依照《中华人民共和国价格法》《反不正当竞争法》《电子商务法》《价格违法行为行政处罚规定》等法律、行政法规进行处罚。

经营者违反《明码标价和禁止价格欺诈规定》，但能够主动消除或者减轻危害后果，及时退还消费者或者其他经营者多付价款的，依法从轻或者减轻处罚。

经营者违反《明码标价和禁止价格欺诈规定》，但未实际损害消费者或者其他经营者合法权益，

违法行为轻微并及时改正，没有造成危害后果的，依法不予处罚；初次违法且危害后果轻微并及时改正的，可以依法不予处罚。

◎刑事法律风险：

无。

防范建议

经营者在折价、减价前临时显著提高标示价格并作为折价、减价计算基准，应当有合理理由，如物价上涨等。不得采用无依据或者无从比较的价格，作为折价、减价的计算基准或者被比较价格的。

风险203：经营者违反《明码标价和禁止价格欺诈规定》第十八条规定，赠送物品或者服务（以下简称赠品）的，未标示赠品的品名、数量。赠品标示价格或者价值的，未标示赠品在同一经营场所当前销售价格的。

法律规定

《明码标价和禁止价格欺诈规定》第二十三条、第二十六条

《消费者权益保护法》第五十五条

法律风险

◎民事法律风险：

经营者提供商品或者服务有欺诈行为的，应当按照消费者的要求增加赔偿其受到的损失，增加赔偿的金额为消费者购买商品的价款或者接受服务的费用的三倍；增加赔偿的金额不足五百元的，为五百元。法律另有规定的，依照其规定。经营者明知商品或者服务存在缺陷，仍然向消费者提供，造成消费者或者其他受害人死亡或者健康严重损害的，受害人有权要求经营者依照《消费者权益保护法》第四十九条、第五十一条等法律规定赔偿损失，并有权要求所受损失二倍以下的惩罚性赔偿。

◎行政法律风险：

由县级以上市场监督管理部门依照《中华人民共和国价格法》《反不正当竞争法》《电子商务法》《价格违法行为行政处罚规定》等法律、行政法规进行处罚。

经营者违反《明码标价和禁止价格欺诈规定》，但能够主动消除或者减轻危害后果，及时退还消费者或者其他经营者多付价款的，依法从轻或者减轻处罚。

经营者违反《明码标价和禁止价格欺诈规定》，但未实际损害消费者或者其他经营者合法权益，违法行为轻微并及时改正，没有造成危害后果的，依法不予处罚；初次违法且危害后果轻微并及时改正的，可以依法不予处罚。

◎刑事法律风险：

无。

防范建议

经营者销售商品或服务时提供赠品的，应当标示赠品的品名、数量。如果赠品标示价格或者价值

的，还应当标示赠品在同一经营场所当前的销售价格。

风险204：经营者违反《明码标价和禁止价格欺诈规定》第十九条规定，实施价格欺诈行为的。

法律规定

《消费者权益保护法》第五十五条

《明码标价和禁止价格欺诈规定》第二十三条、第二十六条

法律风险

◎民事法律风险：

经营者提供商品或者服务有欺诈行为的，应当按照消费者的要求增加赔偿其受到的损失，增加赔偿的金额为消费者购买商品的价款或者接受服务的费用的三倍；增加赔偿的金额不足五百元的，为五百元。法律另有规定的，依照其规定。经营者明知商品或者服务存在缺陷，仍然向消费者提供，造成消费者或者其他受害人死亡或者健康严重损害的，受害人有权要求经营者依照《消费者权益保护法》第四十九条、第五十一条等法律规定赔偿损失，并有权要求所受损失二倍以下的惩罚性赔偿。

◎行政法律风险：

由县级以上市场监督管理部门依照《中华人民共和国价格法》《反不正当竞争法》《电子商务法》《价格违法行为行政处罚规定》等法律、行政法规进行处罚。

经营者违反《明码标价和禁止价格欺诈规定》，但能够主动消除或者减轻危害后果，及时退还消费者或者其他经营者多付价款的，依法从轻或者减轻处罚。

经营者违反《明码标价和禁止价格欺诈规定》，但未实际损害消费者或者其他经营者合法权益，违法行为轻微并及时改正，没有造成危害后果的，依法不予处罚；初次违法且危害后果轻微并及时改正的，可以依法不予处罚。

◎刑事法律风险：

无。

防范建议

经营者应当坚守诚实信用的基本原则，不得实施下列价格欺诈行为：

1. 谎称商品和服务价格为政府定价或者政府指导价；

2. 以低价诱骗消费者或者其他经营者，以高价进行结算；

3. 通过虚假折价、减价或者价格比较等方式销售商品或者提供服务；

4. 销售商品或者提供服务时，使用欺骗性、误导性的语言、文字、数字、图片或者视频等标示价格以及其他价格信息；

5. 无正当理由拒绝履行或者不完全履行价格承诺；

6. 不标示或者显著弱化标示对消费者或者其他经营者不利的价格条件，诱骗消费者或者其他经营者与其进行交易；

7. 通过积分、礼券、兑换券、代金券等折抵价款时，拒不按约定折抵价款；

8. 其他价格欺诈行为。

风险205：网络交易经营者违反《明码标价和禁止价格欺诈规定》第二十条规定，实施虚假的或者使人误解的价格标示和价格促销行为的。

法律规定

《消费者权益保护法》第五十五条

《明码标价和禁止价格欺诈规定》第二十三条、第二十六条

法律风险

◎民事法律风险：

经营者提供商品或者服务有欺诈行为的，应当按照消费者的要求增加赔偿其受到的损失，增加赔偿的金额为消费者购买商品的价款或者接受服务的费用的三倍；增加赔偿的金额不足五百元的，为五百元。法律另有规定的，依照其规定。经营者明知商品或者服务存在缺陷，仍然向消费者提供，造成消费者或者其他受害人死亡或者健康严重损害的，受害人有权要求经营者依照《消费者权益保护法》第四十九条、第五十一条等法律规定赔偿损失，并有权要求所受损失二倍以下的惩罚性赔偿。

◎行政法律风险：

由县级以上市场监督管理部门依照《中华人民共和国价格法》《反不正当竞争法》《电子商务法》《价格违法行为行政处罚规定》等法律、行政法规进行处罚。

经营者违反《明码标价和禁止价格欺诈规定》，但能够主动消除或者减轻危害后果，及时退还消费者或者其他经营者多付价款的，依法从轻或者减轻处罚。

经营者违反《明码标价和禁止价格欺诈规定》，但未实际损害消费者或者其他经营者合法权益，违法行为轻微并及时改正，没有造成危害后果的，依法不予处罚；初次违法且危害后果轻微并及时改正的，可以依法不予处罚。

◎刑事法律风险：

无。

防范建议

网络交易经营者应当坚守诚实信用的基本原则，不得实施以下虚假的或者使人误解的价格标示和价格促销行为：

1. 在首页或者其他显著位置标示的商品或者服务价格低于在详情页面标示的价格；

2. 公布的促销活动范围、规则与实际促销活动范围、规则不一致；

3. 其他虚假的或者使人误解的价格标示和价格促销行为。

网络交易平台经营者不得利用技术手段等强制平台内经营者进行虚假的或者使人误解的价格标示。

风险206：卖场、商场、市场、网络交易平台经营者等交易场所提供者违反《明码标价和禁止价格欺诈规定》第四条第二款、第三款的规定，发现场所内（平台内）经营者有违反本规定行为未依法采取必要的处置措施，或强制或者变相强制场所内（平台内）经营者参与价格促销活动的。

法律规定

《明码标价和禁止价格欺诈规定》第二十四条

法律风险

◎民事法律风险：

无。

◎行政法律风险：

法律、行政法规有规定的，依照其规定；法律、行政法规没有规定的，由县级以上市场监督管理部门责令改正，可以处三万元以下罚款；情节严重的，处三万元以上十万元以下罚款。

◎刑事法律风险：

无。

防范建议

交易场所提供者要强化主体责任，发现场所内（平台内）经营者有违反本规定行为，应依法采取必要的处置措施，保存有关信息记录。应当尊重场所内（平台内）经营者的经营自主权，不得强制或者变相强制场所内（平台内）经营者参与价格促销活动。

风险207：卖场、商场、市场、网络交易平台经营者等交易场所提供者提供的标价模板不符合《明码标价和禁止价格欺诈规定》的规定的。

法律规定

《明码标价和禁止价格欺诈规定》第二十五条

法律风险

◎民事法律风险：

无。

◎行政法律风险：

由县级以上市场监督管理部门责令改正，可以处三万元以下罚款；情节严重的，处三万元以上十万元以下罚款。

◎刑事法律风险：

无。

防范建议

交易场所提供者设计制作标价模板时，应当严格遵守《明码标价和禁止价格欺诈规定》中关于价格信息标示的各项规定。

第四部分

餐饮服务

风险1：餐具、饮具和盛放直接入口食品的容器，使用前未经洗净、消毒或者清洗消毒不合格，或者餐饮服务设施、设备未按规定定期维护、清洗、校验的。

法律规定

《食品安全法》第一百二十六条、第一百四十八条
《消费者权益保护法》第四十九条
《刑法》第一百四十三条

法律风险

◎民事法律风险：

经营者提供商品或者服务，造成消费者或者其他受害人人身伤害的，应当赔偿医疗费、护理费、交通费等为治疗和康复支出的合理费用，以及因误工减少的收入。造成残疾的，还应当赔偿残疾生活辅助具费和残疾赔偿金。造成死亡的，还应当赔偿丧葬费和死亡赔偿金。

生产不符合食品安全标准的食品或者经营明知是不符合食品安全标准的食品，消费者除要求赔偿损失外，还可以向生产者或者经营者要求支付价款十倍或者损失三倍的赔偿金；增加赔偿的金额不足一千元的，为一千元。但是，食品的标签、说明书存在不影响食品安全且不会对消费者造成误导的瑕疵的除外。

明知从事上述违法行为，仍为其提供生产经营场所或者其他条件的，使消费者的合法权益受到损害的，应当与食品生产经营者承担连带责任。

◎行政法律风险：

由县级以上人民政府食品安全监督管理部门责令改正，给予警告；拒不改正的，处五千元以上五万元以下罚款；情节严重的，责令停产停业，直至吊销许可证。

◎刑事法律风险：

足以造成严重食物中毒事故或者其他严重食源性疾病的，涉嫌生产、销售不符合安全标准的食品罪。处三年以下有期徒刑或者拘役，并处罚金；对人体健康造成严重危害或者有其他严重情节的，处三年以上七年以下有期徒刑，并处罚金；后果特别严重的，处七年以上有期徒刑或者无期徒刑，并处罚金或者没收财产。

防范建议

餐具、饮具和盛放直接入口食品的容器，餐饮单位在使用前必须洗净、消毒，对餐饮服务设施、设备应定期维护、清洗、校验。

风险2：餐具、饮具集中消毒服务单位违反《食品安全法》的相关规定违规用水，违规使用洗涤剂、消毒剂的。

法律规定

《食品安全法》第一百二十六条

《消费者权益保护法》第四十九条
《刑法》第一百四十六条

法律风险

◎民事法律风险：

经营者提供商品或者服务，造成消费者或者其他受害人人身伤害的，应当赔偿医疗费、护理费、交通费等为治疗和康复支出的合理费用，以及因误工减少的收入。造成残疾的，还应当赔偿残疾生活辅助具费和残疾赔偿金。造成死亡的，还应当赔偿丧葬费和死亡赔偿金。

◎行政法律风险：

由县级以上人民政府食品安全监督管理部门责令改正，给予警告；拒不改正的，处五千元以上五万元以下罚款；情节严重的，责令停产停业，直至吊销许可证。

◎刑事法律风险：

造成严重后果的，涉嫌生产、销售不符合安全标准的产品罪。处五年以下有期徒刑，并处销售金额百分之五十以上二倍以下罚金；后果特别严重的，处五年以上有期徒刑，并处销售金额百分之五十以上二倍以下罚金。

典型案例：烟台三家餐饮具集中消毒单位消毒剂不合规被处罚案

2021 年 10 月，烟台市卫生和计划生育监督所在开展餐饮具集中消毒单位的监督检查中发现三家餐饮具集中消毒单位使用的消毒产品为塑料桶散装，外包装无标签标识，也未对该消毒产品的合格证明材料进行查验索取，执法人员对该餐饮具集中消毒单位进行处罚并宣教。

根据《食品安全法》《餐（饮）具集中消毒卫生规范》《食品安全国家标准 消毒餐饮具》等法律规范要求，餐具、饮具集中消毒服务单位应当具备相应的作业场所、清洗消毒设备或者设施，用水和使用的洗涤剂、消毒剂分别应符合 GB 5749、GB 14930.1、GB 14930.2 的规定；采购餐（饮）具、包装材料、消毒剂、洗涤剂等相关产品时应当查验索取产品合格证明文件，同时定期检查库存消毒剂、洗涤剂和包装材料，使用时应遵照“先进先出”或“效期先出”的原则，合理安排使用，对变质或者超过保质期的不得使用并及时清理。

防范建议

餐具、饮具集中消毒服务单位用水应当符合生活用水国家标准，依规使用洗涤剂、消毒剂。

风险 3：餐具、饮具集中消毒服务单位出厂的餐具、饮具未按《食品安全法》有关规定检验合格并随附消毒合格证明的。

法律规定

《食品安全法》第一百二十六条
《消费者权益保护法》第四十九条
《刑法》第一百四十六条

法律风险

◎**民事法律风险：**

经营者提供商品或者服务，造成消费者或者其他受害人人身伤害的，应当赔偿医疗费、护理费、交通费等为治疗和康复支出的合理费用，以及因误工减少的收入。造成残疾的，还应当赔偿残疾生活辅助具费和残疾赔偿金。造成死亡的，还应当赔偿丧葬费和死亡赔偿金。

◎**行政法律风险：**

由县级以上人民政府食品安全监督管理部门责令改正，给予警告；拒不改正的，处五千元以上五万元以下罚款；情节严重的，责令停产停业，直至吊销许可证。

◎**刑事法律风险：**

造成严重后果的，涉嫌生产、销售不符合安全标准的产品罪。处五年以下有期徒刑，并处销售金额百分之五十以上二倍以下罚金；后果特别严重的，处五年以上有期徒刑，并处销售金额百分之五十以上二倍以下罚金。

典型案例：出厂餐具未标注消毒日期、使用期限及未随附检验合格证明案

市场监督管理部门执法人员在对建湖县某餐具洗涤服务部检查时发现，该服务部餐具成品区包装完好的筷子未标注单位名称、地址、联系方式、消毒日期和批号以及使用期限等内容，且未随附消毒合格证明。

根据《食品安全法》第五十八条第二款、第一百二十六条第一款和第二款规定，该服务部上述违法行为曾被市场监督管理部门给以“警告”处罚，本次检查仍然存在同类型的违法行为，属于拒不改正情形，相关部门给予罚款5500元的处罚。

防范建议

餐具、饮具集中消毒服务单位出厂的餐具、饮具应按《食品安全法》有关规定检验合格并随附消毒合格证明。

风险4：餐具、饮具集中消毒服务单位未按《食品安全法》的规定在独立包装上标注相关内容的。

法律规定

《食品安全法》第一百二十六条

法律风险

◎**民事法律风险：**

与采购方签订供货合同的，可能涉及违约责任。

◎**行政法律风险：**

由县级以上人民政府食品安全监督管理部门责令改正，给予警告；拒不改正的，处五千元以上五万元以下罚款；情节严重的，责令停产停业，直至吊销许可证。

◎刑事法律风险：

无。

典型案例：某餐具集中消毒配送单位未在独立包装上标注相关信息案

西宁市卫生健康综合行政执法监督局依法查处一家餐饮具集中清洗消毒配送单位。检查中发现，该单位消毒后的餐饮具存在无出厂检验报告，未随附消毒合格证明，餐饮具独立包装上未标注餐饮具消毒单位名称、地址、消毒日期、保质期等问题。属地卫生监督机构前期已多次下发“卫生监督意见书”，仍不整改，根据《食品安全法》第一百二十六条有关规定，给予罚款50000元的行政处罚，并对负责人进行了批评教育，责令改正。

防范建议

餐具、饮具集中消毒服务单位应在独立包装上标注餐饮具消毒单位名称、地址、消毒日期、保质期等相关内容。

风险5：服务业的经营者将不符合保障人体健康和人身、财产安全的国家标准、行业标准的产品用于经营性服务的。

法律规定

《产品质量法》第四十九条

《消费者权益保护法》第四十九条、第五十五条

《食品安全法》第一百四十八条

《刑法》第一百四十三条

法律风险

◎民事法律风险：

经营者提供商品或者服务有欺诈行为的，应当按照消费者的要求增加赔偿其受到的损失，增加赔偿的金额为消费者购买商品的价款或者接受服务的费用的三倍；增加赔偿的金额不足五百元的，为五百元。法律另有规定的，依照其规定。经营者明知商品或者服务存在缺陷，仍然向消费者提供，造成消费者或者其他受害人死亡或者健康严重损害的，受害人有权要求经营者依照《消费者权益保护法》第四十九条、第五十一条等法律规定赔偿损失，并有权要求所受损失二倍以下的惩罚性赔偿。

经营者提供商品或者服务，造成消费者或者其他受害人人身伤害的，应当赔偿医疗费、护理费、交通费等为治疗和康复支出的合理费用，以及因误工减少的收入。造成残疾的，还应当赔偿残疾生活辅助具费和残疾赔偿金。造成死亡的，还应当赔偿丧葬费和死亡赔偿金。

生产不符合食品安全标准的食品或者经营明知是不符合食品安全标准的食品，消费者除要求赔偿损失外，还可以向生产者或者经营者要求支付价款十倍或者损失三倍的赔偿金；增加赔偿的金额不足一千元的，为一千元。但是，食品的标签、说明书存在不影响食品安全且不会对消费者造成误导的瑕

疵的除外。

◎**行政法律风险：**

生产、销售不符合保障人体健康和人身、财产安全的国家标准、行业标准的产品的，责令停止生产、销售，没收违法生产、销售的产品，并处违法生产、销售产品（包括已售出和未售出的产品，下同）货值金额等值以上三倍以下的罚款；有违法所得的，并处没收违法所得；情节严重的，吊销营业执照。

如有违反《食品安全法》的相关规定，需根据具体情况适用不同的条款。

◎**刑事法律风险：**

足以造成严重食物中毒事故或者其他严重食源性疾病的，涉嫌生产、销售不符合安全标准的食品罪。处三年以下有期徒刑或者拘役，并处罚金；对人体健康造成严重危害或者有其他严重情节的，处三年以上七年以下有期徒刑，并处罚金；后果特别严重的，处七年以上有期徒刑或者无期徒刑，并处罚金或者没收财产。

典型案例：北京某知名披萨餐饮企业使用过期原料案

根据2022年3月9日北京市丰台区市场监督管理局发布的行政处罚决定（行政处罚决定文书号：京丰市监处罚〔2022〕6728号），2022年2月2日，执法人员在北京某某比萨饼有限公司某某广场餐厅发现操作间有保质期至2022年1月31日的“散叶罗马绿缤纷蔬菜”半袋；生产日期为2022年1月27日，保质至2022年2月1日的“京葱长段”半袋，上述食品原料已超过保质期。

北京某某比萨饼有限公司某某广场餐厅的上述行为违反了《食品安全法》第三十四条第一款第三项，北京市丰台区市场监督管理局依据《食品安全法》第一百二十四条责令其改正并决定对其作出以下行政处罚：没收违法所得337.01元并罚款50000元。

防范建议

餐饮服务单位不得将不符合保障人体健康和人身、财产安全的国家标准、行业标准的产品用于经营。

风险6：服务业的经营者将掺杂、掺假，以假充真，以次充好，或者以不合格产品冒充合格产品的伪劣产品用于经营性服务的。

法律规定

《产品质量法》第五十条

《消费者权益保护法》第四十九条、第五十五条

《食品安全法》第一百二十三条、第一百四十八条

《刑法》第一百四十条、第一百四十四条

法律风险

◎民事法律风险：

经营者提供商品或者服务有欺诈行为的，应当按照消费者的要求增加赔偿其受到的损失，增加赔偿的金额为消费者购买商品的价款或者接受服务的费用的三倍；增加赔偿的金额不足五百元的，为五百元。法律另有规定的，依照其规定。经营者明知商品或者服务存在缺陷，仍然向消费者提供，造成消费者或者其他受害人死亡或者健康严重损害的，受害人有权要求经营者依照《消费者权益保护法》第四十九条、第五十一条等法律规定赔偿损失，并有权要求所受损失二倍以下的惩罚性赔偿。

经营者提供商品或者服务，造成消费者或者其他受害人人身伤害的，应当赔偿医疗费、护理费、交通费等为治疗和康复支出的合理费用，以及因误工减少的收入。造成残疾的，还应当赔偿残疾生活辅助具费和残疾赔偿金。造成死亡的，还应当赔偿丧葬费和死亡赔偿金。

生产不符合食品安全标准的食品或者经营明知是不符合食品安全标准的食品，消费者除要求赔偿损失外，还可以向生产者或者经营者要求支付价款十倍或者损失三倍的赔偿金；增加赔偿的金额不足一千元的，为一千元。但是，食品的标签、说明书存在不影响食品安全且不会对消费者造成误导的瑕疵的除外。

◎行政法律风险：

《产品质量法》第五十条规定，在产品中掺杂、掺假，以假充真，以次充好，或者以不合格产品冒充合格产品的，责令停止生产、销售，没收违法生产、销售的产品，并处违法生产、销售产品货值金额百分之五十以上三倍以下的罚款；有违法所得的，并处没收违法所得；情节严重的，吊销营业执照。

《食品安全法》第一百二十三条规定，用非食品原料生产食品、在食品中添加食品添加剂以外的化学物质和其他可能危害人体健康的物质，尚不构成犯罪的，由县级以上人民政府食品安全监督管理部门没收违法所得和违法生产经营的食品，并可以没收用于违法生产经营的工具、设备、原料等物品；违法生产经营的食品货值金额不足一万元的，并处十万元以上十五万元以下罚款；货值金额一万元以上的，并处货值金额十五倍以上三十倍以下罚款；情节严重的，吊销许可证，并可以由公安机关对其直接负责的主管人员和其他直接责任人员处五日以上十五日以下拘留。

◎刑事法律风险：

涉嫌生产、销售伪劣产品罪。生产者、销售者在产品中掺杂、掺假，以假充真，以次充好或者以不合格产品冒充合格产品，销售金额五万元以上不满二十万元的，处二年以下有期徒刑或者拘役，并处或者单处销售金额百分之五十以上二倍以下罚金；销售金额二十万元以上不满五十万元的，处二年以上七年以下有期徒刑，并处销售金额百分之五十以上二倍以下罚金；销售金额五十万元以上不满二百万元的，处七年以上有期徒刑，并处销售金额百分之五十以上二倍以下罚金；销售金额二百万元以上的，处十五年有期徒刑或者无期徒刑，并处销售金额百分之五十以上二倍以下罚金或者没收财产。

涉嫌生产、销售有毒有害食品罪。处五年以下有期徒刑，并处罚金；对人体健康造成严重危害或者有其他严重情节的，处五年以上十年以下有期徒刑，并处罚金；致人死亡或者有其他特别严重情节的，依照《刑法》第一百四十一条的规定处罚。

典型案例：某火锅店出售的“冷锅鸭血” 掺杂掺假案

某检测机构受重庆市市场监督管理局委托，于 2021 年 12 月 2 日依法对荣昌区某火锅店进行抽检，后重庆市荣昌区市场监督管理局收到检测报告。被抽检产品名称为“冷锅鸭血”，抽检基数为 4 千克，抽检数量为 2.5 千克，单价为 10 元/千克，货值金额为 4 千克×10 元/千克=40 元。检测依据为 GB/T 38164—2019，检测结论为：经抽样检验，甲醛项目符合食品整治办〔2008〕3 号“食品中可能违法添加的非食用物质和易滥用的食品添加剂品种名单（第一批）”要求，鸭成分未检出。重庆市荣昌区市场监督管理局执法人员到当事人处现场核查，当事人已将涉案的“冷锅鸭血”全部售出。当事人的行为违反了《食品安全法》第一百二十三条第一款第一项的规定。重庆市荣昌区市场监督管理局依法对该火锅店立案调查。

防范建议

餐饮服务单位不得将掺杂、掺假，以假充真，以次充好，或者以不合格产品冒充合格产品的伪劣产品用于经营。

风险 7：服务业的经营者将明令淘汰的产品用于经营性服务的。

法律规定

《产品质量法》第五十一条

《消费者权益保护法》第四十九条、第五十五条

《食品安全法》第一百四十八条

《刑法》第一百四十三条、第一百四十四条

法律风险

◎民事法律风险：

经营者提供商品或者服务有欺诈行为的，应当按照消费者的要求增加赔偿其受到的损失，增加赔偿的金额为消费者购买商品的价款或者接受服务的费用的三倍；增加赔偿的金额不足五百元的，为五百元。法律另有规定的，依照其规定。经营者明知商品或者服务存在缺陷，仍然向消费者提供，造成消费者或者其他受害人死亡或者健康严重损害的，受害人有权要求经营者依照《消费者权益保护法》第四十九条、第五十一条等法律规定赔偿损失，并有权要求所受损失二倍以下的惩罚性赔偿。

经营者提供商品或者服务，造成消费者或者其他受害人人身伤害的，应当赔偿医疗费、护理费、交通费等为治疗和康复支出的合理费用，以及因误工减少的收入。造成残疾的，还应当赔偿残疾生活辅助具费和残疾赔偿金。造成死亡的，还应当赔偿丧葬费和死亡赔偿金。

生产不符合食品安全标准的食品或者经营明知是不符合食品安全标准的食品，消费者除要求赔偿损失外，还可以向生产者或者经营者要求支付价款十倍或者损失三倍的赔偿金；增加赔偿的金额不足一千元的，为一千元。但是，食品的标签、说明书存在不影响食品安全且不会对消费者造成误导的瑕疵的除外。

◎行政法律风险：

生产国家明令淘汰的产品的，销售国家明令淘汰并停止销售的产品的，责令停止生产、销售，没收违法生产、销售的产品，并处违法生产、销售产品货值金额等值以下的罚款；有违法所得的，并处没收违法所得；情节严重的，吊销营业执照。

◎刑事法律风险：

根据不同情形，可能涉嫌生产、销售不符合安全标准的食品罪，或生产、销售有毒、有害食品罪。

涉嫌生产、销售不符合安全标准的食品罪。处三年以下有期徒刑或者拘役，并处罚金；对人体健康造成严重危害或者有其他严重情节的，处三年以上七年以下有期徒刑，并处罚金；后果特别严重的，处七年以上有期徒刑或者无期徒刑，并处罚金或者没收财产。

涉嫌生产、销售有毒有害食品罪。处五年以下有期徒刑，并处罚金；对人体健康造成严重危害或者有其他严重情节的，处五年以上十年以下有期徒刑，并处罚金；致人死亡或者有其他特别严重情节的，依照《刑法》第一百四十一条的规定处罚。

典型案例：北京某饭店使用国家明令淘汰的设备案

2018年5月8日，北京市发展和改革委员会发布京发改节能处罚［2018］3号行政处罚决定书，对北京某饭店有限公司使用国家明令淘汰的用能设备的违法行为进行处罚。

公告显示，2017年10月18日至2018年4月26日，北京市发展和改革委员会在日常监察工作中发现，北京某饭店有限公司存在使用国家明令淘汰的用能设备的节能违法问题。

其中，北京某饭店有限公司使用的Y132M－4（编号：203386A）、Y160L－6（编号：Z18148）等共计6台电动机属于国家明令淘汰的用能设备。该行为违反了《中华人民共和国节约能源法》第十七条及《产品质量法》第五十一条的规定。

执法部门依法没收北京某饭店有限公司的Y132M-4（编号：203386A）、Y160L-6（编号：Z18148）等共计6台电动机。

防范建议

餐饮服务单位不得使用国家已经明令淘汰的产品。

风险8：服务业的经营者将失效、变质的产品用于经营性服务的。

法律规定

《产品质量法》第五十二条

《消费者权益保护法》第四十九条、第五十五条

《食品安全法》第一百二十四条、第一百四十八条

《刑法》第一百四十三条

法律风险

◎**民事法律风险：**

经营者提供商品或者服务有欺诈行为的，应当按照消费者的要求增加赔偿其受到的损失，增加赔偿的金额为消费者购买商品的价款或者接受服务的费用的三倍；增加赔偿的金额不足五百元的，为五百元。法律另有规定的，依照其规定。经营者明知商品或者服务存在缺陷，仍然向消费者提供，造成消费者或者其他受害人死亡或者健康严重损害的，受害人有权要求经营者依照《消费者权益保护法》第四十九条、第五十一条等法律规定赔偿损失，并有权要求所受损失二倍以下的惩罚性赔偿。

生产不符合食品安全标准的食品或者经营明知是不符合食品安全标准的食品，消费者除要求赔偿损失外，还可以向生产者或者经营者要求支付价款十倍或者损失三倍的赔偿金；增加赔偿的金额不足一千元的，为一千元。但是，食品的标签、说明书存在不影响食品安全且不会对消费者造成误导的瑕疵的除外。

◎**行政法律风险：**

《产品质量法》第五十二条规定，销售失效、变质的产品的，责令停止销售，没收违法销售的产品，并处违法销售产品货值金额二倍以下的罚款；有违法所得的，并处没收违法所得；情节严重的，吊销营业执照。

《食品安全法》第一百二十四条规定，生产经营腐败变质、油脂酸败、霉变生虫、污秽不洁、混有异物、掺假掺杂或者感官性状异常的食品、食品添加剂，尚不构成犯罪的，由县级以上人民政府食品安全监督管理部门没收违法所得和违法生产经营的食品、食品添加剂，并可以没收用于违法生产经营的工具、设备、原料等物品；违法生产经营的食品、食品添加剂货值金额不足一万元的，并处五万元以上十万元以下罚款；货值金额一万元以上的，并处货值金额十倍以上二十倍以下罚款；情节严重的，吊销许可证

◎**刑事法律风险：**

足以造成严重食物中毒事故或者其他严重食源性疾病的，涉嫌生产、销售不符合安全标准的食品罪。处三年以下有期徒刑或者拘役，并处罚金；对人体健康造成严重危害或者有其他严重情节的，处三年以上七年以下有期徒刑，并处罚金；后果特别严重的，处七年以上有期徒刑或者无期徒刑，并处罚金或者没收财产。

典型案例：天津市西青区某饭店经营腐败变质的食品被处罚案

2021 年 5 月 25 日，执法人员接到投诉后到天津市西青区某饭店进行检查，投诉人称上述饭店销售的燕某牌啤酒存在问题，嗅闻后有酸败味。

经查，当事人办理了营业执照和食品经营许可证，名称：天津市西青区某饭店；统一社会信用代码：92120111MA05U8Y×××；类型：个体工商户；经营场所：天津市西青区王稳庄示范镇泰康园×××；经营范围：餐饮服务。食品经营许可证号：JY212001101408××，经营项目：热食类食品制售。执法人员在现场对上述饭店经营的啤酒进行了检查，发现投诉人购买的其中两瓶啤酒颜色浑浊，与其他相同品牌的啤酒颜色存在差异、感官性状异常，经执法人员嗅闻，发现上述啤酒有酸败味，同批次的其他产品未发现异常，上述啤酒的制造商为北京燕某啤酒股份有限公司一分公司，当事人在进货后将上述啤酒存放在其库房内，库房温度为 25 度，阴凉、避

光。上述燕某啤酒的进价为2.1元每瓶，售价为4元每瓶。经查，上述燕某啤酒进货渠道当事人已记不清楚，无进货票据，无进销货台账，当事人未对上述感官性状异常，经嗅闻腐败变质的啤酒提出异议，并称上述感官性状异常，经嗅闻后有酸败味的燕某啤酒销售了两瓶，违法所得为3.8元，货值金额为8元。

依据《食品安全法》第一百二十四条第一款第四项的规定，由于其用于违法经营的货架、收银台等工具、设备还用于开展其他商品经营活动，故不予没收。鉴于该当事人未造成严重后果，情节轻微，故对其减轻处罚，作出如下行政处罚：没收违法所得3.8元，处罚款2000元。

防范建议

餐饮服务单位在经营中不得使用失效、变质的产品及原料。

风险9：餐饮服务经营者未主动对消费者进行防止食品浪费提示提醒的。

法律规定

《反食品浪费法》第二十八条

法律风险

◎民事法律风险：

无。

◎行政法律风险：

由县级以上地方人民政府市场监督管理部门或者县级以上地方人民政府指定的部门责令改正，给予警告。

◎刑事法律风险：

无。

典型案例：某餐饮企业未提示消费者防止食品浪费案

2022年3月，镇江新区一家餐馆因违反《反食品浪费法》相关规定，被市场监管部门行政处罚。这也是2021年《反食品浪费法》正式实施以来，镇江新区市场监管部门查处的首例反食品浪费的案件。

镇江新区市场监督管理局执法人员在对餐馆进行食品日常监督检查时发现某餐馆没有在就餐区域内醒目位置张贴或者摆放关于反食品浪费的相关标识和标牌，也没有在餐桌上张贴反对浪费提示语。镇江新区市场监督管理局执法人员介绍，该行为违反了《反食品浪费法》第七条第一款第二项的规定，针对该餐馆的违法行为，镇江新区市场监管部门责令这家餐馆进行改正，并给予相应的行政处罚。

防范建议

餐饮服务经营者应主动对消费者进行防止食品浪费提示提醒。

风险10：餐饮服务经营者诱导、误导消费者超量点餐造成明显浪费的。

法律规定

《反食品浪费法》第二十八条
《消费者权益保护法》第五十五条

法律风险

◎民事法律风险：

经营者提供商品或者服务有欺诈行为的，应当按照消费者的要求增加赔偿其受到的损失，增加赔偿的金额为消费者购买商品的价款或者接受服务的费用的三倍；增加赔偿的金额不足五百元的，为五百元。法律另有规定的，依照其规定。经营者明知商品或者服务存在缺陷，仍然向消费者提供，造成消费者或者其他受害人死亡或者健康严重损害的，受害人有权要求经营者依照《消费者权益保护法》第四十九条、第五十一条等法律规定赔偿损失，并有权要求所受损失二倍以下的惩罚性赔偿。

◎行政法律风险：

由县级以上地方人民政府市场监督管理部门或者县级以上地方人民政府指定的部门责令改正，给予警告；拒不改正的，处一千元以上一万元以下罚款。

◎刑事法律风险：

无。

典型案例：北京市通州区某饭店诱导消费者超量点餐案

2021年11月9日，北京市通州区市场监督管理局平潮分局执法人员对辖区多家中型餐饮店进行执法检查，重点关注是否依法主动对消费者进行防止食品浪费提示提醒，是否合理确定食品数量，提供小份餐等不同规格选择，是否存在诱导、误导消费者超量点餐等违法行为。检查中，执法人员发现一家饭店未主动对消费者设置防止食品浪费的提示提醒，没有在醒目位置张贴、摆放反食品浪费标识。同时，在某包厢客人用餐结束离开后，发现有较多剩余菜肴，造成明显食品浪费。通过进一步核实发现，该饭店存在诱导或误导消费者超量点餐的问题。执法人员随即针对有关问题下达“当场行政处罚决定书”，给予警告，责令其立即改正违法行为。

2021年11月15日，执法人员对该饭店进行了复查，在抽查两个包厢后发现食品浪费现象仍然存在。作为餐饮经营单位，该饭店涉嫌诱导或误导消费者超量点餐造成明显浪费，且在首次责令改正后拒不改正。据此，市场监管部门《反食品浪费法》第二十八条的规定作出了罚款1000元并责令整改的行政处罚。

防范建议

餐饮服务经营者经营过程中不得诱导、误导消费者超量点餐造成明显浪费。

风险11：餐饮服务提供者未查验、留存餐具饮具集中消毒服务单位的营业执照复印件和消毒合格证明的。

法律规定

《食品安全法》第一百二十六条

《食品安全法实施条例》第六十九条、第七十五条

法律风险

◎民事法律风险：

无。

◎行政法律风险：

违反《食品安全法实施条例》第六十九条规定，依照《食品安全法》第一百二十六条第一款、《食品安全法实施条例》第七十五条的规定给予处罚。

《食品安全法》第一百二十六条第一款规定，由县级以上人民政府食品安全监督管理部门责令改正，给予警告；拒不改正的，处五千元以上五万元以下罚款；情节严重的，责令停产停业，直至吊销许可证。

《食品安全法实施条例》第七十五条规定，存在本条规定情形之一的，对单位的法定代表人、主要负责人、直接负责的主管人员和其他直接责任人员处以其上一年度从本单位取得收入的一倍以上十倍以下罚款。

◎刑事法律风险：

无。

防范建议

餐饮服务提供者应建立进货查验、索票索证制度。查验、留存餐具饮具集中消毒服务单位的营业执照复印件和消毒合格证明。

风险12：餐具、饮具和盛放直接入口食品的容器，使用前未洗净、消毒，炊具、用具用后未洗净，保持清洁的。

法律规定

《消费者权益保护法》第四十九条

《食品安全法》第一百二十六条

《食品安全法实施条例》第七十条、第七十五条

法律风险

◎民事法律风险：

经营者提供商品或者服务，造成消费者或者其他受害人人身伤害的，应当赔偿医疗费、护理费、交通费等为治疗和康复支出的合理费用，以及因误工减少的收入。造成残疾的，还应当赔偿残疾生活辅助具费和残疾赔偿金。造成死亡的，还应当赔偿丧葬费和死亡赔偿金。

◎行政法律风险：

违反《食品安全法》第三十三条第一款第五项的规定，依照《食品安全法》第一百二十六条第一款、《食品安全法实施条例》第七十五条的规定给予处罚。

《食品安全法》第一百二十六条第一款规定，由县级以上人民政府食品安全监督管理部门责令改正，给予警告；拒不改正的，处五千元以上五万元以下罚款；情节严重的，责令停产停业，直至吊销许可证。

《食品安全法实施条例》第七十五条规定，存在本条情形之一的，对单位的法定代表人、主要负责人、直接负责的主管人员和其他直接责任人员处以其上一年度从本单位取得收入的一倍以上十倍以下罚款。

◎刑事法律风险：

无。

典型案例：德州某餐饮单位自消毒餐饮具清洗消毒不合格案

山东省德州市市场监督管理局公布2022年民生领域“铁拳”行动典型案例（第一批）。其中涉及德州某餐饮单位自消毒餐饮具清洗消毒不合格案。具体信息如下：德州某餐饮单位使用的餐具、饮具和盛放直接入口的食品的容器经抽检后不合格，德州市市场监督管理局对该单位进行警告和责令改正后，再次抽检仍不合格，其行为违反了《食品安全法》第一百二十六条有关规定，德州市市场监督管理局依法责令当事人改正违法行为，并作出罚款3万元的行政处罚。当事人未在法定期限内履行行政处罚决定，德州市市场监督管理局依法申请德城区人民法院予以强制执行，经法院裁定，共执行罚款和加处罚款合计6万元。

防范建议

餐饮企业应当建立经营过程食品安全控制体系。餐具、饮具和盛放直接入口食品的容器，使用前应洗净、消毒，炊具、用具用后应洗净，保持清洁。

风险13：直接入口的食品未使用无毒、清洁的包装材料、餐具、饮具和容器的。

法律规定

《消费者权益保护法》第四十九条

《食品安全法》第一百二十六条

《食品安全法实施条例》第七十条、第七十五条

法律风险

◎民事法律风险：

经营者提供商品或者服务，造成消费者或者其他受害人人身伤害的，应当赔偿医疗费、护理费、交通费等为治疗和康复支出的合理费用，以及因误工减少的收入。造成残疾的，还应当赔偿残疾生活辅助具费和残疾赔偿金。造成死亡的，还应当赔偿丧葬费和死亡赔偿金。

◎行政法律风险：

违反《食品安全法》第三十三条第一款第七项的规定，依照《食品安全法》第一百二十六条第一款、《食品安全法实施条例》第七十五条的规定给予处罚。

《食品安全法》第一百二十六条第一款规定，由县级以上人民政府食品安全监督管理部门责令改正，给予警告；拒不改正的，处五千元以上五万元以下罚款；情节严重的，责令停产停业，直至吊销许可证。

《食品安全法实施条例》第七十五条规定，存在本条规定情形之一的，对单位的法定代表人、主要负责人、直接负责的主管人员和其他直接责任人员处以其上一年度从本单位取得收入的一倍以上十倍以下罚款。

◎刑事法律风险：

无。

防范建议

餐饮企业应当建立经营过程食品安全控制体系。确保直接入口的食品使用无毒、清洁的包装材料、餐具、饮具和容器。

风险14：使用的洗涤剂、消毒剂对人体有害的。

法律规定

《消费者权益保护法》第四十九条

《食品安全法》第一百二十六条

《刑法》第一百四十三条

《食品安全法实施条例》第七十条、第七十五条

法律风险

◎民事法律风险：

经营者提供商品或者服务，造成消费者或者其他受害人人身伤害的，应当赔偿医疗费、护理费、交通费等为治疗和康复支出的合理费用，以及因误工减少的收入。造成残疾的，还应当赔偿残疾生活辅助具费和残疾赔偿金。造成死亡的，还应当赔偿丧葬费和死亡赔偿金。

◎行政法律风险：

违反《食品安全法》第三十三条第一款第十项的规定，依照《食品安全法》第一百二十六条第一款、《食品安全法实施条例》第七十五条的规定给予处罚。

《食品安全法》第一百二十六条第一款规定，由县级以上人民政府食品安全监督管理部门责令改正，给予警告；拒不改正的，处五千元以上五万元以下罚款；情节严重的，责令停产停业，直至吊销许可证。

《食品安全法实施条例》第七十五条规定，存在本条规定情形之一的，对单位的法定代表人、主要负责人、直接负责的主管人员和其他直接责任人员处以其上一年度从本单位取得收入的一倍以上十倍以下罚款。

◎刑事法律风险：

涉嫌生产、销售不符合安全标准的食品罪。足以造成严重食物中毒事故或者其他严重食源性疾病的，处三年以下有期徒刑或者拘役，并处罚金；对人体健康造成严重危害或者有其他严重情节的，处三年以上七年以下有期徒刑，并处罚金；后果特别严重的，处七年以上有期徒刑或者无期徒刑，并处罚金或者没收财产。

防范建议

餐饮企业应当建立进货查验制度。采购符合国家标准的洗涤剂、消毒剂。

风险15：餐具饮具集中消毒服务单位未按照规定建立并遵守出厂检验记录制度的。

法律规定

《食品安全法》第一百二十六条

《食品安全法实施条例》第七十一条、第七十五条

法律风险

◎民事法律风险：

无。

◎行政法律风险：

餐具饮具集中消毒服务单位未按照规定建立并遵守出厂检验记录制度的，由县级以上人民政府卫生行政部门依照《食品安全法》第一百二十六条第一款、《食品安全法实施条例》第七十五条的规定给予处罚。

《食品安全法》第一百二十六条第一款规定，由县级以上人民政府食品安全监督管理部门责令改正，给予警告；拒不改正的，处五千元以上五万元以下罚款；情节严重的，责令停产停业，直至吊销许可证。

《食品安全法实施条例》第七十五条规定，存在本条规定情形之一的，对单位的法定代表人、主要负责人、直接负责的主管人员和其他直接责任人员处以其上一年度从本单位取得收入的一倍以上十倍以下罚款。

◎刑事法律风险：

无。

典型案例：南昌某餐具集中消毒有限公司未建立出厂检验记录制度

2019年4月23日，南昌市场监督管理部门在对南昌某餐具集中消毒有限公司监督检查中发现消毒后餐具饮具独立包装上未标注消毒日期，且未按规定检验合格并随附合格证明，当场给予警告处罚，同时责令立即改正违法行为。2019年5月23日在对该公司监督检查中发现上述违法行为未改正，消毒后餐具饮具独立包装上仍未标注消毒日期，未按规定检验合格并随附合格证明，立案给予了罚款3万元的行政处罚，并责令立即改正违法行为。2021年7月26日，在该公司监督检查中发现：一、自7月中旬起，出厂的餐具饮具未随附消毒合格证明；二、未按规定建立餐具饮具出厂检验记录制度。

南昌市场监督管理部门依据《食品安全法》第一百二十六条的规定，对当事人作出如下行政处罚：警告，责令改正，罚款5000元。

防范建议

餐具饮具集中消毒服务单位应按照规定建立并遵守出厂检验记录制度。

风险16：违反《网络餐饮服务食品安全监督管理办法》第四条规定，入网餐饮服务提供者不具备实体经营门店，未依法取得食品经营许可证的。

法律规定

《食品安全法》第一百二十二条

《网络餐饮服务食品安全监督管理办法》第二十七条

法律风险

◎民事法律风险：

无。

◎行政法律风险：

《网络餐饮服务食品安全监督管理办法》第二十七条规定，违反本办法第四条规定的，由县级以上地方市场监督管理部门依照《食品安全法》第一百二十二条的规定处罚。

《食品安全法》第一百二十二条规定，由县级以上人民政府食品安全监督管理部门没收违法所得和违法生产经营的食品、食品添加剂以及用于违法生产经营的工具、设备、原料等物品；违法生产经营的食品、食品添加剂货值金额不足一万元的，并处五万元以上十万元以下罚款；货值金额一万元以上的，并处货值金额十倍以上二十倍以下罚款。

◎刑事法律风险：

无。

典型案例：磐安县羊某无证经营网络餐饮案

2020年11月，磐安县市场监督管理局在开展网络市场治理专项行动中，发现羊某从2019年5月起在未取得食品经营许可证的情况下，在自家制作芝士条、披萨和劲爆鸡米花等食品，通过微信朋友圈进行销售。该违法行为于2020年11月25日被执法人员依法查处，为磐安县查处的首例无照无证从事网络订餐经营案件。

羊某未取得食品经营许可从事网络餐饮制售的行为严重违反了《食品安全法》第三十五条“从事食品生产、食品销售、餐饮服务，应当依法取得许可”的规定。依据《食品安全法》第一百二十二条第一款罚款金额规定，磐安县市场监督管理局对羊某的违法行为给予没收违法所得及罚款5万元的处罚。

防范建议

入网餐饮服务提供者应当有实体经营门店，并取得食品经营许可证。

风险17：违反《网络餐饮服务食品安全监督管理办法》第五条规定，网络餐饮服务第三方平台提供者以及分支机构或者自建网站餐饮服务提供者未履行相应备案义务的。

法律规定

《网络餐饮服务食品安全监督管理办法》第二十八条

法律风险

◎民事法律风险：

无。

◎行政法律风险：

由县级以上地方市场监督管理部门责令改正，给予警告；拒不改正的，处五千元以上三万元以下罚款。

◎刑事法律风险：

无。

防范建议

网络餐饮服务第三方平台提供者以及分支机构或者自建网站餐饮服务提供者应向市场监管部门履行备案义务。

网络餐饮服务第三方平台提供者应当在通信主管部门批准后30个工作日内，向所在地省级市场监督管理部门备案。自建网站餐饮服务提供者应当在通信主管部门备案后30个工作日内，向所在地县级市场监督管理部门备案。备案内容包括域名、IP地址、电信业务经营许可证或者备案号、企业名称、企业地址、法定代表人或者负责人姓名等。

网络餐饮服务第三方平台提供者设立从事网络餐饮服务分支机构的，应当在设立后 30 个工作日内，向所在地县级市场监督管理部门备案。备案内容包括分支机构名称、地址、法定代表人或者负责人姓名等。

风险 18：违反《网络餐饮服务食品安全监督管理办法》第六条规定，网络餐饮服务第三方平台提供者未按要求建立、执行并公开相关制度的。

法律规定

《网络餐饮服务食品安全监督管理办法》第二十九条

法律风险

◎民事法律风险：

无。

◎行政法律风险：

由县级以上地方市场监督管理部门责令改正，给予警告；拒不改正的，处五千元以上三万元以下罚款。

◎刑事法律风险：

无。

防范建议

网络餐饮服务第三方平台提供者应当建立并执行入网餐饮服务提供者审查登记、食品安全违法行为制止及报告、严重违法行为平台服务停止、食品安全事故处置等制度，并在网络平台上公开相关制度。

风险 19：违反《网络餐饮服务食品安全监督管理办法》第七条规定，网络餐饮服务第三方平台提供者未设置专门的食品安全管理机构，配备专职食品安全管理人员，或者未按要求对食品安全管理人员进行培训、考核并保存记录的。

法律规定

《网络餐饮服务食品安全监督管理办法》第三十条

法律风险

◎民事法律风险：

无。

◎**行政法律风险：**

由县级以上地方市场监督管理部门责令改正，给予警告；拒不改正的，处五千元以上三万元以下罚款。

◎**刑事法律风险：**

无。

防范建议

网络餐饮服务第三方平台提供者应当设置专门的食品安全管理机构，配备专职食品安全管理人员，每年对食品安全管理人员进行培训和考核。培训和考核记录保存期限不得少于 2 年。经考核不具备食品安全管理能力的，不得上岗。

风险 20： 违反《网络餐饮服务食品安全监督管理办法》第八条第一款规定，网络餐饮服务第三方平台提供者未对入网餐饮服务提供者的食品经营许可证进行审查，未登记入网餐饮服务提供者的名称、地址、法定代表人或者负责人及联系方式等信息，或者入网餐饮服务提供者食品经营许可证载明的经营场所等许可信息不真实的。

法律规定

《食品安全法》第一百三十一条

《网络餐饮服务食品安全监督管理办法》第三十一条

法律风险

◎**民事法律风险：**

使消费者的合法权益受到损害的，应当与食品经营者承担连带责任。

消费者通过网络食品交易第三方平台购买食品，其合法权益受到损害的，可以向入网食品经营者或者食品生产者要求赔偿。网络食品交易第三方平台提供者不能提供入网食品经营者的真实名称、地址和有效联系方式的，由网络食品交易第三方平台提供者赔偿。网络食品交易第三方平台提供者赔偿后，有权向入网食品经营者或者食品生产者追偿。网络食品交易第三方平台提供者作出更有利于消费者承诺的，应当履行其承诺。

◎**行政法律风险：**

《网络餐饮服务食品安全监督管理办法》第三十一条规定，由县级以上地方市场监督管理部门依照《食品安全法》第一百三十一条的规定处罚。

《食品安全法》第一百三十一条规定，由县级以上人民政府食品安全监督管理部门责令改正，没收违法所得，并处五万元以上二十万元以下罚款；造成严重后果的，责令停业，直至由原发证部门吊销许可证。

◎**刑事法律风险：**

无。

典型案例：两外卖平台未对入驻商户尽审查核验义务案

2021年8月，福州市市场监督管理局收到相关违法线索，在两家大型网络餐饮服务第三方平台上存在入网商户使用伪造、冒用的营业执照、食品经营许可证以及未取得食品经营许可证从事餐饮服务活动等情况。经立案调查，北京某科技有限公司福州分公司、上海某信息科技有限公司福州分公司分别负责这两家网络餐饮服务第三方平台福州区域入网餐饮商户的推广吸收、资质审查、运营管理等工作。作为网络餐饮服务第三方平台提供者，当事人对入网餐饮商户的食品经营许可证审查不到位，对入网餐饮商户提交的身份信息的真实性核验不到位，未定期检验更新入网餐饮商户提交的行政许可等信息，致使未经许可的商户在其平台从事餐饮服务活动。其行为违反了《食品安全法》第一百三十一条、《网络餐饮服务食品安全监督管理办法》第三十一条等法律法规的规定。2021年12月，福州市市场监督管理局依法责令当事人立即改正违法行为，没收违法所得，分别处以15万元的罚款。

防范建议

网络餐饮服务第三方平台提供者应当对入网餐饮服务提供者的食品经营许可证进行审查，登记入网餐饮服务提供者的名称、地址、法定代表人或者负责人及联系方式等信息，保证入网餐饮服务提供者“食品经营许可证”载明的经营场所等许可信息真实。

风险21：违反《网络餐饮服务食品安全监督管理办法》第八条第二款规定，网络餐饮服务第三方平台提供者未与入网餐饮服务提供者签订食品安全协议的。

法律规定

《网络餐饮服务食品安全监督管理办法》第三十一条

法律风险

◎民事法律风险：

无。

◎行政法律风险：

违反《网络餐饮服务食品安全监督管理办法》第八条第二款规定，由县级以上地方市场监督管理部门责令改正，给予警告；拒不改正的，处五千元以上三万元以下罚款。

◎刑事法律风险：

无。

防范建议

网络餐饮服务第三方平台提供者应当与入网餐饮服务提供者签订食品安全协议。

风险22：违反《网络餐饮服务食品安全监督管理办法》第九条、第十条、第十一条规定，网络餐饮服务第三方平台提供者和入网餐饮服务提供者未按要求进行信息公示和更新的。

法律规定

《网络餐饮服务食品安全监督管理办法》第三十二条

法律风险

◎民事法律风险：

无。

◎行政法律风险：

由县级以上地方市场监督管理部门责令改正，给予警告；拒不改正的，处五千元以上三万元以下罚款。

◎刑事法律风险：

无。

典型案例：石泉县人民检察院督促县市场监督管理局整治网络餐饮服务食品安全行政公益诉讼案

石泉县人民检察院在履行职责中发现，石泉县某网络餐饮服务第三方平台上有35家网络餐饮服务提供者未在其主页面公示食品经营许可证，另有2家网络餐饮服务提供者公示的餐饮服务许可证已过有效期，石泉县某网络餐饮服务第三方平台未履行审查、监测、公示、及时更新信息等义务，当事人违反了《网络餐饮服务食品安全监督管理办法》第三十二条等规定，存在食品安全隐患。

石泉县人民检察院依法向石泉县市场监督管理局发出行政公益诉讼诉前检察建议书，要求其依法履行监管职责，及时采取措施依法对网络餐饮服务第三方平台和网络餐饮服务提供者的违法行为进行查处，并督促其整改，确保网络餐饮服务食品安全，该局收到检察建议书后高度重视，迅速行动，开展了专项整治活动。向石泉县某网络餐饮服务第三方平台及37家网络餐饮服务提供者下达了责令整改通知书，并建立和完善了网络交易定期约谈、失信联合惩戒，网络交易定期巡查及信息互通等制度机制，加大对网络餐饮服务的监督力度，规范网络餐饮经营活动，确保石泉网络餐饮服务食品安全。

防范建议

网络餐饮服务第三方平台提供者和入网餐饮服务提供者应当在餐饮服务经营活动主页面公示餐饮服务提供者的“食品经营许可证”。食品经营许可等信息发生变更的，应当及时更新。

网络餐饮服务第三方平台提供者和入网餐饮服务提供者应当在网上公示餐饮服务提供者的名称、地址、量化分级信息，公示的信息应当真实。

入网餐饮服务提供者应当在网上公示菜品名称和主要原料名称，公示的信息应当真实。

风险23：违反《网络餐饮服务食品安全监督管理办法》第十二条规定，网络餐饮服务第三方平台提供者提供的食品配送容器、餐具和包装材料不符合规定的。

法律规定

《食品安全法》第一百三十二条、第一百四十八条

《消费者权益保护法》第四十九条

《刑法》第一百四十三条

《网络餐饮服务食品安全监督管理办法》第三十三条

法律风险

◎民事法律风险：

经营者提供商品或者服务，造成消费者或者其他受害人人身伤害的，应当赔偿医疗费、护理费、交通费等为治疗和康复支出的合理费用，以及因误工减少的收入。造成残疾的，还应当赔偿残疾生活辅助具费和残疾赔偿金。造成死亡的，还应当赔偿丧葬费和死亡赔偿金。

生产不符合食品安全标准的食品或者经营明知是不符合食品安全标准的食品，消费者除要求赔偿损失外，还可以向生产者或者经营者要求支付价款十倍或者损失三倍的赔偿金；增加赔偿的金额不足一千元的，为一千元。但是，食品的标签、说明书存在不影响食品安全且不会对消费者造成误导的瑕疵的除外。

◎行政法律风险：

违反《网络餐饮服务食品安全监督管理办法》第十二条规定，由县级以上地方市场监督管理部门按照《食品安全法》第一百三十二条的规定处罚。《食品安全法》第一百三十二条规定，由县级以上人民政府食品安全监督管理等部门按照各自职责分工责令改正，给予警告；拒不改正的，责令停产停业，并处一万元以上五万元以下罚款；情节严重的，吊销许可证。

◎刑事法律风险：

涉嫌生产、销售不符合安全标准的食品罪。足以造成严重食物中毒事故或者其他严重食源性疾病的，处三年以下有期徒刑或者拘役，并处罚金；对人体健康造成严重危害或者有其他严重情节的，处三年以上七年以下有期徒刑，并处罚金；后果特别严重的，处七年以上有期徒刑或者无期徒刑，并处罚金或者没收财产。

典型案例：兰州某餐饮单位餐具抽检不合格案

兰州市七里河区市场监督管理局收到12315投诉单匿名投诉，称七里河区某火锅店餐具不卫生。2019年9月18日，兰州市食品药品检验所对该火锅店使用的料碗进行抽检，检测项目“阴离子合成洗涤剂”不符合GB 5750.4—2006《食品安全国家标准 消毒餐饮具》的要求，检验结论为不合格。七里河区市场监督管理局执法人员将检验报告送达当事人，并下发责令改正通知书。

2020年4月16日，兰州市食品药品检验所再次对该店使用的餐具勺子、圆盘、料碗进行抽检，检验结果均为不合格。七里河区市场监督管理局2020年5月8日立案调查。

经查，2019年10月8日，当事人收到兰州市食品药品检验所料碗不合格检验报告后，向七里河区市场监督管理局提交了整改报告。但在之后的经营过程中，再次抽检，当事人仍存在餐具勺子、圆盘、料碗抽检不合格的情况。该店负责人对检验报告结论认可。当事人的上述行为违反了《网络餐饮服务食品安全监督管理办法》第十二条，依据《网络餐饮服务食品安全监督管理办法》第三十三条、《食品安全法》第一百三十二条的规定，七里河区市场监督管理局决定对当事人罚款10000元。

防范建议

网络餐饮服务第三方平台提供者提供食品容器、餐具和包装材料的，所提供的食品容器、餐具和包装材料应当无毒、清洁。鼓励网络餐饮服务第三方平台提供者提供可降解的食品容器、餐具和包装材料。

风险24：违反《网络餐饮服务食品安全监督管理办法》第十三条规定，网络餐饮服务第三方平台提供者和入网餐饮服务提供者未对送餐人员进行食品安全培训和管理，或者送餐单位未对送餐人员进行食品安全培训和管理，或者未按要求保存培训记录的。

法律规定

《网络餐饮服务食品安全监督管理办法》第三十四条

法律风险

◎民事法律风险：

无。

◎行政法律风险：

由县级以上地方市场监督管理部门责令改正，给予警告；拒不改正的，处五千元以上三万元以下罚款。

◎**刑事法律风险：**

无。

防范建议

网络餐饮服务第三方平台提供者和入网餐饮服务提供者应当加强对送餐人员的食品安全培训和管理。委托送餐单位送餐的，送餐单位应当加强对送餐人员的食品安全培训和管理。培训记录保存期限不得少于2年。

风险25：违反《网络餐饮服务食品安全监督管理办法》第十四条规定，送餐人员未履行使用安全、无害的配送容器等义务的。

法律规定

《食品安全法》第一百三十二条、第一百四十八条

《消费者权益保护法》第四十九条

《刑法》第一百四十三条

《网络餐饮服务食品安全监督管理办法》第三十五条

法律风险

◎**民事法律风险：**

经营者提供商品或者服务，造成消费者或者其他受害人人身伤害的，应当赔偿医疗费、护理费、交通费等为治疗和康复支出的合理费用，以及因误工减少的收入。造成残疾的，还应当赔偿残疾生活辅助具费和残疾赔偿金。造成死亡的，还应当赔偿丧葬费和死亡赔偿金。

生产不符合食品安全标准的食品或者经营明知是不符合食品安全标准的食品，消费者除要求赔偿损失外，还可以向生产者或者经营者要求支付价款十倍或者损失三倍的赔偿金；增加赔偿的金额不足一千元的，为一千元。但是，食品的标签、说明书存在不影响食品安全且不会对消费者造成误导的瑕疵的除外。

◎**行政法律风险：**

违反《网络餐饮服务食品安全监督管理办法》第十四条规定，由县级以上地方市场监督管理部门对送餐人员所在单位按照《食品安全法》第一百三十二条的规定处罚。

《食品安全法》第一百三十二条规定，由县级以上人民政府食品安全监督管理等部门按照各自职责分工责令改正，给予警告；拒不改正的，责令停产停业，并处一万元以上五万元以下罚款；情节严重的，吊销许可证。

◎**刑事法律风险：**

涉嫌生产、销售不符合安全标准的食品罪。足以造成严重食物中毒事故或者其他严重食源性疾病的，处三年以下有期徒刑或者拘役，并处罚金；对人体健康造成严重危害或者有其他严重情节的，处三年以上七年以下有期徒刑，并处罚金；后果特别严重的，处七年以上有期徒刑或者无期徒刑，并处罚金或者没收财产。

防范建议

送餐人员应当保持个人卫生，使用安全、无害的配送容器，保持容器清洁，并定期进行清洗消毒。送餐人员应当核对配送食品，保证配送过程食品不受污染。

风险26：违反《网络餐饮服务食品安全监督管理办法》第十五条规定，网络餐饮服务第三方平台提供者和自建网站餐饮服务提供者未按要求记录、保存网络订餐信息的。

法律规定

《网络餐饮服务食品安全监督管理办法》第三十六条

法律风险

◎民事法律风险：

无。

◎行政法律风险：

由县级以上地方市场监督管理部门责令改正，给予警告；拒不改正的，处五千元以上三万元以下罚款。

◎刑事法律风险：

无。

防范建议

网络餐饮服务第三方平台提供者和自建网站餐饮服务提供者应当履行记录义务，如实记录网络订餐的订单信息，包括食品的名称、下单时间、送餐人员、送达时间以及收货地址，信息保存时间不得少于6个月。

风险27：违反《网络餐饮服务食品安全监督管理办法》第十六条第一款规定，网络餐饮服务第三方平台提供者未对入网餐饮服务提供者的经营行为进行抽查和监测的。

法律规定

《网络餐饮服务食品安全监督管理办法》第三十七条

法律风险

◎民事法律风险：

无。

◎行政法律风险：

由县级以上地方市场监督管理部门责令改正，给予警告；拒不改正的，处五千元以上三万元以下罚款。

◎刑事法律风险：

无。

防范建议

网络餐饮服务第三方平台提供者应当对入网餐饮服务提供者的经营行为进行抽查和监测。

风险28：违反《网络餐饮服务食品安全监督管理办法》第十六条第二款规定，网络餐饮服务第三方平台提供者发现入网餐饮服务提供者存在违法行为，未及时制止并立即报告入网餐饮服务提供者所在地县级市场监督管理部门的，或者发现入网餐饮服务提供者存在严重违法行为，未立即停止提供网络交易平台服务的。

法律规定

《食品安全法》第一百三十一条

《网络餐饮服务食品安全监督管理办法》第三十七条

法律风险

◎民事法律风险：

使消费者的合法权益受到损害的，应当与食品经营者承担连带责任。

消费者通过网络食品交易第三方平台购买食品，其合法权益受到损害的，可以向入网食品经营者或者食品生产者要求赔偿。网络食品交易第三方平台提供者不能提供入网食品经营者的真实名称、地址和有效联系方式的，由网络食品交易第三方平台提供者赔偿。网络食品交易第三方平台提供者赔偿后，有权向入网食品经营者或者食品生产者追偿。网络食品交易第三方平台提供者作出更有利于消费者承诺的，应当履行其承诺。

◎行政法律风险：

违反《网络餐饮服务食品安全监督管理办法》第十六条第二款规定，由县级以上地方市场监督管理部门依照《食品安全法》第一百三十一条的规定处罚。

《食品安全法》第一百三十一条规定，由县级以上人民政府食品安全监督管理部门责令改正，没收违法所得，并处五万元以上二十万元以下罚款；造成严重后果的，责令停业，直至由原发证部门吊销许可证。

◎刑事法律风险：

无。

防范建议

网络餐饮服务第三方平台提供者发现入网餐饮服务提供者存在违法行为的，应当及时制止并立即报告入网餐饮服务提供者所在地县级市场监督管理部门；发现严重违法行为的，应当立即停止提供网络交易平台服务。

风险29：违反《网络餐饮服务食品安全监督管理办法》第十七条规定，网络餐饮服务第三方平台提供者未按要求建立消费者投诉举报处理制度，公开投诉举报方式，或者未对涉及消费者食品安全的投诉举报及时进行处理的。

法律规定

《网络餐饮服务食品安全监督管理办法》第三十八条

法律风险

◎民事法律风险：

无。

◎行政法律风险：

由县级以上地方市场监督管理部门责令改正，给予警告；拒不改正的，处五千元以上三万元以下罚款。

◎刑事法律风险：

无。

防范建议

网络餐饮服务第三方平台提供者应当建立投诉举报处理制度，公开投诉举报方式，对涉及消费者食品安全的投诉举报及时进行处理。

风险30：违反《网络餐饮服务食品安全监督管理办法》第十八条第一项规定，入网餐饮服务提供者未履行制定实施原料控制要求等义务的。

法律规定

《食品安全法》第一百二十六条

《网络餐饮服务食品安全监督管理办法》第三十九条

法律风险

◎民事法律风险：

无。

◎行政法律风险：

违反《网络餐饮服务食品安全监督管理办法》第十八条第一项规定，由县级以上地方市场监督管理部门依照《食品安全法》第一百二十六条第一款的规定处罚。

《食品安全法》第一百二十六条第一款规定，由县级以上人民政府食品安全监督管理部门责令改正，给予警告；拒不改正的，处五千元以上五万元以下罚款；情节严重的，责令停产停业，直至吊销许可证。

◎**刑事法律风险：**

无。

防范建议

入网餐饮服务提供者应建立进货查验、索票索证及经营过程控制体系。

风险31：违反《网络餐饮服务食品安全监督管理办法》第十八条第二项规定，入网餐饮服务提供者使用腐败变质、油脂酸败、霉变生虫、污秽不洁、混有异物、掺假掺杂或者感官性状异常等原料加工食品的。

法律规定

《食品安全法》第一百二十四条、第一百四十八条

《消费者权益保护法》第四十九条

《网络餐饮服务食品安全监督管理办法》第三十九条

《刑法》第一百四十三条、第一百四十四条

法律风险

◎**民事法律风险：**

经营者提供商品或者服务，造成消费者或者其他受害人人身伤害的，应当赔偿医疗费、护理费、交通费等为治疗和康复支出的合理费用，以及因误工减少的收入。造成残疾的，还应当赔偿残疾生活辅助具费和残疾赔偿金。造成死亡的，还应当赔偿丧葬费和死亡赔偿金。

生产不符合食品安全标准的食品或者经营明知是不符合食品安全标准的食品，消费者除要求赔偿损失外，还可以向生产者或者经营者要求支付价款十倍或者损失三倍的赔偿金；增加赔偿的金额不足一千元的，为一千元。但是，食品的标签、说明书存在不影响食品安全且不会对消费者造成误导的瑕疵的除外。明知从事上述违法行为，仍为其提供生产经营场所或者其他条件的，使消费者的合法权益受到损害的，应当与食品生产经营者承担连带责任。

◎**行政法律风险：**

违反《网络餐饮服务食品安全监督管理办法》第十八条第二项规定，由县级以上地方市场监督管理部门依照《食品安全法》第一百二十四条第一款的规定处罚。

《食品安全法》第一百二十四条第一款规定，由县级以上人民政府食品安全监督管理部门没收违法所得和违法生产经营的食品、食品添加剂，并可以没收用于违法生产经营的工具、设备、原料等物品；违法生产经营的食品、食品添加剂货值金额不足一万元的，并处五万元以上十万元以下罚款；货值金额一万元以上的，并处货值金额十倍以上二十倍以下罚款；情节严重的，吊销许可证。

◎**刑事法律风险：**

（腐败变质、油脂酸败、霉变生虫、污秽不洁、感官异常）涉嫌生产、销售不符合安全标准的食品罪。足以造成严重食物中毒事故或者其他严重食源性疾病的，处三年以下有期徒刑或者拘役，并处

罚金；对人体健康造成严重危害或者有其他严重情节的，处三年以上七年以下有期徒刑，并处罚金；后果特别严重的，处七年以上有期徒刑或者无期徒刑，并处罚金或者没收财产。

（混有异物）涉嫌生产、销售有毒有害食品罪。处五年以下有期徒刑，并处罚金；对人体健康造成严重危害或者有其他严重情节的，处五年以上十年以下有期徒刑，并处罚金；致人死亡或者有其他特别严重情节的，依照《刑法》第一百四十一条的规定处罚。

典型案例：祁东县某餐饮店经营混有异物的食品案

2019 年 7 月 31 日，祁东县市场监督管理局接群众举报，在祁东县某餐饮店就餐过程中食用“十八秒生爆牛肉”时，吃到了半圆形玻璃碎片，致使口腔内划伤出血。执法人员查实原因是餐饮店厨师李某在开启啤酒瓶时没有使用专业的开瓶器操作，导致啤酒瓶口破碎后玻璃碎片出现在菜品中，祁东县市场监督管理局依据《食品安全法》第一百二十四条的规定，责令当事人立即停止违法经营行为，依法没收违法所得 45 元，处罚款 80000 元。

防范建议

入网餐饮服务提供者不得经营腐败变质、油脂酸败、霉变生虫、污秽不洁、混有异物、掺假掺杂或者感官性状异常的食品。

风险 32：违反《网络餐饮服务食品安全监督管理办法》第十八条第三项规定，入网餐饮服务提供者未定期维护食品贮存、加工、清洗消毒等设施、设备，或者未定期清洗和校验保温、冷藏和冷冻等设施、设备的。

法律规定

《食品安全法》第一百二十六条、第一百四十八条

《消费者权益保护法》第四十九条

《网络餐饮服务食品安全监督管理办法》第三十九条

《刑法》第一百四十三条

法律风险

◎民事法律风险：

经营者提供商品或者服务，造成消费者或者其他受害人人身伤害的，应当赔偿医疗费、护理费、交通费等为治疗和康复支出的合理费用，以及因误工减少的收入。造成残疾的，还应当赔偿残疾生活辅助具费和残疾赔偿金。造成死亡的，还应当赔偿丧葬费和死亡赔偿金。

生产不符合食品安全标准的食品或者经营明知是不符合食品安全标准的食品，消费者除要求赔偿损失外，还可以向生产者或者经营者要求支付价款十倍或者损失三倍的赔偿金；增加赔偿的金额不足一千元的，为一千元。但是，食品的标签、说明书存在不影响食品安全且不会对消费者造成误导的瑕

疵的除外。明知从事上述违法行为，仍为其提供生产经营场所或者其他条件的，使消费者的合法权益受到损害的，应当与食品生产经营者承担连带责任。

◎**行政法律风险：**

违反《网络餐饮服务食品安全监督管理办法》第十八条第三项规定，由县级以上地方市场监督管理部门依照《食品安全法》第一百二十六条第一款的规定处罚。

《食品安全法》第一百二十六条第一款规定，由县级以上人民政府食品安全监督管理部门责令改正，给予警告；拒不改正的，处五千元以上五万元以下罚款；情节严重的，责令停产停业，直至吊销许可证。

◎**刑事法律风险：**

涉嫌生产、销售不符合安全标准的食品罪。足以造成严重食物中毒事故或者其他严重食源性疾病的，处三年以下有期徒刑或者拘役，并处罚金；对人体健康造成严重危害或者有其他严重情节的，处三年以上七年以下有期徒刑，并处罚金；后果特别严重的，处七年以上有期徒刑或者无期徒刑，并处罚金或者没收财产。

典型案例：海南某某网络有限公司未对配送设施进行定期清洗消毒案

2019年1月14日，临高县食品药品监督管理局执法人员根据海南省临高县人民检察院检察建议书对临高县临城镇新兴街5号的海南某某网络有限公司（某某外卖临高店）进行现场检查，发现网络餐饮服务第三平台提供者海南某某网络有限公司（某某外卖临高店）现场无法提供有效的配送箱消毒记录及实施消毒配送餐消毒照片记录。

针对上述违法行为，该局执法人员已于2018年6月23日下达责令整改通知书“（临）食药监食责改〔2018〕8号”及当场行政处罚决定书“（临高）食药监食当罚［2018］4号”警告并要求其立即改正。该局执法人员2019年1月14日检查再次发现上述问题，某某外卖临高店拒不改正。

海南某某网络有限公司（某某外卖临高店）违反了《网络餐饮服务食品安全监督管理办法》第十八条规定。2019年2月21日，临高县食品药品监督管理局依据《食品安全法》第一百二十六条、《网络餐饮服务食品安全监督管理办法》第三十九条的规定，给予海南天某网络有限公司（某某外卖临高店）罚款10000元的行政处罚。

防范建议

入网餐饮服务提供者应当定期维护食品贮存、加工、清洗消毒等设施、设备，定期清洗和校验保温、冷藏和冷冻等设施、设备，保证设施、设备运转正常。

风险33：违反《网络餐饮服务食品安全监督管理办法》第十八条第四项、第五项规定，入网餐饮服务提供者将订单委托其他食品经营者加工制作，或者网络销售的餐饮食品未与实体店销售的餐饮食品质量安全保持一致的。

法律规定

《消费者权益保护法》第五十五条

《网络餐饮服务食品安全监督管理办法》第三十九条

法律风险

◎民事法律风险：

经营者提供商品或者服务有欺诈行为的，应当按照消费者的要求增加赔偿其受到的损失，增加赔偿的金额为消费者购买商品的价款或者接受服务的费用的三倍；增加赔偿的金额不足五百元的，为五百元。法律另有规定的，依照其规定。

◎行政法律风险：

由县级以上地方市场监督管理部门责令改正，给予警告；拒不改正的，处五千元以上三万元以下罚款。

◎刑事法律风险：

无。

防范建议

入网餐饮服务提供者提供的餐饮食品应当与实体店销售的餐饮食品质量安全保持一致，不得将订单委托其他食品经营者加工。

风险34：违反《网络餐饮服务食品安全监督管理办法》第十九条规定，入网餐饮服务提供者未履行相应的包装义务的。

法律规定

《食品安全法》第一百四十八条

《刑法》第一百四十三条

《消费者权益保护法》第四十九条

《网络餐饮服务食品安全监督管理办法》第四十条

法律风险

◎民事法律风险：

经营者提供商品或者服务，造成消费者或者其他受害人人身伤害的，应当赔偿医疗费、护理费、交通费等为治疗和康复支出的合理费用，以及因误工减少的收入。造成残疾的，还应当赔偿残疾生活

辅助具费和残疾赔偿金。造成死亡的，还应当赔偿丧葬费和死亡赔偿金。

生产不符合食品安全标准的食品或者经营明知是不符合食品安全标准的食品，消费者除要求赔偿损失外，还可以向生产者或者经营者要求支付价款十倍或者损失三倍的赔偿金；增加赔偿的金额不足一千元的，为一千元。但是，食品的标签、说明书存在不影响食品安全且不会对消费者造成误导的瑕疵的除外。明知从事上述违法行为，仍为其提供生产经营场所或者其他条件的，使消费者的合法权益受到损害的，应当与食品生产经营者承担连带责任。

◎行政法律风险：

由县级以上地方市场监督管理部门责令改正，给予警告；拒不改正的，处五千元以上三万元以下罚款。

◎刑事法律风险：

涉嫌生产、销售不符合安全标准的食品罪。足以造成严重食物中毒事故或者其他严重食源性疾病的，处三年以下有期徒刑或者拘役，并处罚金；对人体健康造成严重危害或者有其他严重情节的，处三年以上七年以下有期徒刑，并处罚金；后果特别严重的，处七年以上有期徒刑或者无期徒刑，并处罚金或者没收财产。

防范建议

入网餐饮服务提供者应当使用无毒、清洁的食品容器、餐具和包装材料，并对餐饮食品进行包装，确保送餐过程中食品不受污染。

风险35：违反《网络餐饮服务食品安全监督管理办法》第二十条规定，入网餐饮服务提供者配送有保鲜、保温、冷藏或者冷冻等特殊要求食品，未采取能保证食品安全的保存、配送措施的。

法律规定

《食品安全法》第一百四十八条

《刑法》第一百四十三条

《消费者权益保护法》第四十九条

《网络餐饮服务食品安全监督管理办法》第四十一条

法律风险

◎民事法律风险：

经营者提供商品或者服务，造成消费者或者其他受害人人身伤害的，应当赔偿医疗费、护理费、交通费等为治疗和康复支出的合理费用，以及因误工减少的收入。造成残疾的，还应当赔偿残疾生活辅助具费和残疾赔偿金。造成死亡的，还应当赔偿丧葬费和死亡赔偿金。

生产不符合食品安全标准的食品或者经营明知是不符合食品安全标准的食品，消费者除要求赔偿损失外，还可以向生产者或者经营者要求支付价款十倍或者损失三倍的赔偿金；增加赔偿的金额不足一千元的，为一千元。但是，食品的标签、说明书存在不影响食品安全且不会对消费者造成误导的瑕疵的除外。明知从事上述违法行为，仍为其提供生产经营场所或者其他条件的，使消费者的合法权益受到损害的，应当与食品生产经营者承担连带责任。

◎**行政法律风险：**

违反《网络餐饮服务食品安全监督管理办法》第二十条规定，由县级以上地方市场监督管理部门依照《食品安全法》第一百三十二条的规定处罚。

《食品安全法》第一百三十二条规定，由县级以上人民政府食品安全监督管理等部门按照各自职责分工责令改正，给予警告；拒不改正的，责令停产停业，并处一万元以上五万元以下罚款；情节严重的，吊销许可证。

◎**刑事法律风险：**

涉嫌生产、销售不符合安全标准的食品罪。足以造成严重食物中毒事故或者其他严重食源性疾病的，处三年以下有期徒刑或者拘役，并处罚金；对人体健康造成严重危害或者有其他严重情节的，处三年以上七年以下有期徒刑，并处罚金；后果特别严重的，处七年以上有期徒刑或者无期徒刑，并处罚金或者没收财产。

防范建议

对保鲜、保温、冷藏或者冷冻等有特殊要求的，应当采取能保证食品安全的保存、配送措施。

风险36：学校、托幼机构、养老机构、建筑工地等集中用餐单位未按规定履行食品安全管理责任的。

法律规定

《食品安全法》第一百二十六条

《刑法》第一百四十三条

《中华人民共和国民法典》第一千一百一十九条

法律风险

◎**民事法律风险：**

侵害他人造成人身损害的，应当赔偿医疗费、护理费、交通费、营养费、住院伙食补助费等为治疗和康复支出的合理费用，以及因误工减少的收入。造成残疾的，还应当赔偿辅助器具费和残疾赔偿金；造成死亡的，还应当赔偿丧葬费和死亡赔偿金。

◎**行政法律风险：**

由县级以上人民政府食品安全监督管理部门责令改正，给予警告；拒不改正的，处五千元以上五万元以下罚款；情节严重的，责令停产停业，直至吊销许可证。

◎**刑事法律风险：**

涉嫌生产、销售不符合安全标准的食品罪。足以造成严重食物中毒事故或者其他严重食源性疾病的，处三年以下有期徒刑或者拘役，并处罚金；对人体健康造成严重危害或者有其他严重情节的，处三年以上七年以下有期徒刑，并处罚金；后果特别严重的，处七年以上有期徒刑或者无期徒刑，并处罚金或者没收财产。

防范建议

学校、托幼机构、养老机构、建筑工地等集中用餐单位应当严格履行法律规定的食品安全责任。

风险37：设有食堂的单位未制定或者未实施防止食品浪费措施的。

法律规定

《反食品浪费法》第二十九条

法律风险

◎民事法律风险：

无。

◎行政法律风险：

由县级以上地方人民政府指定的部门责令改正，给予警告。

◎刑事法律风险：

无。

防范建议

单位食堂应制定防止食品浪费的制度并有效防止食品浪费。

附 录

附录 1　食品生产经营相关法律名录

序号	全称	简称	发布文号
1	中华人民共和国食品安全法	食品安全法	中华人民共和国主席令第 81 号（2009 年 2 月 28 日第十一届全国人民代表大会常务委员会第七次会议通过，2015 年 4 月 24 日第十二届全国人民代表大会常务委员会第十四次会议《关于修改〈中华人民共和国计量法〉等五部法律的决定》修订，根据 2018 年 12 月 29 日第十三届全国人民代表大会常务委员会第七次会议《关于修改〈中华人民共和国产品质量法〉等五部法律的决定》第一次修正，根据 2021 年 4 月 29 日第十三届全国人民代表大会常务委员会第二十八次会议《关于修改〈中华人民共和国道路交通安全法〉等八部法律的决定》第二次修正）
2	中华人民共和国消费者权益保护法	消费者权益保护法	中华人民共和国主席令第 7 号（1993 年 10 月 31 日第八届全国人民代表大会常务委员会第四次会议通过，根据 2009 年 8 月 27 日第十一届全国人民代表大会常务委员会第十次会议《关于修改部分法律的决定》第一次修正，根据 2013 年 10 月 25 日第十二届全国人民代表大会常务委员会第五次会议《关于修改〈中华人民共和国消费者权益保护法〉的决定》第二次修正）
3	中华人民共和国产品质量法	产品质量法	中华人民共和国主席令第 22 号（1993 年 2 月 22 日第七届全国人民代表大会常务委员会第三十次会议通过，根据 2000 年 7 月 8 日第九届全国人民代表大会常务委员会第十六次会议《关于修改〈中华人民共和国产品质量法〉的决定》第一次修正，根据 2009 年 8 月 27 日第十一届全国人民代表大会常务委员会第十次会议《关于修改部分法律的决定》第二次修正，根据 2018 年 12 月 29 日第十三届全国人民代表大会常务委员会第七次会议《关于修改〈中华人民共和国产品质量法〉等五部法律的决定》第三次修正）
4	中华人民共和国广告法	广告法	中华人民共和国主席令第 81 号（1994 年 10 月 27 日第八届全国人民代表大会常务委员会第十次会议通过，2015 年 4 月 24 日第十二届全国人民代表大会常务委员会第十四次会议《关于修改〈中华人民共和国计量法〉等五部法律的决定》修订，根据 2018 年 10 月 26 日第十三届全国人民代表大会常务委员会第六次会议《关于修改〈中华人民共和国野生动物保护法〉等十五部法律的决定》第一次修正，根据 2021 年 4 月 29 日第十三届全国人民代表大会常务委员会第二十八次会议《关于修改〈中华人民共和国道路交通安全法〉等八部法律的决定》第二次修正）
5	中华人民共和国农产品质量安全法	农产品质量安全法	中华人民共和国主席令第 16 号（2006 年 4 月 29 日第十届全国人民代表大会常务委员会第二十一次会议通过，根据 2018 年 10 月 26 日第十三届全国人民代表大会常务委员会第六次会议《关于修改〈中华人民共和国野生动物保护法〉等十五部法律的决定》修正）
6	中华人民共和国标准化法	标准化法	中华人民共和国主席令第 78 号（1988 年 12 月 29 日第七届全国人民代表大会常务委员会第五次会议通过，2017 年 11 月 4 日第十二届全国人民代表大会常务委员会第三十次会议《关于修改〈中华人民共和国会计法〉等十一部法律的决定》修订）
7	中华人民共和国民法典	民法典	中华人民共和国主席令第 45 号（2020 年 5 月 28 日第十三届全国人民代表大会第三次会议通过）

附录1 续1

序号	全称	简称	发布文号
8	中华人民共和国反不正当竞争法	反不正当竞争法	中华人民共和国主席令第29号（1993年9月2日第八届全国人民代表大会常务委员会第三次会议通过，2017年11月4日第十二届全国人民代表大会常务委员会第三十次会议《关于修改〈中华人民共和国会计法〉等十一部法律的决定》修订，根据2019年4月23日第十三届全国人民代表大会常务委员会第十次会议《关于修改〈中华人民共和国建筑法〉等八部法律的决定》修正）
9	中华人民共和国刑法	刑法	中华人民共和国主席令第66号（1979年7月1日第五届全国人民代表大会第二次会议通过，1997年3月14日第八届全国人民代表大会第五次会议修订，根据1998年12月29日第九届全国人民代表大会常务委员会第六次会议通过的《全国人民代表大会常务委员会关于惩治骗购外汇、逃汇和非法买卖外汇犯罪的决定》、1999年12月25日第九届全国人民代表大会常务委员会第十三次会议通过的《中华人民共和国刑法修正案》、2001年8月31日第九届全国人民代表大会常务委员会第二十三次会议通过的《中华人民共和国刑法修正案（二）》、2001年12月29日第九届全国人民代表大会常务委员会第二十五次会议通过的《中华人民共和国刑法修正案（三）》、2002年12月28日第九届全国人民代表大会常务委员会第三十一次会议通过的《中华人民共和国刑法修正案（四）》、2005年2月28日第十届全国人民代表大会常务委员会第十四次会议通过的《中华人民共和国刑法修正案（五）》、2006年6月29日第十届全国人民代表大会常务委员会第二十二次会议通过的《中华人民共和国刑法修正案（六）》、2009年2月28日第十一届全国人民代表大会常务委员会第七次会议通过的《中华人民共和国刑法修正案（七）》、2009年8月27日第十一届全国人民代表大会常务委员会第十次会议通过的《全国人民代表大会常务委员会关于修改部分法律的决定》、2011年2月25日第十一届全国人民代表大会常务委员会第十九次会议通过的《中华人民共和国刑法修正案（八）》、2015年8月29日第十二届全国人民代表大会常务委员会第十六次会议通过的《中华人民共和国刑法修正案（九）》、2017年11月4日第十二届全国人民代表大会常务委员会第三十次会议通过的《中华人民共和国刑法修正案（十）》和2020年12月26日第十三届全国人民代表大会常务委员会第二十四次会议通过的《中华人民共和国刑法修正案（十一）》修正）
10	中华人民共和国商标法	商标法	中华人民共和国主席令第29号（1982年8月23日第五届全国人民代表大会常务委员会第二十四次会议通过，根据1993年2月22日第七届全国人民代表大会常务委员会第三十次会议《关于修改〈中华人民共和国商标法〉的决定》第一次修正，根据2001年10月27日第九届全国人民代表大会常务委员会第二十四次会议《关于修改〈中华人民共和国商标法〉的决定》第二次修正，根据2013年8月30日第十二届全国人民代表大会常务委员会第四次会议《关于修改〈中华人民共和国商标法〉的决定》第三次修正，根据2019年4月23日第十三届全国人民代表大会常务委员会第十次会议《关于修改〈中华人民共和国建筑法〉等八部法律的决定》第四次修正）
11	中华人民共和国著作权法	著作权法	中华人民共和国主席令第62号（1990年9月7日第七届全国人民代表大会常务委员会第十五次会议通过，根据2001年10月27日第九届全国人民代表大会常务委员会第二十四次会议《关于修改〈中华人民共和国著作权法〉的决定》第一次修正，根据2010年2月26日第十一届全国人民代表大会常务委员会第十三次会议《关于修改〈中华人民共和国著作权法〉的决定》第二次修正，根据2020年11月11日第十三届全国人民代表大会常务委员会第二十三次会议《关于修改〈中华人民共和国著作权法〉的决定》第三次修正）

附录1 续2

序号	全称	简称	发布文号
12	中华人民共和国专利法	专利法	中华人民共和国主席令第55号（1984年3月12日第六届全国人民代表大会常务委员会第四次会议通过，根据1992年9月4日第七届全国人民代表大会常务委员会第二十七次会议《关于修改〈中华人民共和国专利法〉的决定》第一次修正，根据2000年8月25日第九届全国人民代表大会常务委员会第十七次会议《关于修改〈中华人民共和国专利法〉的决定》第二次修正，根据2008年12月27日第十一届全国人民代表大会常务委员会第六次会议《关于修改〈中华人民共和国专利法〉的决定》第三次修正，根据2020年10月17日第十三届全国人民代表大会常务委员会第二十二次会议《关于修改〈中华人民共和国专利法〉的决定》第四次修正）
13	中华人民共和国计量法	计量法	中华人民共和国主席令第16号（1985年9月6日第六届全国人民代表大会常务委员会第十二次会议通过，根据2009年8月27日第十一届全国人民代表大会常务委员会第十次会议《关于修改部分法律的决定》第一次修正，根据2013年12月28日第十二届全国人民代表大会常务委员会第六次会议《关于修改〈中华人民共和国海洋环境保护法〉等七部法律的决定》第二次修正，根据2015年4月24日第十二届全国人民代表大会常务委员会第十四次会议《关于修改〈中华人民共和国计量法〉等五部法律的决定》第三次修正，根据2017年12月27日第十二届全国人民代表大会常务委员会第三十一次会议《关于修改〈中华人民共和国招标投标法〉、〈中华人民共和国计量法〉的决定》第四次修正，根据2018年10月26日第十三届全国人民代表大会常务委员会第六次会议《关于修改〈中华人民共和国野生动物保护法〉等十五部法律的决定》第五次修正）
14	中华人民共和国进出境动植物检疫法	进出境动植物检疫法	中华人民共和国主席令第18号（1991年10月30日第七届全国人民代表大会常务委员会第二十二次会议通过，根据2009年8月27日第十一届全国人民代表大会常务委员会第十次会议《关于修改部分法律的决定》修正）
15	中华人民共和国进出口商品检验法	进出口商品检验法	中华人民共和国主席令第81号（1989年2月21日第七届全国人民代表大会常务委员会第六次会议通过，根据2002年4月28日第九届全国人民代表大会常务委员会第二十七次会议《关于修改〈中华人民共和国进出口商品检验法〉的决定》第一次修正，根据2013年6月29日第十二届全国人民代表大会常务委员会第三次会议《关于修改〈中华人民共和国文物保护法〉等十二部法律的决定》第二次修正，根据2018年4月27日第十三届全国人民代表大会常务委员会第二次会议《关于修改〈中华人民共和国国境卫生检疫法〉等六部法律的决定》第三次修正，根据2018年12月29日第十三届全国人民代表大会常务委员会第七次会议《关于修改〈中华人民共和国产品质量法〉等五部法律的决定》第四次修正，根据2021年4月29日第十三届全国人民代表大会常务委员会第二十八次会议《关于修改〈中华人民共和国道路交通安全法〉等八部法律的决定》第五次修正）
16	中华人民共和国国境卫生检疫法	国境卫生检疫法	中华人民共和国主席令第6号（1986年12月2日第六届全国人民代表大会常务委员会第十八次会议通过，根据2007年12月29日第十届全国人民代表大会常务委员会第三十一次会议《关于修改〈中华人民共和国国境卫生检疫法〉的决定》第一次修正，根据2009年8月27日第十一届全国人民代表大会常务委员会第十次会议《关于修改部分法律的决定》第二次修正，根据2018年4月27日第十三届全国人民代表大会常务委员会第二次会议《关于修改〈中华人民共和国国境卫生检疫法〉等六部法律的决定》第三次修正）

附录1　续3

序号	全称	简称	发布文号
17	中华人民共和国动物防疫法	动物防疫法	中华人民共和国主席令第69号（1997年7月3日第八届全国人民代表大会常务委员会第二十六次会议通过，2007年8月30日第十届全国人民代表大会常务委员会第二十九次会议第一次修订，根据2013年6月29日第十二届全国人民代表大会常务委员会第三次会议《关于修改〈中华人民共和国文物保护法〉等十二部法律的决定》第一次修正，根据2015年4月24日第十二届全国人民代表大会常务委员会第十四次会议《关于修改〈中华人民共和国电力法〉等六部法律的决定》第二次修正，2021年1月22日第十三届全国人民代表大会常务委员会第二十五次会议第二次修订）
18	中华人民共和国反食品浪费法	反食品浪费法	中华人民共和国主席令第78号（2021年4月29日第十三届全国人民代表大会常务委员会第二十八次会议通过，自公布之日起施行）
19	中华人民共和国电子商务法	电子商务法	中华人民共和国主席令第7号（2018年8月31日第十三届全国人民代表大会常务委员会第五次会议于通过，自2019年1月1日起施行）

附录2　食品生产经营相关法规名录

序号	全称	简称	发布文号
1	中华人民共和国食品安全法实施条例	食品安全法实施条例	中华人民共和国国务院令第721号（2009年7月20日中华人民共和国国务院令第557号公布，根据2016年2月6日《国务院关于修改部分行政法规的决定》修订，2019年3月26日国务院第42次常务会议修订通过，2019年10月11日中华人民共和国国务院令第721号公布，自2019年12月1日起施行）
2	乳品质量安全监督管理条例	—	中华人民共和国国务院令第536号（2008年10月6日国务院第28次常务会议通过，2008年10月9日中华人民共和国国务院令第536号公布，自2008年10月9日公布之日起施行）
3	农业转基因生物安全管理条例	—	中华人民共和国国务院令第687号（2001年5月23日中华人民共和国国务院令第304号公布，根据2011年1月8日《国务院关于废止和修改部分行政法规的决定》第一次修订，根据2017年10月7日《国务院关于修改部分行政法规的决定》第二次修订）
4	食盐加碘消除碘缺乏危害管理条例	—	中华人民共和国国务院令第676号（1994年8月23日中华人民共和国国务院令第163号发布，根据2017年3月1日《国务院关于修改和废止部分行政法规的决定》修订）
5	中华人民共和国工业产品生产许可证管理条例	工业产品生产许可证管理条例	中华人民共和国国务院令第440号（2005年6月29日国务院第97次常务会议通过，2005年7月9日中华人民共和国国务院令第440号公布，自2005年9月1日起施行）
6	中华人民共和国标准化法实施条例	标准化法实施条例	中华人民共和国国务院令第53号（1990年4月6日中华人民共和国国务院令第53号发布，自发布之日起施行）
7	粮食流通管理条例	—	中华人民共和国国务院令第740号（2004年5月26日中华人民共和国国务院令第407号公布，根据2013年7月18日《国务院关于废止和修改部分行政法规的决定》第一次修订，根据2016年2月6日《国务院关于修改部分行政法规的决定》第二次修订，根据2021年2月15日中华人民共和国国务院令第740号第三次修订）
8	中华人民共和国进出口商品检验法实施条例	进出口商品检验法实施条例	中华人民共和国国务院令第752号（2005年8月31日中华人民共和国国务院令第447号公布，根据2013年7月18日《国务院关于废止和修改部分行政法规的决定》第一次修订，根据2016年2月6日《国务院关于修改部分行政法规的决定》第二次修订，根据2017年3月1日《国务院关于修改和废止部分行政法规的决定》第三次修订，根据2019年3月2日《国务院关于修改部分行政法规的决定》第四次修订，根据2022年3月29日《国务院关于修改和废止部分行政法规的决定》第五次修订）
9	中华人民共和国进出境动植物检疫法实施条例	进出境动植物检疫法实施条例	中华人民共和国国务院令第206号（1996年12月2日中华人民共和国国务院令第206号发布，自1997年1月1日起施行）
10	生猪屠宰管理条例	—	中华人民共和国国务院令第742号（1997年12月19日中华人民共和国国务院令第238号公布，2008年5月25日中华人民共和国国务院令第525号第一次修订，根据2011年1月8日《国务院关于废止和修改部分行政法规的决定》第二次修订，根据2016年2月6日《国务院关于修改部分行政法规的决定》第三次修订，2021年6月25日中华人民共和国国务院令第742号第四次修订）

附录3　食品生产经营相关规章、规范性文件名录

序号	全称	发布文号
1	食品生产许可管理办法	国家市场监督管理总局令第24号（2019年12月23日国家市场监督管理总局2019年第18次局务会议审议通过，自2020年3月1日起施行）
2	食品经营许可管理办法	国家食品药品监督管理总局令第37号（2015年8月31日国家食品药品监督管理总局令第17号公布，根据2017年11月7日国家食品药品监督管理总局令第37号《关于修改部分规章的决定》修正）
3	食品生产许可审查通则	食药监食监一〔2016〕第103号（2016年8月10日，国家食品药品监督管理总局印发了《食品药品监督管理总局关于印发食品生产许可审查通则的通知》，正式发布《食品生产许可审查通则》，自2016年10月1日起施行）
4	食品添加剂新品种管理办法	国家卫生和计划生育委员会令第18号（2010年3月30日卫生部令第73号发布，根据2017年12月26日国家卫生和计划生育委员会令第18号《国家卫生计生委关于修改〈新食品原料安全性审查管理办法〉等7件部门规章的决定》修正）
5	新食品原料安全性审查管理办法	国家卫生和计划生育委员会令第18号（2013年5月31日国家卫生和计划生育委员会令第1号公布，根据2017年12月26日国家卫生和计划生育委员会令第18号《国家卫生计生委关于修改〈新食品原料安全性审查管理办法〉等7件部门规章的决定》修正）
6	中华人民共和国工业产品生产许可证管理条例实施办法	国家质量监督检验检疫总局令第156号（2014年4月8日国家质量监督检验检疫总局局务会议审议通过，自2014年8月1日起施行）
7	食品标识管理规定	国家质量监督检验检疫总局令2009年第123号（2007年8月27日国家质量监督检验检疫总局令第102号公布，根据2009年10月22日国家质量监督检验检疫总局令2009年第123号《国家质量监督检验检疫总局关于修改〈食品标识管理规定〉的决定》修订）
8	药品、医疗器械、保健食品、特殊医学用途配方食品广告审查管理暂行办法	国家市场监督管理总局令第21号（2019年12月13日国家市场监督管理总局2019年第16次局务会议审议通过，自2020年3月1日起施行）
9	商品条码管理办法	国家质量监督检验检疫总局令第76号（2005年5月16日国家质量监督检验检疫总局局务会议审议通过，自2005年10月1日起施行。原国家质量技术监督局1998年7月3日颁布的《商品条码管理办法》同时废止）
10	食盐质量安全监督管理办法	国家市场监督管理总局令第23号（2019年12月23日国家市场监督管理总局2019年第18次局务会议审议通过，自2020年3月1日起施行）
11	食盐专营办法	中华人民共和国国务院令第696号（1996年5月27日中华人民共和国国务院令第197号发布，根据2013年12月7日《国务院关于修改部分行政法规的决定》修订，2017年12月26日中华人民共和国国务院令第696号修订）
12	保健食品标识规定	卫生监发〔1996〕第38号（1996年7月18日原卫生部发布）
13	保健食品原料目录与保健功能目录管理办法	国家市场监督管理总局令第13号（2018年12月18日国家市场监督管理总局2018年第9次局务会议审议通过，自2019年10月1日起施行）

附录3 续1

序号	全称	发布文号
14	保健食品注册与备案管理办法	国家市场监督管理总局令第 31 号（2016 年 2 月 26 日国家食品药品监督管理总局令第 22 号公布，根据 2020 年 10 月 23 日国家市场监督管理总局令第 31 号修订）
15	婴幼儿配方乳粉产品配方注册管理办法	国家食品药品监督管理总局令第 26 号（2016 年 3 月 15 日国家食品药品监督管理总局局务会议审议通过，自 2016 年 10 月 1 日起施行）
16	生鲜乳生产收购管理办法	中华人民共和国农业部令第 15 号（2008 年 11 月 4 日农业部第 8 次常务会议审议通过，自 2008 年 11 月 7 日起施行）
17	特殊医学用途配方食品注册管理办法	国家食品药品监督管理总局令第 24 号（2015 年 12 月 8 日国家食品药品监督管理总局局务会议审议通过，自 2016 年 7 月 1 日起施行）
18	无公害农产品管理办法	中华人民共和国农业部令第 6 号（2002 年 4 月 29 日中华人民共和国农业部、中华人民共和国国家质量监督检验检疫局令第 12 号发布，根据 2007 年 11 月 8 日中华人民共和国农业部令第 6 号《农业部现行规章清理结果》修正）
19	有机产品认证管理办法	国家质量监督检验检疫总局令第 166 号（2013 年 11 月 15 日国家质量监督检验检疫总局令第 155 号公布，根据 2015 年 8 月 25 日国家质量监督检验检疫总局令第 166 号《国家质量监督检验检疫总局关于修改部分规章的决定》修订）
20	农产品包装和标识管理办法	中华人民共和国农业部令第 70 号（2006 年 9 月 30 日农业部第 25 次常务会议审议通过，自 2006 年 11 月 1 日起施行）
21	农业转基因生物安全评价管理办法	中华人民共和国农业农村部令 2022 年第 2 号（2002 年 1 月 5 日农业部令第 8 号公布，根据 2004 年 7 月 1 日农业部令第 38 号、2016 年 7 月 25 日农业部令 2016 年第 7 号、2017 年 11 月 30 日农业部令 2017 年第 8 号、2022 年 1 月 21 日农业农村部令 2022 年第 2 号修订）
22	农业转基因生物标识管理办法	中华人民共和国农业部令 2017 年第 8 号（2002 年 1 月 5 日农业部令第 10 号公布，根据 2004 年 7 月 1 日农业部令第 38 号、2017 年 11 月 30 日农业部令 2017 年第 8 号修订）
23	食用农产品市场销售质量安全监督管理办法	国家食品药品监督管理总局令第 20 号（2015 年 12 月 8 日国家食品药品监督管理总局局务会议审议通过，自 2016 年 3 月 1 日起施行）
24	食用农产品抽样检验和核查处置规定	国市监食检〔2020〕184 号（自 2020 年 11 月 30 日发布实施）
25	绿色食品标志管理办法	农业农村部令 2022 年第 1 号（2012 年 7 月 30 日农业部令 2012 年第 6 号公布，根据 2019 年 4 月 25 日农业农村部令 2019 年第 2 号、2022 年 1 月 7 日农业农村部令 2022 年第 1 号修订）
26	餐饮服务明厨亮灶工作指导意见	国市监食监二〔2018〕32 号（自 2018 年 4 月 26 日发布实施）
27	餐饮服务食品安全操作规范	国家市场监督管理总局公告 2018 年第 12 号（2018 年 6 月 22 日《市场监督管理总局关于发布餐饮服务食品安全操作规范的公告》修订了《餐饮服务食品安全操作规范》，自 2018 年 10 月 1 日起施行）
28	餐饮服务食品安全监督抽检工作规范	国食药监食〔2010〕342 号（自 2010 年 8 月 23 日发布实施）
29	重大活动餐饮服务食品安全监督管理规范	国食药监食〔2011〕67 号（2011 年 2 月 25 日国家食品药品监督管理局发布实施）

附录3 续2

序号	全称	发布文号
30	餐具饮具集中消毒服务单位卫生监督工作规范	国卫办监督发〔2015〕62号（自2015年12月17日发布实施）
31	餐饮业经营管理办法（试行）	商务部、国家发展和改革委员会令2014年第4号（2014年9月22日商务部部务会议审议通过，并经发展改革委同意，自2014年11月1日起施行）
32	网络餐饮服务食品安全监督管理办法	国家市场监督管理总局令第31号（2017年11月6日国家食品药品监督管理总局令第36号公布，根据2020年10月23日国家市场监督管理总局令第31号修订）
33	网络交易监督管理办法	国家市场监督管理总局令第37号（2021年3月3日国家市场监督管理总局第3次局务会议审议通过，自2021年5月1日起施行）
34	网络食品安全违法行为查处办法	国家市场监督管理总局令第38号（2016年7月13日国家食品药品监督管理总局令第27号公布，根据2021年4月2日国家市场监督管理总局令第38号《国家市场监督管理总局关于废止和修改部分规章的决定》修改）
35	网络直播营销管理办法（试行）	国信办发文〔2021〕5号（2021年4月16日网信办、公安部、商务部、文化和旅游部、税务总局、市场监督管理总局、广电总局发布，自2021年5月25日起施行）
36	互联网广告管理暂行办法	国家工商行政管理总局令第87号（《互联网广告管理暂行办法》已经国家工商行政管理总局局务会议审议通过，自2016年9月1日起施行）
37	网络购买商品七日无理由退货暂行办法	国家市场监督管理总局令第31号（2017年1月6日国家工商行政管理总局令第90号公布，根据2020年10月23日国家市场监督管理总局令第31号修订）
38	国家质量监督检验检疫总局关于实施〈中华人民共和国产品质量法〉若干问题的意见	国家质量监督检验检疫总局国质检法〔2011〕83号（2001年3月15日，原国家质量技术监督局印发了《关于实施〈中华人民共和国产品质量法〉若干问题的意见》，2011年2月22日，国家质量监督检验检疫总局对《关于实施〈中华人民共和国产品质量法〉若干问题的意见》进行了修订）
39	食品召回管理办法	国家市场监督管理总局令第31号（2015年3月11日国家食品药品监督管理总局令第12号公布，根据2020年10月23日国家市场监督管理总局令第31号修订）
40	食品药品行政执法与刑事司法衔接工作办法	食药监稽〔2015〕271号（自2015年12月22日发布实施）
41	食品生产经营风险分级管理办法	食药监食监一〔2016〕115号（2016年9月5日国家食品药品监督管理总局发布，自2016年12月1日起施行）
42	定量包装商品计量监督管理办法	国家质量监督检验检疫总局令第75号（2005年5月16日国家质量监督检验检疫总局局务会议审议通过，自2006年1月1日起施行。原国家技术监督局发布的国家技术监督局令第43号《定量包装商品计量监督规定》同时废止）
43	产品质量监督抽查管理暂行办法	国家市场监督管理总局令第18号（2019年11月8日国家市场监督管理总局2019年第14次局务会议审议通过，自2020年1月1日起施行）
44	侵害消费者权益行为处罚办法	国家市场监督管理总局令第31号（2015年1月5日国家工商行政管理总局令第73号公布，根据国家市场监督管理总局令第31号修订）

附录3 续3

序号	全称	发布文号
45	市场监督管理投诉举报处理暂行办法	国家市场监督管理总局令第 55 号（2019 年 11 月 30 日国家市场监督管理总局令第 20 号公布，根据 2022 年 3 月 24 日《国家市场监督管理总局关于修改和废止有关规章的决定》修改）
46	市场监督管理信用修复管理办法	国市监信规〔2021〕3 号（2021 年 7 月 30 日国家市场监督管理总局发布，自 2021 年 9 月 1 日起施行）
47	无证无照经营查处办法	国务院令第 684 号（2017 年 8 月 6 日公布，自 2017 年 10 月 1 日起施行）
48	食品安全抽样检验管理办法	国家市场监督管理总局令第 15 号（2019 年 7 月 30 日国家市场监督管理总局 2019 年第 11 次局务会议审议通过，2019 年 8 月 8 日公布，自 2019 年 10 月 1 日起施行）
49	规范促销行为暂行规定	国家市场监督管理总局令第 32 号（2020 年 1 月 15 日国家市场监督管理总局 2020 年第 1 次局务会议审议通过，2020 年 10 月 29 日公布，自 2020 年 12 月 1 日起施行）
50	集贸市场计量监督管理办法	国家市场监督管理总局令第 31 号（2002 年 4 月 19 日国家质量监督检验检疫总局令第 17 号发布，根据 2020 年 10 月 23 日国家市场监督管理总局令第 31 号修订）
51	市场监督管理严重违法失信名单管理办法	国家市场监督管理总局令第 44 号（2021 年 7 月 22 日市场监督管理总局第 11 次局务会议审议通过，自 2021 年 9 月 1 日起施行）
52	消费品召回管理暂行规定	国家市场监督管理总局令第 19 号（2019 年 11 月 8 日国家市场监督管理总局 2019 年第 14 次局务会议审议通过，自 2020 年 1 月 1 日起施行）
53	检验检测机构监督管理办法	国家市场监督管理总局令第 39 号（2021 年 3 月 25 日国家市场监督管理总局第 5 次局务会议审议通过，自 2021 年 6 月 1 日起施行）
54	团体标准管理规定	国标委联〔2019〕1 号（2019 年 1 月 9 日国务院标准化协调推进部际联席会议第五次全体会议审议通过，自 2019 年 1 月 9 日起施行）
55	中华人民共和国海关办理行政处罚案件程序规定	海关总署令第 250 号（2021 年 6 月 11 日海关总署署务会议审议通过，自 2021 年 7 月 15 日起施行。2006 年 1 月 26 日海关总署令第 145 号公布、根据 2014 年 3 月 13 日海关总署令第 218 号修改的《中华人民共和国海关行政处罚听证办法》，2007 年 3 月 2 日海关总署令第 159 号公布、根据 2014 年 3 月 13 日海关总署令第 218 号修改的《中华人民共和国海关办理行政处罚案件程序规定》，2010 年 3 月 1 日海关总署令第 188 号公布的《中华人民共和国海关办理行政处罚简单案件程序规定》同时废止）
56	中华人民共和国海关行政许可管理办法	海关总署令第 246 号（2020 年 12 月 11 日海关总署署务会议审议通过，自 2021 年 2 月 1 日起施行。2004 年 6 月 18 日海关总署令第 117 号公布、2014 年 3 月 13 日海关总署令第 218 号修改的《中华人民共和国海关实施〈中华人民共和国行政许可法〉办法》同时废止）
57	进出境粮食检验检疫监督管理办法	海关总署令第 243 号（2016 年 1 月 20 日国家质量监督检验检疫总局令第 177 号公布，根据 2018 年 4 月 28 日海关总署令第 238 号《海关总署关于修改部分规章的决定》第一次修正，根据 2018 年 5 月 29 日海关总署第 240 号令《海关总署关于修改部分规章的决定》第二次修正，根据 2018 年 11 月 23 日海关总署令第 243 号《海关总署关于修改部分规章的决定》第三次修正）

附录3　续4

序号	全称	发布文号
58	中华人民共和国进出口食品安全管理办法	海关总署令第249号（2021年3月12日海关总署署务会议审议通过，自2022年1月1日起施行。2011年9月13日原国家质量监督检验检疫总局令第144号公布并根据2016年10月18日原国家质量监督检验检疫总局令第184号以及2018年11月23日海关总署令第243号修改的《进出口食品安全管理办法》、2000年2月22日原国家检验检疫局令第20号公布并根据2018年4月28日海关总署令第238号修改的《出口蜂蜜检验检疫管理办法》、2011年1月4日原国家质量监督检验检疫总局令第135号公布并根据2018年11月23日海关总署令第243号修改的《进出口水产品检验检疫监督管理办法》、2011年1月4日原国家质量监督检验检疫总局令第136号公布并根据2018年11月23日海关总署令第243号修改的《进出口肉类产品检验检疫监督管理办法》、2013年1月24日原国家质量监督检验检疫总局令第152号公布并根据2018年11月23日海关总署令第243号修改的《进出口乳品检验检疫监督管理办法》、2017年11月14日原国家质量监督检验检疫总局令第192号公布并根据2018年11月23日海关总署令第243号修改的《出口食品生产企业备案管理规定》同时废止）
59	出口食品生产企业申请境外注册管理办法	海关总署公告2021年第87号（海关总署对《出口食品生产企业申请国外卫生注册管理办法》进行了修订，形成了《出口食品生产企业申请境外注册管理办法》，于2021年10月29日公布，自2022年1月1日起施行）
60	进口食品不良记录管理实施细则	国家质量监督检验检疫总局公告2014年第43号（2014年2月26日发布，自2014年7月1日起施行）
61	进口食品进出口商备案管理规定	国家质量监督检验检疫总局公告2012年第55号（2012年4月25日发布，自2012年10月1日起施行）
62	中华人民共和国进口食品境外生产企业注册管理规定	海关总署令第248号（2021年3月12日经海关总署署务会议审议通过，自2022年1月1日起施行。2012年3月22日原国家质量监督检验检疫总局令第145号公布、根据2018年11月23日海关总署令第243号修改的《进口食品境外生产企业注册管理规定》同时废止）
63	缺陷进口消费品召回工作细则	国家质量监督检验检疫总局公告2018年第38号（自2018年3月21日发布实施，自发布之日起执行）
64	食品进口记录和销售记录管理规定	国家质量监督检验检疫总局公告2012年第55号（2012年4月5日发布，自2012年10月1日起施行）

附录4　食品生产经营相关概念

食品：指各种供人食用或者饮用的成品和原料以及按照传统既是食品又是中药材的物品，但是不包括以治疗为目的的物品。

食品生产：指食品及食品添加剂的生产、加工。

食品经营：指食品、食品添加剂销售和餐饮服务。

特殊食品：指保健食品及特殊膳食食品。

食品从业人员：指食品生产、销售者及餐饮服务提供者中从事食品采购、贮存、运输、加工、销售、服务、食品安全管理等工作的人员。

食用农产品：指可供食用的各种植物、畜牧、渔业产品及其初级加工产品。

食品安全：指食品无毒、无害，符合应当有的营养要求，对人体健康不造成任何急性、亚急性或者慢性危害。

预包装食品：指预先定量包装或者制作在包装材料、容器中的食品。

食品添加剂：指为改善食品品质和色、香、味以及为防腐、保鲜和加工工艺的需要而加入食品中的人工合成或者天然物质，包括营养强化剂。

食品保质期：指食品在标明的贮存条件下保持品质的期限。

食物中毒：指人摄入了含有生物性、化学性有毒有害物质后，或把有毒有害物质当做食物摄入后所出现的，而非传染性的急性或亚急性疾病，属于食源性疾病的范畴。

食源性疾病：指食品中致病因素进入人体引起的感染性、中毒性等疾病，包括食物中毒。

食品安全事故：指食源性疾病、食品污染等源于食品，对人体健康有危害或者可能有危害的事故。